續群書類從

第一輯上

東京
續群書類從完成會

續群書類從第一輯上目次

神祇部

續群書類從第一輯上目次畢

續群書類從卷第一

總検校保己一集
男　源忠寶校

神祇部一

神皇雑用先規録卷之上

御鎮座第一

人皇十一代垂仁天皇二十六年丁巳。地神第一天照坐皇大神鎮于伊勢度會郡五十鈴河上。內宮御事也。十八度遷幸之時鎮之。

人皇二十二代雄畧天皇戊午。天神第一豊受皇大神鎮于同州同郡沼木郷山田原。外宮御事也。

右二所大神宮。撰清浄靈地。鎮坐于下津磐根。如天小宮儀云々。

二所大神宮正遷宮并假殿遷宮次第第二

白鳳十三年庚寅九月。太神宮御遷宮。持統天皇四年也。自此御宇。造替遷宮。被定置廿年。但大伴皇子謀反時。依天武天皇之御宿願也。

朱雀二年壬辰外宮御遷宮。同御宇六年。

和銅二年己酉內宮御遷宮。元明天皇御宇。

和銅四年辛亥外宮御遷宮。

天平元年己巳內宮御遷宮。聖武御宇。

天平四年壬申外宮御遷宮。

天平十九年丁亥九月。內宮遷宮。

天平勝寶元年庚寅外宮遷宮。孝謙天皇御宇。

天平神護二年丙午九月。〔イ本无〕內宮遷宮。稱德天皇御宇。

神護景雲二年戊申九月。見古記。外宮遷宮。

延暦四年乙丑 内宮遷宮。桓武天皇御宇。
延暦六年丁卯 外宮遷宮。
延暦十一年壬申 内宮臨時御遷宮。依炎上也。
弘仁元年庚寅 九月。〔以下五字イ本无〕見古記。内宮遷宮。嵯峨天皇御宇。
弘仁三年壬辰 九月。〔以下五字イ本无〕見古記。外宮遷宮。
天長六年己酉 九月。内宮遷宮。〔イ本无〕見古記。淳和天皇御宇。
天長八年辛亥 外宮遷宮。
嘉祥二年己巳 内宮遷宮。仁明天皇御宇。
仁壽元年辛未 外宮遷宮。文德天皇御宇。
貞觀十年戊子 内宮遷宮。清和天皇御宇。
貞觀十二年〔一見古記〕庚寅 外宮遷宮。
仁和二年丙午 内宮遷宮。光孝天皇御宇。
寛平元年己酉 外宮遷宮。宇多天皇御宇。
延喜五年乙丑 内宮遷宮。醍醐天皇御宇。
延喜七年丁卯 外宮遷宮。
延長二年甲申 内宮遷宮。同御宇。
延長四年丙戌 外宮遷宮。同御宇。
天慶六年癸巳 九月。〔以下五字イ本无〕見古記。内宮遷宮。朱雀院御宇。
天慶八年乙巳 九月。〔以下五字イ本无〕見古記。外宮遷宮。
應和二年壬戌 内宮遷宮。村上天皇御宇。
康保元年甲子 外宮遷宮。〔五字イ本无〕同御宇。
天元四年辛巳 九月。見古記。内宮遷宮。圓融院御宇。
永觀元年癸未 外宮遷宮。〔五字イ本无〕同御宇。
長保二年庚子 九月。見古記。内宮遷宮。一條院御宇。
造宮使。千枝。
長保四年壬寅 外宮遷宮。〔五字イ本无〕同御宇。造宮使。佐國。
寛仁三年己未 九月。〔五字イ本无〕見古記。内宮遷宮。後一條院御宇。
造宮使。公兼。千枝三男也。祭主永頼養子。
治安元年辛酉 九月。〔五字イ本无〕見古記。外宮遷宮。後一條院御宇。
造宮使。〔兼タ〕爲公。
長暦二年戊寅 九月。内宮遷宮。御朱雀院御宇。造宮使。爲信茂任。
長久元年庚辰 九月九日。外宮遷宮。造宮使。輔經。明輔。
天喜五年丁酉 内宮遷宮。後冷泉院御宇。造宮使。元範。公輔。
康平二年己亥 外宮遷宮。同御宇。造宮使。輔經。〔義タ〕元範。任。

承保三年丙辰内宮遷宮。白河院御宇。　造宮使。親定。公輔。
承暦二年戊午外宮遷宮。同御宇。　造宮使。宣衡。輔經。〔永實。タ〕
寛治四年庚午十月廿二日。内宮假殿遷宮。堀川院御宇。
寛治四年庚午十二月廿四日。外宮假殿遷官。同御宇。
嘉保二年乙亥九月。内宮遷宮。同御宇。
造宮使。惟經。公義。親長。親仲。
承徳元年丁丑外宮遷宮。同御宇。　造宮使。輔清。
天永元年庚寅十一月廿七日。内宮假殿遷宮。鳥羽院御宇。
同年十二月廿四日。外宮假殿遷宮。同御宇。
永久二年甲子九月。内宮遷宮。同御宇。
造宮使。親能。〔親仲。タ〕清親。
永久三年乙未内宮假殿遷宮。東寶殿。
永久四年丙申外宮遷宮。　造宮使。輔清。永信。
大治元年丙午三月。外宮假殿遷宮。崇徳院御宇。
長承二年癸丑内宮遷宮。同御宇。　造宮使。清親。清宣。
〔此一行イタ无〕保延元年乙卯外宮遷宮。同御宇。　造宮使。親仲。親章。
久安二年乙丑十一月十六日。内宮假殿遷宮。見古記。

仁平二年壬申内宮遷宮。近衛院御宇。　造宮使。親章。〔師親。タ〕永信。〔清宣。タ〕
久壽元年甲戌外宮遷宮。同御宇。　造宮使。親實。〔親成。タ〕家親。〔親章。タ〕
永萬元年乙酉九月七日。外宮假殿遷宮。二條院御宇。
〔此一行イタ无〕嘉應元年己丑九月。外宮假殿遷宮。見外宮補任。
嘉應元年己丑九月。内宮臨時遷宮。高倉院御宇。去年十二月廿九日。依炎上
也。〔造宮使。公宣。公長。成宣。清定。永親。タ〕
承安元年辛卯内宮遷宮。同御宇。　造宮使。親俊。〔宗親。タ〕宣隆。
承安三年癸巳外宮遷宮。同御宇。　造宮使。爲仲。爲定。
同年八月廿五日。内宮假殿遷宮。東寶殿。
〔此一行イタ无〕元暦二年乙巳四月廿一日。外宮假殿遷宮。見外官補任。
建久元年庚戌九月十六日。内宮遷宮。後鳥羽院御宇。
造宮使。公宣。爲定。〔有能。清定。タ〕
建久三年壬子外宮遷宮。同御宇。　造宮使。知雅。宣經。
建久七年丙辰四月廿二日。内宮假殿遷宮。
同九年戊午七月十六日。内宮假殿遷宮。
依表葺差檜皮修補也。去年七月〔始〕沙汰。
承元三年己巳八月廿日。内宮正遷宮。土御門院御宇。

造宮使。爲定。
建曆元年辛未外宮正遷宮。順德院御宇。　造宮使。隆繼。親繼。
建保五年丁丑四月十八日。外宮假殿遷宮。
同六年戊寅四月十九日。內宮假殿遷宮。
承久二年庚辰七月十六日。外宮假殿遷宮。
同年十一月十八日。內宮假殿遷宮。
安貞二年戊子內宮正遷宮。後堀川院御宇。
造宮使。宣經。〔知經。タ〕清經。
寬喜二年庚寅〔二タ〕外宮正遷宮。同御宇。　造宮使。隆通。隆重。宣親。
延應元年己亥三月十六日。內宮假殿遷宮。四條院御宇。依心御柱御錯亂修理。
仁治二年辛丑十月十九日〔十九イ廿二タ〕。外宮假殿遷宮。
仁治三年壬寅十月廿五日。內宮假殿遷宮。
寬元元年癸卯〔二月タ〕四月廿八日。外宮假殿遷宮。後嵯峨院御宇。
寬元四年丙午十二月廿七日。外宮假殿遷宮。
寶治元年丁未九月十六日。內宮正遷宮。後深草院御宇。
造宮使。忠長。種(様タ)長。

寶治二年戊申四月十七日。內宮假殿遷宮。
〔同年七月十日。外宮假殿遷宮。タ〕
建長元年己酉外宮遷宮。同御宇。　造宮使。知經。知吉。
〔同六年甲寅七月廿六日。內宮假殿遷宮。イタ〕
奉立替心御柱。修補表葺差檜皮。
文應元年庚申七月十六日。內宮假殿遷宮。龜山院御宇。
文永三年丙寅內宮正遷宮。龜山院御宇。　造宮使。仲宣。爲繼。
文永五年戊辰外宮正遷宮。同御宇。　造宮使。定世。輔家。
弘安二年己卯二月十一日。內宮假殿遷宮。後宇多院御宇。
修補差檜皮。葺萱。
同八年乙酉內宮正遷宮。同御宇。　造宮使。爲成。有事。爲繼。
弘安十年丁亥外宮正遷宮。同御宇。　造宮使。爲繼。
正應三年庚寅九月十一日。內宮假殿遷宮。
持明院御宇伏見院御事也。
同五年壬辰十月。內宮一宿假殿遷宮。
永仁五年丁酉五月九日〔十月イタ〕〔廿イタ〕。內宮假殿遷宮。
嘉元二年甲辰十一月十四日。內宮假殿遷宮。

後二條院御宇。依御裝束濕損也。

同二年十二月廿二日。內宮正遷宮。

造宮使。久世。

同四年午丙 外宮遷宮。

應長元年亥辛 十二月廿八日。內宮假殿遷宮。萩原院御宇。花園御事也。修理表葺。

元亨元年酉辛 七月廿三日。內宮假殿遷宮。後醍醐院御宇。心御柱纒布。依鼠食也。

同三年亥癸 九月十六日〔六タ〕。內宮遷宮。同御宇。

正中二年丑乙 九月十五日。外宮遷宮。同御宇。

元德二年午庚 十二月十三日。內宮假殿遷宮。同御宇。心御柱立替。奉直御壁板。

康永二年未癸 十二月廿八日。內宮遷宮。光明院御宇。

貞和元年酉乙 十二月廿七日〔廿六タ〕。外宮遷宮。崇光院御宇。

貞治二年卯癸 六月十七日。內宮假殿遷宮。後光嚴院御宇。

同三年辰甲 二月十六日。內宮遷宮。

康曆二年申庚 外宮遷宮。後圓融院御宇。自內宮遷宮隔中十五年。非常延引此時也。雖造替事終。宮司忠緒。長基。依葺萱無沙汰。令遲々之間。自貞和元年之御遷宮。及三十六年。神慮叵測者也。

嘉慶二年辰戊 外宮假殿遷宮。後小松院御宇。

明德二年未辛 六月廿二日。內宮假殿遷宮。

同年十二月廿日。內宮遷宮。

應永四年丑丁。外宮假殿遷宮。後小松院御宇。

同七年辰戊 六月廿七日。內宮一宿假殿遷宮。東寶殿。同御宇。盜人推參。依奉汚御裝束等也。

同年二月〔月日イタ闕〕廿八日。外宮遷宮。同御宇。

同十八年卯辛 十二月。內宮遷宮。

同廿五年戌戊 八月廿一日。內宮一宿假殿遷宮。東寶殿。稱光院御宇。枯木顚倒。正殿千木纒木依打折也。

同廿六年亥己 十二月廿一日〔二月タ〕。外宮遷宮。

同廿七年子庚 內宮假殿遷宮。東寶殿。

永享元年酉己 十二月廿五日。外宮假殿遷宮。後花園院御宇。去七月十三日。神人與神役人合戰。神人打負。瑞籬內楯籠。白石血流。神役殊射雜者共。御殿仁射立矢。依之件射雜者共蒙神罰已畢。

同三年亥辛 十二月十八日。內宮正遷宮。同御宇。

造宮使。宗直。

同六年甲寅 九月十五日。外宮正遷宮。同御宇。

造宮使。淸國。

文安二年乙丑 九月十八日。內宮一宿假殿遷宮。

立替心御柱。直御壁板。修補御表葺。

享德元年壬申 十二月十九日。外宮假殿遷宮。同御宇。

迄造替遷宮。可有御座也。

寬正三年壬午 十二月廿七日。內宮遷宮。同御宇。

造宮使。秀忠。

〔以下廿七行タ无〕

長享元年丁未 九月三日。外宮假殿遷宮。

去文明十八年丙午〔冬イ〕十二月廿日。宇治與國司左中將政鄕一黨。而責山田。件子細者。文明十七年乙巳三月十三日。山田岡本番屋立。參宮貴賤。內宮之宿不通之間。山田再三雖申依。不承引之間。可預御裁判之由申之處。山田其謂雖被仰付。曾不致承引。剩村山掃部助武〔氏歟〕則。種々致緩怠之間。御退治也。此日山田中燒亡。初山田強而。討國司之兵八百餘。而山田兵籠宮中。合戰數度。而後山田兵弱。出宮山逃走。爰榎倉兵繩八人。藏于正殿下。廿二日宇治兵五百餘亂入于宮山。與八人之兵合戰。而追出宇治之兵於功午道〔三字イ作切通似是〕之外。八人之內村山掃部助武〔氏歟〕則者。一人復皈宮中。而放火于正殿。於瑞籬內艮角而切腹死矣。頸者宇治取。于時十一月廿二日也。自此日穢百日。同廿四日。一禰宜宮

俊〔後イ〕朝敦。子良舘二藕大夫使部。御神躰遷古殿假宮。明年四月建假殿。七月廿日改元。而號長享。九月三日遷宮畢。

延德二年庚戌 九月十六日。外宮假遷宮。

去年八月十一日。天火降。古殿炎上。今年九月十四日午刻。亦天火降。假殿燒失。爰朝敦長官。不日權〔イ无〕立假殿。同十六日御遷宮畢。自去九月四日。至六日。忌火屋殿炊御供釜。鳴數度。豫示此炎上歟。

明應六年丁巳 十月十二日〔月日五字イ闕〕。內宮御假殿。

文龜元年辛酉 九月十六日〔月日五字イ闕〕。外宮御假殿。

永正十八年辛巳 六月十三日。二宮假殿遷宮。

同日同剋〔後イ〕。外宮爲先云々。

天文十年辛丑 九月廿六日。外宮御假殿。

同十一年壬寅 十二月一日。內宮御假殿。

永祿六年癸亥 九月廿四日。外宮正遷宮。

天正三年乙亥 三月十六日。內宮御假殿。

〔以下八行イ无〕

天正九年辛巳 十月十七日。外宮御假殿。同十一月十六日還御。

天正十三年乙酉 十月十六日。內宮遷宮。

同年十月十五日。外宮正遷宮。

慶長十四年己酉 九月廿五日。內宮正遷宮。

慶長十四年己酉九月廿七日。外宮正遷宮。
寛永六年己巳九月廿一日。内宮正遷宮。
慶安二年己丑九月廿五日。内宮正遷宮。
同年九月廿七日。外宮正遷宮。

伊勢齋内親王在任第三

豐鋤入姫命。崇神皇女。
倭姫命。垂仁皇女。
久須姫命。景行皇女。
伊和志内親王。仲哀皇女。
白髮内親王。一名稚足姫。雄畧皇女。
荳角姫内親王。繼躰皇女。
磐隈内親王。欽明皇女。
宮子内親王。〔大神主小事女タサ〕在任廿九年。
莵道内親王。敏達皇女。
酢香手姫内親王。用明皇女。在任卅七年。
大來内親王。天武皇女。
多基子内親王。天武皇女。
阿閇内親王。天武皇女。
當耆内親王。天武皇女。
泉内親王。天智皇女。大寶元年。
田形内親王。天武皇女。慶雲二年。
多紀内親王。文武皇女。同三年。
久勢内親王。元正皇女。在任六年。養老元年。
井上内親王。聖武皇女。在任廿一年。神龜四年。
縣内親王。聖武皇女。在任三年。天平十八年。
小宅内親王。孝謙天皇皇女。在任七年。天平勝寶二年。
安陪内親王。大炊皇女。天平寶字五年。
酒人内親王。稱德皇女。在任二年。寶龜五年。
御遷内親王。光仁皇女。在任八年。
朝原内親王。桓武皇女。在任十二年。延曆元年。
布勢内親王。光仁〔桓武歟〕皇女。在任七年。延曆十六年。
大原内親王。桓武〔平城歟〕皇女。在任二年。
有智内親王。嵯峨皇女。在任十三年。弘仁元年。
氏子内親王。淳和皇女。在任二年。天長元年。
宜子内親王。仲野親王女。桓武孫。在任四年。天長六年。
久子内親王。仁明皇女。在任十四年。承和元年。
宴子〔晏歟〕内親王。文德皇女。在任六年。仁壽元年。
恬子内親王。文德皇女。在任十五年。貞觀元年。
識子内親王。清和皇女。在任二年。元慶元年。

楊子内親王。文德皇女。自野宮下座。
繁子内親王。光孝皇女。在任二年。仁和二年。
元子内親王。本康親王女。在任六年。寛平元年。
柔子内親王。宇多皇女。在任卅一年。昌泰元年。
雅子内親王。延喜皇女。號六條齋宮。在任三年。承平二(三サ)年。
齊子内親王。延喜皇女。
徽子内親王。重明親王女。在任八年。天慶元年。
英子内親王。延喜皇女。
二世旅子内親王。本名悦子内親王。重明女。村上御事在任七年。〔天暦三年。ヶサ〕
樂子内親王。天暦第六皇女。在任十年。天暦十年。
輔子内親王。村上皇女。不遂群行。安和二年。
隆子内親王。章明女。在任三年。天祿二年。
無品規子内親王。村上皇女。在任七年。天延二年。
濟子内親王。章明親王女。不遂群行。寛和二年。
恭子内親王。爲平親王女。在任廿三年。寛仁二年。
當子内親王。三條院皇女。在任二年。長和五〔元サ〕年。
嫥子内親王。具平親王女。村上孫。在任十八年。寛仁二年。

良子内親王。後朱雀院皇女。在任七年。長元九年。
嘉〔敬サ〕子内親王。小一條法皇女。在任三年。永承二年。
敦子内親王。敦平親王女。在任十五年。永承四年。
俊子内親王。後三條皇女。號樋口齋宮。在任二年。延久二年。
淳子内親王。敦賢親王女。在任三年。承保二年。
媞子内親王。白河皇女。號郁芳門院。在任五年。承暦三〔三タ〕年。
善子内親王。白河皇女。號六角齋宮。在任十九年。寛治三年。
佝子内親王。白河院皇女。在任十四年。天永二年。
守子内親王。輔仁親王女。在任七年。天治二年。
妍子内親王。鳥羽皇女。依御惱下座。在任七年。康治二年。
喜子内親王。堀川院皇女。在任三年。仁平二年。
亮子内親王。後白河皇女。不遂群行、號殷富門院。保元二年。
好子内親王。後白河皇女。在任六年。永暦元年。
休子内親王。同皇女。自野宮下座。仁安二年。
惇子内親王。同皇女。在任三年。嘉應二年。
功子内親王。高倉皇女。在任十一年。(自野宮退下サタ)
潔子内親王。高倉皇女。在任十二年。文治三年。

肅子內親王。後鳥羽皇女。在任十二年。正治二年。
凞子內親王。後鳥羽皇女。在任五年。建保二年。
利子內親王。後高倉院皇女。號式乾門院。在任五年。嘉祿二年。
昱子內親王。後堀川院皇女。在任四年。文曆元年。
曦子內親王。土御門皇女。號宣化門院。不遂群行。寬元二年。
愷子內親王。後嵯峨法皇女。在任九年。弘長二年。
弉子內親王。大覺寺法皇女。自野宮退下。

伊勢齋宮。自豐鋤入姬命。至弉子內親王。以上七十五代御任云々。

伊勢勅使第四

白鳳元年。天武天皇御字。 勅使路直益人拜

天照大神。皇女之勅使度々也。今畧之。諸社奉幣之時。必先奉幣伊勢。然共日本紀等。其勅使之名委不記之。故除之。

〔以上五行イ本无而白鳳元年事諸書亦無所見〕

伊勢公卿勅使第四

天平十年五月。聖武御字。 勅使。右大臣正三位橘諸兄。中臣神祇伯名代。自是以前不記之
天平勝寶三年。孝謙。 勅使。參議俊足。
天平寶字三年十月。淡路廢帝。 勅使。民部卿關麿。
同六年四月。同。 勅使。正三位文屋眞人淨三。
神護景雲元年。稱德。 勅使。中納言從三位藤原。
寶龜元年八月。光仁。 勅使。參議繼繩。
延曆十年八月。桓武。 勅使。參議古佐美。中臣祭主諸魚。
承和六年十二月。仁明。 勅使。參議秋津。
仁和三年四月。光孝。 勅使。參議源是忠。
天慶三年二月。朱雀。 勅使。參議大伴宿禰保平。中臣祭主賴基。
長保三年七月。一條。 勅使。參議源俊賢。
寬弘二年十二月。同。 勅使。參議右大辨藤原行成。
長和四年九月十四日。三條。 勅使。權中納言藤原懷平。
長元三年九月廿三日。後一條。 勅使。
長元四年八月廿五日。同。 勅使。參議源經賴。

長元七年八月廿八日。後一條。　勅使。

長暦元年九月十三日。後朱雀。　勅使。參議藤原良頼。

同三年五月十九日。同。　勅使。參議藤原經任。

同四年九月廿七日。同。　勅使。參議藤原良頼。

永承七年十一月廿九日。後冷泉。　勅使。參議源經成。

康平元年十一月廿八日。同。　勅使。參議藤原經季。

同八年四月十四日。同。　勅使。參議源隆俊。

治暦二年十一月廿日。同。　勅使。參議藤原泰憲。

延久元年十一月八日。後三條。　勅使。參議藤原良基。二宮各別宣命也。

同六年六月廿八日。白河。　勅使。參議源經信。

承保二年三月八日。同。　勅使。中納言藤原實季。

承暦元年四月廿一日。同。　勅使。權中納言源資綱。

同二年三月八日。同。　勅使。中納言藤原實季。後贈太政大臣。閑院殿云々。

同三年三月八日。同。　勅使。參議左大辨勘解由長官從二位藤原伊房。

同年五月廿九日。同。　勅使。中納言藤原實季。

承暦四年正月廿四日。白河。　勅使。大納言源顯房。六條殿。後一品太政大臣。

同五年二月一日。同。　勅使。中納言源師忠。

永保元年七月廿一日。同。　勅使。參議俊明。

同二年十一月十日。同。　勅使。中納言俊明。

應德元年四月十日。同。　勅使。中納言源雅實。久我殿。後一品太政大臣任。顯房男。

同三年十一月七日。同。　勅使。中納言源雅實。

寬治四年十一月四日。堀河。　勅使。大納言雅實。

同六年八月廿一日。同。　勅使。同。

同年十月九日。同。　勅使。參議左大辨大江匡房。院使。

同七年十月廿九日。同。　勅使。中宮大夫源師忠。

嘉保二年十月十八日。同。　勅使。正二位行權大納言兼右近衛大將源雅實。

永長二年十一月五日。同。　勅使。大納言師忠。

承德三年正月廿四日。同。　勅使。大納言源俊明。

康和四年七月十八日。同。　勅使。同人。

康和五年四月十六日。堀河。勅使。大納言源俊明。
同年九月六日。同。勅使。參議左大辨源基綱。
長治元年十二月十六日。同。勅使。中納言源國信。
同二年八月十三日。同。勅使。內大臣正三位行兼左近衛大將源雅實
嘉承二年二月十一日。同。勅使。同人。
天仁二年三月八日。鳥羽。勅使。中納言藤原宗通。
同三年二月二日。同。勅使。同人。
天永元年十二月七日。同。勅使。大納言源俊明。
同四年閏三月十(廿イ)六日。同。勅使。大納言藤原宗通。
永久二年正月十七日。同。勅使。中納言藤原宗忠。
同年十一月五日。同。勅使。中納言源能俊。
同五年三月十五日。同。勅使。從一位右大臣兼左近衛大將源雅實。
元永元年四月九日。同。勅使。中納言源顯通。中臣祭主神祇伯親定
保安元年四月廿一日。同。勅使。大納言藤原宗(家イタ)忠。
同二〔三イ〕年八月廿九日。同。勅使。中納言源能俊。
同五年十二月六日。同。勅使。參議藤原實行。
天承元年二月廿一日。崇德。勅使。中納言藤原實能。德大寺殿。

天承二年四月十日。崇德。勅使。權中納言源雅兼。中臣祭主從三位公長
保延二年八月廿一日。同。勅使。中納言源雅定。中院殿也。後從一位太政大臣任。
同五年二月廿一日。同。勅使。大納言藤原實能。
同七年三月八日。同。勅使。參議藤原公能。大炊御門殿也。後左大臣任。實能男。
康治二年十二月九日。近衛。勅使。中納言藤原成通。
天養二年二月廿六日。同。勅使。正二位行權大納言兼左近衛大將源雅定。
久安四年四月廿八日。同。勅使。中納言藤原公教。
同六年五〔三イ〕月十日。同。勅使。同人。
仁平元年二月九日。同。勅使。左大臣正二位行兼左近衛大將源雅定
同二年正月廿二日。同。勅使。中納言藤原清隆。
久壽元年十一月七日。近衛。勅使。大納言藤原重通。
保元三年三月十九日。後白河。勅使。權大納言藤原經宗。
永曆二年四月廿二日。二條。勅使。參議平清盛。後大相國任。平忠盛之男也。

應保元年十二月五日。二條。勅使。大納言藤原光賴。
長寬元年六月八日。同。勅使。從二位行權中納言兼皇太后宮權大夫平清盛。
同年十一月十日。同。勅使。中納言平清盛。
永萬元年五月廿九日。同。勅使。參議正三位行兼右兵衛督平重盛。清盛之男。
仁安三年十二月廿九日。六條。勅使。參議源雅賴。
仁安四年正月廿六日。同。勅使。別當權中納言平時忠。
嘉應二年十二月十日。高倉。勅使。中納言藤原邦綱。
承安二年六月七日。同。勅使。內大臣正二位行兼右大將源雅通。久我殿也。雅定男。
同四年十一月十一日。同。勅使。大納言藤原實國。
治承元年九月十日。同。勅使。大納言藤原實房。
同二年八月廿四日。三イ同。勅使。大納言藤原邦綱。
同三年九月廿二日。同。勅使。大納言藤原實國。爲太上法皇御祈。主上被立勅使云々。
壽永二年四月廿六日。安德。勅使。參議源通親。後土御門內大臣。號久我內大臣。雅通男。

文治二年十二月廿日。後鳥羽。勅使。正二位行權大納言兼右大將藤原實房。
同五年三月廿三日。同。勅使。正二位權大納言藤原實家。
建久元年八月十四日。同。勅使。權大納言藤原賴實。
同二年三月廿五日。同。勅使。權大納言實宗。
同三年正月十二日。同。勅使。權大納言左衛門督源通親。爲後白河御惱御祈。主上勅使在之。
同六年二月廿九日。同。勅使。正二位行權大納言兼左近衛大將中宮大夫藤原良經。井副參之人藤原定家等也。
正治元年八月十日。土御門。勅使。權中納言從二位藤原公繼。
建仁元年十二月六日。同。勅使。權大納言正二位源通資。
元久元年八月廿三日。同。勅使。權大納言藤原公房。
承元二年九月十九日。同。勅使。權中納言藤原隆衡。
建曆二年七月廿五日。順德。勅使。權大納言藤原師經。
建保四年二月廿三日。同。勅使。權中納言藤原光親。中臣祭主隆宗。
建保七年三月廿六日。同。勅使。內大臣正二位兼右近衛大將源通光。

嘉祿三年十一月廿九日。後堀河。勅使。權大納言藤原實宣。
寛喜三年十一月九日。同。勅使。中納言藤原隆通。
嘉禎二年三月十六日。四條。勅使。正二位行權大納言藤原實基。
少司長則延應二年日記云七月十七日改元爲仁治三月廿九日云々
延應二年三月廿五日。同。勅使。從二位行權納言藤原公相。
仁治元年十二月廿四日。同。勅使。參議從三位行左大辨勘解由長官藤原忠高。
寛元二年三月。後嵯峨。勅使。權中納言源顯親。
建長二年三月四日。後深草。勅使。從二位權中納言兼右衛門督源通成。
弘長元年十二月九日。龜山。勅使。權中納言藤原隆行。
文永五年四月十三日。同。勅使。正二位行權大納言右近衛大將藤原通雅。
同八年十二月十六日。同。勅使。正三位權中納言兼皇太（タ无）后宮權大夫藤原公守。
同十二年四月十五日。同。勅使。內大臣正二位藤原師繼。
弘安四年閏七月二日。後宇多。勅使。正二位行權大納言藤原經任。
正應六年七月八日。號持明院後伏見。勅使。從二位行權（中歟）納言藤原
（以下イ无）嘉曆　勅使。爲兼。

此間又斷再興以天下泰平也。例幣使此年再殆也。
正保四年九月十五日。勅使。（兼賢）廣橋殿。副參議從三位藤原綏光。參議正三位光久。祭主神祇大副大中臣友忠。

天子稱號第五

開闢以來。天神地神。相傳十二代。皆稱尊。地神上二代坐高天原。至第三代皇御孫之御時。依祖神天照太神神勅。皇孫天降豐葦原中津國。其御子彥火火出見尊。又其御子彥波瀲武鸕鷀草葺不合尊。相續傳天日嗣也。葺不合尊第四之御子日本磐余彥。受天日嗣。始號神武天皇。自此御時。至人王六十二代天曆（村上）御時。皆號天皇。天曆之御子憲平卽位。稱冷泉院。自此御時至今時。尊號只稱院。

又雖不着天位。號天皇例。

長岡天皇。草壁皇子。天武太子。文武父。文武贈尊號。
崇道盡敬天皇。舍人親王。天武第八王子。廢帝父。

田原天皇。施基皇子。天智第三皇子。光仁父。光仁贈尊號。

崇道天皇。早良親王。光仁第二皇子也。光仁天皇有兩太子。山部早良是也。百川朝臣立山部廢早良。早良含恨御怨靈。依之追號爲。曰崇道天皇。

岡宮天皇。聖德太子也。又號廐戸皇子。稱其聖明之德有追號也。

崇德天皇。依御祟有追號。讃岐院御事也。高倉御代贈號。

安德天皇。壽永天子御事也。依御祟。後鳥羽御宇文治三年丁未四月廿三日後白河法皇御沙汰。

右大抵如此。但代々勅撰勘之。崇德御號皆稱院。猶有子細歟。

攝政在任第六

良房。號忠仁公、閑院左大臣冬嗣二男。天安二年十一月七日任。

基經。號昭宣公。長良子也。忠仁公姪。爲養子讓任。貞觀十八年十一月廿九日任。號堀川大臣。

忠平。號貞信公。基經四男。延長八年十一月廿一日任。

實頼。號清愼公。小野宮。忠平一男。康保四年六月廿二日任。

伊尹。號謙德公。一條攝政。師輔一男。天祿元年五月廿日任。

兼通。號忠義公。堀川關白。師輔二男。天祿三年十一月廿七日任。

頼忠。號廉義公。三條關白。實頼一男。貞元二十月十一日任。

兼家。號法興院。大入道。東三條關白。師輔三男。寛和二六廿日任。

道隆。號恒德公。中關白。入道兼家一男。正曆元五月八日任。

道兼。號粟田關白。兼家二男。長德元四月廿七日任。

道長。御堂關白。兼家三男。長德元年五月廿日任。

頼通。號宇治關白。道長一男。長和六年三月十六日任。三朝關白。

教通。號大二條關白。道長二男。康平七年十二月十三日任。三朝關白。

師實。號京極關白。頼通一男。承和二年九月廿六日任。

師通。號後二條關白。師實一男。寛治八年三月九日任。

忠實。號知足院。富家關白。師通一男。康和元八月廿八日任。

忠通。號法性寺關白。忠實一男。四朝關白。保安二年正月廿二日任。

基實。號近衛。忠通一男。二朝關白。保元三年八月十一日任。

基房。號菩提院關白。松殿。忠通二男。三朝關白。永万二年七月廿六日任。

基通。號普賢寺。基實一男。近衛。氏長者。治承三年十一月十六日任。

師家。號小松。基房男。壽永二年十一月廿八日任。

基通。壽永三年正月廿二日再任。

兼實。號月輪。忠通三男。文治元十二月廿八日任。

基通。建久七年十一月廿五日重任。三朝關白。
良經。號後京極。兼實二男。建仁二年十二月廿五日任。
家實。號近衛關白。猪熊。基通一男。元久三年三月七日任。
道家。號月輪禪定殿下。良經一男。或云良經養子。承久三四廿任。
家實。承久四年七月十日再任。
道家。安貞二十二廿四再任。或說。光明峯寺關白良經兄良通子云々。
教實。號洞院攝政。九條。道家一男。寬喜三年七月五任。頓死。
道家。文曆二年三月廿八日重任。四朝關白。
兼經。號岡屋關白。近衛。家實子。嘉禎三年三月十日任。
良實。號普光園。二條。道家二男。仁治元任。寬元二再任。
實經。號圓明寺。一條。道家四男。寬元三任。
兼經。寶治元年再任。近衛。
兼平。兼經兄。鷹司關白。稱念院。建長四任。
良實。弘長元年四月廿九日再任。二條。福光園。
實經。文永二年閏四月十八日再任。
基衡。號近衛關白。後改衡爲平。兼經一男。深心院。文永四二九任。
基忠。號圓光院。兼平一男。鷹司。文永五十二五任。

忠家。號一音院。教實男。九條。文永十年五月五日任。
家經。號後光明峯寺。實經一男。一條。文永十一六廿任。
兼平。建治元十廿一重任。
師忠。九條。忠家男。弘安十八十一任。
家基。號淨妙寺。近衛。基平男。正應二四十三任。
忠教。號報恩院。師忠弟。九條。正應四五廿七任。
家基。正應六三廿五日再任。
兼忠。號歡喜心〔園歟〕院。基忠弟。永仁四七廿四日任。
兼基。號光明照院。良實二男。二條。永仁六年十二廿任。
師教。號巳心院。九條。師忠男。
冬平。近衛。後稱念院。基忠男。延慶元十一十任。
家平。兼忠男。正和二年七月任。
冬平。再任。或云房實九條任。
道平。兼基男。押小路關白。二條。
經忠。家平子。
冬教。冬平男。
基嗣。近衛。後淨明寺關白男。

經通。一條。
道教。九條。已心院男。
良基。號後福光園。二條太閤。
良平。二條。
道嗣。近衛關白。
經教。
冬通。
良嗣。
師基。
忠基。
師嗣。
良基。再任。二條。後普光園。
師嗣。再任。
經嗣。
經嗣。再任。
兼良。號後常恩寺。一條。
右近九二一之四家公卿御任。又有清花之三家。三家者中院。此下。土御門。久我。北畠之三家等。　閑院。此下又有三家。　花山院。

大樹家摠追捕〔捕敗〕使第七

將軍家事。往古四夷蜂起之時。臨時撰大將軍副將軍。兩將參內。先賜節刀。主上出御于南殿。近衛司內外辨官參列。節會行矣。兩將拜受節刀退出云々。田村丸以來。代々諸家將軍。藤原仲文。平貞盛。源賴義。義家。各如此。　至後白河御宇。于時後鳥羽院御在位。　前右大將源賴朝卿。依武勇名譽無雙。賜日本國中摠追捕〔捕敗〕使。自是已來。一將軍之下知征天下云々。
賴朝。從二位右近衛大將征夷大將軍。號鎌倉殿。　賴家。賴朝一男。
實朝。右大臣。賴朝二男。
已上三代將軍。源家。
賴經。藤氏將軍。二位尼養子。九條道家公三男。　賴嗣。賴經男。
已上二代將軍。北條泰時執權之臣云々。

宗尊親王。三品。征夷大將軍。
惟康親王。七歲。賜源姓。宗尊嫡男。
久明親王。後深草御子。十四歲。
守邦親王。三品。久明御子。
成良親王。
已上宮將軍。前代云々。
當家始。源家將軍義家御裔。
尊氏。治部大輔。兼左兵衞督。贈一位左大臣。法名妙義。號等持院。讃岐守貞氏男。
義詮。贈一位左大臣。法名瑞山。號寶篋院。尊氏三男。
義滿。從一位太政大臣。法名天山。號鹿苑院。義詮男。
義持。內大臣。法名道詮。義滿男。號勝定院。
義量。號長德院。御早世。
義教。贈太政大臣。號普廣院。勝定御子。
義勝。號慶雲寺（院歟）。御早世。
義政。一品贈太政大臣。東山殿。號慈勝（照歟）院。義教二男。
義尙。贈太政大臣。常德院。義政男。
義材。號後今出川殿。島御所。惠林院。
義澄。義教孫。政知長子。寶住院。
義晴。義澄男。萬松寺殿。
義輝。義晴御一男。光源院。

神皇雜用先規錄卷之下

御瑞驗第八

雄略天皇廿一年　皇太神御託宣。大倭姬皇女奉迎豐受太神。二所太神宮雙座云。
元正天皇靈龜三年八月十六日。洪水。豐受太神宮瑞垣并御門一宇流散。件水御正殿之許一丈。不流寄志天。土下二涌入云々。
稱德女帝天平神護三年丁未七月七日。自午時迄于未二點。五色雲懸于五十鈴河上宇治山之峰。依注進改年號。爲神護景雲。又後一條院長元之記。秘之々々。有御詠也。

祭主次第第九

中臣姓常盤大連公之時。始賜之。未任祭主職云。
第二 始爲祭主職 御食子大連。天兒屋根命廿一世裔。推古御代任十六年。
國子大連。可多能祜大連二男。御食子弟。舒明時任十六年。
國足朝臣。國子一男。孝德時任十八年。
大島朝臣。可多能祜末孫。許米連一男。天智時任十二年。

中納言伯意美麻呂。國足一男。天武時。
東人。意美麻呂一男。元明時。任十七年。
廣見。意美麻呂三男。神龜元年任。
人足。
淸麻呂。天平十二年任。
益人。
淸麻呂。再任。
子老。
諸魚。左近衞大將。伯。
諸人。大副。
淵魚。
磯守。少副。
毛人。
國雄。大副。
穉守。同。
逸志。
豐雄。
有本。
安則。
奥生。延長六二補。祭主大副從五位下也。天慶二壬七二卒
賴基。淸麻呂末孫。輔道男。天慶二年四月任。在任廿年
公節。前官祭主。
元房。
能宣。賴基一男。天祿三年十一月任。正曆二年卒。在任廿年。
永賴。淸麻呂末孫。太神宮司茂生三男。正曆二年十一月任。長保二八〔九タ〕月廿二日出家。
輔親。能宣一男。長保三二任。長曆二六廿二出家同。廿四年。
佐國。
兼興。

永輔。
元範。野篠。祭主。
輔經。小社。
賴宣。宮司茂生六男。〔守孝五男。タ〕
親定。岩出。寬治五年八月任。在任卅二年。保安三年正月卒。
公長。相可。保安三年五月任。在任十七年。
淸親。岩出。
親章。岩出。保元二年八月任。永曆二正廿五卒。
爲仲。殿村。
親隆。岩出。
親俊。長森。
師親。佐奈。應保元年九月任。治承三年九月廿四日卒。在任五年。齡七十九歲。
能隆。岩出。
隆宗。同。
能隆。再任。
隆通。後二條。
隆世。岩出。
隆蔭。岩出。又棚橋。
定世。岩出。
爲繼。粥見。文永十任。
隆蔭。再任。棚橋。
定世。再任。
隆直。岩出。正應二〔元タ〕任。
爲繼。再任。
定世。
隆直。
爲繼。粥見。
定忠。岩出。

爲連。爲繼卿長男。
定忠。
隆實。岩出。
隆實。
［親忠。タ］
忠季。
親忠。觀應元。
［忠直。文和三。タ］
親世。永和四。
［清世。タ］
清忠。岩出。正長元。
清忠。
清忠。二位。寶德三二三任。
輔直。
朝忠。

經蔭。棡橋。
蔭直。岩出。
親忠。
蔭直。
隆基。
親直。貞和四年任。
親世。文和元。
實直。永和三。
基直。康曆元。
通直。應永。叙三位。
宗直。通直一男。
宗直。三位。文安三。
秀忠。應仁三。淸忠男。
伊忠。明應二後四月十一日任。秀忠男。
康忠。朝忠男。

大宮司次第第十

第一
香積連須氣。河內國錦織郡人也。孝德御代任十四年。
大栦連馬養。持統御代任十七年。
村山連糠麻呂。大寶二年任。在任十六年。
大家朝臣豐穗。在任四年。
津島朝臣大庭。在任六年。
高良比連千上。在任五年。
村山連豐家。在任六年。
中臣朝臣家主。天平八年八月十日任。在任四年。
摺宜朝臣毛人。在任六年。
津島朝臣家虫。在任二年。
津島朝臣小松。在任九年。
菅原朝臣忍人。在任三年。
菅生朝臣虫麻呂。在任三年。
摺宜朝臣山守。在任三年。
此宮司以後不任他姓
中臣比登。祭主廣見七男。在任四年。
同中臣朝臣廣成。宮司馬養一男。在任六年。
繼成。二門東人孫也。在任四年。

野守。東人孫。山守男。延暦五年三月任。此時始任限定六年。
若丸。　眞魚。　直繼。
豐庭。此時自高河原。移離宮院於宇羽西鄕。
淨持。　眞清麻呂 弘仁七年七月廿一日任。在任六年。
菅生朝臣道成。中臣久世王。逸志。
眞仲。　豐歳。　新作。
伊度人。　峯雄。　有範。
如道。　安棟。　有輔。
濱行。　良臣。　臣善。
利世。　全臣。　賴行。
良扶。　恒瀧。　時用。
邦光。　元房。　茂生。
中理。　氏高。　茂生。
中理。　公賴。　當行。
理信。　宗幹。　宣茂。
公忠。　千枝。　佐國。
公枝。　爲公。　爲清。

公兼。　永政。　兼任。
明輔。　義任。　兼任。
宣衡。　公義。　範祐。
國房。　公房。　宣孝。
定祐。　公盛。　公衡。
公隆。　仲房。　公賢。
公宗。　公清。　有長。
公俊。　祐清。　盛家。
康定。　重長。　康定。
賴重。　盛家。　光定。
公重。　尙長。　公行。
知定。　長則。　公行。
長藤。　康雄。　長藤。
清世。　長光。　長藤。
長光。　長藤。　公忠。
長藤。　清長。　長藤。
康雄。　長藤。　康雄。

輔生。
忠緒。公忠男。〔忠宗男。タ〕
長基。
忠隆。
康雄。
忠澄。
忠智。
長盛。
長資。
長資。
氏長。長盛男。永享十年十二月八日任。嘉吉二年重任。
忠香。文安二年六月十一日任。在任二年。
氏長。在任六年。
忠康。忠春男。應仁二年十月廿一日任。在任三年。文明元神嘗祭荷前御調絹違失。仍改替。
氏長。
廣長。則長男。
辰長。

長泰。
長基。長泰男。
忠緒。
忠朝。
長昌。長基男。康應元年十十四任。在任八年。
長興。長重男。應永九二二任。在任二年
長盛。長昌男。
長照。長興男。應永廿年八廿一任。在任十一年。
長世。
忠清。
則長。長盛二男。在任六年
則長。
伊長。廣長男。

康雄。
忠緒。
長基。
長基。
忠智。
忠清。
長盛。
忠春。本名忠清。在任二年。
氏長。
則長。文明十四年重任。
常長。本名滿長。

〔以下二行イ本无〕
定長。辰長孫。惟助男。承應二九八日祭主神祇權少輔任。後權大輔任。
精長。僧仁清男。承應二九月十一日任大司。

二所皇太神宮神主遠祖次第第十一。

皇太神宮神主荒木田氏遠祖次第之事。
天見通命。天兒屋根廿一世大狹山命子。
天布多由岐命。大見通命子。
大貫連伊己呂比命。天布多由岐命子。
大阿禮命。一名大荒命。伊己呂比命子。
大貫連岐己利命。大阿禮命子。
荒木田最上。岐己利命子。始賜荒木田姓。
荒木田佐波。最上子。
荒木田葛木。佐波子。〔タ无〕
荒木田己波智賀瀰。葛木子。
荒木田牟賀手。己波智賀瀰子。
荒木田酒目。牟賀手子。
荒木田押刀。酒目子。

赤冠荒木田藥。押刀子。
赤冠荒木田刀良。藥子。
赤冠荒木田黑人。刀良子。
荒木田神主廣刀自。黑人女子。
荒木田神主首麻呂。黑人子。
神主石敷。首麻呂子。
神主石門。首麻呂二男。

豐受太神宮神主度會氏遠祖次第之事。
天牟羅雲命。天御中主尊十二世孫。天御雲命子。
天日別命。天牟羅雲命子。
伊雜宮 玉柱屋姫命。
大神主 大若子命。彥久良爲命子。
爾佐布命。乙若子命一男。
彥和志理命。爾佐布命子。
事代命。爾佐布命一男。
大佐々命。彥和志理命二男。雄畧天皇御字。
御倉命。彥和志理命二男。

建前羽命。
乙若子命。大若子命弟也。
子爾佐布命。乙若子命二男。
小和志理命。爾佐布命二男。
阿波良波命。彥和志理命一男。
傳記阿波良波命云々。
佐雜支命。〔部イメ〕阿波良波命二〔一イタ〕男。

乃々古命。阿波良波命三男。
神主飛鳥。乙乃古命二男。纖躰天皇御字。
神主小事。乙乃古命四男。
神主小庭。飛鳥三子。
神主宇麻呂。小事三男。
神主久遲良。小事四男。
神主吉田。調一男。
神主富杼。久遲良二男。
神主御氣。吉田四男〔五タ〕

乙乃古命。阿波良波命四男。
神主水通。乙乃古命三男。
神主加味。水通一男。
神主伊志。小事一男。
神主調。小庭一男。
神主馬手。調四男。加味男カ
神主知加良。己夫カ 久遲良一男。
神主志杒太。吉田四男〔二タ〕

二所太神宮神主始浴朝恩賞第十二。

天平廿一年四月。依黄金出來御祈賞。二所太神宮禰宜始朝恩叙爵也。禰宜外從八位上神主首名。忍人。各叙從五位下。

天平勝寶五年正月浴朝恩賞。二宮禰宜各叙一階。

天平神護元年正月。依惠美仲麻呂謀反。二宮禰宜一階。
神護景雲元年八月。依五色雲。叙一階。二宮同。
天應元年四月。内宮禰宜礒守叙外從五位下。
弘仁五年。外宮禰宜康主〔虎夕唐イ〕叙外從五位下。
承和三年八月。内宮禰宜繼麻呂叙從五位下。
承和六年。外宮禰宜俊河叙外從五位下。
嘉祥三年九月。二宮禰宜等叙一階。
仁壽二年。外宮禰宜河繼叙外從五位下。
貞觀四年六月。内宮禰宜繼長叙外從五位下。
同年十二月。内宮禰宜繼長叙外正五位下。
同七年十二月。二宮禰宜叙一階。内宮禰宜外正五位下繼長叙從五位上〔下敗〕。外宮禰宜從八位上眞水叙外從五位下。
同十七年九月。内宮禰宜德雄從五位下。本位從七位下。
元慶二年三月。外宮禰宜眞雄叙外從五位下。
寛平元年。外宮禰宜貞河叙外從五位下。
同九年二月。同禰宜冬雄叙外從五位下。
延喜七年九月。内禰宜茎貞叙從五位下。
同廿年。外宮禰宜春彦叙外從五位下。
延長元年九月。内宮禰宜最世。
天慶元年。外宮禰宜晨時。皆叙從五位下。
同五年四月。二宮禰宜叙一階。
天慶六年〔元夕〕五月〔六夕〕。二宮禰宜叙一階。
應和二年三月。同。
天祿四年。内宮禰宜行眞叙從四位下。當年始四品也。
貞元二年。二宮禰宜浴朝恩。
天元二年。内宮禰宜氏長叙從五位下。
同五年内宮禰宜秋有〔眞夕〕同。
永延三年三月。外宮權禰宜有眞叙外從五位下。
同年八月。外宮禰宜廣隣行兼等叙外從五位下。
正暦四年。内宮禰宜茂忠氏長等叙從五位下。
長德。　長保。　寛弘之間。叙爵四ヶ度同。
寛弘七年閏二月。二宮正權禰宜等叙一階。
寛仁元年七月。二宮正權禰宜叙一階。
治安元年九月。外宮玉串大内人忠雅。番撿大内人氏賴等叙爵。
長元。　長暦。　長久。　永承之間。二宮權禰宜
各一階。
康平二年九月。外宮禰宜賴元從（外夕）五位下。
延久三年十二月。二宮禰宜叙一階。
同四年六月。內宮宮掌玉串大內人等叙爵。
承保二年十一月。二宮正權禰宜等叙（上イタ）一階。
承暦三年。內宮禰宜氏範始叙正四位下。
永保二年二月。二宮一禰宜依御祈賞叙一階。
永保三年。二宮二禰宜已下叙一階。
寛治。　永長。　長治。　天仁之間。二宮正權禰
宜各一階。
天永二年。外宮禰宜雅行始叙正四位上。
天治。　保延。　康治。　仁平。　保元。　永暦。
長寛之間。二宮正權禰宜各叙一階。七度叙爵。皆御祈故云々。
永萬元年五月。二宮禰宜等增一階。此亦御祈。
仁安二年八月。二宮正權禰宜等叙一階。宮司一階所望。

承安。　治承。　壽永。　文治。　建久之間。二
宮正權禰宜各一階。
（一行イタ无）有記云。正治二年六月。被行代始賞。
正治二年正月一日。爲日蝕御祈又一階。
（一行イタ无）有記云。元年三月被行代始賞。
建保。　寛喜。　嘉禎。　寛元。　寶治。　建長。
弘長。　弘安。　正應之間。已上九度。二宮正權
禰宜又一階。
嘉元。　正和。各朝恩被　宣下云。

正權禰宜服假時叙一級預位記例第十三。
寛治三年十二月。禰宜雅行。于時服中。　此等二
宮正權禰宜等。十二三ヶ度有之。
正權禰宜雖爲重服輕服闋踐祚賞例文。
豐受太神宮禰宜故高房之子。已爲服解之人。件
位記今度請印可有憚歟由。內記尋申侍。何樣可
有沙汰哉。先例如何。承子細可下知之狀如件。

二月三日　　　右大辨判

祭主殿

先日無憚由。被申樣覺侍。禰宜等件由言上歟。

〔然歟〕惣者解狀定侍歟。

雖爲服假中任禰宜例。

建仁二年三月二日。內宮元兼任。父二禰宜元雅讓。同月七日元雅卒去

元久元年十二月一日。經明任。父一禰宜忠滿。十一月十九日讓。同廿四日忠滿卒去。此等有數多。又。

寬元二年六月五日。貞尙任。養父貞朝。五月廿五日讓。同廿七日貞朝卒去。

建長三年二月三日。行忠任。伯父行茂去年十一月十九日卒。彼替職也。

內外其先例有數十云。

二所太神宮禰宜正權極位第十四

內宮禰宜。

成定。自從四位下叙正四位下。

元兼。元久元年叙從四位下。

延成。貞應元年叙從四位上。

成良。自正五位下叙正四位下。

滿言。建仁三年叙。正四位上。

延季。貞應元年叙從四位上。

氏忠。寬元二年叙正五位下。建長三年叙正四位下。

尙良。正嘉二年叙正四位上。

經有。弘安三年叙從四位上。

〔以下四行イタモ〕

氏成。元德三年四月十七日叙。是上階始。一禰宜叙從三位。

經博。應永廿二年。叙從三位。一禰宜。依御祈禱也。

守房。嘉吉元年十一月六日。一禰宜叙從三位。

氏經。文明五年三月六日。一禰宜叙從三位。其外畧。

經雄。文永五年叙正四位下・同七年叙正四位上。

氏成。弘安三年叙從四位下・同四年叙從四位上。

外宮禰宜。

行元。〔元夕〕承元四年叙從四位上。建保三年叙正四位上。

行衡。貞應元年叙正四位上。

貞朝。寬喜二年十二月叙正四位上。

興房。仁治二年叙正四位上。

朝行。建長三年叙從四位上同八年叙正四位上。

貞尙。寬元五年叙正五位下。建長七年叙從〔正夕〕四位下。正嘉二年叙正四位下。〔上夕〕

行忠。建長四年叙正五位下。同七年從四位下。

朝親。文永九年叙從四位下。弘安三年叙正四位下。

有行。弘安三年叙正四位下。

常尙。弘安七年正月叙從四位下。同七年十二月叙從四位上。

貞雅〔雄夕〕。安元三年叙從四位上。

行能。建保五年叙從四位上。

康房。貞應元年叙正四位上。〔下夕〕

維行。嘉禎三年叙正四位上

行茂。仁治二年叙正四位下・

常良。正應六年二月叙從四位上。永仁元年五月廿七日叙正四位下。
行文。永仁四年二月十八日叙正四位上。
朝棟。正安三年十月三日叙從四位上。
良行。嘉元四年十一月廿九日。就當宮引砂之功。各叙正四位上。
行尚。嘉元四年十一月廿九日。依引砂功。各叙正四位上。
行宗。嘉元四年十一月廿九日。依引砂之功。各叙正四位上。
行家。嘉元四年十一月廿九日。依引砂之功。各叙正四位上。
貞蔭。嘉元四年四〔十タ〕月十八日叙從四位下。同四年十一月廿九日依引砂功。叙從四位上。延慶元年十二月九日叙正四位下。
雅任。正和二年二月叙正四位下。異本補任至要集云。〔八字イタ无〕
〔以下三行イタ无〕
當良。元德三年四月十七日叙。是上階始叙從三位。一禰宜。
貞秀。應永廿二年叙從三位。一禰宜。
實久。永享十一年一禰宜叙從三位。依御祈禱。此外畧。

内宮權官一階例。極位。

忠滿。永万二年八月叙從四位上。依父一禰宜俊定去長寛元年七月朝恩未給之讓也。但座上輩一級之間。及超越也。
定良。永萬二年八月叙從四位上。仁安二年十二月叙正四位上。
元雅。從四位下。

成康。良イ

成重。　良滿。
經繼。從四位上。　滿繼。正四位上。
定氏。正四位上。

外宮權官一階例。極位。

彥敎。叙從五位上。
宗康。文治五年十月。依父一禰宜雅元文治三年未給讓。叙從四位上。
貞重。從四位下。　賴仲。貞應元年叙從四位上。建暦二年未給讓。
賴親。正四位下。　元邦。正四位下。
行宣。叙從四位下。　行經。從四位下。
定行。正四位下。又叙正四位上。　通章。
益房。文永七年十二月廿二日叙正四位下。　助行。
俊雅。

極位輩以餘階讓他人事。

天治二年。二宮禰宜共四品極位之間。申三位之時有理無例。於極位之輩者。可讓他人由。僉儀之間。禰宜乍抱愁訴不達之憤。依恐　天綸。或申子孫之重階。或叙他人之榮爵。然而可讓他人之由。云宣旨。云院宣。重疊之上。長寛元年七月并寛喜二年七月。依御祈之賞。被授一級於二宮禰宜之時。於極位之輩者。可讓他人之旨。載宣命被祈申。仍讓叙之仁。連綿不絶者也。

神皇雜用先規錄終

(以下イ无)神宮文躰

連署。禰宜十員各連署之後。下臈狀名ヲ記ス。位階名乘ヲ書スルニハ判形ナシ。唯禰宜度會神主ト計書スルニハ判有。是ハ天子ヘ申上ル表也。或ハ一人ノ表モアリ。與郡國ノ文ニハ。發端吾名ヲ記シテ其ヽヽ白スト書シ。中ハ子細也。奥ニハ誠惶誠恐謹白ト記ス。

目安一書。目安ハ二ニ其理ヲ假名マゼテ書ス。一書ハ眞名ニテモアレ。假名マジリニテモアレ。其トヲリヲ頭ニ一文字ヲ書ス。韓昌黎集ノ事宜狀是也。

勸狀。發端ニ望申旨ヲ書シ。父ヨリ祖父。曾祖父高祖父ト上ニ次第ニ四世ノ名ヲ記ス。其次ニ位階ヲ申事ヲ記ス。與郡國ノ行狀ノ躰也。今ノ世ニ書狀ト云テ。狀ノ字ヲ常ニ相違ス。文ト心得ハ相違也。ヽヽレハ書ト云物也。狀ハ陳也。牒也。事ノ子細ヲノブルハ。又ハ板ニ書スルニ依テ牒ト云也。書牒小簡ト云々。

以宮後朝眞本寫之校合畢

度會延良

慶安二己丑年九月。皇太神宮遷宮之砌。出口與三郎延良以本寫之。

于時明暦六月廿五日寫畢。

〔以權禰宜度會貞秀寛文十二年寫本〔イ本〕二所大神宮例文(タ)及齋宮記〔サ〕等一校了〕

續群書類從卷第二

神祇部二

伊勢二所皇太神宮御鎮座傳記

纒向珠城宮垂仁皇女倭姫命。伊勢國渡遇之宇遲乃五十鈴河上之邊。立磯宮御坐之時爾。狹長田之猿田彥大神。宇遲土公氏人遠祖神。（二字衍歟）齊內親王。神主部。天村雲命之孫。大若子。弟乙若子命等也。物忌等天見通命之孫。宇多大牟禰奈。大阿禮命等也。訓悟白久。凡天地開闢之事。聖人所述也。爰伊勢天照大神五十鈴乃河上爾御鎮坐之制作。未露紙墨。故元始綿邈。其理難言志。願爾諸聞給倍。吾是天下之土君也。故號國底立神也。吾是應時從機比化生出現之。故號氣神也。吾亦根國底國與利〔物イ〕麁備疎備來物仁。相牽守護之。故名鬼神。吾復爲生氣仁。授與壽福之。故名太田神。吾能反魂魄之。故號與玉神。悉皆自然之名也。物皆有効驗。我將辭訖。逐隱去矣。〔イ別行〕以昔天照太神。天御中主神。以天之御量事弖。賜天津彥火瓊々杵尊。天照太神之太子正哉吾勝々速日天忍穗耳命子也。母天御中主神子高皇產靈神女。栲幡豐秋津姬命也。八坂瓊曲玉。八咫鏡。草薙劔三種寶物。亦以大小神祇卅二神。使配侍焉。因勅皇孫曰。葦原千五百秋之彌圖穗國是吾子孫可王之地也。宜爾皇孫就而治焉。行矣。寶祚之隆。當與天壤無窮者也。于時皇孫離脫天磐座排分天八重雲。稜威道別道別而天降給。天之八衢之衢奉迎相待弖。皇孫之所幸道路啓行天。

奉到筑紫日向高千穗槵觸之峯。以皇親神魯岐。天御中主神之兒高皇産靈神也。神魯美命高皇産靈神弟神皇産靈神是也。皇孫之尊乎。日向高千穗槵觸之峯爾。天之御翳日之御翳度大宮柱太敷立天。瑞之御殿度。汝屋船命等木靈久々遲命也。稻靈豐宇加能姬也。天津奇護言乎以天言壽鎭白久。皇孫之尊乎。天津高御座爾坐天。豐葦原瑞穗之國乎安國度平久所知食天。天津日嗣乎。萬千秋乃長秋度所知食事。以天津御量事弖。天津璽乃劒鏡乎捧持賜比言壽宣。治天下卅一萬八千五百卅三歲。

神武
神日本磐余彥天皇。葺不合尊第四御子。母玉依姬命。海童小女也。元年大歲甲寅年冬十月。發向日本國矣。辛酉正月卽建都橿原。經營帝宅天。皇孫尊之美豆乃御舍乎造奉仕。自神武天皇迄開化天皇九帝。歷年六百卅余歲。天皇與同殿坐也。此時帝與神。其際未遠。同殿共床。以此爲常。故神物官物。亦未分別矣。

崇神
御間城入彥五十瓊殖天皇。漸畏神威。同殿不安。〔故歟〕改更令齋部氏。率石凝姥神裔。天目一箇神裔二氏。取天香山白銅黑金。更鑄造劒鏡。以爲護身御璽。是踐祚之日所獻神璽鏡劒也。謂內侍所是也。凡璽則大己貴神。其子事代主命。所獻于大日孁貴。瑞八坂瓊之曲玉神璽是也。天皇〔イ別行〕六年己丑。天照太神倭大國魂二神。並祭於天皇大殿內。然畏其神勢。共住不安。故秋九月。就於倭笠縫邑。殊立磯城神籬。奉遷天照太神及草薙劒。令皇女豐鋤入姬命奉齋焉。

垂仁
纏向珠城宮御宇天皇廿五年丙辰春三月。從伊勢國飯野高宮。遷幸于伊蘇宮。于時倭姬命詔久。南山末見給比。吉宮地乎。覔幸給支。今歲猿田彥大神參。乃言壽覺白久。南大峯有美宮處。佐古久志呂宇遲之五十鈴之河上者。大八洲之內。〔彌イ〕珍圖之靈地也。隨翁之出現。二百八万餘歲之前オボロゲ爾毛未視知留在靈物利。照耀如大日輪也。惟小緣之物爾不在須。定主出現御座耶念木。倭姬命曰。理實灼然。惟久代天地之大祖。天照皇太神。天御中主神。並神魯伎神魯美命誓宣弖。豐葦原瑞穗國之内爾。伊勢加佐波夜之國波。有美宮處利度見定給比天。自天上志天投降居給布天之逆太刀。天之逆鉾。大小之金鈴五十口。日之小宮之圖形文形等是也度弖。天之平手乎拍給比弖。甚喜於懷給。於此處仁遷造日小宮給。大宮柱一名忌柱。亦天御量柱。亦心柱。是則皇帝之命。國家之固也。龍神土神各一座。爲守護之神座。太敷立於下津磐根。太田命以地輪精金。底津磐根奉敷之。峻峙榑風於高天之原弖。朝廷御宇廿六年丁巳冬十月〔秋九歟〕甲子。奉遷于天照太神宇遲之五十鈴河上爾鎭座焉。

天照座皇太神一座。亦曰大日孁貴。

相殿神二座。後座也。左天兒屋命靈。右太玉命靈。

御戶開前神二座前社。左天手力男神靈。右万幡豐秋津姫命靈。

御門神二座。豐石窓神。櫛石窓神。

御倉神三座。素戔烏尊子宇賀之御魂神。亦名專女。三狐神。

酒殿神一座。神靈器座。

宮中四至神四十四前。夜叉御大將。石座也。

攝神。

荒祭宮一座　皇太神荒魂神也。伊弉諾尊到筑紫日向小戶橘之檍原而祓除之時。洗左眼因以生日天子。大日孁貴也。天下化生。名曰天照太神。荒魂。荒祭神也。謂秡戶神。瀨織津比咩神是也。

瀧原宮一座。皇太神遙宮也。伊弉諾伊弉冊尊所生河神。名曰水戶神。亦名速秋津日子〔寶イ〕神也。

伊雜宮一座。皇太神宮遙宮也。天日別命兒。玉柱屋姫命也。依神託崇祭之。

以上天照太神宮部類從神之專一是也。

豐受皇太神一座。

天地開闢初。於高天原成神也。一說曰。伊弉諾。伊弉冊尊。古語曰。伊舍那天。伊舍那天妃。先生大八洲。次生海神。次生河神。次生風神等以降。雖經廻一万余歲。水德未露志天。天下飢餓。于時二柱神。天之御量事乎以天。瑞八坂瓊之曲玉乎。捧九宮（オホソラ）所化神。名號止由氣皇太神支。千變万化。受一水之德。生續命術。故名曰御饌都神也。古語曰。大海之中有一物。浮形如葦牙。其中神人化生。號天御中主神。故號豐葦原中國。亦因以曰止由氣皇太神也。故天地開闢之初。神寶日出時。御饌都神天御中主尊。與大日貴孁天照太神二柱御大神。豫結幽契。永治天下乎。或爲日爲月。永懸而不落。或爲神爲皇。常以無窮矣。光華明彩。照徹於六合之内矣。

御間崇神城入彥五十瓊殖天皇卅九歲壬戌。天照太神乎。遷幸但波乃與佐宮。積四年奉齋。今歲止由氣之皇大神天降坐天。合明齊德給。如天小宮之義志天。一處雙座須。于時和久產巢日神子。豐宇氣姬命。稻靈神也。奉備御神酒。今世。謂丹後國竹野郡奈具社座豐宇賀能賣神是也。又元是天女昇女姮娥。謂從月天之紫微宮天降坐天女是也。亦丹波道主貴。素盞烏尊孫。御子神是也。粟奉備朝大御食夕大御氣奉仕矣。其功已辭竟天。止由氣太神復上高天原支。此感仁志天。以白銅寶鏡弖。道主貴八小男童天日別崇祭奉焉。

泊瀨雄略朝倉宮御宇天皇廿一年丁巳冬十月一日。倭姬命夢敎覺給久。皇太神。吾如天之小宮坐爾。天下仁志弖毛一所耳不坐爪。御饌毛安不聞爪。丹波國與佐之小見。比沼之眞井之原坐。道主子八乎止女乃。齋奉御饌都神止由氣皇太神乎。我坐國欲度誨覺給支。爾時大若子命差使弖。朝廷爾御夢之狀乎令言給支。卽天皇勅。汝大若子。使罷往天。布理奉宣支。故率手置帆負彥狹知二神之裔。以齋斧齋鉏等。始採山材。構立寶殿弖。明年戊午秋七月七日。以大佐々命弟若子命子。爾佐布命子。彥和志理命子。阿波良波命子。從丹波國余佐郡眞井原之弖。奉迎止由氣皇太神。度遇之山田原乃下都磐根。如五十鈴宮地。太田命奉敷之。大宮柱號忌柱。亦名天御量柱。亦曰心御柱。是則皇帝之命國家之固。神明之德也。故龍神土神各一座。爲守護神。廣敷立天。高天原爾千木高知弖。鎭理定理座止稱辭竟奉支。亦撿納神寶。卜兵器爲神幣矣。更定神地神戸弖。二所皇太神宮乃朝大御氣夕大御氣乎。日別爾齋敬供進之。亦隨天神之訓。以土師之物忌造天平瓮乎。丹波道主命物忌職奉仕。御飯炊滿供進之。皇太神重詫宣。吾祭奉仕之時。先須祭止由氣太神宮也。然後我宮祭事可勤仕也。故則諸祭事。以止由氣宮爲先也。

相殿神三座。左天津彥々火瓊々杵尊。大八洲主也。右天兒屋根命。太玉命。各天神地祇之忠神也。

多賀宮一座。止由氣皇太神荒魂也。伊弉諾尊到築紫日向小戸橘之檍原而祓除之時。洗左眼。因以生日天子。是大日孁貴也。天下化名曰天照太神之荒魂。荒祭神〔是也。亻〕復洗右眼。因以生月天子。天御中主靈貴也。天下化而名曰止由氣太神之荒魂。多賀宮是也。亦洗鼻。因以生神號速佐須良比賣神。土藏靈貴也。素盞烏尊與合力座給也。多賀宮則伊吹戸主神。祓戸神。天照太神第一攝神也。依神誨奉傍止由氣宮也。

山田原地主大土御祖神二座。大年神子大國玉魂神子宇賀之御魂神一座。素盞烏尊子土乃御祖神一座。亦衢神太田命。神寶石寶形一面座。是神財也。

調御倉神。宇賀能美多麻神坐。是伊弉諾伊弉冊二柱尊所生神也。亦號大宜都比賣神。亦名保食神。神祇官社內座御膳神是也。亦神服機殿祝祭三狐神同座神也。故亦名專女神也。齋王專女此緣也。亦稻靈宇賀能美多麻神坐。西北方敬拜祭也。尊形座。各一座也。

酒殿。謂伊弉諾伊弉冊尊所生和久產巢日神兒。豐宇賀能賣神亦名姮娥。亦名昇女。從月天降坐。善釀酒。飲一坏。吉万病除也。其一坏之直千金。財寶積車送之。今號神酒。驛家使及齋宮之節會夜賜給酒立女布。此之緣也。亦曰。丹波國與謝郡比沼山頂有井。其名號麻那井。此處居神。則竹野郡奈具社是也。故豐宇賀能賣神靈石座也。酒造天之瓶一口。大神之靈器也。以敬拜祭也。古語吉祥。甕腹滿甘露酒。名號神酒。獻三節祭也。

以上。止由氣太神靈貴神等。崇祭諸神社。四至之神等。皇太神宮緣也。故日天則東南座。月天則西北方座給矣。凡伊勢二所兩宮。日月所表。諸神星位。

倭姬命與太田命。宇豆幣帛如橫山積置弖。朝廷寶位乎長御世度。堅磐常盤爾奉齋比。茂御世爾幸閇奉度。以天津御量言之奇護言天。諸穢惡事乎定忌言詞。大神主佐々命。物忌荒木田酒女押刀子等爾訓言竟詔支。物忌之名此緣也。

凡神代靈物之義。猿田彥神謹啓白久。夫天地開闢之後。雖萬物已備。而莫昭於混沌之前。因茲万物之化。若存若亡。而下々來々志天。自不尊。于時國常立尊所化神。以天津御量事地輪之精金白銅撰集。地大水大火大風大神。變通和合給比天。三才相應之三面。眞經津寶鏡乎。鑄造表給倍利。故此鑄顯神名曰天鏡尊。爾時。神明之道明知明現。天文地理以存矣。亦劒者大刀子小刀子。土精。金龍神所造也。弓箭者輪王所造。陰陽義。故名天之香子弓。地之羽々矢也。玉者日天月天之光精也。笏者天之四德地之五行。自然德也。物皆爲神靈。敢誰爲私邪焉。高貴神詫宣久。大土祖衢神等告覺給。天照太神則主火氣。而和光同塵。止由氣太神則主水氣。而万物長養也。故兩宮者。天神地祇大宗。君臣上下元祖也。惟天下大廟也。國家社稷也。故尊祖敬宗。禮敎爲先。故天子親耕。以供神明。王后親蠶。以供祭服。而化陰化陽。有四時祭。德合神明。乃與天地通也。德與天地通。則君道明而万民豐也。故荷前荒幣和幣。赤曳糸。赤丹穗。青海原乃鰭廣者鰭狹者奥藻菜邊藻菜。山野物者甘菜辛菜。御神酒者甕腹滿並弖。皇御孫命御世乎手長御世登。堅磐爾常盤爾齋比奉。茂御代爾幸閇奉壽言登詔倍利。又詔布。神主部物忌職掌人等。諸祭齋日爾。不觸諸穢惡事。不見不聞。不吊不言。佛法言忌。亦不食完。迄神甞會日爾不食新飯。齋身謐心。愼攝掌以敬拜祭矣。又神衣神部是同也。

神鏡座事。

一面者。從月天顯現之明鏡。圓形坐。三光天象五飛龍守護神五座。是天鏡尊之鑄造白銅寶鏡也。月天所作三面之内也。崇祭止由氣宮是也。太田命白久。崇神天皇御宇。止由氣皇太神天降坐弖。天照皇太神與一處雙坐。于時從天上御隨身之寶鏡是也。神代天御中主神所授白銅鏡也。是國常立尊所化神天鏡尊。月殿居所鑄造之鏡也。三才三面之内一面是也。今二面者。天鏡尊子天万尊傳持給之。次沫蕩尊。次伊弉諾伊弉册傳待天。神賀吉詞白賜弖。日神月神所化乃眞經津鏡是也。天地開闢之明鏡也。三才所顯之寶鏡也。當受之以淸淨。而求之以神心。視之以無相無位。因以爲神明之正躰也。今崇祭一面。荒祭宮御靈。一面多賀宮御靈坐。已上三面辭竟奉支。一面者。八百万神等。以石凝姥神奉鑄寶鏡。是則崇伊勢太神宮也。一名日像。八咫鏡是也。八咫。古語曰。八頭也。八頭八(イ无)花崎八葉形也。故名八咫也。中臺圓形座也。圓外日天八座。一面者日前宮坐也。石凝姥神鑄造鏡也。初度所鑄不合諸神意。紀伊國日前神是也。

已上神代寶鏡是也。

次倭姬命隨神誨。更鑄造日月所化神鏡。藏置朝熊山神社也。亦此處爾志天。種々神財鑄造已竟。以靈石爲神躰也。凡大小神祇御靈等。或天上地下乃靈物。或御代制作之鏡八十三面。劒太刀子小刀子五十二枚。矛大小一百二十柄。御弓御箭御楯各四十四種。或以備二所皇太神之大幣焉。天照太神各貳十四種也。止由氣太神各四十貳種分置者也。興玉神詫宣久。天照坐皇太神。則大日孁貴。故號日天子。以虛空爲正躰焉。故曰天照太神。亦止由氣皇太神。則月天子也。故曰金剛神。亦名天御中主神。以水德利万品。故亦曰御饌都神。惟諸神福田生化壽命也。汝等受天地之靈氣。而種神明之光胤。誰撓其神心。誰干其慮耶。謹請再拜。言壽竟。于時倭姬命。皇太神座正宮之西北角。大地輪之中臺祝祭。〔イ別行係于雄畧廿二年〕倭姬命礒宮坐。冬十一月。新嘗祭之夜深天。雜人等退出之後。神主部物忌等宣久。吾今夜承皇太神及止由氣皇太神勅。所詫宣。汝正明聞給倍。入乃天下之神物也。〔本イ〕莫傷心神。神垂以祈禱爲先。冥加以正直爲元。任其本心。皆令得大道。故神人守混沌之始。屏佛法之息。崇神祇。散齋致齋。內外潔齋之日。不得吊喪問疾食完。不判刑致。不決罰罪人。不作音樂。不預穢惡事。不散失其正。致其精明之德。左物不移右。兵器無用。不聞鞆音。口不言穢惡。目不見不淨。守謹愼之誠。宜致如在之禮矣。于時太神主阿波良波命承宣記之。

朝熊神社六座。倭姬命崇祭之神社也。

櫛玉命一座。倭姬命御代。瑞玉奉造之。亦曰䰗尻。御靈石坐。

保於止志神一座。倭姬命御代。崇祭之神社也。眞名鶴所化御靈石座也。素盞嗚尊。〔以下イ无〕後娶大山祇神女名神大市姬。二所兒大歳神。次稻倉魂神。

縣税靈神。

櫻大刀子神二座。靈花木座也。大八洲櫻樹。始從天上降居也。因以爲花開姬命也。一座大山祇雙座也。

苔虫神一座。（櫻大刀子神。與合力・大刀子小刀子鉾類等造進之。靈石座也・）
大山祇一座。（寶鏡鑄造功神也。靈石座也。櫻神與並座也。）
朝熊水神一座。（寶鏡鑄造功神也。靈石座也。）
件神社之寶鏡二面。是則日天月天之所化白銅神鏡。依神詫。倭姬命之御制作也。凡天照太神御入座之時。大年神。大山津見。山祇。朝熊水神等。奉饗此之處。故神社定給也。

豐受宮御井神社。

右御井者。天二上之命。理治于虎珀之鉢。天降居。（七星羅列守護。如天小宮之義也。）皇太神皇孫之尊天降坐時爾。天牟羅雲命御前立天。天降仕奉時爾。皇孫之尊天牟羅雲命乎召詔久。食國之水波未熟。荒水爾在利介。故御祖天御中主尊之御許爾參上。此由言天來止詔。卽天牟羅雲命參登天。天孫之御祖之御前爾。皇御孫乃申上宣事乎。子細申上時爾。御祖天照坐太神。天御中主神。神魯伎神魯美尊詔久。雜爾奉牟政波。行奉下天在止母・水取政於波遺天・天下復飢餓久在利介。何神乎加奉下牟止思間爾。勇爾志弖參登來止詔天。天忍石乃長井乃水乎取。八盛天誨給久。此水持下天　皇太神乃御饌爾八盛獻天。遺水波天忍水止云天。食國乃水爾灌和天獻。初又御伴爾天降奉仕五伴神。三十二神。（已下イ无）八十友乃諸人爾毛。斯水乎介飲詔天下奉支。卽時日向高千穗乃宮。御井定崇居焉奉仕矣。自爾以降。但波眞井原御井。鎭移居水戶神奉仕岐。其後從魚井原。遷于豐受宮乃御井居上止焉。二所大神乃朝大御氣夕大御氣度。八盛移居。每日二時供進矣。凡此御井水者。專不于恒出。異恠之事不過於是社。亦他用更不用之。亦道主之裔大物忌父。御井掃淨奉。亦御井與御井炊殿往還之間。道一百二十丈。橋一十五丈。（黑木丸殿。）此月每修理掃淨。雜人等不通志天愼敬仕奉。

以前。太田命。皇太神宮御鎭座之時參相。狹長田乃御刀代田奉天。卽地主度爲天奉仕。三節祭幷春秋神御衣祭。及時々幣帛驛使時太玉串。幷天八重榊儲供奉。神代之古風。地祇之忠神也。于時御宇雄略天皇廿二歲戊午。齋內親王及神主部物忌等。承神宣以爲訓傳。各齋持不顯露。深藏以神秘焉。大神主天村雲命末孫也大佐々。前大神主彥和志理。無位神主。御倉。大物忌天見通命末孫也酒目。押刀女等謹請々々。

倭姬命。在璽。

白髮內親王。在璽。

詔書。皇太神宮前大神主彥和志理命謹奉。

大田命訓傳。

磐余玉穗宮御宇丁亥。乙乃古命二男神主飛鳥傳記之也。謂神道之化者不可以示非其人也。

右二所皇太神御鎭座傳記以賀茂縣主兼和自筆本書寫一本幷五部書說辨校正焉

〔更以國史大系本加一校了〕

右御鎭座傳記者以神宮文庫所藏古寫卷子本（七五八號）一校了。昭和六年七月一日。

天照座伊勢二所皇太神宮御鎭座次第記

神記第二。阿波羅波。秘書十二卷內

天照座皇太神一座。在伊勢國度會郡宇治鄉五十鈴河上。

記曰。伊弉諾尊曰。吾欲生御寓之珍子。乃以左手持白銅鏡。天鏡尊所作三面寶鏡也。則有化出之神。是謂大日孁貴。亦號天照大日孁貴也。此御子光華明彩。照徹於六合之內。天地開闢之後。神足履地而行。身光轉滅。天地大冥也。于時爲度衆生。日月星像現於虛空。名日神月神也。故伊弉諾伊弉冊二柱神。喜曰。吾息雖多。未有若此靈異之兒。不宜久留此國。自當早送于天。而授以天上之事。日神卽留宅於日之小宮焉。當神寶日出之時。天照大日孁貴。與止由氣皇大神。豫結幽契。永治天下以降。高天之原爾神留坐天。皇親神漏岐神漏美命。以八百萬神等乎。天之高市爾神集集給比。大葦原千五百秋瑞穗國波。吾子孫可主之地奈利。安國度平介久。我皇御孫之尊知食度事依奉比。以八坂瓊之曲玉。八咫鏡。及草薙劍三種之神財天。授賜皇孫之尊。永爲天璽。視此寶鏡。當猶視吾宣岐。亦云。直經津鏡。惟天照大神入天岩窟。閉磐戸而幽居。爾乃六合常闇志天。晝夜不分。庶事燎燭辨。群神愁迷弖。八百萬神深思遠慮。天御中主高貴高皇神勅曰。令石凝姥神取天香山銅。以鑄日像之鏡。其狀美麗。今崇祭伊勢太神宮御靈是也。天津彥々火瓊々杵尊。天照大日孁貴太子。正哉吾勝々速日天之忍穗耳尊子也。母止由氣皇太神太子高皇產靈神女万幡豐秋津姬。今夫天照大日孁貴尊與止由氣皇太神。亦名天御中主神是也。是天孫尊大祖也。故以。高皇產靈神爲皇親神。謂親者祖也。宗也。故屬二祖之名號皇御孫命也。凡德合天地爲皇。智合神靈爲命。大則變通之道神則中。闢天闢岐。披雲路介駈仙蹕比。天之八重雲。伊頭之千別爾千別天。築紫日向高千穗槵觸之峰爾天降到居給。神日本磐余彥天皇元年大歲甲寅年冬十月。發向日本國矣。纏向崇神珠城宮御宇廿五年丙辰春三月。從伊勢國飯野高宮。遷幸于伊蘇宮。倭姬命奉齋矣。然後隨神敎。下津磐根太宮柱太敷立弖。廿六年丁巳冬十月甲子。奉遷于度會宇治五十鈴河上之新殿。鎭理定理座矣。

相殿神二座。

左。天手力男命。元是御戶開神坐。靈御形弓坐。是神代輪王所造也。

右。萬幡豐秋津姬命。靈御形釼坐。是神代龍神所造也。件姬神。則止由氣皇太神太子高皇產靈神一女也。是天照皇太神太子正哉吾勝尊妃。皇孫命母也。故天照皇太神。與止由氣皇太神二柱御大神。則曰天津彥々火瓊々杵尊大祖也。故尊祖敬宗。禮敎爲先矣。

荒祭宮一座。天照大日孁貴荒魂。靈御形鏡坐。

伊弉諾尊洗左眼。因以生神。號曰天照荒魂。亦名瀨織津比咩神也。記曰。天鏡尊。月宮殿居焉。所鑄造之寶鏡。三面之內。二面者伊弉諾伊弉冊尊傳持天。神賀吉詞白賜比弖。日神所化乃眞經津鏡一面座也。因茲爲御靈也。

天照坐止由氣皇太神一座。在度會郡山田原。
記曰。以代（ソノカミ）水徳未露。天地未成。瑞八坂瓊之曲
玉乎捧九宮久。卽水變萬化。爲天地利。天地起成
天。人民化生須。名曰天御中主神。故万物（千變万化イ）受一水
之徳。生續命之術。故名亦曰御饌都神也。古語
曰。大海之中有一物。浮形如葦牙。其中神人化
生。號天御中主神。亦名國常立尊。又曰大元神也。故號豊葦原中
國。又因以曰天照止由氣皇太神也。與大日孁貴
天照太神。豫結幽契。永治天上天下給也。
御間城入彥（崇神）五十瓊殖天皇卅九歲壬戌。天照皇
太神遷幸于但波乃吉佐宮。積年。今時（兩イ）止由氣之
皇太神天降坐天。合明齊徳給。如天少宮之儀志且。
一處雙座。
泊瀨朝倉宮御宇（雄略）天皇廿一年丁巳冬十月一日。
倭姬命夢敎覺給久。皇太神。吾如天之少宮坐爾。
天下仁志天毛一所耳坐爪。御饌毛安不聞爪。丹波國
與佐之小見比沼之魚井之原坐天。道主貴乃齋奉

御饌都神止由居大神乎。我坐國欲度誨覺給支。
今時大若子命差使且。朝廷爾令言給且。搆立寶殿
且。明年戊午秋七月七日。以大佐々命且。從丹波
國余佐郡眞名井原志且。奉迎止由居皇太神度會
之山田原齋奉焉。御靈形鏡坐也。天地開闢之後
雖萬物已備。而莫昭於渾沌之前。因玆。萬物之
化。若存若亡。而下々來々。自不尊。爾時國常立
尊所化神。以天津御量事天。三面乃眞經津乃寶
鏡鑄顯給利。倍故名天鏡尊。爾時神明之道明現。而
天文地理宜存矣。彼三面寶鏡內。第一御鏡是
也。圓形坐奉藏黃金樋代焉。
相殿三座。外宮相殿皇孫尊
左一座。極秘左三神二而不二即一座也 皇御孫尊。御靈形金鏡坐。二面。大西。
小東。以西爲上。同御船代之內座。是神代靈異
物也。以二面爲一座居。道主貴奉齋神是也。大物忌內人奉
仕。其緣也。
右二座。極秘箱內藏靈鏡不知人云々 天兒屋根命。靈御形笏坐。牙像也。珠玉

一隻。賢木二枝坐。天石戸開之時。天兒屋根命捧持祝詞。敬拜鎭祭笏賢木是也。

太玉命。靈御形瑞八坂瓊之曲玉。奉藏圓筥也。是天祖吾勝尊所化寶玉是也。亦五百箇御統玉奉懸眞賢木枝也。寶玉内納珍寶也。是天地人福田也。奉納曲玉圓形筥一合。靈異物。觸事在効。亦五百箇乃在金玉餝寶珠等。天石戸開之時。太玉命捧持寶玉是也。圓筥則渾沌之形也。故藏萬物種子是也。亦號玉串内人奉仕眞賢木五百箇御統玉之。其縁也。

多賀宮一座。

止由氣皇太神荒魂也。伊弉諾尊到于築紫日向小戸橘之檍原。而秡除之時。洗左眼。因以生日天子。是大日孁貴也。天下現名。曰天照太神之荒魂。荒祭神是也。復洗右眼。因以生月天子。天御中主神〔校貴イ〕也。天下降居而名曰止由氣太神之荒魂。多賀宮是也。亦曰伊吹戸主神是也。御靈形鏡坐也。是天鏡尊所造三面寶鏡。伊弉冊尊右手爾令捧持天。月神所化乃眞經津鏡是也。

以前。天照坐二所皇太神宮御鎭坐本記。所錄顯如件。

阿波羅波命。　荒木田押刀。

乃々古命。　赤冠藥。

乙乃古命。

本云

當宮調御倉神代秘書十二卷内。神記。並飛鳥記。以一禰宜光忠書寫本。文治元年四月廿一日。正殿假殿遷宮之次。於宿舘書寫畢。

禰宜度會神主高倫判

件書寫本者。祖前三禰宜延行神主相承之。于時以彼本書寫之。

禰宜度會神主判

於正案三通者。神記一二。飛鳥記。別筥秘藏之。判

右二所皇太神宮御鎭座次第記以一本並五部書辨說挍合畢。

〔更以國史大系本加一校了〕

右御鎭座次第記者以神宮文庫所藏古寫卷子本（七四七號）加一校了。昭和六年四月九日。

豐受皇太神御鎭座本紀　大神主飛鳥

〔神宮文庫本以下六行端書〕
神藏十二卷秘書內㝡極秘書。文治勘錄文具也。俗名號上代本紀云々。
大田命訓傳神記止由氣太神御鎭座本紀。大神主飛鳥記。
古老傳曰六十未滿不及披見。
一禰宜氏守以後禁制云々。
何況於他見乎。曾祖（延行）七十二歲披見之。
祖（行能）父六十一歲披見。予六十歲拜見之。判」

天地初發之時。大海之中有一物浮。形如葦芽。其中神人化生。名號天御中主神。故號豐葦原中國。亦因以曰豐受皇太神也。與天照大日孁尊擧。此豐葦原瑞穗國。以八坂瓊之曲玉。八咫鏡。及草薙劒三種之神財。而授賜皇孫。爲天璽。視此寶鏡。當猶視吾。可與同床共殿。以爲齋鏡。寶祚之隆。當與天壤無窮宣焉。皇孫天津彥火瓊瓊杵尊。天照太神太子。正哉吾勝々速日天之忍穗耳尊子也。母天御中主神子。高皇產靈神女。栲幡千々姬命也。惟素盞嗚尊欲奉辭日神。昇天之時。櫛明玉命奉迎。獻以瑞八坂瓊之曲玉。素盞嗚神受之。轉奉日神。仍共約誓。卽感其懷玉。生天祖吾勝尊。是以天照太神育吾勝尊。特甚鍾愛。常懷披下稱曰披子。今俗號稚子。謂和可子。是其轉語也。夫天照皇太神。止由氣皇太神二柱御大神。則天津彥火瓊々杵尊之祖神也。故名曰皇孫命者也。以高皇靈神。名號產皇親神漏岐命（天祖）也。伴神天兒屋命中臣首上祖也。以天津諄辭之太祝詞令掌解除。太玉命忌部首上祖也。櫛明玉命兄也。捧大幣。天村雲命伊勢太神主上祖也。神皇產靈神六世之孫也。阿波國麻殖郡座忌部神社天村雲神社二座是也。取太玉串奉仕。天神地祇前後爾相從弖。闢天闢岐。披雲路介。駈仙蹕比。天之八重雲於。伊頭之千別爾千別天。筑紫日向高千穗槵觸之峯爾天降到居焉。經營宮室。而恢弘大業。光臨六合。司牧人神。能世闡玄功時。流德以鎭元々。上則答乾靈。授國之德。下則崇神祇。養正之心。撥災反正德侔道協造化。是以普天人民稟氣懷靈。何非得處。故與天地而無窮將金石而不朽焉。實人民自然之德合古便令也。

御間城入彥五十瓊殖天皇卅九歲壬戌。天照太神遷幸但波乃吉佐宮。今歲止由氣之皇太神。結幽契天天降居。于時大御食津臣命。建御倉命。

中臣祖也。屋船命。草木靈。今號度會郡坐淸野井庭神社也。宇賀之御魂稻女神。今號小俣神社也。宇須乃女神。五穀靈。號宇須野社也。須麻留賣神。今號須麻留賣社是也。宇賀乃大土御祖神。素盞嗚尊子也。度相山田原地護神。若雷神。今世號北御門大明神是也。彥國見賀岐建與來命。號度相國見神社也。天日起命。伊勢太神主祖神也。振魂命。玉串大內人祖。相從以戾止矣。爾時天照皇太神。與止由氣皇太神。合明齊德。居焉。如天上之儀。一處雙座焉。和久產巢日神子豐宇可能賣命。屋船稻靈神也。生五穀而善釀酒。奉御饗。御炊神氷沼道主。素盞嗚尊孫也。亦名粟御子神。今世號御炊物忌其緣也。卒四九三十六竈神而。朝大御氣夕大御氣於炊備天奉御饗留。丹波道主貴。大日々天皇之子。彥坐王其子也。今世號大物忌子緣也。爲御杖代志天。品物備貯之百机而奉神嘗焉。諸神所作祭神之物。五穀既成。百姓饒矣。其功已辭竟天。天照太神伊勢國爾向幸給。止由氣太神復昇高天原天。日之小宮座。于時以吾天津水影乃寶鏡。留居吉佐宮給。天地開闢之降。雖萬物已備。而莫照於混沌之元。因茲。萬物之化。若存若亡。而下々來々。自不尊。于時國常立尊所化神。汎形於天津水影。以天御量事。眞經津寶鏡三面鑄表。寔是自然之靈物。天地感應。當此時。神明之道明。而天文地理以自存者也。故鏡作神名號天鏡神尊。其緣也。卽起樹天津神籬於魚井原。秘藏黃金樋代天。道主貴八小童天日起命。豐宇賀能賣命。備御饌奉齋焉。于時高貴大神勅宣。以皇孫命靈。宜崇大祖止由氣皇太神乃前社云云。仍爲相殿神座。靈形鏡坐也。皇孫命金鏡也。

纏向垂仁珠城宮御宇廿六年丁巳冬十月甲子。天照太神從但波吉佐宮志弖。奉遷于於度相宇治五十鈴河上天。鎭居焉。

泊瀨雄略朝倉宮御宇天皇廿一年丁巳十月朔。倭姬命夢敎覺給久。皇太神吾如天之小宮坐爾。天下毛弖一所耳坐不御饌毛安不聞爪。丹波國與佐之小見比沼之魚井之原坐。道主子八乎止女乃奉齋御饌都神。是止由氣太神者。水氣元神坐。千變萬化。受一水之德。生續命之術。故名曰御饌都神也。亦古語水道曰御饌都神也。亦天照太神與止由氣太神一所雙御座之時。倍從諸神等。奉御饗其緣也。止由氣皇太神乎我坐國坐止欲度誨覺給支。爾時大若子命一名大幡主命。御間神社是也。差使弖。朝廷爾。御夢之狀乎令言給支。卽天皇祥御夢。則天皇今日相夢矣。汝大若子使罷往天。布理奉宣支。今歲物部八十氏之人等。率手置帆負彥狹知二神之裔。以齋斧齋鉏等。始採山材天。隨神教。度相山田原乃地形廣大亦麗。於是土公祖大田命以金石天。下津底根爾敷立天。搆立寶殿旦。明年戊午秋七月七日。以大佐々命奉布理留。其從神中臣祖大御食津命坐度相郡。號御食社。小和志理命。事代命。佐部支命。御倉命。屋和古命。野古命。乙乃古命。河上命。建御倉命。興魂命。各前後左右爾相副從奉仕。大神主大佐佐命。大神主小和志理命奉戴正躰。玉串祖物忌祖興魂命。道主貴奉戴相殿神。駈仙蹕比。錦蓋覆日繩曳。天御翳日御翳屏。奉行幸。爾時若雷神。天之八重雲四方爾薄靡天。爲御垣天。從但波國吉佐宮遷幸倭國宇太乃宮。御一宿坐。次伊賀國穴穗宮御二宿坐。于時朝夕御饌。箕造竹原。並箕藤黑葛生所三百六十町。亦年魚取淵梁作瀨一處。亦御栗栖三町。國造等貢進。仍二所皇太神之朝大御氣夕大御氣之料所爾定給支。次伊勢國鈴鹿神戶御一宿。次山邊行宮御一宿。今號壹志郡新家村是也。次遷幸渡相沼木平尾。今號高河原社祭祀之云々興于行宮天三箇月座焉。號今處天名離宮也。夜々天人降臨而供神樂。今世號豐明其緣也。來目命裔屯倉男女小男童神宴焉。

戊午秋九月望。從離宮遷幸山田原之新殿。奉鎭御船代御樋代之內。樋代則天小宮之日座儀也。故謂天御蔭日御蔭登隱坐祝言緣也。船代則謂天材木屋船之靈。故瑞舍名號屋船緣也。天御翳日御翳隱坐古語也。以天衣奉餝之。如日小宮儀也。依天照太神御詫宣。太神御一攝神多賀宮。伊弉諾尊洗右眼。因以生。名號伊吹戶主神也。即太神分身坐。故亦名曰大神荒魂也。奉傍止由氣宮也。御形靈鏡坐在昔天鏡神鑄造三面。眞經津鏡是也。一面者天御中主神寶鏡。二面則伊弉諾伊弉冊尊相受傳持左右掌。日神月神所化之寶鏡是也。一面荒祭神御靈坐也。亦天照太神御詫宣。相殿坐神二前。止由氣宮相殿神皇孫命爾奉陪從留。故號止由氣宮相殿而東西座給。東天皇孫命一座。西天兒屋根命。靈形笏。天津賢木執副坐。太玉命。靈形瑞曲玉座。但東御靈常西相殿並座給也。自爾以往以天手力男神。万幡豐秋津姬命。天照皇太神乃爲相殿神座。元是號御戸開神。亦素盞嗚尊孫大土祖一座。衢神太田命一座。宇賀魂大年神一座。山田原之地護神定祝祭也。大土祖靈鏡坐。大田命靈銘石坐。宇賀魂靈瑠璃壺坐也。亦御倉神。稻靈豐宇賀能賣命。宇賀能美多麻神保食神。尊形一床坐。以白龍爲守護神也。凡王子八柱同座給也。亦酒殿神。謂和久產巢日神子。豐宇賀能賣命座也。丹波國竹野郡奈具神社是也。以代昔從月殿天降坐。亦名姮娥异女稻靈。電光所變也。五穀種所化神保食神分身。善釀淸酒。靈石坐。甕名賀多普器。軍陁利夜叉神所化也。惣吉祥瓶之中。溢甘露之酒。直會集人除万病延命良藥也。亦以大土祖宇賀魂神爲根倉甕星神。供神酒今號根倉甕是也。宮中大小神祇四至神等。鎭理定理座居由。中臣祖大御食津臣命稱辭竟。神善奉祝詞言佐久。度遇乃山田原乃。下津磐根爾大宮柱廣敷立弖。高天原爾千木高知弖。皇御麻命乃稱辭定奉留。天照坐須止由居乃皇太神乃廣前爾。恐美恐美毛申給波久。天照皇太神神魯岐神魯美命爾言寄任天。天之小宮之寶殿於。此靈處爾奉移造利天。以今日天奉移鎭留御坐須狀於。平久安久令知食度申給登言壽鎭居曰久。宮人皆參。終夜宴樂。猿女祖天鈿女裔歌女舞姬。來目命裔屯倉小男童。笛生。琴生。簫生。篳篥生諸命等。一時赴歌舞。其絲竹音。鏗鏘而滿六合。天神地祇受和氣而隨實用。天下榮樂。海內太平焉。凡神樂起。在昔素盞嗚神奉爲日神。行甚無狀。種々陵侮。于時天照太神赫怒。入天石窟。閉磐戸而幽居焉。爾乃六合常闇。晝夜不分。群神愁迷。手足罔厝。凡厥庶事。燎燭而式辨。天御中主神止由氣皇太神是也。太子高皇產靈神命宣天。會八十萬神於天八湍河原。雲漢是也。深思遠慮。於天石窟戸前。擧庭火。巽作俳優。猿女君祖天鈿女命。採天香山竹。其節間雕風孔通和氣。今世號笛類是也。亦天香弓興並叩絃。今世謂和琴其緣也。木木合合而備安樂之聲。移和風顯八音。卽猿女神手伸手抗聲。或歌或舞。顯淸淨之妙音。供神樂曲調。當此時。欻解神怒。妖氣旣明天。無復風塵。以來和風雨時若。日月全度。一陰一陽。万物之始也。一音一聲。万樂之基也。神道之奧賾。天地之靈粹。絲竹之要。八音之曲。已以爲貴。故依舊氏之權。猿女氏率來目命孫屯倉男女。轉神代之遺迹。而今供三節祭。永爲後例也。

天皇倭姬命詔宣久。男弓弭之物。大刀。小刀。弓矢。楯鉾。鹿皮角。猪皮。忌鍬。忌鋤類是。女手末之物。麻桶。綿杜。天機具。荒妙衣。和妙衣。荷前御調類是。都合天地生長之土毛。式備宗廟之祭。惟仁恩之忠孝。以信爲德。故神明饗德與信。不求備物焉。仍撿納神寶。卜兵器爲神財。亦更定神地神戶。二所太神宮乃朝大御氣夕大御氣乎。日別爾齋敬供進奉。亦隨天神之訓。以土師氏爲物忌職。造天平瓫諸土器類天供進。亦開化天皇孫子丹波道主貴苗裔八小童女。寶殿御鑰賜天奉開寶殿。亦素盞嗚尊子氷沼道主。亦名粟皇子神。亦名大己貴神。亦名大國魂神亦大國主神古言曰。大國魂神。名曰宇賀靈大弁才天子卽御饌都神也。率御竈神火神嚴香來雷。水戶神嚴罔象女。薪神嚴山雷而。御飯炊滿供進奉。今號御炊物忌父子。其緣也。春女炊女是也。亦度相河邊有一人漁人。名號天忍海人。今謂之掃守氏。取年魚蓄神膳食矣。

天照皇太神重詫宣久。吾祭奉仕之時。先須祭止由氣皇太神宮也。然後我宮祭事可勤仕也。故則諸祭事。以止由氣宮爲先也。亦止由氣太神一處御鎭坐。乃今令卜筮事。天皇勅曰。宜本已宗神之續。以高皇產靈神苗裔神大佐々命。兼行二所皇太神之大神主職奉仕矣。

御井水天孫降臨以來。天村雲命理治于虎珀之鉢。金剛夜叉神所化也。徑一尺八寸。天降居留也。爲守護七星十二神羅列座光明如明星坐也。皇太神皇孫之命天降坐。時爾天村雲命御前立天。天降仕奉。于時皇孫之命天村雲命乎召詔久。食國之水波。未熟荒水爾在介利。故御祖天御中主神之御許爾參上。此由言天來止詔。卽天村雲命參上旦。天孫之御祖之天照太神。天御中主神之御前爾。皇御孫之申上宣事乎。子細申上。時爾御祖天照皇太神。天御中主皇太神。正哉吾勝尊。神魯岐神魯美尊。神議詔久。雜爾奉牟政者。行奉下弖在度母。水取政道於波遺天。天下復飢餓久在利介。何神乎加奉下牟度思問爾。勇乎志弖參登來度詔天。天忍石乃長井乃水乎取。八盛天誨給久此水持下弖。皇太神乃御饌爾八盛獻天。遺水波天忍石水止術云天。食國乃水於爾灌和天朝夕御饌爾奉獻禮。卽時日向高千穗宮乃御井定。崇居焉奉仕矣。自爾以降。但波眞井石井爾鎭移居水戶神奉仕岐。其後從眞井乃原。遷于止由氣宮乃御井居止焉。二所皇太神乃朝大御氣夕大御氣度。八盛移居。每日二時供進矣。凡此御井水者專不于恒出。異恠之事。不過於是社。亦他用更不可用之。亦道主裔大物忌父。御井掃淨奉。亦御井與御炊殿往還間。道一百廿丈。橋一十五丈。黑木丸橋。此月每修理掃淨。雜人等不通天志愼敬任奉。亦天照太神座南御門前乃御河中島爾。造奉石疊天。以黑木渡奉御橋天。止由氣太神乃大御饌。伴神御氣供進奉。三節祭別禁封其橋。人度不往還。則齋敬供奉矣。

天照皇太神御前。御飯二八具。御水四毛比。御鹽四坏。諸御贄類。御河年魚等供進奉。

止由氣皇太神御前。御飯二八具。御水四毛比。御鹽四坏。諸御贄類。御河年魚等供進奉。

相殿神御前。御飯三八具。御水六毛比。御鹽六坏。御贄年魚等供進奉。

神主部物忌等祝白。朝廷天皇常石堅石爾護幸給比。百宮爾仕奉人等。及天下四方國人民等。平久愍給度申拜奉。

天照太神八度。

止由氣皇太神八度。

伴相殿神八度敬拜志天。天津御量事奇護言以。言壽祝言。

亦神嘗會夕。宇賀魂稻靈初。天津水田乃稻種乃。稻種乃初穗穎供進奉。赤丹穗於加牟加比爾。長御氣遠御氣度。太神大前爾如横山打置天。稱辞竟祝言。天神勅曰。以口女黑鯛也魚並海鼠。不供進御者。

此其緣也。皇天倭姫内親王託宣久。各念天地大冥之時。日月星神像現於虛空之代。神足履地而。興于天御量柱於中國。而上去下來而來見六合。天照太神悉治天原。耀天統。皇孫尊專治葦原中國。受日嗣。聖明所覃。莫不砥屬。宗廟社稷之靈。得一無貳之盟。百王之鎭護孔照。是以從人本天地續命。祀皇祖標德。深其源根。恭宗祖神。令朝四方之國。以觀天位之貴。弘大業。明天下。夫逆天則無道。逆地則無德。而外走本居。沒落根國。故齋情天地。御想風雲者。爲從道之本。爲守神之要。將除万言之雜說。而擧一心之定準。卽配天命而嘗神氣。理實灼然。故祭神清淨爲先。我鎭以得一爲念也。神主部物忌等。諸祭齋日。不觸諸穢惡事。不行佛法言。不食完。亦迄至神嘗會日。不食新飯。常誼心愼攝掌。敬拜齋仕矣。

蓋聞。天地未剖。陰陽不分以前。是名混沌。萬物靈是封。名虛空神。亦曰大元神。亦國常立神。亦名俱生神。希夷視聽之外。氤氳氣象之中。虛而有靈。一而無レ體。故發廣大慈悲。於自在神力。現種々形。隨種々心行。爲方便利益。所表名曰中大日靈貴。亦曰天照神。爲萬物本躰。度萬品。世間人兒如宿母胎也。亦止由氣皇太神月天尊。天地之間氣形質未相離。是名渾淪。所顯尊形是名金剛神。生化本性萬物惣體也。金剛水不朽。火不燒。本性精明。故亦名曰神明。亦名大神也。任大悲本誓。每人隨思雨寶。如龍王寶珠。利萬品如水德。故亦名御氣都神也。金玉則衆物中功用其勝。不朽不燒不壞不黑。故爲名無内外表裏。故爲本性。謂人乃受金神之性。須守混沌之始。故則敬神。態以清淨爲先。謂從正以爲清淨。隨惡以爲不淨。惡者不淨之物。鬼神所惡也。

寶宮棟梁。天表御形文。

天照太神宮御形。象日天尊位坐也。

止由氣太神宮御形。象月天尊位坐也。惟天神地祇。明元八洲。利物形躰。故皇天久坐而配日月。照宇内之昏衢。國家合天地而寶曆長久。天直之明道。鬼神之變通。人民以幸甚々々。

東西左右惣卌四座。

心御柱。一名天御柱。亦名曰忌柱。亦名天御量柱。謂應天四德地五行。徑四寸。長五尺御柱坐。以五色絁奉纒之。以八重榊奉餝之。是則伊弉諾伊弉冊二尊鎭府。陰陽變通之本基。諸神化生之心臺也。都合天心而與木德。歸皇化而助國家。故皇帝曆數。天下之固。常磐堅磐無動。三十六禽十二神王八大龍神常住守護坐。依損失必有天下危。天平賀。隨天神之訓。土師物忌父取宇仁之波邇。造天平瓮。敬祭諸神。宮別八十口。柱本並諸木本置之。是則天下泰平吉瑞。諸神納受寶器也。

于時大佐々命乙乃古命蒙勅宣奉仕。己酉歳乙乃古命二男大神主飛鳥記之。

記云

文治元年四月廿一日。正殿假殿遷宮之時。以外宮一禰宜光忠本書寫畢。于時禰宜高倫寫之。在判

其後禰宜延行相傳也。乙未歳禰宜正四位上度會神主判。

當正平十與文和四。　以舊本書寫之一校了。

乙未歳十二月十六日書寫之。以今日之内所馳筆也。仍字形散々也。即日一挍了。

禰宜度會神主章尙判。

延文元年丙申十月十七日。以彼本書寫了。但依爲忩本先爲寫留反古裏仁令書之條有恐々々。早速可書改者也。　校合了。

沙彌曉歸。俗名度會神主實相。

還俗圖書助通倓。

貞治六年丁未四月廿八日。以一禰宜行忠神主自筆本重令挍合了。

右御鎭座本紀者以神宮文庫所藏古寫卷子本（延文元年古寫本七七五號）謄寫校合。以國史大系本一校了。

昭和六年七月八日

續群書類從卷第三

神祇部三

倭姫命世記 太神宮神祇本紀下

天地開闢之始。神寶日出之時。御饌津神。與大日孁貴。豫結幽契。永治天下。言壽宣。肆或爲月爲日。永懸而不落。或爲神爲皇。常以無窮。光花明彩。照徹於六合之内以降。高天之原爾神留座之皇親神漏岐神漏美乃命以天八百萬神等乎。天乃高市爾神集々給比。神議爾議給弖。大葦原千五百秋瑞穗國波。吾子孫可王之地奈利。安國止平介久。我皇御孫之尊。天降所知食登。事依奉岐。如比依之奉留。國中仁荒振神等乎波。神攘々平介武止神議々給比。諸神等皆量申久。天穂日之命乎遣而平介牟止申支。是以天降遣時爾。此神返言不奏支。次遣之健三熊之命毛。隨父事弖返言不奏須。又遣志天若彦毛返事不申弖。高津鳥殃爾依弖立處弖身亡支。是以弖天津神乃御言乎以弖更量給弖。經津主命健雷命二柱神等天降々給比弖大己貴神。其子事代主命爾語言天。卽大己貴神乃以平國時所扶之廣矛天。有螢火光神。及五月蠅聲邪荒振鬼神等乎神攘々給比。神和々給弖。語問志磐根樹立。草之片葉乎語止弖。葦原之中國。皆已駈除平定奴止復命勢利。于時以八坂瓊之曲玉。八咫鏡及草薙劒三種神寶弖授賜。皇孫永爲天璽之弖。視此寶鏡古止。當猶視吾。可與同牀共殿之弖。
以爲齋鏡志。寶祚之隆。當與天壤无窮志止宣比支。
卽天津彥火瓊々杵尊登。伴神天兒屋命掌解除
宣久。謹請再拜。諸神等各念倍。此時天地淸淨止。
諸法如影像奈利淸淨無假穢志。取說不可得須。皆
從因生業勢利止。太諄辭勢利。太玉命捧靑和幣白
和幣介。天牟羅雲命取太玉串天。三十二神前後
爾相副從比天。各關天關岐披雲路介弖。駈仙蹕比。
天之八重雲乎。伊頭之千別爾千別天築紫日向之
高千穗槵觸之峯仁天降到給比弖。治天下卅一萬
八千五百卅三年。是時天地未遠。故以天柱擧於
天上焉。

三代。天津彥々火瓊々杵尊。正哉吾勝々速日天忍穗耳尊太子也。母栲幡千々姬命。高皇產靈尊女也。

彥火々出見尊。天津彥々火瓊々杵尊第二子也。母木花開耶姬。大山祇神女也。
治天下六十三萬七千八百九十二年。

四代。

五代。彥波瀲武鸕鷀草葺不合尊。彥火々出見尊太子。母豐玉姬海童二女。
治天下八十三萬六千卅二年。

人皇始。神日本磐余彥天皇。神武彥波瀲武鸕鷀草葺不合尊第四子也。母玉依姬。海童之大女也。天皇生而明達。意確如也。年十五立爲大
子。及卅五歲。謂諸兄及子等曰。昔我天神高皇
產靈尊。大日孁貴。擧此豐葦原瑞穗國而。授我
天祖彥火瓊々杵尊。於是火瓊々杵尊闢天關披
雲路。駈仙蹕以戾止。是時運屬鴻荒。時鍾草昧。
故蒙以養正。治此西偏。皇祖皇考。乃神乃聖。積
慶重暉。多歷年所。自天祖降跡以來逮于今。一
百七十九萬二千四百七十余歲。元年甲寅歲冬
十月。發向日本國。天皇親帥諸皇子。舟師東征
也。卽位八年辛酉正月。卽建都橿原。經營帝宅
天。皇孫命乃美豆乃御舍乎造奉弖。天御蔭日御蔭
止隱坐弖。四方國乎安國止平久知食須。天津璽乃。
劒鏡乎捧持賜弖。言壽宣志弖。天津日嗣乎萬千秋

乃長秋爾。奉護利奉祐留。稱辭竟奉。凡神倭伊波禮彥天皇已下稚日本根子彥大日日天皇以往九帝。歷年六百卅余歲。當此時。帝與神其際未遠。同殿共床。以此爲常。故神物官物。又未分別焉。御間城入彥五十瓊殖天皇（崇神）卽位六年己丑秋九月。就於倭國笠縫邑。殊立磯城神籬。奉遷天照太神及草薙劒。令皇女豐鋤入姬命奉齋焉。其遷祭之夕部。宮人皆參。終夜宴樂歌舞。然後隨太神之教。國々處々仁大宮所乎求給倍利。天皇以往九帝。同殿共床。然漸畏其神勢。共住不安。改令齋部氏率石凝姥神裔。天目一箇神裔二氏。更鑄造鏡劒。以爲護身御璽焉。是今踐祚之日。所獻神璽鏡劒是也。謂名內侍所是也。

卅九年壬戌三月三日。遷幸于但波乃吉佐宮。秋八月十八日作瑞籬。積四年奉齋矣。從此更倭國宮居求給。此歲豐宇介神天降坐。奉御饗焉。

卅三年丙寅九月。遷于倭國伊豆加志本宮。八年奉齋焉。

五十一年甲戌四月八日。遷于木乃國奈久佐濱宮。積三年之間奉齋。于時紀國造。進舍人紀麿等。良地口御田矣。

五十四年丁丑。遷于吉備國名方濱宮。四年奉齋。于時吉備國造進采女吉備都比賣。又地口御田矣。

五十八年辛巳五月五日。遷于倭彌和乃御室嶺上宮。二年奉齋。是時豐鋤入姬命吾日足止白支。爾時姪倭比賣命事依奉利。御杖代止定旦。從此倭姬命奉戴天照太神而行幸。相殿神。天兒屋命。太玉命。御戶開闢神。天手力男神。栲幡姬命。御門神。豐石窓。櫛石窓命。並五部伴神相副奉仕矣。

六十年癸未二月十五日。遷于大和國宇多秋志野宮。積四箇年之間奉齋。于時倭國造進采女香刀比賣。地口御田矣。於是倭姬命乃御夢爾。高天之原仁坐而。吾見之國仁。吾乎坐奉止悟敎給岐。從此東向而乞宇氣比旦詔久。我思刺旦往處。吉有奈良波。未嫁夫童女相止祈禱幸行。爾時佐々波多我門仁童女參相。則問給久。汝誰。答白久。奴吾波天見通命孫爾。八佐加支刀部我（一名伊己呂比命。）兒。宇太乃大爾奈登白支。又詔曰。御共從仕奉哉。答曰。仕奉。卽御共從奉仕。件童女於大物忌止定給比弖。天之磐戸乃鑰領賜利弖。無墨心志弖。以丹心天。清潔久齋愼美。左物於不移右須。右物於不移左志弖。左左右右。左歸右廻事毛。萬事違事奈久志弖。太神爾奉仕。元元本本故也。又弟大荒命同奉仕。從宇多秋篠宮幸行而。佐佐波多宮坐焉。

六十四年丁亥霜月廿八日。遷幸于伊賀國隱郡市守宮。二年奉齋矣。（伊賀國。天武天皇庚辰歲七月。割伊勢國四郡立彼國。）

六十六年己丑冬十二月朔日。遷幸于同國穴穗宮。積四年奉齋。爾時伊賀國造。進箆山葛山戸。並地口御田。細鱗魚取淵。梁作瀨等。朝御氣夕御氣供進矣。

活目入彥五十狹茅天皇（垂仁）卽位二年癸巳夏四月四日。遷于伊賀國敢都美惠宮。二年奉齋矣。

四年乙未夏六月晦日。遷于淡海甲可日雲宮。四年奉齋。于時淡海國造進地口御田矣。

八年己亥秋七月七日。遷幸于同國坂田宮。二年奉齋矣。于時坂田君等進地口御田。

十年辛丑秋八月一日。遷幸于美濃國伊久良河宮。四年奉齋。次遷于尾張國中島宮座天。三箇月奉齋。（尾張神戸進御船事。）倭姬命國保伎給。于時美濃國造等。進舍人市主。地口御田。並御船一隻進支。同美濃縣主角鏑之作而。進御船二隻。捧船者天之曾巳立。抱船者天之御都張止白而進支。采女忍比賣又進地口御田。故忍比賣之子繼。天平瓮八十枚作進。

十四年乙巳秋九月一日。遷幸于伊勢國桑名野代宮。四年奉齋。次鈴鹿奈具波志忍山爾神宮造奉天。六箇（月イ）年奉齋。于時國造大若子命（一名大幡主命。）參相。御共仕奉。國內風俗令白支。又國造建日方命參相支。汝國名何問給。答白久。神風伊勢國止白。

進舍人弟伊爾方命。又地口御田。并桑名神戸。又大若子命進舍人弟乙若子命。次川俣縣造祖大比古命參相支。汝國名何問賜。答白久。味酒鈴鹿國奈其〔具状〕波志忍山止白支。然神宮造奉令幸行。又神田并神戸進支。次阿野縣造祖眞桑枝大命爾。汝國名何問賜。答白久。草蔭阿野國止白豆。進神田并神戸。次市師縣造祖建呰古命爾參相。汝國名何問賜。答白久。害〔完往イ〕行阿佐賀國白。進神戸并御田。十八年己酉夏四月十六日。遷坐于阿佐賀藤方片樋口宮。積年四箇年奉齋。是時爾阿佐賀乃彌子爾坐而。伊豆速布留神。百往人者五十人取死。卌往人者廿人取死。如此伊豆速布留時爾。倭比賣命於朝廷。大若子命乎進上而。彼神事乎由之者。種々大御手津物彼神進。屋波志々豆目平奉止。詔遣下給支。于時其神乎阿佐加乃山嶺社作定而。其神乎夜波志々都米上奉天勞祀支。爾時宇禮志止詔天。其處乎名天宇禮志止號。

然度坐時仁。阿佐賀々多爾。多氣連等祖宇加乃日子之子吉志比女。次吉彥二人參相支。此問給久。汝等我阿佐留物者奈爾曾止問給支。答白久。皇太神之御贄之林〔怀イ〕奉上伎佐乎阿佐留止白支。于時白事恐止詔而。其伎佐乎令進太神御贄而。佐佐牟乃木枝乎割取而。生比伎爾于氣比伎良世給。時爾其火伎理出而。采女忍比賣我作之天平瓮八十枚持而。伊波比戸爾仕奉支。爾時吉志比賣地口御田并御麻園進。

一書曰。然度坐時爾天照太神自美濃國。廻到安濃藤方片樋宮座。于時安佐賀山有荒神。百往人者亡五十人。卌往人亡者廿人。依茲倭姫命。不入坐度會郡宇遲村五十鈴川上之宮。奉齋藤方片樋宮。于時阿佐賀荒惡神爲行乎。倭姫命遣中臣大鹿島命。伊勢大若子命。忌部玉櫛命。奏聞天皇。天皇詔。其國者大若子命先祖。天日別命所平山也。大若子命祭平其神。令倭姫命奉入五十鈴宮。即賜種々幣而返遣。大若子命祭其神已保平定。社於安佐鴐以祭者矣。而後倭姫命即得入坐。但於其渡物者敢不返取。

廿二年癸丑十二月廿八日。遷于飯野高宮。四箇年奉齋。于時飯高縣造祖乙加豆知命乎。汝國名何問賜。答白久。意須比飯高國止白而。進神田並神戸。倭姫命飯高志止白事貴止悅賜支。次佐奈縣造祖彌志呂宿禰命爾。汝國名何問賜。答白久。許母理國志多備之國。眞久佐牟毛久佐向國白弖。進神田神戸。又大若子命乎。汝國名何問賜。答白久。百張蘇我乃國。五百枝刺竹田之國止白支。其處爾御櫛落給支。其處乎櫛田止號給比。櫛田之社定賜支。從其處志天。御船乘給弖幸行。其河後江爾到坐。于時魚自然集出天。御船爾參乘支。爾時倭姫命見悅給弖。其處爾。魚見社定賜支。從其幸行奈留仁。御饗奉神參相支。汝國名何問給。答白久。白濱眞名胡國申。其所爾眞名胡神社定賜支。又倭姫命神鏡載〔戴歟〕。宮所覔給時。伊勢國飯高郡下樋小河至給時。乙若子命以麻神蔦靈等。進倭姫命而令祓解。及倍從之人。留弓劒兵。共入座飯野高丘。遂得向五十鈴宮矣。自爾以來。天皇之太子齋宮。如及驛使國司人等。到此等川爲解除。止鈴之聲之。此其儀也。從其幸行弖。佐々牟江御船泊給支。其處爾佐々牟江宮造令坐給支。大若子命白鳥之眞野國國保伎白支。其處爾佐々牟江社定給支。從其處幸行之間爾。無波風志弖。海鹽大與度美爾與度美弖。御船令幸行。其時倭姫命悅給弖。其濱爾大與度社定給支。天照太神誨倭姫命曰。是神風伊勢國即常世之浪重浪歸國也。傍國可怜國也。欲居是國。故隨太神敎。其祠立於伊勢國。因興立齋宮于五十鈴川上。是謂礒宮。天照太神始自天降之處也。

二十五年丙辰春三月。從飯野高宮遷幸于伊蘇宮令坐支。于時大若子命問給久。汝此國名何。白久。百船度會國。玉掇伊蘇國止白天。御鹽濱並林定奉支。此宮坐天供奉御水在所波。御井止號支。

于時倭姫命詔久。南山未見給波。吉宮處可有見由止詔天。御宮處覔爾。大若子命乎遣支。倭姫命波皇太神乎奉戴天。小船乘給旦。御船仁雜々神財並忌楯桙等乎留置天。從小河志天幸行支。從其河志天。御船後立支。爾時驛使等御船爾宇久留止白支。其處乎宇久留止號支。從其處幸行。速河彥詣相支。汝國名何問給。答白久。畔廣之狹田國止白天。佐々上神田進支。其處速河狹田社定給支。從其處幸行。高水神參相支。汝國名何問給。答白久。岳高田深坂手國止白旦。田上御田進支。其處坂手社定給支。從其處幸行。河盡支。其河之水寒有支。則寒河止號。其處御船留給旦。則其處仁。御船神社定給支。從其處幸行時。御笠服給支。其處乎加佐伎止號支。大河瀨乎渡給止爲爾。(尖イ)鹿兒流相支。是惡詔天。不度坐。其瀨乎相鹿瀨止號支。從其處指河上乎幸行波砂流速瀨有支。于時眞奈胡神參相度奉支。其瀨眞奈胡御瀨止號旦。御瀨社定給支。從其處幸行。美地到給奴。眞名胡神爾。國名何問給支。大河之瀧原之國止白支。其處乎宇太之大宇禰奈乎爲天。荒草令苅掃天。宮造令坐給支。此地波皇太神之欲給地爾波不有悟給支。其時大河自南道宮處覔爾幸行爾。美野爾到給天。宮處覔佗賜比。其處乎和比野止號支。從其處幸行爾。久求都彥參相支。汝國名何問給支。答白久。久求小野止白支。倭姫命詔久。御宮處乎久求小野止號給旦。其處爾久求社定賜。于時久求都彥白久。吉大宮處有白支。其處爾幸行志旦。園作神參相天。御園地進支。其處悅給旦。園相社定給支。從其處幸行爾。美小野有支。倭姫命目旦給天。卽其處乎目旦野止號支。又其處爾。圓奈留有小山支。其處乎都不良止號支。從此處幸行爾。澤道野在支。其處乎澤道小野止號支。其時大若子命。從大河御船率。御向參相支。于時倭姫命大悅給天。大若子問給久。吉宮處在哉。答白久。佐古久志呂宇遲之五十鈴乃河上爾。吉御宮處在止白支。

亦悦給天問給久。此國乃名何。白久。御船向田國止白支。其處御船乘給幸行支。其忌楯桙。種々神寶物留置所名波。忌楯小野止號支。從其處幸行波。有小濱。其處取鷲老公在支。于時倭姬命御水飮止詔久。爾時老爾何處仁吉水在問給支。其老以寒御水御饗奉支。于時讚給。水門爾。水饗神社定賜支。其濱名鷲取小濱號支。然而二見乃濱御船坐。于時大若子命仁國名何問給支。答白久。速兩二見國止白支。爾時其濱御船留給天坐時。佐見津日女參相支。汝國名何問給支。御詔毛不聞。御答々不白弖。以堅鹽多御饗奉支。倭姬命慈給。堅多社定給支。時乙若子命。其濱乎御鹽並御鹽山定奉支。從其處幸行弖。五十鈴河後之入江入坐支。時佐美爪日子參相支。問給久。此河名何。白久。五十鈴河後白支。其處江社定給支。又荒崎姬參相。國名問給。答白久。皇太神御前荒崎止白支。恐志詔。神前社定給。此其江上幸行。小島在支其島爾御船泊志處

名。號御津浦支。從其上幸行小島在支。其島坐弖。山末河内見廻給天。如大屋門前在地支。其處上坐天。其處名號大屋門支。從其處幸行。神淵河原坐波。苗艸戴耆女參相支。問給。汝何爲。耆女答白久。我取苗草女。名宇遲都日女止白久。又問給久。奈止加々久爲。耆女答白久。此國波。鹿乃見哉毛爲止白支。其處鹿乃見止號支。何是問給止止可賣白支。其處乎止鹿乃淵號支。從其。矢田宮幸行支。次家田田上宮遷幸支。其宮坐時。度會大幡主命。皇太神乃朝御氣夕御氣處乃御田定奉支。宇遲田田上爾在。名拔穗田是也。從其。幸行奈尾之根宮坐給。于時出雲神子吉雲建子命。一名伊勢都彥神。一名櫛玉命。並其子大歲神。櫻大刀命。山神大山罪命。朝熊水神等。五十鈴河後江爾天奉御饗土。于時猿田彥神裔宇治土公祖大田命參相支。汝國名何問給爾。答白久。佐古久志呂宇遲之國止白弖。御止代神田進支。倭姬命問給久。有吉宮處哉。答白

久。佐古久志呂宇遲之五十鈴之河上者。是大日本國之中仁殊勝靈地侍奈利。其中翁卅八万歲之間仁毛。未視知留有靈物。照輝如日月奈利。惟小緣之物不在志。定主出現御坐。爾時可献止念比天。彼處爾禮祭申勢利。卽彼處仁往到給天御覽介禮波。惟昔大神誓願給比天。豐葦原瑞穗國之內仁。伊勢加佐波夜之國波。有美宮處利止見定給比天。從上天志天。投降坐比志。天之逆太刀。逆鉾。金鈴等是也。甚喜於懷比天。言上給比支。

廿六年丁巳冬十月甲子。奉遷于天照太神於度遇五十鈴原河上留。今歲倭姬命。詔大幡主命。物部八十友〔緖イ〕諸人等。五十鈴原乃荒草木根苅掃比。大石小石造平豆。遠山近山乃大峽小峽爾立材乎。齋部之齋斧乎以天伐採天。本末乎波山祇爾奉祭豆。中間乎持出來豆。齋鋤乎以天齋柱立。一名天御柱。一名心御柱。高天原仁千木高知利。下都磐根仁大宮柱廣敷立天。天照太神並荒魂宮和魂宮止鎭坐奉留。于時美船神朝熊水神等。御船仁乘奉利豆。五十鈴之河上仁迁幸。于時河際仁志天。倭姬命御裳裔長計加禮侍於介留洗給倍利。從其以降際。號御裳須曾河也。采女忍比賣造天平賀八十枚。令天富命孫。作神寶鏡大刀小刀矛楯弓箭木綿等。備神寶大幣矣。爾時皇太神。倭姬命乃御夢喩給久。我高天原仁坐。⿰石長戶押張原。如見見志。眞伎志國乃宮處波是處也。鎭理定理給止。覺給支。于時倭姬命。並御迗驛使等。安倍武渟河別命。和珥彥國命葺命。中臣國摩大鹿島命。物部十千根命。大伴武日命。並度會大幡主命等仁。御夢狀具令教知給支。于時大幡主命悅白久。神風伊勢國。百船度會縣。佐古久志呂宇治五十鈴河上。鎭理定理坐皇太神止。國保伎奉支。終夜宴樂舞歌。如日之小宮儀志。爰倭姬命。朝日來向國。夕日來向國。浪音不聞國。風音不聞國。弓矢鞆音不聞國。打摩伎志賣留國。敷浪七保國之吉國。神風伊勢國之。

百傳度會縣之。折久志呂五十鈴宮爾。鎭理定理給止。國保伎給支。于時送驛使等。朝廷爾還詣上天。倭姫命御夢狀細返叓白支。爾時天皇聞食弖。卽大鹿島命祭官定給支。大幡主命神國造兼大神主定賜支。神館造立。物部八十友諸人等率。雜神事取惣捧持天。太玉串供奉。因興齋宮于宇治縣五十鈴川上大宮際。令倭姫命居焉。卽建八尋機屋。令天棚機姫神孫八千々姫命。織大神神衣。譬猶在天上儀焉。（謂號宇治機殿是。一名號礒宮也。）次櫛玉命。大年神。大山津見山神。朝熊水神等奉饗。彼處仁志天。神社定給。留置神寶。（伊弉諾伊弉冊尊所捧持白銅鏡二面是也。是則日神月神所化之鏡也。水火二神爲靈物也。）倭姫命御船乘給。御膳御贄處定奉。幸行島國國崎島爾。朝御饌夕御饌止詔而。湯貴潜女等定給天。還坐時神堺定給支。戶島。志波崎。佐加太岐島定給而。伊波戶居給而。朝御氣夕御氣處定奉。然倭姫命御船留而。鰭廣魚。鰭狹魚。貝滿物。息津毛。邊津毛依來爾。海鹽相和而淡在介留。故淡海浦止號支。伊波戶居島名戶島號。波刺處名柴前止號岐。從其以西之海中爾。在七箇島。從其以南之海中鹽淡甘支。其島乎。淡良伎之島號支。其鹽淡滿溢浦名乎。伊氣浦止號支。其處參相弖。御饗奉神乎。淡海子神止號弖。社定給支。其處乎朝御氣夕御氣島定支。還幸行。其御船泊留在志處乎。津長原止號支。其處爾津長社定給支。

廿七年戊午秋九月。鳥鳴聲高聞弖。晝夜不止囂。此異止宣弖大幡主命舍人紀麻良止差使遣。令見彼鳥鳴處。罷行見波。島國伊雜方上葦原中。在稻一基。生本波一基爾爲弖。末波千穗茂也。彼稻。白眞名鶴咋持廻乍鳴支。此見顯。其鳥鳴聲止支返事申支爾。時倭姫命宣久。恐志。事不問奴鳥須良。田作皇太神爾奉物乎止詔弖。物忌乎始給弖。彼稻。伊佐波登美神乎爲弖。拔穗爾令拔弖皇太神乃御前爾。懸久眞爾懸奉始支。則其穗。大幡主女子乙姫爾清酒令作。御饌爾奉始支。千稅奉始事因玆也。彼稻生地千田止號支。在島國伊雜方上。其處伊佐波登美神宮造奉。爲皇太神爲攝宮。伊雜宮此也。彼鶴眞鳥乎號。稱大歲神。同處税宛奉也。又其神。皇太神之坐朝熊河後之葦原之中。石志弖坐。彼神小朝熊山嶺社造奉祝宛令坐。大歲神稱是也。又明年秋之比。眞名鶴皇太神宮當。天翔從北來天。日夜不止翔鳴支。時當白草支也。爰倭姬命異給。差足速男命使令見。罷到見波。彼鶴佐々牟江宮前之葦原中還行鳴。使到見波。葦原中生稻。本波一基仁爲天。末波八百穗茂也。咋捧持鳴支。爰使到見時。歡鳴聲止。天翔事止支。于時返事白支。爾時倭姬命歎詔久。恐。皇太神入坐波鳥禽相悅。草木共相隨奉。稻一本千穗八百穗茂禮利止詔天。竹連吉比古等爾仰給。先穗拔穗令拔。半分大税令苅。皇太神御前懸奉。拔穗波號細税。號大苅大半弖。御前懸奉。仍天都告刀。千税余八百税余止稱白弖仕奉也。因其鶴住處爾。八握穗社造祠也。又伊鈴之御河之漑水道田爾波。苗草不敷志天作食詔支。亦我朝御饌夕御饌乃御田作家田堰水道田爾波。田蛭穢故禮波。我田爾波不住志止宣支。亦雜々事定給。內七言。佛稱中子。經稱染紙。塔稱阿良々伎。寺稱瓦葺。僧稱髮長。尼稱女髮長。齋稱片膳。外七言。死稱奈保留。病稱夜須美。哭稱鹽垂。血稱阿世。打稱撫。完稱菌。墓稱壤。又優波塞稱角波須。又秡法定給。敷蒔。畔放。溝埋。樋放。串刺。生剝。逆剝。屎戸。許々太久之罪乎波。天都罪止告別弖。生秦斷。死秦斷。母犯罪子犯罪。己子犯罪。畜犯罪。白人。古久彌。川入。火燒罪乎波。國都罪止告分天。天津金木乎。本打切末打切斷弖。千座乃置座仁置足波志弖。天津菅麻波本苅斷末苅切弖。八針爾。取刺弖。種々乃贖物等於波。案上案下仁如海山久仁置足志弖。天津祝詞大祝詞事乎宣禮。如此宣良波。天津神國津神波。朝廷乎始弖。天下四方國仁波。罪止云罪波不在止。淸淨仁所聞食武。以掌其解除之太諄辭天。天津罪國津罪之事乎。大秡除焉。亦年中雜神態。三節祭定賜。御贄島爾神主等罷。御贄漁天。島國國前潛女。取奉玉貫鮑。鵜倉熊柄島神戶進堅魚等御贄。國々處々寄奉神戶人民乃奉留大神酒。御贄荷前等遠。如海山久置足天。神主部物忌等忌愼天。聖朝大御壽乎手長之大壽止。湯津之如石村久仁。常磐堅磐仁。天津告刀乃太告刀事乎以天。稱辭申。終夜宴樂。舞詠歌音乃。巨細大少。長短久國保伎奉。（十二詠在別卷年中行事記具也云々。）

大足彦（景行）忍代別天皇廿年庚寅年。倭姬命年既老耆。不能仕。吾日足奴止宣天。齋內親王仁可仕奉。物部八十氏人々定給天。十二司寮官等遠波奉移。五百野皇女久須姬命卽春二月辛巳朔甲申遣五百野皇女於御杖代止志天。多氣宮造奉天。齋愼美令侍給支。伊勢齋宮群行始是也。爰倭姬命宇治機殿乃礒宮坐給倍利。奉日神祀古止无倦焉。

廿八年戊戌春二月。暴神多起而東國不安。冬十月壬子朔癸丑。日本武尊發路之。戊午日枉道志天。拜伊勢大神宮。仍辭于倭姬命曰。今被天皇之命而東征。將誅諸叛者。故辭之。於是倭姬命取草薙劒。授日本武尊。宣久。愼之莫怠也。是歲日本武尊初至駿河。入野中而遭野火之愁。王所佩劒天叢雲自抽之。薙攘王之傍草。因是得免害。故號其劒曰草薙也。日本武尊既平東虜。還至尾張國。納宮簀媛。淹留踰月。解劒置定。徒行登膽吹山。中毒而薨。其草薙今劒在尾張國熱田社也。

泊瀨朝倉宮（雄略）大泊瀨稚武天皇卽位廿一年丁巳冬十月。倭姬命夢敎覺給久。皇太神吾一所耳坐波。御饌毛安不聞食。丹波國與佐之小見比沼之魚井原坐。道主子八乎止女乃奉齋御饌都神。止由氣太神乎我坐國欲止誨覺給支。爾時大若子命乎差使天。朝廷仁令參上天。御夢乃狀令申給支。卽天皇勅。汝大若子使罷往天。布理奉宣支。故率手置帆負彥狹知二神之裔。以齋斧齋鉏等。始採山材。搆建寶殿而。明年戊午秋七月七日。以大佐佐命天。從丹波國與佐郡魚井原志天。奉迎止由氣皇太神。度會山田原乃。下都磐根爾大宮柱廣敷立天。高天原仁。千木高知弖。鎭理定理座止稱辭定奉利。奉饗利神賀吉詞白賜倍利。又檢納神寶。卜兵器爲神幣。更定神地神戶弖。二所皇太神宮乃朝大御氣夕大御氣乎。日別爾齋敬供進之。又隨天神之訓。土師之物忌乎定置。取宇仁之波邇。造天平瓮八十枚天。敬祭諸宮。又皇太神第一攝神荒魂多賀宮乎波。豐受太神宮爾奉副從給者也。又依勅宣。以大佐々命。兼行二所太神宮大神主職仕奉。又丹波道主命子。始奉物忌。御饌炊滿供進之。御饌物忌是也。又須佐乃乎命御玉。道主貴社定。粟御子神社座是也。又大若子命社定。大間社是也。宇多大采禰奈命祖父天見通命社定。田邊氏神社是也。惣此御宇仁。攝社卌四所崇祭之。爰皇太神重託宣久。吾祭奉仕之時。先可奉祭止由氣太神宮也。然後我宮祭事可勤仕也。故則諸祭事。以此宮爲先也。又皇大神託宣久。其造宮之制者。柱則高太。板則廣厚禮。是皇天之昌運。國家之洪啓古止波。宜助神器之大造奈利。卽承皇天之嚴命天。移日之小宮之寶基。造伊勢兩宮焉。

天皇卽位廿三歲己未春二月。倭姬命召集於宮人及物部八十氏等宣久。神主部物忌等諸聞。吾久代太神託宣麻志万志木。心神則天地之本基。身躰則五行之化生奈利。肆元元入元初。本本任本心與。神垂以祈禱爲先。冥加以正直爲本利。夫尊天事地。崇神敬祖。則不絕宗廟經論天業。又屛佛法息。奉再拜神祇禮。日月廻四洲。雖照六合。須照正直頭止。詔命明矣。已專如在禮。奉祈朝廷良波。天下泰平志弖。四民安然奈良牟止布告。訖自退尾上山峯石隱坐。
一書曰。倭姬皇女。垂仁天皇第二皇女也。生而貌容甚麗。幼而聰明叡智。意貞潔。通神明給倍利。故皇御孫尊乃爲御杖代弖。奉頂皇太神。從美和之御諸宮發給天。願給國求奉支。
垂仁天皇廿五年丙辰春三月。伊勢國百船度會國。玉掇伊蘇國仁入座。卽建神服織社。令織太神之御服。麻績機殿神服社是也。（從此處。始在號伊蘇宮焉。）然後隨神誨。造建神離。取丁巳歲冬十月甲子。奉遷於五十鈴川上之後。覓淸麗膏地天。和妙之機殿乎。同興于五十鈴川上側。令倭姬命居焉。于時天棚機姬神。（景行）令織太神和妙御衣給倍利。是名號礒宮矣。爰卷向日代宮御宇。日本建尊。比々良木乃以八尋鉾根天。奉献皇太神宮留。卽倭姬皇女。彼八尋鉾根波。納緋囊天。皇太神乃貴財止爲天。八尋機殿（圓方機殿是也。）隱狀天爲皇太神御靈弖。奉崇祭留。令天棚機姬神裔八千々姬命。每年夏四月秋九月織神服。以供神明。故曰神衣祭也。惣此御世。定神地神戸。崇祭天神地祇。年中神態。蓋始於是時矣。至于大泊瀨稚武天皇（雄略）御宇。自退甍。爾時倭姬皇女。大神主物忌等仁託宣久。天照太神波。日月止共志天。寓內仁照臨給倍利。豐受太神波。天地止共志天。國家於守幸給倍利。故則天皇御宇。二柱靈尊。訪神風之地比。尋重浪之國天。天降鎭坐給倍利。凡伊勢二所皇太神宮。則伊弉諾伊弉册尊崇神。宗廟社稷神。惟群神宗。惟百王祖也。尊無與二。自餘諸神者。乃子乃臣。孰能敢抗夜止詔布。吾聞。大日本國者神國奈利。依神明之加被弖。得國家之安全。依國家之尊崇天。增神明之靈威須。肆爾祭神之禮。以神主祝部爲其齋主止。因玆利弖。大若子命弟若子命同侍殿內天。善爲防護。奉祈國家禮羅波。實祚之隆。當與天壤無窮矣。又聞。夫悉地則生心須。意則顯信心留蒙神明利益事波。依信力厚薄止奈利。天下四方國乃人夫等仁至万天。奉齋敬焉。
天照大神。　一座。大日孁貴此云於保比屢咩能武智。孁音力丁切反。
御形八咫鏡坐。謂八咫者八頭也。
相殿神。左天兒屋命。形弓座。右太玉命。形劔座。
一書曰。天手力男神。萬幡豐秋津姫命。
荒祭宮一座。皇太神荒宮魂。伊弉那伎大神所生神。一名八十枉津日神也。一名瀨織津比咩神是也。
御形鏡座。
伊佐奈伎社。　二座。
伊弉諾尊。左方。靈御形鏡坐。
伊弉冊尊。右方。靈御形鏡坐。
〔以下二行蓋加筆〕寶龜三年八月入於宮。貞觀九年八月丁亥。伊勢國神改社稱宮。預月次祭。並置内人員也。
月夜見命二座。形馬乘男形也。一書曰。御形。馬乘男形。着紫御衣。金作帶大刀佩也。
荒魂命。右方。形鏡坐。飛鳥宮御宇丙寅年十一月十一日。迁魚見神社也。
瀧原宮一座。靈御形鏡坐。水戸神名速秋津日子神是也。
並宮一座。　靈御形鏡。速速津日子神妹秋津比賣神是也。

此二神因河海持別而生神八柱。
伊雑宮一座。天牟羅雲命裔。天日別命子。玉柱屋姫命是也。形鏡坐。
大歳神一座。國津神子。形石坐。
興玉神。無寶殿。衢神。猿田彦大神是也。一書曰。衢神孫大田命。是土公氏遠祖神。五十鈴原地主神奉申也。
瀧祭神。無寶殿。在下津底水神也。一名澤女神。亦名美津波神也。
朝熊神社。櫛玉命。靈石坐。於保止志神。石坐。櫻大刀神。花木坐苔虫神。石坐。大山祇。石坐。朝熊水神。石坐。
寶鏡二面日月所化白銅鏡是也。
風神。一名志那都比古神。廣瀨龍田同神也。
酒殿。天逆大刀逆鉾。金鈴藏納之。
御倉神。或秘書云。加從神定十座。專女也。保食神是也。
御戸開闢神。天手力男神。栲幡千々姫命。
御門神。豐岩窓神。櫛石窓神。
四至神四十四年前。宮中祭之。
豐受皇太神。元丹波國與謝郡比沼山頂。麻奈井原坐。御饌都神。又名倉稻魂是也。大自在天子。御靈形眞經津鏡座。圓鏡也。神代三面之内也。天御中主靈。御間城入彦 五十殖瓊帝卽位卅九年七月七日天降坐。

相殿神三座。大一座。天津彥々火瓊々杵尊。形鏡坐。前二座。天兒屋根命。太玉命。形笏坐。寳玉坐。大左方座。前一座右方座。

多賀宮一座。豐受荒魂也。伊弉諾尊所生神。名伊吹戸主。又名曰神直日大直毗神是也。靈形鏡座。

土御祖神二座。宇迦之御魂神。寳東向。(瓶坐イ)土御祖乃神。形鏡坐。寳瓶坐。

月讀神。承元四年爲宮。靈形鏡坐。

調御倉神。宇賀能美多麻三狐神。形尊形。保食神是也。

酒殿神。豐宇賀能賣命。缶坐。丹波竹野郡奈具社坐神是也。天女善爲釀酒。飮一坏。吉萬病除之。形石座也。

風神。八風神。

北御門社。一名若雷神。加茂社同神也。形毯座。

御井社。天忍石長井水是也。北向坐。七星羅列。

御門鳥居四至神等。二宮同前也。

大國玉比賣神二座。大己貴命一座。佐良比賣命一座。右大己貴神。亦名大國主神。又大物主。又國作大己貴。又葦原醜男。八千戈神。大國玉顯國玉神。

日本紀曰。神產靈日神之御子。小名毗古那神。與大國主神。相並作堅此國之後者。其小名毗古那神者。度于常世國也。

神代下云。高皇產靈尊。勅大物主神。汝若以國神爲妻。吾猶謂汝有疏心。故今以吾女三穗津姬。配汝爲妻。宜領八十萬神。永爲皇孫奉護。裏書勘注曰。風土記曰。夫所以號度會郡者。畝傍樫原宮御宇。神倭磐余彥天皇詔天日別命。覓國之時。度會賀利佐嶺。火氣發起。天日別命視云曰。比此小佐居歟。禮使速命見。使者還來申曰。有大國玉神。賀利佐到。于時大國玉神遣使。奉迎天日別命。因令造其橋。不堪造畢。于時。到令以梓弓爲橋而度焉。爰大國玉神。資彌豆佐々良姬命參來。迎相土橋鄉岡本村天。申日別命。歎地出之。參會日。刀自爾度會焉。因以爲名也。一書曰。神倭日本磐余彥天皇御宇。惡神伊不迦理旦。人民亡。火氣發起而天下不安佐留仁。以日別命遣使大己貴神。復命旦發兵。從西宮從此東洲之時。崇祭大國玉神大己貴命。復命。天皇大歡。詔曰。宜取伊勢國天。卽爲天日別命之村地。此世不堪火氣。伊勢多賀佐山嶺仁。造石宅住居天。天日別命殺戮荒振神。罸平不遵。堺山川仁。定地邑者也。以天日別命子崇祭。是度會國御社也。彥國見賀岐建與東命是也。母大國玉女。美豆佐々良姬也。
神服機殿。倭姬命入坐飯野高丘宮。作之機屋令織大神御服。從高丘宮而入坐磯宮。因立社於其地。曰名服織社。號麻績鄉者。郡北在神。此奉大宮神荒衣々。神麻績氏人等別居此村。因以爲名也。
垂仁天皇廿二年春三月。飯野高丘宮坐。廿五年春三月。從飯野高宮迂于伊蘇宮座。廿六年冬十月。天照太神。草薙劔。度會五十鈴川上鎭坐。同興齋宮于宇治縣五十鈴川上大宮邊。令倭姬命居焉。卽立八尋殿令織大神御衣。號宇治機殿是也。一名礒宮。磐余（淸寧）甕栗宮三年。遷于本服織社。令織大神御衣。難波長柄豐崎宮（孝德）御宇天皇丙午年。竹連礒部直二氏建此郡焉。

太神宮本紀下。
伊弉諾伊弉冊尊者。天地万物之灵神。天照皇太神宮者。惟天神地祇之最貴也。我國家神物灵蹤。今皆觸事有功。不可謂虛焉。
于時大神主飛鳥孫御氣書寫之。爰神護景雲二年二月七日。禰宜五月麿撰集之。
蓋聞。垂仁天皇女。倭姬內親女。隨神託定大少神社。或神代神寶奉崇神躰。或以變化之灵物。爲神形專致其精明之德云々。
本云。大治四年十二月廿七日書寫之畢。
外權禰宜度會神主雜晴判。
又云。丁卯歲五月書寫之。
豐受太神宮禰宜正四位上度會神主章尙判。
于時。應永廿五年戊仲夏端午後一日書寫畢。
校點了。
本云。
旹應永廿七年庚子六月六日書寫畢。校點了。

了。
此本山田岩淵英禪秘藏云々。雖然依別段之懇志。若狹國安智庄一旦居住之令借越寫了。
希代之云重寶云出所更以無抗比者也。
以下奥書略之。

右倭姫命世記者以加茂保可藏應永廿七年古寫本（神宮文庫影寫本）謄寫。以舊續群書類從本一校了。昭和六年九月九日。

造伊勢二所太神宮寶基本記

活目入彥五十狹茅天皇垂仁卽位廿五年丙辰春三月丁亥朔丙申。離天照太神於豐耜入姫命。託倭姫命。爰倭姫命求鎭坐太神之處而。詣菟田篠幡。更還之。入近江國。東廻美濃。到伊勢國。于時天照大神誨倭姫命曰。是神風伊勢國。卽常世之浪重浪歸國也。傍國可怜國也。欲居是國。故隨太神敎。其祠立於伊勢國。因興立齋宮于五十鈴川上之側。是謂磯宮。天照太神始自天降之處也。天皇卽位廿六年丁巳冬十一月。新嘗會。祭夜。神主部物忌八十氏等詔。吾今夜承大神之威命。所託宣也。神主物忌等愼無懈。正明聞焉。人乃天下之神物奈利。須掌靜謐志。心乃神明之主他利。莫傷心神禮。神垂以祈禱爲先。冥加以正直爲本須。任其本誓。皆令得大道者。天下和順。日月精明。風雨以時。國豐民安。故神人守混沌之始。屏佛法息。置高臺之上。崇祭神祇。任無貳之心。奉祈朝廷。則天地與龍圖運長。日月與鳳曆德遙。海内泰平。民間殷富。各念。祭神禮。以淸淨爲先。以眞信爲宗。散齋致齋。内外淸潔之日不樂。不吊喪問疾食完。不判刑殺。不決罸罪人。不作音樂。不預穢惡事。不散失其正。致其精明之德。左物不移右。兵戈無用。不聞鞆音。口不言穢惡。目不見不淨。鎭専謹愼之誠。宜致如在之禮。背法而不行。則日月照見給。違文而不判。則神明記識給。惣而神代仁者。人心聖而常也。直而正也。地神之末。天下四國人夫等。其心神黒焉。分有無之異名。心走使無有安時。心藏傷而神散去。神散則身喪。人受天地之靈氣。不貴靈氣之所化。種神明之光胤。不信神明之禁令。故沈生死長夜之闇。吟根國底國。由玆。奉代皇天。西天眞人。以苦心誨喩。敎令修善。隨器授法以來。太神歸本居。止託宣給倍利。若應時自在示告。則開大明戸。

無形顯音。或小童女昇立茅葉上。須在驗言矣。猥莫信狂言類。從天地官陰陽。掌神木宜存自正。是長生之術。不死藥也。神主部物忌等。所詫宣。懇致其誠。終無欺貳。齋仕敬祭天神地祇矣。纒向珠城宮御宇(垂仁)廿六歳丁巳冬十月甲子。奉遷于天照太神於五十鈴原。今年倭姫命詔物部八十氏諸人等。五十鈴原乃荒草木根苅掃比。大石小石造平弖。遠山近山乃。大峡小峡爾立並木乎。齋部之齋斧乎以天伐採天本末於波山祇爾奉祭弖。中間乎持出來天。齋鉏乎以天齋柱立。(一名天御柱、又名心御柱。)高天原爾千木高知天。下都磐根爾大宮柱廣敷立天。天照太神並荒魂宮和魂宮伴神等於鎭座也。其造宮之制者。柱則高太。板則廣厚禮。是皇天之昌運。國家之洪啓事波。宜助神器之大造奈利。卽承皇天之嚴命天。移日小宮之寶基。造伊勢兩宮焉。泊瀨朝倉宮御宇(雄略)廿一年丁巳。依皇太神之御託宣天。明年戊午歳秋七月七日。以大佐々命天。

從丹後國。與謝郡比沼山頂魚井原。奉迎等由氣皇太神。卽山田原乃靈地乃。下都磐根爾大宮柱廣敷立弖。高天原爾千木高知天稱辭定奉留。其後重御託宣偁。我祭事奉仕之時。先可奉祭止由氣太神宮也。然後我宮祭事可勤仕也。因玆諸祭事。以止由氣宮爲先。撿定神寶。更定置神地神戶弖。二所皇太神宮伴神相殿神乃。朝大御饌夕大御饌乎。日別齋敬供進之。隨天神地祇之訓。土師物忌取宇仁之波邇。造神器並天平瓮。敬祭諸神。宮別天平瓮八十口。柱本並諸木本置之。天照太神宮。等由氣太神宮別八百口。荒祭。高宮。月夜見宮。伊佐波宮。瀧原宮。齋內親王坐磯宮。別八十口進之。是則天下泰平吉瑞。諸神明納受寶器也。

纏向日代宮景行御宇十五歲九月十五日。伊勢天照皇太神宮假殿遷宮之事。奉渡正躰於假殿。黑木板葺。修造寶殿。遷宮之事。同日夕奉遷正躰於寶殿已終。依宣旨。宛用當國正稅官物等也。寶殿修補之間。奉渡於假殿。幸行道長九十五丈。爾時伊己呂比命。乙若子命。大物忌大阿禮命。奉頂正躰。諸內人及妻子等人垣立天。衣垣曳天。蓋刺羽等捧弖。令行幸給者也。

仲哀天皇五歲三月。

仁德天皇十九歲九月。

允恭天皇廿歲十月。有假殿遷幸事。

繼躰天皇卽位十二年戊戌九月十一日。等由氣皇太神宮殿舍御門等朽損叓。依宣旨。造進假殿一宇。十一日。以寅剋奉遷御形於假殿之後。本殿修補終。夕戌剋奉遷寶殿。神主飛鳥小事。物忌諸大小內人及妻子等供奉。以當國調庸及田租等。宛造假殿及寶殿等也。

欽明天皇卽位五年甲子九月。豐受宮假殿。宮子內親王供奉。

用明天皇卽位元年丙午三月。

推古天皇廿一年八月。

孝德天皇即位三年八月。豐受太神宮假殿遷宮事。

同年九月。皇太神宮假殿遷宮事。

天武天皇元年壬申十月。豐受太神宮破損之間。始宮司大朽連馬養蒙宣旨。當國司差遣神戶百姓等。以神税正税等。造假殿。奉遷正躰。修補本殿已終矣。

天武天皇朱雀三年乙酉九月十日。依右大臣宣。奉勅。伊勢二所太神宮御神寶物等。差勅使被奉送畢。宣旨狀偁。二所太神宮御遷宮事。二十年一度。應奉令遷御。立爲長例也。朱雀三年以往之例。二所太神宮殿舍御門御垣等。宮司相待破損之時。奉修補之例也。依件宣旨。定遷宮之年限。又外院殿舍御倉四面重々御垣等所被造加也。

持統天皇四年庚寅。太神宮遷宮。東本宮地也。

同六年壬辰。豐受太神宮遷宮。東本宮地座也。

元明天皇和銅二年己酉。太神宮遷宮。西宮地座。

同四年。豐受宮遷宮。西宮地座。

天平十九年丁亥九月。諸別宮遷宮事。荒祭宮任假殿造立之舊跡。奉遷于東宮地也。于時本宮西宮地座。豐受宮御鎮座以往。荒祭宮與高宮掌左右。一所爾御鎮座。以中間爲假殿之地故也。神宮法更不改舊跡也。仍舊之圖。縱跡斯存矣。

天平勝寶元年己丑。豐受宮別宮高宮遷宮。廿年一度。新宮及假殿等造進之節。神主部物忌玉串内人忌部等。奉立忌柱。任儀式勤仕之。其舊柱則宮地之内。爲人無往反。清淨靈處。奉藏置之。齋敬如神在。愼無顯露矣。

心御柱。一名忌柱。一名天御柱。一名天御量柱。是則一氣之起。天地之形。陰陽之原。萬物之體也。故皇帝之命。國家之固。富物代千秋萬歳無動。下都磐根大宮柱廣敷立。稱辭定奉焉。磐根者地輪之精金。清淨之自德。天長地久之寶座。

如湯津石村久。常磐堅磐爾無動久。宮柱太敷立天。伊波比與佐志給縁也。

太神宮東西左右寶藏。興于正宮之後。斯則大日孁貴。無上無貳之元神。故不立一塵。不翳一物。衆物普受日神之光胤。知皂白縁也。至于度會宮。興正宮之前。是依廣大慈悲之本誓 施與地利養萬物爲元因縁也。

棟文形事。皇太神宮者。日天圖形。六合之中。心體獨存。任天眞故明白也。五行中火性。五色之中白色。故以白銅奉餝之。豐受宮者。月天形。八州之中平等圓滿之心躰縁也。五行中水性。五色中赤色。故以金銅奉餝之。黃金。種智圓明義也。鞭懸者。天神地祇之風光。衆人之壽命。國之權衡。民之轡(策イ)束者也。故式爲名矣。

千木者。智義也。摶風也。義則仁也。如天。智則靈也。如神。風者氣也。夫天地之間。非風則不行不動。故神聖乘風雲而往行。冷然善。乍有風竅。是則虛空之中。無聲而獨能聞知焉。無形之中。能露心矣。實有之所歸。衆之所集。至德一大道之竅也。

千木片掞者。水火之起。天地之象也。故則日天之智義也。片掞者。仰天以弖開口久。斯受月之一水。利萬品縁也。任水德。豐受皇太神乎波。號御氣都神也。向上天地開口也。向下地神含口也。是陰陽化德也。

堅魚木者。衆星形也。奄守天下。比於列星也。人氣昇天爲星。善氣則爲善星。惡氣則爲客星也。能德善元。客非惡起也。

御門鳥居。八洲中。四方中。以西方爲智門也。故以西方號鳥位也。大智清淨心縁也。謂陰陽之始。乃遂於大明之上。出入於窈冥之門。而君臣上下。令逍遙清淨之宮殿焉。

瑞垣玉垣荒垣者。天四德。地五行。萬象大位。五官皆備矣。惣而天地與人形。人躰與寶舍。雖異其名。而其源一也。

榊。一名眞賢木。持受自然之正氣。冬夏常靑。故
衆木中爲（以イ）賢木。號榊也。
御船代。御樋代。神寶藏。神代制作形器也。
太神宮屋形文錦御衣者。皇天常住之本居義也。
豐受宮小車錦御衣者。乘寶車廻四天下。度萬類
由也。
神鏡坐事。
一面者。從月天所顯現明鏡。（圓形。）崇止由氣宮是
也。
一面者。從八百萬神等。以石凝姥神。奉鑄寶鏡。
是則崇皇太神宮也。（一名日像八咫鏡是也。八咫謂八頭花崎八葉鏡也。中台圓形座淸明也。）
一面者。日前宮坐也。石凝姥神鑄作鏡也。是則
初度所鑄。不合諸神之意。紀伊國日前神是也。
一面者。內侍所神鏡坐也。磯城瑞籬宮（崇神）御宇天皇。
漸畏神威。同殿不安。故更令齋部氏。率石凝姥
神裔。天目一箇神裔二氏。更鑄造劍鏡。以爲護
身御璽也。

二面者。日神月神所化之眞經津鏡也。（謂眞經津。眞者以天道爲神。經者以地道爲祇。津者人道也。鏡者靈明心鏡也。万物精明之德。故照混沌之前。歸元始之要。斯天地人之三才。當受之以靜。求之以神心視之以無形。顯實故則以無相鏡。爲神明御正躰也。）
神代伊弉諾伊弉冊尊所捧持寶鏡。天地開闢之
始出現鏡也。一氣化爲天地。天地化爲鬼神。鬼
神化而爲明鏡。是斯日月變化。水火德用。万物
大意也。故式爲荒祭宮高宮神形者也。是二所太
神宮爲攝政神。謂荒魂宮和魂宮是也。倭姬命更
鑄造日月所化神鏡。納朝熊神社也。
倭姬命隨神誨。以二所皇太神。奉遷于伊勢國渡
遇宮。崇大小神祇。齋敬諸神態所名神躰等。或
天上地下靈物。或御宇制作劍鏡玉壺金石類是
也。盖於磯宮。以天富命裔等所鑄造鏡八十三面。
太刀子小刀五十二枚。鉾弓箭神財四十二種。式
備大幣也。
木綿者。謂以穀木作白和幣。名號木綿。神代七
代。地神五代。神人皆着木皮藤綿連々衣緣也。

潔齋之日。淸淨之祭服。是其緣也。以天眞爲明衣故也。

幣帛者。風心使。以信備德緣也。

大麻者。解除不淨妄執。爲住淸淨之本源也。故謂鎭護神國之境。福智圓滿之國。遷魔緣於鐵際。撥穢惡於他界。己心淸淨義盖滅罪生善神咒也。故謂秡。

神代上云。逐之。此云波羅賦是也。

內七言。佛稱中子。經稱染紙。塔稱阿良々岐。寺稱瓦葺。僧稱髮長。尼稱女髮長。齋稱片膳。外七言。死稱奈保留。病稱夜須美。哭稱塩垂。血稱阿世。打稱撫。完稱菌。墓稱壤。已上倭姬命神託也。

又七言別忌詞。堂稱香燃。優婆塞稱角筈。是佛弟子出世行者也。

六色禁法。不弔喪問病。謂在重親喪病者不在預祭之限。食完。亦不判刑殺。不決罰罪人。不作音樂。謂不作絲竹哥舞之類也。不預穢惡事。惡者不淨之物。鬼神所惡也。上蒸下淫。佛法等是也。

散齋致齋之前後祭日。僧尼及重服奪情從公之輩。不得參入內裏。雖輕服人。致齋前。散齋之日。不得參入矣。

伊勢太神宮神主大小內人祝部等。諸祭之日。僧尼重服奪情從公之輩。並輕服人。與同宿往反。齋日犯吊喪問病等六色禁忌者。宜科上秡云々。

大神宮四至內。被禁斷巫覡態者。依神託宣也。是庶民愚。仰信妖言。繁好厭咒。而匿正理故也云々。神道則出混沌之境。歸混沌之始。三寶則破有無之見。拂實相之地。神則詶穢惡。導正源。佛又立敎令。破有想。目不妄視。耳不妄聽。鼻不妄香。口不妄言。手不妄持。足不妄行。精不妄施矣。其死也及是也。

我朝家。道出混沌。境同華胥。無爲之功未假號令。不言之化。豈用章條。於是朴往雕來。步盡驟至。前帝後王。雖俱存一面之網。重規疊矩。不能廢三章之科。故敎而不誅。制甲令於先。誅而不怒。張丙律於後云々。
詔。掃災招福。必憑幽冥。凡敬神尊佛。淸淨爲先。今聞諸國神祇。社内多有穢臭。及放雜畜。敬神之禮。豈如此乎。宜國司長官自執幣帛。愼致淸掃。常爲歳事焉。

神龜二年七月廿日

本記云
本云二所太神宮寶基本圖儀說秘府本圖酒殿

天慶五年壬寅九月廿三日　書寫之畢。
太神宮禰宜荒木田神主行眞判

建保二年甲戌九月十二日　書寫之畢。
荒木田神主氏良判

文永三年丙寅三月二日。以内宮一禰宜延季神主本。神主憲繼書寫之。
件憲繼自筆書寫本。外宮玉串大内人度會神主常主相傳之。

建治三年丁丑九月二日。
禰宜度會神主書寫之行忠判

祭主定世卿本同比校了

〔以下奥書裏書共ニ略ス〕

右寶基本記者以神宮文庫所藏延寶四年黑瀨益弘手寫本(七八六號)謄寫。以舊續群書類從本一校了。

卷第二天照座伊勢二所皇太神御鎮座次第記
同　豐受皇太神御鎮座本紀
卷第三倭姫命世記
同　造伊勢二所太神宮寶基本記

右四卷、以神宮文庫所藏本謄寫校合、昭和十四年改版、七十頁以下四頁增加

伊勢二所皇太神宮神名秘書

天地之初發。有水氣之用。其輕清上爲天。其重濁下爲地。故上從高天原。至入根底而同時成立也。爾氣水氣高天海初出之。故謂之天讓日天狹霧。國讓月國狹霧。是元氣諸神之性。稟氣壞靈凡有身形。但有心性。以天精爲神。以地精爲祇。以人精爲鬼。故謂。天神地祇人鬼者是也。天地沒而神常在矣。因玆性受於化心。心受之意。意受之精。精受之神。形躰消而消神。不毀性命。既而神不終形。躰易而神不變。故人能養神。則不死也。神謂五臟之神也。肝臟魂。肺臟魄。心臟神。腎臟精。脾臟志。五臟盡傷。去五神也。淸五臟則天降神明。往來於己。大道歸己也。

天地開闢之始。當神寶日出之時。御饌都神天御中主尊。與天照大日孁貴。以天津御量事。授給天津彥々火瓊々杵尊。八坂瓊之曲玉。八咫鏡。草薙劒三種寶物。因勅皇孫曰。葦原千五百秋瑞穗國。是吾子〔王歟〕孫可主之地也。宜爾皇孫就而治之。寶祚之隆。當與天壤無窮者也。于時離脫天磐座。排分天八重雲。稜威千別千別。筑紫日向高千穗槵觸之峯天降坐焉。爾時後。自神武天皇迄開化天皇九帝。歷年六百三十餘歲。此時帝與神其際未遠。同殿共床。以此爲常。故神物官物未分別。及崇神天皇御宇。漸畏神威。同殿不安。更鑄造之。以爲護身御璽也。亦就於倭笠縫里。殊立礒城神籬。奉遷天照太神及草薙劒。令皇女豐鍬入姬命奉齋焉。

崇神天皇御宇三十九年壬戌。天照坐皇太神遷幸但波吉佐宮。今歲止由氣皇太神天降坐。與天照太神。合明齋德居焉。所謂二宮一光是也。如天上之儀。一處雙坐焉。其功已辭竟。天照太神者伊勢國爾向幸給。止由氣太神復昇高天原。日少宮留坐焉。

垂仁天皇卽位二十五年丙辰春三月。離天照太神於豐鋤入姫命。託倭姫命。爰倭姫命求鎭坐大神之處而。詣兎田篠幡。更還之。入近江國。東廻美濃。到伊勢國。今歲宇治土祖遠祖太田命參。乃言壽覺白久。南大峯在美宮處。佐〔彌歟〕古久志呂宇治五十鈴之河上。大八洲之內。珍圖之靈地也。隨翁之出現。二百八萬余歲爾毛。未見知留在靈地奈利。照輝如大日輪也。惟小緣之物爾不在須。定主出現御座耶念支。倭姫命曰。理實灼然。惟久代天照大神。自天上定給比志宮處坐止天。天平手乎拍給天。甚喜於懷給。於此處天遷造日少宮之寶基。下〔同脱歟〕津磐根爾大宮柱太敷立天。高天原爾千木高知。朝廷御宇二十六年丁巳冬十月甲子。奉遷于天照太神。宇治之五十鈴河上爾鎭坐焉。夫大日本者。大八洲也。今俗所以總合大八洲名大日本者。由大日孁貴降臨者。此名。古者謂之倭國。倭義取稱我之音。漢人所名之名也。昔彼國之人。到此國而問云。海國之名如何。答曰。和奴國耶。和奴國耶。和奴猶書我也。自爾後。謂之和奴國。通云山跡。山謂之耶麻。跡謂之跡。登戸反。夫天地剖分。泥溫未燥。是以栖山往來。因多跡。故曰耶麻止。又古謂居住爲戸。言止住處於山也。

天照皇太神一座。在度會郡宇治郡五十鈴河上。

御靈形八咫鏡坐也。即天照太神者。諸神之最貴。更托禮天無二日地無二王之義也。

相殿神二座。

依天照太神御託宣。相殿坐神二座。奉餝止由氣宮相殿皇孫尊。故稱止由氣宮相殿。自爾以來。天手力男命。栲幡千々姫命。爲天照太神之相殿也。

左天手力男命。

是思兼命子也。元御戸開神坐。靈形弓坐。

右栲幡千々姫命。

神代輪王所造也。

是高皇産靈尊女。皇孫瓊々杵尊御母也。靈御形劍坐。是龍神所造也。件姬神。於春日者第四神殿坐也。

延暦十年八月。囘祿之時。相殿神御形弓太刀等折損給也。不及造替沙汰。如本奉納袋也。

七所別宮。

六處並有度會郡。一處志摩國答志郡。

荒祭宮一座。去太神宮北二十四丈。

件神。伊弉諾尊到筑紫日向小戸橘之檍原。解除之時。洗左眼。因以生神。號曰天照荒魂。荒祭宮。亦名瀨織津姬神是也。御靈形鏡坐也。凡解除者。上起伊弉諾尊。下施天兒屋命。是則心源清淨之義。故顯自性精心之寶智也。

伊弉諾尊〔宮歟〕二座。在月讀宮地內。

光仁天皇御宇寶龜三年八月入宮社。清和天皇貞觀九年八月丁亥朔戊辰。伊勢國伊弉諾伊弉冊尊。改社稱宮。預月次祭。置內人之員。

左伊弉諾尊。

御靈形鏡坐也。

右伊弉冊尊。

御靈形鏡坐。

件神者。天神地祇之大祖。國家萬物之精靈也。

月讀宮二座。在宇治鄉河原田村。去太神宮北三里。伊弉諾月讀兩宮同地坐。以東爲月讀尊。以西伊弉諾尊坐也。

寶龜三年八月甲寅。幸難波內親王第。是日常異。風雨。拔木。發屋。卜之則伊勢月讀神爲祟。於茲每年九月准荒祭神奉馬。又荒魂命伊弉諾伊弉冊尊入於宮。貞觀九年八月丁亥改社稱宮也。

左月讀尊。

右荒魂命。
靈御形著紫御衣。金作帶太刀也。荒魂命靈御形。木馬坐。卷向御宇豐玉姬命。承神宣而刻木馬。顯天童形。奉獻太神財是也。各一疋左右坐。荒魂命。元是鏡坐。奉遷魚見社以後。宮號宣下之時。以木馬爲神靈者也。凡神宮之法。宮號宣下以後者。以御神財奉崇神躰故實也。故月夜見命御靈。豐玉姬命所造木馬天童。荒魂命靈同命所造木馬坐也。

瀧原宮一座。在伊勢與志摩境山中瀧原村。去太神宮西九十里。
件神。伊弉諾伊弉冊尊生河神。名曰水戸神。亦名速秋津日子神也。靈御形鏡坐也。

並宮。在瀧原宮地內。
件神。瀧原宮速秋津日子神妹速秋津姬神也。靈形鏡坐也。如延曆儀式帳者。雖不載御形。撿神宮本紀。御形鏡坐也。

伊雜宮一座。在志摩國答志郡伊雜村。相去太神宮八十三里。
件神。天日別命子。玉柱屋姬命。靈御形鏡坐也。

風宮一座。在太神宮坤五十鈴河南。
正應六年三月廿日官府〔符歟〕。改社奉授宮號。預官幣。二宮同前也。依異國降伏之御祈禱也。
右七所別宮是也。

興玉神社。在太神宮乾。
是衢神孫大田命。土祖氏遠祖神。無寶殿敷地。以賢木爲神殿也。五十鈴宮地主神也。石坐也。

神服機殿。在多氣郷流田神服村。
垂仁天皇二十六年。興齋宮於五十鈴河上之大宮際。令倭姬命居焉。卽建八尋機屋。令天棚機姬。其子孫八千々姬命。織太神御衣。譬猶在天上之儀焉。謂宇治機殿是也。清寧天皇御宇。遷于神服社焉。

離宮院。
亦號太神宮司。或號御厨。在湯田鄕宇羽西村。元在沼木鄕高河原。延曆十六年移此地。齋内親王幷奉幣使皆止宿此院。凡院中納神郡調庸田租。神宮司撿領。隨事充料也。

載官帳攝社二十四處。

朝熊神社六座。在宇治鄕朝熊村北東山上。
件神　櫛玉命。石坐。大歳神。石坐。大山祇。石坐。苔虫神。石坐。櫻大刀子神。花木坐。朝熊水神。石坐。倭姬命御世定祝。

園相社一座。在沼木鄕積良村。
件神。儀式帳云。大水上兒曾奈比々古命。形石坐也。倭姬命御宇定祝。

鴨社。在城田鄕山上村。前社同所。在狩田村。
件神。儀式帳云。大水上兒石己呂別命。形石坐。倭姬命御宇定祝。

田乃家〔田邊キ〕社一座。在城田鄕矢野村。
件神。太神御倉河神。形鏡坐。大長谷〔雄略〕天皇御宇定祝。

蚊野社一座。在田邊鄕蚊野村。太神御蔭河邊。
件神。大神御蔭河神。形石坐。倭姬命御宇定祝。

湯田社二座。在湯田鄕湯田村。
件神。鳴雷神。大歳神。形无。同御世定祝。儀式帳云。已上六箇所社造神宮使作奉也。

大土御祖社三座。在宇治鄕楠部村。
件神。大國玉命。水佐々良比古命。水佐々良比賣命。形石坐。倭姬命御宇定祝。

國津御祖社一座。在大土御祖地内艮。
件神。宇治比賣命。國生神兒也。形石坐。村〔田村キ〕田比賣命。形无。同命御宇定祝。

朽羅社一座。在田邊鄕東原村北。
件神。儀式帳云。大歳神兒千依比賣命。形

无。同御宇定祝。

伊佐奈彌社一座。

儀式帳。久麻羅比神社之次。載宇治山田神社。無伊佐奈彌社。長寛撿錄文云。無寳殿敷地。

津長社一座。在大神宮大水社北。

件神。儀式帳云。大水上兒栖長比賣命。形石坐。同命御宇定祝。

大水社一座。在宇治郷畑村。

件神。大山祇御祖神。形无。同御世定祝。

大國玉比賣社二座。

儀式帳。津長下。大水上。載堅田神社。無大國玉比賣社。長寛撿錄文云。無寳殿敷地。

江神社三座。在二見郷江村。

件神。儀式帳云。天須婆留賣命子。長口女命。形无。大年御祖神。形无。宇賀乃御玉命。形无。倭姬命御宇定祝。

神前社一座。在宇治郷松下村。

件神。儀式帳云。國生神兒荒前比賣命。形石坐也。同御世定祝。

粟御子神社一座。在伊介郷伊介島。

件神。須佐乃乎命御玉道主貴。形石坐。同御世定祝。

久々都比賣社二座。在城田郷久具村。

件神。久具都比賣命。久具都比古命。形石坐。同御世定祝。

〔猶キ〕猶原社一座。在城田郷宮子村。

件神。儀式帳云。大水上兒〔良キ〕那於原比賣命。形石坐。同御世定祝。

榛原社一座。在田邊郷田邊村。

件神。天須婆留賣命。形无。奈良朝廷御宇定祝。

御船社一座。在宇遲郷土羽村。

件神。太神御船神。形石坐。倭姬命御宇定

祝。
坂手國生社。在田邊鄕田邊氏社北。
件神。高水上命。形〔潟キ〕。形无。同御世定祝。
狹田國生社三座。在沼田鄕狹田村。
件神。祇〔儀歟〕式帳云。天須婆留女神兒。速河比
古。速河日女命。山末御玉命。形石坐。同御
世定祝。
多岐原社一座。在宮河上三瀨村。
件神。美津婆賣神。在下津坐底水神也。同
御世定祝。
河原社一座。在沼木鄕佐八村。
件神。月夜見命御玉。形无。同御世定祝。
右攝社。官帳所載也。不載官帳者亦在焉。
雄畧天皇御宇二十一年丁巳冬十月。依皇太神
之御託宣天。丹波國與佐郡比沼之眞名井原坐止
由氣皇太神。奉迎度會之山田原。下津磐根大宮
柱太敷立天。高天原千木高知天。鎮定坐止稱辭定
奉。爰皇太神重託宣久。吾祭奉仕之時。先須祭止
由氣皇大神也。然後我宮祭事可勤仕也。故諸祭
事。以止由氣宮爲先也。仍撿納神寶。卜兵器爲
神財。亦更定神地神戸。二所太神宮乃朝大御氣
夕大御氣乎。日別齋敬供進。亦隨天神之訓。造天
平瓮供進也。撿日本紀並神宮舊記。一名嚴平瓮。亦名天手
狹。神武天皇依神天之訓制造之。敬祭諸神。是
則天下泰平吉端〔瑞歟〕
諸神納受寶器也。
豐受皇太神一座。在伊勢國度遇郡沼木鄕山田原也。元
丹波國與佐郡比沼山頂眞井原坐也。
崇神天皇卽位三十九年秋七月七日。始天
降坐也。御靈形眞經津鏡坐。圓鏡也。神代
三面之内。第一御鏡是也。
夫天照太神。與止由氣太神。則爲無上之宗
靈。而貴無與二。故異於天下之諸社也。是
則天地精明之本源也。無相無爲之大祖也。
故不起佛見法見。以無相鏡假表妙躰也。和
其光。同其塵。現五濁國。隨順郡〔群歟〕生。扶持
物。使終其性命。誰撓其神。豈于其慮乎。

相殿神三座。左一坐。右一〔三歟〕座。
天津彥々火瓊々杵尊。
是依高貴神勅宣。奉爲止由氣宮相殿也。御靈形鏡坐。卽金鏡也。一面。大西。小東。以西皇孫命坐也。今一面皇孫荒魂靈形坐也。以二面爲一座也。
右二座天兒屋命。太玉命。
笏並寶玉坐。以八重榊奉傍之。八重榊者。三種神器取掛賢木也。太神宮寶前八重榊此緣也。
調御倉神。
宇賀美多麻神坐。是伊弉諾伊弉冊尊所生神。亦號大宜津比賣神。亦神服機殿三狐神同坐神也。亦曰稻女神。亦古書曰。大御氣都姬神。又曰屋船神。豐宇賀乃賣神。又稻靈宇賀神。調御倉西北角坐。各風神之靈也。
酒殿神。
謂伊弉諾伊弉冊尊所生。和久產靈日神子。豐宇賀乃賣命。從月天降坐。善造酒。飮一盃吉除万病。其直千金。財寶積車送之故。敬拜此神。則自然爲富家。此豐受太神御德用之餘也。
四所別宮。並在度會郡。
多賀宮一座。去太神宮南六十丈。
件神。伊弉諾尊洗右眼。因以生神。名曰豐受荒魂。亦名伊吹戸主神是也。靈形鏡坐也。
土宮三座。在太神宮南多賀宮山麓。
大治三年六月五日官符。改社稱宮。預月次神掌祈年祭幣也。是宮河堤爲守護也。
件神。素盞嗚尊子大歲神。大歲神子土御祖神。形鏡坐。宇賀御魂神。寶甁坐也。
月讀宮二座。在沼木鄕山田村。
元月讀社。承元四年五月廿二日改社稱宮。

件神亦同内宮。
風宮一座。在太神宮巽。多賀宮山麓。
元風社。正應六年改社稱宮。
件神亦同内宮。
載官帳攝社十六處。並在度會郡。
月讀社。沼木鄉山田村。
承元四年改社稱宮。
草薙社一座。在同所。
垂仁天皇御賜之劔也。
大間國生社二座。在同所。
件社。彥久良爲命子大若子命。同弟乙若子命也。
儀式帳云。右三所神社。造宮使造奉也。
度會國見社一座。在沼木鄉山田原。太神宮北。
件神。天日別命子。彥國見賀岐建與束命也。
度會大國玉比賣社二座。在繼橋鄉宮〔字缺〕高神山南尾崎。
件神。大國玉命。幷佐々良比賣命也。
田上大水社一座。在繼橋鄉宮崎。
件神。乙乃子命四男大神主小事。是四門始祖也。
志止美社一座。在沼木鄉山幡村。
件神。鹿葦津姬命也。
清野井庭社一座。在沼木鄉山田村。
件神。草野比賣命也。
大河内社一座。在志止美社地内東。
件神。大山津見神也。
高河原社一座。在沼木鄉山田村。
件神。月夜見命御玉也。
河原大社二座。在箕曲鄉勾村。
件神。河神。並水神也。
山末社一座。在繼橋鄉宮山小梨谷。
件神。大山津姬命也。
宇須乃野社一座。在高向鄉高向村。

件神。稻靈宇須乃女神也。
小俣社一座。左箕曲鄉大口村。
件神。宇賀御魂稻女神。
御食社一座。在湯田鄉小俣村。
件神速秋津日子神也。
右官帳所載之攝社也。不載官帳者又在也。

二所太神宮神名秘書畢

裏書曰。所以名度會郡者。風土記曰。畝傍樫原宮御宇神日本磐余彥天皇詔。天日別命覔國之時。度會賀利佐嶺。火氣發起。天日別命。親云比佐居加禮。使足速命見之。使者還來申曰。在大國玉命。賀利佐到。于時大國玉命遣使。奉迎天日別命。因令造其橋。不堪造畢。于時則令以梓弓爲橋而度焉。爰大國玉命。資美豆佐々良比賣命參來。迎相土橋鄉岡本村。申日別命。歎地出之。參會日刀自爾度會。因以爲名也云々。
又所以名宇治鄉者。風土記曰。宇治鄉者風〔早脱歟〕伊勢國度會郡宇治村五十鈴河上。造宮社奉齋太神。是因以宇治鄉爲內鄉也。今以宇治之二字爲鄉名。因以爲名也。
又所以名五十鈴河上者。撿秘義並天口事書。曰。天照坐皇太神天降坐以前。從上天志天投降給比志天逆太刀逆鉾金鈴等。此河上爾留坐以來。常建五色之雲。有金玉之聲幾。照輝如日月。太田命惟小緣之物爾不坐止天崇祭之。因以名也。五十者敬禮之意也。根元儀也。鈴音字也。
夫謂佐古久志呂者。風土記曰。佐古久志呂者。河水流通天底仁通義也。
以皇太神稱內宮。以度會宮爲外宮者。雄畧天皇即位廿二年戊午歲。豐受太神度會郡山田原御鎭坐之後。號二所皇太神宮。內外之號蓋始自此時歟。亦一說云。村上天皇御宇。祭主公節之時。

皇太神者奥座。故稱內宮。以度會宮者。以外座故稱外宮云云。按古事記云。豐由氣神。此者在外宮之神也云云。然自上古蓋在此號也。
垂仁天皇二十五年春三月。從飾野高宮。遷于伊蘇宮坐云云。伊蘇宮在多氣郡逢鹿村字古宮本。
右件二所太神宮神名秘書一卷者。外宮一禰宜度會行忠神主記置之者也。爲後代勘。具不顧後代之嘲。殊不恥惡筆書寫之畢。

寬正五年三月日

皇太神宮一禰宜荒木田氏經判

件氏經神主以書寫之本書寫之畢

禰宜守晨判

〔右二所大神宮神名秘書以神道五部書及儀式帳加一校了〕

續群書類從卷第四

神祇部四

皇字沙汰文上

二所太神宮神主

注進可早經次第　上奏。任證文道理。蒙　勅裁。全知行。被倫進二宮上分米旨。權禰宜度會神主定行訴申。爲蓮華光院所司等。募安井宮御威。押領伊勢國員辨郡石河御厨領家職。不辨年年神稅。違例不信　神慮難測由事。

副進

右狀云々具也。

伏見院 永仁四年二月十一日

皇太神宮

禰宜正四位上荒木田神主

大内人正六位上荒木田神主

豐受皇太神宮

禰宜正四位上度會定行

大内人正六位上度會神主則彥

行忠

有行

常尙

尙行
常良
正四位下　行文
從四位上　朝棟

此石河御厨叓者。自訴候。御正印事。無煩成給
候者。可爲本意候。恐々謹言。
二月十四日　　禰宜定行
謹上　内宮長殿
石河御厨事。解狀先日依不見及。令加署候之處。
往代豐受太神宮止被載候遠。豐受皇太神宮止候
者。若失錯候歟。尤任先例。可有沙汰候哉。不審
之間。如此尋申候也。恐々謹言。
二月十五日　　内宮禰宜判イ
豐受皇太神宮事。所見方々分明候。無失錯之儀
候。而日來不書載之條。自然緩怠候之間。載之
候。但御方何樣所見候哉。非御恡惜之限。可被
行御正印候歟。仍石河事。二宮解狀進之候。恐々
謹言。
二月十五日　　外宮禰宜判イ
謹上　内宮長殿
豐受皇太神宮事。有所見由。雖示給候。被載二
宮解狀條。未見及候。神宮事。任先例可有沙汰
候歟。石河御厨事。御正印調進候。恐々謹言。
二月十六日　　内宮禰宜
件解狀。止皇字於當宮。敗淸書所相調也。於
本淸書者。被書付當宮署之間。留置之上。後
日有沙汰。於當宮禰宜署。可被摺之。
當宮皇字事。先日粗申子細候之處。被申合傍宮
禰宜。可有御左右之趣。仰給之後。御無音何樣
候哉。其間叓。以雅見神主令申候。委被尋聞食。
可承存御 所存候。六ヶ山事。雅見同 委細可申
候也。恐々謹言。
二月廿九日　　外宮禰宜
謹上　内宮長殿

外宮皇字事。幷六ヶ山事。兩條委承候畢。其子細御使雅見神主可申候也。恐々謹言。

二月廿九日　　內宮禰宜

太神宮神主

依　綸旨注進　風宮造營事。

右宮司今月十一日告狀偁。同十七日　祭主下知偁。去年十二月　綸旨偁。風宮造營事。通海法印狀如此。子細見狀候歟。可爲何樣候哉之由。被仰下候也。仍執達如件者。謹案事情。二所大神宮內院外院殿舍御垣。幷諸別宮式內式外攝社。自昔于今。用檜不交杉。就中　風神爲社號之時。尙以檜木遂造營。况被授宮號之今。殆難被通用杉歟。於神　宮御事者。非可　尋漢家之異儀。專可守日域之先蹤哉。次

太神宮御造替。可限廿年之條。

天武天皇御時。被定置之後。

聖武天皇御宇　天平十九年。諸別宮廿年一度御遷宮。可爲長例之由。所被下　宣旨歟。加之。如延喜神祇式者。　太神宮廿年一度造替。　正殿寶殿及　外幣殿。度會宮及諸別宮餘社云云。造神殿之年限准之。伏考故實。神宮造營料者。以正稅調庸。致大厦之搆。今者爲諸國課役。修成風之功。雖似有人民之煩費。爲令及慈惠於衆庶歟。廣大神慮。商量爭及。而風神被奉授宮號之上者。敢難違諸別宮之例歟。殊被致崇重之禮者。彌有擁護之憑。縱雖沿革從時。於神祇儀式者。難違古典哉。然則早守傍例。遂營作。被令致天下泰平之御祈禱矣。此叓二宮禰宜。可爲一紙連署請文之處。外宮禰宜等。背先規。今月始豐受皇大神宮之由。載于解狀之間。皇字爲新儀之上。不經　奏聞。無左右令書之條。依有其恐。成思慮之處。捧自由解狀云々。是可謂神叓之違例歟。不可不言上。仍注進如件。

永仁四年二月廿三日

大內人正六位上荒木田神主則貞

禰宜正四位上荒木田泰氏
章延
氏棟
經有
氏成
成言
氏尚
泰世

豐受皇太神宮神主
注進可早經次第　上奏。蒙　勅裁。　當宮解狀
書皇字爲新儀違例由。內宮禰宜等載　同宮風宮
造營叓請文狀中。經濫
奏無謂由狀。
右謹披延喜神祇式。倩考神宮本記等。皇字則二所太神宮之尊號。八百萬神等之通稱也。思其本元之儀。案其玄始之起。惣匪言語之所覃。輙莫筆墨之可記。彼延喜神祇式祝詞云。度會乃山田原乃。下津磐根爾稱辭竟奉留。豐受皇太神前爾申久云々。加之延久。　承保。　承曆。　寬治。　嘉保。　天仁。　天永。　永曆。　正治。度々被奉進神寶之昹。宣命云。豐受皇太神乃廣前仁。恐美恐美毛申賜波久止　被載之。於當宮用皇字。云式條。云　宣命。先跡多存。爭稱新儀哉。上之所行。必可順者也。仍守舊典。奉書皇字之處。內宮禰宜經訴奏之條。乍存故事。暗訴新儀之由歟。略與不略。何是何非。併仰明察。不書愚言。此上猶御不審相貽者。召對二宮之禰宜。被聞食一決之問答。爲蒙　勅裁注進如件。

永仁四年四月十二日

大內人正六位上度會神主則彥

禰宜正四位上度會神主定行
行忠
有行
常尙

——尙行一禰宜
——常良
——正四位下——行文一禰宜
——從四位上——朝棟

太神宮司解申進申文事。
言上豐受皇太神宮禰宜等注進。可早經次第
上奏。蒙　勅裁。當宮解狀書皇字。爲新儀違例
由。內宮禰宜等載于同宮風宮造營事請文狀中。
經濫
奏無謂由狀。
副進
禰宜等　注進一通。
右得彼禰宜等今月十二日注文偁。子細載于其
狀也。仍相副言上如件。以解。
永仁四年四月廿一日　權主典
主典
大司從四位下大中臣朝臣長藤

權大司從五位下大中臣朝臣
少司
言上豐受皇太神宮司言上豐受大神宮禰宜等注
進。可早經次第　上奏。蒙　勅裁。當宮解狀皇
字爲新儀違例由。內宮禰宜等載于同宮風宮造
營事請文中。經濫　奏無謂由狀。
副進
宮司解狀一通。
禰宜等注文一通。
右得彼宮司今月廿一日解狀偁。子細載于其狀
也。仍相副言上如件。以解。
永仁四年四月廿四日
祭主從三位行神祇大副大中臣朝臣定世
外宮禰宜等申　皇字事。祭主狀副具狀。經　奏聞返
献之。此事先度直被仰下之。所詮相尋　內宮禰
宜等。所存可申歟之由。可被仰祭主之旨。所被
仰下也。仍執達如件。

五月八日　　　右中將實躬

大夫史殿　　次第施行。子細同前。

初答狀

大神宮神主

依　綸旨注進外宮禰宜等皇字㕝。

右宮司去月廿六日告狀偁。同十九日祭主下文偁。同九日官施行偁。同八日綸旨偁。外宮禰宜等申皇字事。祭主狀副具書等。經　奏聞返献之　此㕝先度直被仰下畢。所詮相尋內宮禰宜等。所存可申歟之由。可仰下也。仍執達如件者。謹所請如件。

抑彼宮禰宜等申狀偁。披延喜神祇式。考神宮本記。皇字則

二所太神宮之斉號。八百萬神之通稱也云々。就之案之。　天照太神者惟祖惟宗。斉無二。自餘諸神者。乃子乃臣。孰能敢抗云々。通料簡義。趣夫如何。又以延久以後宣命。猥倚新儀。今案之支證歟。若就其文可書載者。內外宮之間。諸別宮之號。皆可用此字歟。就中諸社　宣命之文。雖載皇字。社司訴訟之時。不書皇字歟。隨不見及日本紀。不注載儀式帳。速可被召出載解狀之證驗者也。縱雖有可加書之謂。思彼略與不略之篇。先哲之不書。實有由歟。後愚之意巧。豈可然乎。冥慮難測焉。尤非言語之所覃。是非幽玄也。卽莫筆墨之可記。又上之所行。下必可順云々。素存此文者。初宜仰勅裁歟。而以私儀俄載奏書。自由之至。無謂者乎。夫氏姓之中絕。猶經官奏。神號之增字。盍窺叡慮。自專之所爲歟。言相違歟。凡厥珠城大泊瀨御宇。奉定礒度會兩宮以降。春秋之祭禮。年中之行事。任規所行來也。所詮本宮禰宜者。守先例而愬新儀。外宮神主者。背舊跡而申非儀。神不享非〔禮歟〕例。用捨云隔也。早停止新儀。宜被任舊跡者。彌儼二宮無爲之神事。增專一朝安全之御祈矣。仍注進如件。

永仁四年六月七日
大内人正六位上荒木田神主貞宗
禰宜正四位上荒木田神主泰氏
章延
氏棟
經有
氏成
成言
氏尙
泰世

二問狀

豐受皇太神宮神主

依　綸旨注進當宮皇字事。

右今月十三日宮司符偁。同十二日祭主下文偁。同七日官施行偁。同日　綸旨偁。外(内力)宮禰宜等申皇字事。祭主請文(副内宮禰宜等狀。)經　奏聞返献之。早可被下外宮之由所被仰下也。仍執達如件者。謹所請如件。

抑如内宮禰宜等請文者。天照大神者。惟祖惟宗。卆無二。自餘諸神者。乃子乃臣。孰能敢抗云々。就之案之。内外兩宮者。依爲惟祖惟宗。無尊號之增減。天下餘社者。依爲乃子乃臣。有位記之階級。凡二所皇太神宮者。天地之靈貴。日月之大元也。故布化於乾坤。則長養萬物。綿德於陰陽。則照臨群品。神祇本源。君臣高祖。八埏社稷。四海宗廟也。是以。御形文圖。義華一朝崇敬不置。差別千木片挨理露。二宮禮奠。旡有高卑。忝依内宮神勅。奉先外宮祭禮。幽契之緣也。致敬之太也。就中　皇字者。源起從天祖。流傳于王家。德侔天地則稱之。義同大處則號之。然間貞觀延喜式文。延久承德宣命。(先進之。自餘略之。)神宮秘記。飛鳥本記。　倭姬皇女世記。伊勢寳基本記皆以奉載皇字於當宮也。誰人謂新儀。何族稱違例矣。又偁。

諸社　宣命之文。雖載皇字。社司訴訟之時。不書皇字云々。
二所太神宮者。異于天下諸社之條。格文載而炳焉也。准據所存。比興料簡歟。不見及日本紀云云。何起哉荒涼也。但日本書紀（自神武至雄略）。古語拾遺。古事記。律令格。及延暦公成。延喜安則等勘奏本系。天長元五貞觀十三年宣命詔紙。二宮共不載皇字。一方何可有其難哉。又偁。可召出載解狀之證驗云々。延喜十四年正月氏本系勘進奏書。　天慶九年四月日請神祇官符解狀。爲上覽所備進也。又偁。宜仰　勅裁歟。而以私儀載奏書。自由之至無謂云々。有訴訟捧奏狀。都無定樣。古今各異也。所謂延喜十一年　二宮解狀者。伊勢二所皇太神宮載之。鷹守八氏注文。二宮幷別宮職掌人喝連署也。延喜天慶春彥本系者。二宮神主交座而進名也。延喜十九年神宮公驗。去貞元四年上奏文等。其趣不同。而悉非一義也。加之。或止由氣宮被注之。或豐受宮由奉書之。如此之參差。隨時之用捨。全不伺　叡慮。更無蒙　勅定。限此叓何加巨難哉。如載于先段。內宮皇字不〔載脫歟〕日本書紀（自神代至雄略）。以下數卷之古書。爲載于解狀。經　上奏。預　天裁歟。帶所見者可出對也。不然者。爭遁自難矣。又偁。氏姓之中絕。猶經官奏。神號之增字。盍窺　叡慮云々。人倫氏姓者。有去來之故。雖經官奏。大祖神號者。屬無窮之故。不及　上聞。增字之謀訴。希代之結搆也。被糺明夅號之增減。可被勘罪名之輕重歟。又珠城大泊瀨御宇。奉定磯度會兩宮云々。以磯宮存本宮哉。背風土記。違儀式帳歟。但當論肝心。啻在皇字。此上聖斷豫儀。　勅許不速者。二宮聽禁河。同時致參洛。遂究決。散鬱陶之。望請。早停止我意非分之亂訴。欲遂蒙神號。理運之裁許。仍注進如件。

永仁四年八月十六日

大内人正六位上度會神主則彥
禰宜正四位上度會神主定行
行忠
有行
常尙
尙行
常良
正四位下 行文
從四位上 朝棟
延喜十四年正月官進本系帳云。二宮神主列署。
度會神主氏解申進氏新撰本系帳叓。
彥久良爲命。取要。自余畧之。
子大若子命。一名大幡主。
右命。卷向珠城宮御宇天皇御宇也仕奉支。爾
時越國荒振兇賊阿彥在天。不從皇化。取平亡
罷止詔天。標劔(衍歟)賜給支。即幡主罷行。取平天進
之。自時天皇勸歡給天。大幡主名加給支亦曰。

皇太神又倭姬命乃御夢爾敎覺給久。吾一所耳
坐波。御饌毛安不聞食。丹波國與佐小峴比沼
魚井坐。道主子八乎止女乃齋奉。御饌都神止
由居大神乎。我坐國欲止誨覺給支。爾時大若子
命乎差使。朝庭爾進上天。御夢狀乎令申給支。
即天皇勅。汝大若子使罷往天布理奉者。退
往天布理奉支。是豐受皇太神宮也取要。自余畧之。
右司去元慶二年二月廿七日符偁。神祇官今年
正月十日符今日到來偁。仍注事狀。以解。
延喜十四年正月廿七日
豐受大內人從六位上神主
豐受宮禰宜外從五位下神主
同宮擬禰宜大內人正六位上神主
大內人外正七位上神主
大內人從八位上神主
權大內人正八位上神主
大神宮大內正六位上神主

神部檢非違使目代從八位上神主
高宮內人從八位上神主
瀧原並宮內人外大初位上神主
散位正六位上神主
正六位上神主
從七位上神主
從七位上神主
從八位上神主
外從八位上神主

伊勢豐受太神宮神主解　申請神祇官裁事。
請被任再三符判公驗。裁下禁制。神主德世幷諸人民等己私公驗。點地立居住。及强作神宮遠近四至地狀。
副進　公驗拾枚之中。
　神祇官符一枚。祭主判二枚。（新古各一枚。）官司符判四枚。神主德世過狀一枚。申文一枚。新家橋繼申文一枚。

右謹撿案內。從上古代神宮遠近四至內。不居住人民等者也。而中間。神宮奉仕兵士仕丁百姓等居住。奉仕神宮之間。依去寬平五年十一月廿七日司符。被擯出者。其後不居住人民等也。而去延喜始間。又居住行事。新家橋繼。其次神主德世。同令行。同常安。同德守等也。其後延長承平年中。來住人民員多。爰件人々等。非幾之間申云。件地己等私點地云々强作。幷神宮近邊居住。動致死穢。及產穢。色々汚穢。又宮河邊草木伐拂。於神宮有洪水崩頹厄也。去延喜十七年四月十九日神主注其由。申於宮司德世等稱公驗地。宮四至邊地西河原地誣妨領由。宮司判偁。於〔依歟〕解狀。德世所誣作尤無道也。何者。四至之邊地。强作。有古今禁制者。不可更作。加以。件地爲洪水崩損之厄。有神宮者而何稱點請公驗之地。可背禁制之旨哉。又點請公驗。不知隨近刀禰者。然則不可爲公驗之。仍不可令誣作德世之狀。判下知如件。神主郡司宜承知之。依件禁制。不得令誣作者。而其後德世等。背禁制。猶强作。于時以同延喜十九年九月十三日。神主又注具狀申。祭主幷宮司之判備。神主殊加禁判者。而猶德世等不遜神主禁制强作。于時以延長三年十一月廿七日。神主又注其由。言送宮司。司依神主解狀。言上於神祇官。官延長四年四月十一日注其由。被定置神宮遠近四至地以下。符於宮司已畢。司依官符旨。同年五月廿七日。神宮遠近四至地定置之狀。奉行下符然畢。自爾以降。神主禁制件地不可强作之由。而德世等猶誣作不止。因之。去天慶六年九月廿七日。德世令誣作日。禰宜晨晴禁制。勘納德世夫等鋤四柄。爰德世同年十月八日。同七年七月三日。進於司廳申文云。件地十二町。德世點請公驗地。仍令領作。而禰宜無道。勘取夫等鋤八柄者。司判備。撿德世所帶公驗。德世領地之由明白也。而禰宜

神主神宮制地云々。德世鋤所勘納。尤無道也。仍爲令辨返。差使撿非違使尾野德恒。判下如件。司使德恒。以天慶八年正月廿三日。德世共參侍神宮。件地事辨定之由。德恒與力於德世。爲御神宮無道之由云々。于時神主等。司使無道之由辨定。然則不能相辨。今須祭主宮司御前任公驗。可辨申神主等者。司使德恒日記其由罷立却也。但可出德恒所帶點地之由公驗。去延喜三年公驗。不與證署在地刀禰一人。乍併證署北卿刀禰等。仍案併格意。不可爲公驗之狀。言上事已畢。加以。宮司先年判文備。德世所帶公驗。不可爲公驗者。又去延喜九年九月十三日依司判。司使廳頭尾野有吉弁定之日。神宮四至地不可强作狀。弁過狀及申文等。進數枚德世等已畢。而今伺日間德世紆愁。宮司偏陂。爲德世被判預。而掛恐外宮四至內沙汰也。非內宮事。今皇太神宮者。是外宮御事也。皇太神宮事被疎略也。因

之以去年二月十五日。注具狀申於祭主之判條。今依愁狀。於神主所帯公驗。件四至地可禁制之由。公判累度也。而何稱德世等點地。妨作件地哉。又宮司爲德世爲判者。此不可然。仍判下如件。宮司宜承知之。依件令禁制。不得令强妨者。件祭主御判早被奉行。可被禁制之由。度々申宮司。而猶爲被引汲德世等。不被奉行祭主御判之間。今年德世誣領作件神宮四至之地十六町。伐拂宮河邊草木。洪水崩頽。神主之尤非無。此宮司依不支判。所領伐者。理不可然。望請官裁。申被禁制德世等無道之由。兼件地任舊例。神主承知可禁制由。被宣符判下者。隨判。神主禁制益神威。仍注事狀。副再三符判。謹請官裁。以解。

天慶九年四月七日

權大內人從八位下神主在々

大內人從八位神主在判晨時

大內人從八位下神主在々

擬禰宜大內人正六位上神主

權大內人從七位下神主

禰宜代大內人從八位上神主在々雅風

禰宜代大內人無位神主在々安兼

判

今撿案內。前々宮司四至又其內可無諸人點地由及雜人等不可令居住狀。累度判定已畢。隨代代祭主幷本宮爲神主等。與判已畢。是則依有汚。穢時又失火。及草木伐拂。洪水非常。所禁制也。而當任宮司。爲德世與力。以彼德世點地也云々。以有令相妨者。是尤不可然。仍重司禁制之狀判下如件。神主宜承知之。嚴加禁制。輙不可得令居住諸人等。不可令申點地之由。若猶有妨申輩者。其身捕進。隨科違格罪。故判。

伯兼伊豫權守王　大祐大中臣在々賴行

大副大中朝臣在々賴基　權大祐中臣

少副齋部宿禰在判　小祐大中臣在々公節
大史闕
小史卜部在々常邦
權小史直在々

伊勢太神宮司解申請　綸旨事。
壹紙。被載皇字事。內宮證文等。可下外宮申狀。
副進
外宮禰宜等證文。
右今月七日　綸旨偁。同日大夫史仰偁。同十一日祭主下知偁。子細云々者。證所請如件。隨卽本被仰下之旨。下知于禰宜等之處。所進請文。今日到來如此。仰此事。先度依外宮解狀。相尋內宮禰宜等。可申之由。就去五月八日　綸旨。次第施行狀等。加下知畢。而彼請文不經次第及上奏之條。違先規歟。仍今勒所存。相副進請文如件。謹言。
永仁四年八月廿日　權主典

大司從四位下行神祇權大祐大中臣朝臣長藤　主典
權大司從五位下大中臣朝臣
少司

皇字事。外宮禰宜等申狀。付置宮之由承及候。而政印解狀。穢中定無御沙汰候歟。兩方從在京之條。不便之次第候乎。所詮仰宮務。召彼案文。經御
奏聞。於正文者。直被下神宮。可調訴陳之由。可被仰下之旨。申御沙汰候之條。可爲何樣乎。以此趣可有御披露候。恐惶謹言。
九月六日　內宮權禰宜泰直狀
進上藤左衞門尉殿

皇字事。泰直申狀如此。觸穢之間。兩方雜掌從在京誠不便歟。重解狀不經　叡覽。早下論人。可被召整訴陳之由。所被仰下也。仍執達如件。
九月八日　右中將實躬

大夫史殿
皇字事。爲頭中將奉行。被仰下之旨如此。仍相副泰直申狀。並外宮禰宜重解狀等獻覽之。早召整訴陳。可被進狀如件。謹言。
九月廿九日　　左大史小槻判
謹上　祭主三位殿

皇字事。　綸旨並有狀（副外宮次第解具狀）。如此。早任被仰下之旨。召整訴陳。可令上給也。仍執達如件。
十月廿一日　　神祇大副判
大司御館

皇字事。相副　綸旨官狀（副外宮次第解具書）。等。惣官下知到來如此 早任被仰下之旨。可令遂訴陳給候哉。
恐々謹言。
十一月三日　　大宮司
謹上　內宮長殿

太神宮一禰宜泰氏。神主代權禰宜泰直申。
欲早先止御沙汰中間。自由推進解狀。不日召渡數通例文。可惣進訴陳狀由。被仰下外宮禰宜等申新儀皇字事。
副進
一通。彼宮禰宜等重解狀案。
一枚。可被召渡具書注文。
件事。就彼禰宜等重解狀。擬相調陳狀之處。條條勤奇謀之上。所載申之例文中。延喜十四年正月廿七日本系帳。天慶九年四月七日解狀二通之外。飛鳥本記。倭姫皇女世記。伊勢寶基本記已下數通。雖載解狀史〔文カ〕不副進其狀。以浮言立申支證。誰敢取信哉。荒涼之申狀。言語道斷也。就中違所脩進之延喜天慶文等。或豐受大神〔衍カ〕神主解之由載之。或度會神主氏解之旨書之由。而今皇字之增加。爲新儀意巧之條。於焉粲然乎。所詮被召渡彼例狀等。一々可被弁申子細者也。次皇字有無召訴陳狀之處。云當論之篇。云神領之事。連々解狀。忩載彼字推進之條。匪啻背訴論之法。自由濫吹之至。御沙汰中間。爭無炳誡乎。
然則先止當時非儀解狀。不日召渡數通例文。忩
可調進訴陳狀之由。爲被仰下。粗言上如件。
永仁四年九月日

外宮解狀皇字事。泰直申狀如此。早可被召渡具
書候。未斷之間。可被止彼字之由。內宮禰宜等
雖請申。旣番沙汰之上者。忩遂訴陳。可相待
聖斷之由被仰下候。存其旨可被下知之狀如件。
十月廿八日　右中將實躬
祭主三位殿

外宮解狀皇字事。綸旨并泰直申狀。具書如
此。早任被仰下之旨。忩可遂訴陳之由。可令相
觸神宮給也。仍執達如件。
十二月六日　神祇大副定世
大司御館

外宮解狀皇字事。相副　綸旨。惣官下知。到來
如此。子細見于狀候歟。早任其旨。忩可令遂訴
陳給候哉。恐々謹言。
十二月七日　大宮司判
謹上　內宮長殿
追申
於本解具書等者。副渡外宮方候畢。可令存知
給候。

外宮解狀皇字事。相副　綸旨。惣官下知。示給
之旨。承候畢。忩可申所存候。恐々謹言。
十二月十一日　內宮禰宜泰氏

在京外宮使權禰宜雅見謹言上。
欲早且任神代本紀已下數卷古書等。且依延
喜式文延久已下代々　宣命等。停止內宮禰
宜等非據濫訴。先可奉用外宮皇字由預　聖
斷。後猶貽慣者。付彼禰宜等召出。不可有當
宮皇字證據。可糺明理非旨。可被仰下歟。不
然者。無止往古神號。輙難及御沙汰事。
副進

先進解狀等案。

右當宮奉載皇字之條。神記幷神祇本記〔紀歟〕已下之古書等。炳焉之上。延喜式祝詞文。幷延久已下代々　宣命等。載而粲然也。就中依　二宮相殿神官幣事。如延喜十一年正月解狀者。　二所皇太神宮禰宜等解申請官裁事云々。隨則兩宮禰宜等。　連署交座勿論也。　同十四年延長元年兩度本系注進文。同奉載皇字。或受官印。或受司印畢。又天慶九年四月。長寛二年二月解狀等。同奉書皇字。然間依古典興絕。任舊例繼廢。守先規。崇神威。　內宮禰宜等。何稱新儀違例乎。所存委先度言上之處。彼宮一禰宜代泰直神主。乍下預當宮解狀。徒送數ヶ月。不進再陳之狀。剩先止彼字。　稱可被召渡　具書等。　就捧姧訴之申狀。可令召渡具書之由。被仰下之條。恐欝不少。所以者何。云㝡前副進延久已下　宣命等之案。云今度備進延喜天慶解狀之案。全抑留。悉皆副使等。此外神代已下往昔古書等。依載㝡極之深秘。輙不及廣覽。爭渡內宮方哉。神宮第一之舊典。朝家無雙之奧儀也。雖爲祠官。非其仁兮不披見之。雖爲氏人。非其器兮猥不收之。因茲納于神庫。奉比神寶。顯露之條。爲神爲君有恐憚。不可不秘乎。內宮禰宜等。忩雖致今案〔雅歟〕推意之謬訴。于今未備進不可有外宮皇字之證據。凡持分明之文證申子細當宮禰宜等。與致胸臆濫訴內宮神主等。理非雲泥也。　勅裁何滯哉。此上猶彼古書等及御不審者。早任先進解狀。聽禁河。禰宜等遂參洛。持參公門。可備　上覽歟。所申無私曲。盍預　聖斷乎。　宗廟往代之尊號。依及聊爾之沙汰。大小祠官竊竊愁歎。老若氏人朝暮傷嗟。頗爲御祈之障㝵。忩預理運之　勅許。偏凝無貳之丹誠。彌獻萬歲之寶筭矣。仍粗言上如件。

永仁

在京外宮使雅見申　皇字事。申狀副具書。如此。子細見狀。所詮帶不可有外宮皇字所見者。委可注申之由。可被下知內宮禰宜等之旨。被仰下之狀如件。

十一月廿七日　右中將實躬

大夫史殿

追申

此事。就先度外宮申狀。不副渡具書之由。內宮訴申之間。被仰下外宮之處。如此令申候也。可令存知給候。

外宮申　皇字事。爲頭中將奉行。被仰下之旨如此。仍相副雅見申狀獻覽之。以此趣可令下知內宮禰宜等給之狀如件。謹言。

十一月廿七日　左大史小槻判

謹上　祭主三位殿

外宮申皇字事。綸旨幷官狀。雅見申狀具書等如此。早任被仰下之旨。帶不可有外宮皇字所見者。委可注申之由。可令相觸內宮禰宜等給也。仍執達如件。

十二月六日　神祇大副定世

大司御館

外宮申　皇字事。相副　綸旨具書等。惣官下知到來如此。早任被仰下之旨。可令進所見給候哉。恐々謹言。

十二月廿七日　大宮司判

二答書
謹上　內宮長殿

皇太神宮神主

依　綸旨注進豐受太神宮禰宜等申新儀皇字事。

返上　外宮禰宜等二問狀幷具書二通。

副進

一通。延曆廿三年一月十四日　外宮儀式帳。外宮不載皇字。內宮載皇字。

一通。大同二年二月大宮司幷二宮禰宜等

注進供奉神事本記。外宮不載皇字。内宮載皇字。

一通。延喜七年九月内宮禰宜荎貞等勘造進譜圖帳。皇太神宮禰宜之由載之。

一通。延喜式第四卷。内宮載皇字。外宮不載皇字。

一通。古語拾遺。

右宮司今月三日告狀偁。去月廿一日祭主下文偁。去九月廿九日官施行偁。同月八日綸旨偁。皇字事。泰直申狀如此。觸穢之間。兩方雜掌從在京。誠不便歟。重解狀雖不經叡覽。早下論人。可被召慦訴陳之由。所被仰下也。仍執達如件者。先彼皇字者。相論之字也。而沙汰之中間。云當論之篇。云神領之事。連連解狀。悉載皇字。令推進之條。濫吹之甚也。早止當時自由推書之皇字。召調訴陳狀。可有聖斷者也。

一如外宮禰宜等重申狀者。内外兩宮者。依爲惟祖惟宗。無夺號之增減。天下餘社者。依爲乃子乃臣。有位記階級云々。

此條存外也。外宮御鎭坐之次第。不見日本紀大泊瀨御宇。之上。如風土記者。浴于丹波國與謝郡比沼乃眞井之天女。卽當宮御饌都神坐也。何神之子。何帝之祖哉。惟祖惟宗之儀。尤可被糺明歟。就中大神宮御鎭坐者。垂仁天皇卽位廿五年也。度會宮御遷坐者。雄畧天皇卽位廿一年也。二宮若相並而祖宗之神坐者。天照太神者。惟祖惟宗。夺無二之由事。可載古語拾遺哉。而兩宮共爲祖神之由。混申之條。奸構之企也。隨日本紀私記云。今天照太神者。是諸神之㝡貴也云々。其上不能子細歟。

同申狀云。二所皇太神者。天地之靈貴。日月之大元云々。

此條。殊以不審。如日本書紀者。次生月

神。一書云。月讀尊。其光彩亞日。可以配日而治。故亦送之于天云々。舊事本紀又同。即今別宮月讀神歟。管見之所覃如此。豐受宮月神坐之條見何文哉。

一同狀偁。御形文圖。義華一朝崇敬不置。差別千木片揆理露。二宮禮奠。無有高卑云々。是又無謂。所以者何。御形之方圓。千木之俯仰者。表天神地祇歟。陰陽之比量。幽契之縁。不得其意。凡厥幣帛。本宮者錦綾也。外宮者平絹也。殿舍之寸法。神寶之員數。於事有差別。於禮有高卑。載延曆儀式。注延喜式文也。不顧此等之旨。不置差別之由。掠申之條。罪責難遁者歟。如長寬二年勘文者。又延喜御記中。有　太神宮與豐受宮。如君臣之文。豐受宮猶然。況餘神哉云々。即天無二日。地無二王之義也。諍論之趣。可謂不足言歟。

一同狀偁。貞觀延喜式文。延久承德宣命先進之。自余略之。神宮秘記。飛鳥本記。倭姬皇女世記。伊勢寶基本記。皆以奉載皇字於當宮也云々。彼貞觀已下狀等。雖申先進之由。不副渡于敵方。是爲奉欺朝廷歟。惟就　宣命文案事情。諸神者皆爲天胤之間。　公家被致祭禮之日。雖被載皇字於　宣命。諸社捧解狀之時。皇太神　宮神主之外。全不書皇字於申狀。是　太神宮者。天下之宗貴。海內之至尊坐之故也。彼倭姬皇女世記。伊勢寶基本記等。誰人撰集乎。神主飛鳥等者。外宮禰宜之先祖也。爲其宮祠官。私記置之文。非沙汰之限。若猶偁申支證者。不日可被召出件狀等也。

一同狀偁。日本書紀。自神代迄雄略。古語拾遺。古事記。律令格。及延曆公成。延喜安則等勘　奏本系。天長元五月。貞觀十三年宣命詔紙。二宮共不載皇字。一方何可有其難哉。

就之謂之。外宮解狀。不可載皇字之條。承伏自稱也。於本宮者。如載先段。依異于諸社。書來解狀之條。古今之定例也。延曆儀式。延喜式文。同七年九月禰宜荎貞等造進譜圖帳。載而炳然也。外宮禰宜巧新儀。任自由。始而推書事者去二月也。今所引之記等。更以不足准的之證。所詮當論之肝心何也。何時豐受皇太神宮神主申之由。載解狀哉。古來全不承及。有其證者可出對也。又延曆公成本系。不載皇字之由申之條。太以不審。可被召出彼狀者也。

一同狀偁。延喜十四年正月氏本系勘進　奏書。天慶九年四月日請神祇　官符解狀。爲　上覽所偁進也云々。

彼兩通狀。爲當宮龜鑑也。即或豐受太神宮神主申之旨書之。或度會神主申之由書之。

一切不載豐受皇太神　宮禰宜等申之由。彌顯當宮理訴者也。彼延喜十四年狀云。即天皇勅。汝大若子便罷往天布理奉者。退往天布理奉支。是　豐受皇太神宮也云々。是又外宮禰宜冬雄私詞歟。其上疑多論。如何者。就延曆廿五年七月　三日太政官符。大同〔マヽ〕年二月大宮司幷二宮禰宜等進供奉神叓。上代本紀云。爾時天皇驚給。度會神主等先祖大佐佐命召天。差使布理奉止宣支。仍退往布理奉支。是豐受太神也云々・奧位所云。豐受太神宮禰宜天　村雲命孫神主。天照坐皇太神宮禰宜天見通命孫神主。太神宮　司正八位下天子屋根命　孫大中臣朝臣者。外宮不加皇字。內宮書載皇字之條。既以分明也。仍副進之。彼延喜狀者。注倭姬皇女夢想之由。書豐受皇太神。載大若子。大同文者。注雄畧天皇御夢之由。書豐受太神。載大佐々

命。參差是多。可謂疑書歟。又延喜十一年
二宮解狀。鷹守八氏注文等。忩被召渡。可
申所存哉。
一同狀偁。內宮皇字。不見日本書紀（自神代迄雄畧）。以下
數卷之古書。爲載于解狀。經　上奏。預天裁
歟。帯所見者可出對也。不然者爭遁自難矣云
云。
當宮解狀。載皇字之條。神宮累代之規範
也。今更不能陳答。委載先□畢。
一同狀云。大祖神號者。屬無窮之故。不及上聞。
增字之謀訴。希代之結搆也。被糺明夸號之增
減。可被勘罪名之輕重歟云々。
如載先段。大祖神號。何皇祖哉。若大祖神
號。屬無窮而無定樣者。至天下大社者。不
可有定神號歟。荒涼之申狀。頗迷是非乎。
巧自專之條。於焉顯然也。本宮禰宜者。不
與新儀顧後勘。而可窺

勅定之由申之。外宮神主者。併好非例。任
自由。增書神號。而不及上聞之旨申之。何
理何非。尤可被糺斷罪法哉。夫　二所太神
宮神態者。守舊例所來也。都無違變之法。
所謂元々本々。左物不移右。萬事無違叓之
故也。爰外宮神主。自上代迄去正月不書之
皇字。何始而可載于解狀哉。新儀者違例
也。違例者咎祟之基歟。可被停禁者也。
一同狀云。以磯宮存本宮哉。背風土記。違儀式
帳歟云々。磯宮本宮坐之條。具見日本紀
也。所難之趣。殆守一隅之所致歟。
一同狀云。二宮聽禁河。同時致上洛。遂究決散
欝胸云々。雖存長曆三年宣旨。參洛之篇。
進而不退。謹所相待　勅喚也。抑本宮禰宜
者。去貞觀年中叙內位以降。外宮神主者。
代々難成所望。古來終以不許也。而近年竊
掠取內階位記之條。科條惟重。早任延久四

年　宣旨。停廢亂階。糺斷具科。守正應三
年　宣旨。正位階冝被儼神事禮奠也。
以前條々。重甄錄言上如件。
永仁四年十一月日
大内人正六位上荒木田神主貞宗
禰冝正四位上荒木田神主泰氏
章延
氏棟
經有
氏成
成言
氏尚
泰世

度會宮禰冝內人等解申等由氣太神儀式幷禰
冝內人物忌等年中行事叓。
合玖條。
自余略之。

一等由氣太神宮院事。今稱度會宮。在度會郡沼木鄉山田原村。
合陸院。
天照坐皇太神。始卷向玉城宮御宇天皇御世。國々處々大宮處求賜時。度會乃宇治乃伊須須乃河上爾。大宮供奉。爾時大長谷天皇御夢爾誨覺賜久。我高天原坐弖見志眞岐賜志處爾。志都眞利坐奴。然吾一所耳坐世波。甚苦。加以大御饌毛安不聞食坐故爾。丹波國比沼乃眞奈井爾坐我御饌都神。等由氣大神乎我許欲止誨覺奉支。爾時天皇驚悟賜弖。即從丹波國令行幸弖。度會乃山田原乃。下石根爾宮柱太知立。高天原爾比疑高知弖。宮定齋仕奉始支是以御饌殿造奉弖。天照坐皇太神朝乃大御饌夕乃大御饌乎日別供奉。
自余略之。
以前。度會乃等由氣太神宮儀式。幷禰宜內人物忌等年中種々行事。錄顯進上如件。仍注具狀。謹解。

延暦廿三年三月十四日

内人無位神主山代

内人無位神主御受

内人無位神主牛主

禰宜正六位上神主五月麻呂

大神宮司正八位下大中臣朝臣眞繼本

神祇官撿

從四位上行伯兼左京大夫勳十二等多治比眞人

大副從五位下大中臣朝臣

從六位上守少副大中臣朝臣暇

正六位上行大祐忌部宿禰比良麻呂

從六位上少祐多朝臣總名

正七位上行大史忌部飛鳥田首野守

正七位上行少史伊勢朝臣

伊勢天照坐皇太神宮司幷　二宮禰宜等解申注進神宮色々雜事。依宣旨注進二宮供奉神事上代本紀拾肆箇條狀。

自余略之。

皇太神朝御饌夕御饌供奉本紀。

志貴瑞籬宮御宇崇神天皇以往御世波。天皇乃相殿坐聞食支。然後宮內大庭穗掠乎造出奉津。皇子〔女歟〕以豐鋤比賣命乎令供奉。以纒向珠城宮御宇垂仁天皇御世爾。以倭姬命乎令供奉。其時爾倭姬命戴奉。度會宇治乃五十鈴宮令入座鎭理賜時爾。度會神主等先祖大若子命乎大神主止定給。其女子兄比女乎物忌定給。宮內爾御饌殿乎造立。其庭爾爲拔穗田稻乎令拔穗拔久。大物忌大宇禰奈々。共爲令春炊供奉始支。又御酒殿乎造立。處々神戸人夫進神曰〔田歟〕以稻神酒作。先太神供奉。次倭姬命奉。殘者仕奉物部人等給支。其時御船乘給。御膳御贄處定。幸行島國々崎島鵜倉慥柄等島爾。朝御饌夕御饌止詔而。由貴潛女等定給天。還坐時。神堺定給支。戸島志波崎佐加太伎島定給而。伊波戸居而。朝御饌夕御饌處定奉。

然倭姬命御船留而。鰭廣魚。鰭狹魚。貝滿物。息津毛。邊津毛依來爾。海鹽相和而淡〔波歟〕在支。故淡海浦止號支。伊波戸居島名戸島號支彼刺處名柴前號。從其以西乃海中爾。有七箇島。從其以南海鹽淡甘支。其島乎淡良伎之島止號。其鹽淡滿浦名乎。伊氣浦號支。其處參相弖。御饗仕奉神乎。淡海子神止號弖。社定給支。其處乎朝御饌夕御饌島定支。還行幸。其御船泊留在志處乎。津長原止號支。其處爾津長社定給支。自爾以來。太神主爾仕奉氏人等。以女子乃未夫婚。物忌止爲弖令供奉。是後雄略天皇御夢爾。皇太神乃敎覺給久。高天原坐我見志末岐宮處爾鎭理坐弖後。經年間。吾一所耳坐禮波。御饌安不聞食。吾高天原在時。素戔嗚尊帶十握劒。素取三段打折爲所生三女神乎。葦原中國宇佐島降居道中。奉助天孫。而爲天孫所參止詔志神。今丹波國與佐乃比沼乃魚井坐。道主王子八乎止女乃齋奉御饌都神。止由居乃神乎。吾坐

國欲誨覺給支。爾時天皇驚給。度會神主等先祖大佐々命召弖。差使布理奉止宣支。仍退往布理奉支。是豐受太神也。卽度會乃山田原爾。荒御魂宮和御魂宮造奉令鎭理定理坐。其宮之內艮角御饌殿乎造立弖其殿內爾天照坐皇太神御坐奉東方。止由居太神御坐西方。又御伴神三前御座下奉弖。大佐々命乎定奉。拔穗田乎從春始。神主等勞作弖拔穗爾拔弖穗爾拔弖。神主乃女子等未夫婚乎。物忌爾定令春炊。載持神主御前進弖。物忌子乎御饌殿奉弖。土師物忌之卒造進御器爾令盛奉之了弖物忌出□。神主物忌乎卒其殿前侍。祈禱白久。朝庭〔天皇朝廷歟〕天皇常石堅石爾護幸江奉賜比。百官爾仕奉人及天下四方國人民平爾慇給申拜奉。天照坐皇太神八度。止由居太神八度。御伴神八度。每日朝夕爾供奉。又三時祭波。每宮夕朝供奉。此乎由貴奉夜止號也。又度相神主等先祖天村雲命乎。皇御孫命召弖詔久。食國乃水波。未熟荒

水爾在介利。又神財毛比二乃物忌之在。故御祖命乃御許爾參上互申止詔天。奉登給支。具由申時爾御祖命詔久。雜爾仕奉良牟政波行下天在禮止母水取政遺天在介利。何神乎加下奉良布止思食間爾。勇乎志互參上來止詔天。即詔久。天忍石乃長井水乎取持下參天。八盛爾盛天奉禮。〔脱文歟〕其遺天忍水止云天。食國乃水乃於爾灌和天。御伴爾天降奉仕神等八十氏諸人爾毛。斯水乎食飲止詔久。神財及玉毛比等授給參下天獻持時。皇御孫命詔久。何道與利曾參上之止問給。申久。大橋波皇太神　皇御孫命乃天降坐乎恐美。後乃小橋與判奈母參上之止申時爾　皇御孫命詔久。後爾毛恐奉仕事曾止詔天。天村雲命。天二登命。後小橋命止云三名負給支。彼朝夕供奉御膳乃御水。止由氣乃宮坤方岡片頰爾御井掘天波供奉。其水大旱魃。年□不涸。其下二丈許下天。底有水田。其田波旱魃〔過歟〕須禮止毛。此御井乃水波專不干涌出。巽恠之事不遇於是。又他用更不可用之。其御饌殿乎今號伊屋殿是也。

豐受神宮新立御氣殿供奉二宮朝夕御饌本記。

聖武天皇即位乃時。神龜五年正月十日。依例天豐受神宮與理。天照坐皇太神宮乃朝御饌調備之天。先村雲孫乃令捧賷天參入流處爾。途中宇治山乃谷道爾死人乃有乎。乍見賷參志天挾渡。天見通命孫荒木田禰宜爾。任例且供奉已了天。以後經二□月程。天皇乃御藥急御坐。重祟給。件死穢乃由。仍宮司亮良比連千上加依勘由。川麻呂弘美等科大祓。蒙宮司春賞已了。同年三月十五日。依宣旨并御占兩合。新立御氣殿。供奉御饌。爲例太神宮江捧賷不參。

自餘略之。

右依太政官去延暦廿五年七月三日符之旨。被下神祇官。同十二日符偁。子細云々具也。

大同二年二月十日　豐受神宮大内人神主

太神宮大内人神主

豐受太神宮禰宜天村雲命孫神主

天照坐皇太神宮禰宜天見通命孫神主
太神宮司正八位下天子屋根命孫大中臣朝臣
伊勢天照皇太神宮禰宜譜圖帳。
皇太神乃天磐門閉給天隱坐時仁。高天原闇天。天八百萬神達愁祈。于時天兒屋根命夢悟天偁。天香山立流於津加之木枝乎曳折天。一夜刈坐神乃事爾隨者。八百萬神達。天安河原爾神集々給天。件木枝乎曳折天。各刈立支。之中國摩大鹿島命二男大狹山命兒天見通命刈生。此時禰己之己上(己之歟)枝爾波。(枝歟)天拔門加作流八尺鏡懸介。中枝波天明玉加作流八尺玉懸介。下枝波天乃香豆比女加作留眞蘇乃木綿着旦。荒木田神主等加遠祖天見通命。木綿葛乎鳥縕懸旦令捧持。忌部遠祖太玉串命。種々幣帛捧天天石門前跪坐天。天手力男命天石門乃左方居。右方天乃於須女居天。常世國永鳴鳥儲。天日影葛乎諸命爲蘰天。大中臣遠祖天兒屋根命神祝詞申。止之良无流爾。安哉之加利。給天。天石門乎開坐支。于時奉始(脱字カ)眞坂木爾木綿着天。號玉串供奉。
神世禰宜天見通命。天狹山命子也。
兒天布多田岐命。　此命纒向珠城宮御宇
天皇御世禰宜。
自余略之。
右依神祇官仰事。禰宜不絶供奉譜圖帳。勘造進上如件。以解。
延喜七年九月十七日
大内人正六位上荒木田神主茎安
前禰宜從五位下荒木田神主德雄
今禰宜從五位下荒木田神主茎角

延喜式卷第四神祇四
伊勢太神宮
太神宮三座。在度會郡宇治鄕五十鈴河上。
天照坐皇太神一座。
相殿神二座。
禰宜一人。從七位官。　大内人四人。　物忌九人。

童男一人。童女八人。父九人。　小内人九人。
自余略之。
度會宮四座。在度會郡沼木鄉山田原。去太神宮西七里。
豐受太神一座。
相殿神三座。
禰宜一人。從八位官。　大内人四人。　物忌六人。
父六人。　小内人八人。
自余略之。
延喜式卷第四
延長五年十二月廿六日
外從五位下行左大史臣阿刀宿禰忠行
從五位上行勘解由次官兼大外記紀伊權介臣伴宿祢久永
從四位上行神祇伯大中臣朝臣安則
大納言正三位兼行民部卿臣藤原朝臣清貫
左大臣正二位兼行左近衛大將皇太子傅臣藤原朝臣忠平
古語拾遺一卷
盖聞。上古之世。未有文字。貴賤老少。口々相傳。前言往行。存而不忘。書契以來。不好談古。浮華競興。還嗤舊老。遂使人歷世而彌新。事逐代而變改。顧問古實。靡識根源。國史家牒。雖載其由。一二委曲。猶有所遺。愚臣不言。恐絶無傳。幸蒙召問。欲攄畜憤。故錄舊說。敢以上聞云爾。
自余略之。
夫尊祖敬宗。禮敎所先。故聖皇登極。受終文祖。類于上帝。禋于六宗。望于山川。徧于群神。然則天照太神者。惟祖惟宗。尊無二。自餘諸神者。乃子乃臣。孰能敢抗。而今神祇官班幣之日。諸神之後。叙伊勢神宮。所遺二也。
自余略之。
古語拾遺一卷
從五位下齋部宿禰廣成撰

皇字沙汰文下

當宮皇字事。任去年十一月廿七日　綸旨。付內宮禰宜。帶不可有外宮皇字所見者。先被召出之。下給其狀。可申所存之旨。就進解狀。可令下問內宮禰宜等給之由。今月二日相副惣官。被仰下之狀。同四日御告知內宮候畢。而于今無音。何樣候哉。凡皆嚴密勅定。不倫進所被　召所見之條。太不可然候。所詮重有御尋。可承存進否之段候。恐々謹言。

二月十四日　　外宮禰宜判定行

謹上大宮司殿

皇字事。外宮一禰宜書狀獻覽〔マヽ〕之子細候。何樣沙汰候哉。隨御左右。爲令返事止食候也。恐々謹言。

二月十五日

謹上內宮長殿

當宮皇字事。任去年十一月廿七日之　綸旨。可被召出不可有外宮皇字所見之旨。申子細之處。可令下問內宮禰宜給之由。惣官御文到來。付進之後。依無御左右。兩度尋申候畢。未給分明御報。不審。而昨日可令尋問內宮歟之旨承候。何樣候哉。委可承所存候。恐々謹言。

二月廿二日

謹言大宮司殿

皇字事。以先日示給之旨。相觸內宮候之處。返狀到來之間獻覽之。子細見狀候歟。恐々謹言。

二月廿一日

當宮皇字事。相副內宮返狀之案。示給之旨承候畢。可存此旨候也。恐々謹言。

二月廿二日　　外宮禰宜判定行

豐受皇太神宮神主

注進可早差日限。重被下嚴密御下知。任去年十一月廿七日　綸旨。付內宮禰宜等。被召出不可有當宮皇字所見。下賜其狀。忩令言上所存事。

副進

一通。就去月廿七日當宮解狀被下宮司御文
案。

一通。宮司與問答狀。并内宮一禰宜返狀案。

右件皇字事。相副去年十一月内宮二答之狀等。下問外宮禰宜。可召渡欝申具書之由。所詮去月九日被下宮司之狀。到來之間。御下知參差之次第。同七日令注進之刻。可下問内宮禰宜之旨。今月二日又被仰宮司畢。而内宮禰宜等。背　綸旨幷御下知。不申所被召所見之有無。剰引隱以前　勅定落居之旨。奉欺　公庭。忩可被止皇字之由就掠申。及御擧狀之由。依驚承。愁憤之旨注申之處。此事内宮禰宜等頻欝申之間。無左右執申候之處。此解狀到來。所申非無子細候哉。所詮返給彼擧狀。召整訴陳。可申上候歟。且用捨可有御計之旨。去六日被擧申畢。而其後令進覽所被召之所見哉。雖相觸宮司。無答之間。同廿二日重令告知之處。相副廿一日内宮禰宜之返狀。宮司之狀到來。彼是子細。見于副進狀也。如彼返報者。重示給之旨承候畢。忩可申子細云云。此條去年十一月廿七日　綸旨以後。迄至隔年。違背勅定。于今不申所見之有無。其中間姧可被止皇字之由。捧謀訴狀之條。無道結構。忽露顯者也。凡彼宮禰宜等二答之狀。搆作之段。所存雖多端。就所被召所見注進之狀。爲令言上委細。抑心結所相待進覽也。於今者早差日限。重被下嚴密御下知。任
勅定之旨。召賜彼所見。爲申所存。重注進如件。

伏見院
永仁五年二月廿四日　大内人度會則彥

禰宜度會神主定行判

――判

――判

――判

——無判
——判
——判
——判

當宮皇字事。任去年十一月廿七日　綸旨。被召出不可有外宮皇字所見。下給其狀。可申所存也。其間於內宮二答狀者。給置候之由。就成追解狀。被下問內宮禰宜等候畢。依之彼宮禰宜等。近日成請文之由承及候。忩下給彼請文。可令言上所存候。就中內宮二答之狀。條々參差。段々謀書。非一事二事。云彼云是。所被召之所見。就進否可申子細之由。令存案候也。以此等之旨。可令申沙汰候。謹言。

三月一日　禰宜判

村松太郎大夫殿

當宮皇字事。任去年十一月廿七日　綸旨。付內宮禰宜等。被召出不可有外宮皇字之所見。下給其狀。申所存之旨就申。惣官被尋下內宮之處。彼宮禰宜等進請文之間。可令下外宮禰宜等給之由。去四日被仰御方云々。而于今未到。何樣候哉。可承存候。恐々謹言。

三月七日　外宮禰宜判

謹上　大宮司殿

當宮皇字事。相副內宮解狀。惣官下知如此。子細見狀候。任其旨可令致沙汰給候也。恐々謹言。

三月七日　大宮司判

謹上　外宮長殿

外宮皇字事。內宮禰宜等解狀。加一見返獻之。早可令下外宮禰宜等給也。仍執達如件。

三月四日　神祇大副判

大司御舘

大神宮司解申請祭主下文事。

壹紙。被載外宮禰宜等申皇字事。可下向內宮禰宜等申狀。

副進
　禰宜等請文一通。
右被祭主今月二日下知偁。子細云々者。謹所請
如件。任其旨。下知禰宜等之處。所進之請文。今
日到來如此。仍相副言上如件。以解。
　永仁五年二月十七日　　　權主典
　　　　　　　　　　　　　主典
大司神祇權大祐大中臣朝臣判
權大司大中臣朝臣
少司
皇大神宮神主
依祭主下知。注進外宮禰宜等 申新儀皇字間
事。
右今月四日宮司告狀偁。同月二日祭主下知偁。
外宮禰宜等申皇字事。重解狀具書加此。可令下
問内宮禰宜等給也。仍執達如件者。謹所請如
件。彼皇字。往古以來。曾無書外宮解狀例之旨
趣等。就外宮禰宜等一向之狀。相副證據等。依
成上當宮。二答之狀。被下于外宮禰宜等之上。
就雅見申狀。取整興正陳狀。具書等。注進先畢。
當宮理訴。外宮非據之子細。委所載彼狀等也。
至外宮解狀不書皇字之所見者。先度所副進之
延曆大同延喜式等分明也。隨即豐受宮御遷坐
以降。帝籙經七十餘代。皇序今及九百歲。其間
雖爲一通。不書皇字於外宮解狀。既爲不可書之
證語。豈何可有別之所見哉。而彼宮禰宜等。且
爲補自由謬訴之露顯。且爲累皇字雅書之、居。
憶惜所載申狀之記錄具書等。不進三問之狀。剩
件記錄等。稱宸極秘事。趁都鄙不可出對之由謬
訴之條。無道之至。結構之甚也。是則令蔑爾本
宮。忝奉欺　朝憲。所掠申歟。繙既涉胸臆。旁非
旡疑。殆不日被書渡具書記錄等。召整訴陳。早
速被令執　奏矣。仍注進如件。
　永仁五年二月日　　大内人荒木田貞末

禰宜荒木田神主八人皆連署

當宮皇字事。任去年十一月廿七日　綸旨。被召出不可有外宮皇字所見。下給其狀。可申所存之旨。訴申之間。就被尋下內宮禰宜等請文者。不帶所見之條。令承伏候哉。但如同請文者。就雅見申狀。取整與正陳狀具書等注進先畢。當宮理訴。外宮非據之子細。委所載狀等也云々。件與正所進之具書等。非無不審候。忩下預其狀等。成存知。早可調上三問之狀候也。誠恐謹言。

三月十四日　外宮禰宜度會判定行

進上　祭主三位殿政所

追言上。

如披露者。皇字給御擧狀。內宮使常通。近日令上洛候云々。爲事實者。就何之篇。內宮申子細候哉。可承存候。重謹言。

皇字事。外宮一禰宜狀如此。與正陳狀具書。先日執申職事畢。所詮忩召渡案文。可令遂訴陳節給也。仍執達如件。

三月廿四日　神祇大副

大司御舘

皇字事。相副外宮一禰宜書狀。惣官下知如此。子細見狀候。任其旨。可令致沙汰給候也。恐々謹言。

三月廿五日　大宮司判

謹上　內宮長殿

當宮皇字事。給內宮使與正所進訴狀具書等。可申所存之旨就申。惣官被下御下知候畢。內宮進請文候哉如何。忩可承存候。恐々謹言。
四月二日　外宮禰宜判
謹上　大宮司殿
皇字事。就惣官下知。令施行于內宮候之處。一
禰宜返狀到來之間。相副彼狀。既令申惣官候
畢。恐々謹言。
四月二日　大宮司判
豐受皇太神宮神主
注進可早經　上奏　停止內宮禰宜等沙汰中
間連々濫　奏。任先度　勅定。遂訴陳節。預
聖斷當宮皇字間事。
副進
一通　綸旨案。永仁四年十月十八日。
可被止彼字之由。內宮禰宜等雖憤申。
已番沙汰之上者。忩遂訴陳。可相待
聖斷之由。被載之。不可止彼字之條炳
焉也。

一通　綸旨案。同年十一月廿七日
帶不可有外宮皇字所見者。委可注申
之由。可被下知內宮禰宜等由事。又具
書事被載于端書也。
右彼皇字事。去年九月內宮一禰宜代泰直神主。
或沙汰之中間。可被止皇字之由繼〔經歟〕詐訴。或以引
載于同年所進當宮二問狀之古記等爲號具書之
由。可被召渡之旨雖憤申。已番沙汰之上者。忩
遂訴陳。可相待　聖斷之由被仰下候。存其旨可
被下知云々。不可止彼字之條。已以炳焉也。而
彼召渡具書之旨。就泰直之濫訴。一旦雖被仰下。
依爲神宮㝡極之深秘。粗引載于狀中許也。全
非具書之間。輙難及廣覽之由。當宮使雅見進申
狀之間。被聞食彼子細。同十一月廿七日　綸旨
偁。在京外宮使雅見申皇字事。申狀副具書。如此。子
細見狀。所詮帶不可有外宮皇字所見者。委可注
申之由。可被下知內宮禰宜等云々。端書仰偁。

此事就先度外宮申狀。不副渡具書之旨。內宮訴申之間。被仰下外宮之處。如此令申候也。可令存知給云々。彼古記等不及被召渡之條。又以分明哉。爰內宮禰宜等下預件　綸旨。乍令存知。背其旨。不進所被召之所見。付是非不申　勅答。太無謂。忩被召出彼所見。可申所存之旨。經訴祭主家之間。雖下問內宮禰宜等。終以不進所見。陳方術書。無理露顯之刻。引隱以前　勅定落居之旨。訴陳沙汰之中間。猶又可被止彼字之旨。偸捧結構之申狀。掠取祭主擧狀之由。依令披露。尋申祭主之處。內宮禰宜等强申子細之間。執申職事畢云々。就之。參差之分。去二月捧申狀之刻。同月六日擧狀云。外宮禰宜等申皇字叓。申狀副具書。謹進上之。子細載狀候。此事沙汰中間。載皇字之由。內宮禰宜等頻欝申之間。無左右執申候之處。此解狀到來。所申非無子細候哉。所詮返給彼擧狀。召整訴陳可申上候歟之由。

所詮被擧　奏畢。如此有沙汰。被停廢中間濫奏之上者。任　勅定。被召出可被召之所見。下知其狀。成存知。擬令調進三問狀之處。內宮禰宜等如進祭主之請文者。不可有外宮皇字之由。不帶別所見之趣。承伏顯然也。如同請文者。取整興正陳狀具書等。注進先畢。當宮理訴。外宮非據之子細。委所載彼狀也云々。件興正所進之具書不審之間。給其狀加一見。早可調上三問狀之由。去月十四日重申祭主之刻。忩召渡案文。可遂訴陳節之旨。被觸宮司畢。爰內宮禰宜不顧此等之旨。背嚴密　勅定。不倫進所被召之所見。剩被止皇字。可被召渡古記之由。違樣重捧濫奏之狀。近日掠取祭主之擧狀於京都。頻申子細云云。存外結構也。於不可被止皇字之條者。去年十月廿八日之　綸旨分明也。又引載于當宮先進二問狀之古記等。非具書之間。至不及被召渡之段者。同年十一月廿七日　綸旨之端書嚴明也。此上者背訴陳之道。內宮縱雖掠申。〔定歟〕史非御許容之限哉。而就彼亂　奏。可被尋伯家幷祭主卿之由。及御沙汰云々。此條爲實事者。訴陳之中間。且違日來之　勅定。不遂〔訴イ〕訴陳之節。就何之儀。可有尋御沙汰哉。是只日來之依不帶所被召之所見。亂前後　勅定之道。爲奉掠　朝憲。內宮禰宜等。令結搆之故歟。太不可然。凡於當宮皇字支證者。云貞觀延喜式文。云延久承德以下代々　詔書等。旁以炳然之間。令先進畢。詔書也。官文也。雖不被召出。此外之秘書。一通之所見。猶可足支證。況於數通哉。彼秘記等。雖爲氏人撰。器依人授之。輙難令披見不知案內之傍輩矣。諸道之法秘等本綸者。世上之通例也。何況於大神宮之御事哉。然而　公家有御不審者。謂訴陳之後。二宮禰宜同時參洛　之時。可備　上覽也。然則早經　上奏。被弃內宜禰宜等中間連連之亂　奏。任度々

勅定。整訴陳。爲蒙　聖斷。粗注進如件。

永仁五年三月廿五日

大內人正六位上度會神主則彥

禰宜正四位上度會神主定行

行忠

有行

常尙

常長

正四位下　行文

從四位上　朝棟　八人皆署

皇字沙汰間古記等事。外宮禰宜等解狀。副具書。謹進上候。彼記事。可被召渡之旨。內宮禰宜等欝申候之間。先日執申候之處。今又此解狀到來。彼此依不能抑留申上候。以此旨可有申上候。以此旨可有申御沙汰候哉。仍言上如件。

三月廿九日　神祇大副判

謹上　頭卿殿

當宮皇字事。重解状具書。祭主家之擧等如此。子細見状也。此事爲正權禰宜。一同大訴之上。無止神號之御事也。爲當宮祠官。先與正神主相共可令申沙汰給之由。外宮廳宣所候也。恐々謹言。

永仁五年四月三日　　　權禰宜判奉

謹上　一志七郎大夫殿

皇字事。就内宮一禰宜請文。惣官下知如此。任其旨可令致沙汰給候。恐々謹言。

四月五日　　內宮司判　長藤

謹上　外宮長殿

皇字事。内宮一禰宜請文。加一見返獻之。早可令下問外宮給也。仍執達如件。

四月三日　　神祇大副判

外宮新儀皇字間事。相副彼宮一禰宜書状。惣官下知。示給旨承候畢。抑外宮禰宜等。違背　勅定幷惣官下知之旨。自方具書者。堅令悋惜。不書渡之。剩如此令條忌平背法儀候者也。隨就雅見申状。所副上于與正陳状之具書。進當宮二答之時。令相副之間。即被下外宮候畢。其外不副別状。重不能書渡同状候。凡爲相延沙汰。不出三問之状。及如此謬訴之條。結搆遁避。忽量露顯候。不書皇字於外宮解状之條。先進具書等。爲分明所見之上者。古來曾無其例之旨趣。同載二答之状候畢。承伏之詞。如何難存知候畢。云悋惜之具書。云三問之状。忩被召渡可被遂訴陳候哉。恐々謹言。

三月廿七日　　內宮禰宜判

延長本系正文。　莖貞譜圖帳。（延喜七。）

延喜本系。　公成本系。（延暦十九。）

天慶元年兩通本系。　承和本系。（纖麿撰。）

鷹守八氏注文。　荒木田系圖。　安則本系。

永久院宣。　天平勝寳解状。（定太神宮四至事。）

內宮禰宜補任　宣旨。（立子良子勞之證。）

申九卷記。　申堂中。　明文抄。秘抄。
度會系圖。
豐受皇太神宮神主
注進可早重經次第　上奏。就去年　綸旨。不可有當宮皇字條。不帶別所見由出承伏請文上者。停止內宮禰宜等非據濫　奏。被紏行　夲神告訴重科等子細事。
副進
二卷　當宮別紙　宣命。皇字等・天照坐豐受皇太神宮之由載也。
二通　貞觀延喜神祇式祝言。豐受皇太神之由分明也。十二月晦夜祝祝言又加之。
二通　貞觀延喜式文幷勘例。二宮共不載皇字之處。限內宮稱奉載之由。脩進延喜式文之間。所副進此等狀也。
一通　宮進本系帳。延喜十四年　延長元年當宮皇字載而明白也。
二通　延喜天慶解狀。子細在前也。
二通　內宮禰宜等請文。不帶不可有當宮皇字所見之條。承伏之間副進之。
返上
一通　內宮禰宜等二答狀具書。
右件皇字。奉書當宮解狀之由緒。被載數代
宣命之子細。及式文舊記。具依達　上聞。可被停沙汰中間皇字之由。雖捧內宮方訴狀。去年十一月當宮使雅見申狀。帶不可有外宮皇字所見者。委可注申之由。可下知內宮禰宜等之旨。被下嚴密
綸旨之處。不申所帶有無。違樣忌以前弃置之旨。猶可被止中間皇字之由。恣經謀訴。令確執。所被召所見之間。有旡治定之後。可遂訴陳之篇。結搆濫
奏　無道段。令申祭主之刻。或執　奏當宮解狀。或被尋內宮禰宜之處。不可有外宮皇字事。不帶別所見之由。出承伏請文之上者。停止彼宮禰宜等非據謀論之條。勅裁定無豫儀歟。於今者訴陳頗雖似無其論。夲神告訴之罪。加減搆作之科。不可不申。彼條々中。

一内宮禰宜副進二答狀具書五通。忌不定[足カ]于不可有外宮皇字證據事。

延曆儀式帳。大同二年記。共不載不可有當宮皇字之由。以一宮載皇字。一宮略皇字。倫規摸歟。累代古書之中。或二宮不載之。或二宮奉書之。不同之子細。錄二問狀。言上先畢。是略與不畧也。以彼兩通具書。擬抗所奉載皇字於當宮神號。貞觀延喜式文。明時　聖代　宣命。延喜延長本系。幷解狀數卷秘記等歟。用捨之處。誰謂同日之論矣。次荎貞譜圖者無許容。荒涼不調狀也。論中者可違申日也。次延喜式第四卷內宮載皇字。外宮不載之由事。疑殆不少。如所進案文者。有皇二字。令加增歟。仰官外記法曹儒者。被召證本。糺明之後。可有決斷也。次古語拾遺倫進之詮要何事哉。不足所被召之證矣。

一同狀偁。外宮御鎭座之次第。不見日本紀之上。如風土記者。浴于丹波國與謝郡比沼乃眞井之天女。卽當宮御饌都神坐也云々。

彼天女者。和久產巢日神子豐宇賀乃賣命歟。全非當宮御事。云出化之時代。云所生之祖神。雲泥也。玄隔也。又御氣津神者。或神祇官坐。或機殿座。或二宮。或內社。或外社。調御倉座。或同酒殿座。是皆本枝相分。各有差別。就何申此儀哉。尤不審也。加之載訴狀之天女者。和久產巢日神子。倫具書之神號者。素戔烏命子也。一事兩端。以相違也。是背正理。申非據之故也。隨而浴于丹波國與謝郡比沼乃眞井之天女。卽當宮御饌都神之由。不載于風土記也。云引載之文章。云副進之具書。悉皆不調也。神號之非勘。官文增減。案決斷之先規。長寬明法博士兼俊。寶治內宮一禰宜延季等也。其例遮眼。糺行指掌者歟。
一同申狀云。二宮若相並祖宗之神坐者。天照大神者。惟祖惟宗。尊無二之由。可載古語拾遺哉。而　兩宮共爲祖神之由。混中之條。姧搆之企也云々。又云。大祖神號。何皇祖哉云々。
此條以管見片趣之料簡。加存外愚案之謬難歟。
是　天照者。　二宮之通稱。大神者　大廟之本號也。故神記偁。兩宮則天神地祇大宗。君臣上下元祖也。惟天下大廟也。國家社稷也。又偁。德合天地爲皇。知合神靈爲命。又偁。號豐葦原中國。亦因以曰天照止由氣皇太神也。與大日孁貴天照大神。豫結幽契。永治天上天下給也云々。飛鳥記曰。夫天照皇太神止由氣皇太神二柱御太神。則天津彥火瓊々杵尊之祖神也。故名曰皇孫命者也。
天照皇太神。與由氣皇太神。合明齊德。居焉如天上之儀。一處雙座焉云々。二宮共祖宗之篇。當宮天照之號。既以炳焉也。加之就日本書紀幷神記等。撿案內。大日孁貴者治高天原。以留宅於日之少宮矣。
皇御孫者。百王宗祖。豐葦原主。而降臨本朝。座于當宮。同殿被奉尊崇　天照坐豐受皇太神也。朝庭祖神。日域本主。忝猶在陪從于此神之禮。就中天照太神可先當宮祭之由。　神勅具也。是則諸神所化。大元之故也。因茲以所載
天照坐須皇太神乃廣前之一通　宣命。古今通用　兩宮之上。別紙　宣命同被載
天照坐豐受皇太神也。餘社全不然。此一條夫如何。隨長寬賴業勘文。以件世之兩宮。爲尊崇神也云々。又內宮連署解狀偁。二所

太神宮者。一朝之宗禮。吾國之君神云々。又偁。二所太神宮者。爲百王之宗祖。而照臨于四海之內。作萬惟之尊神。而明徹八埏之外。宗祖也。尊神也云々。忌自身注進之筆語。捧要用結搆之謀陳。不憚神睠。不顧人謗者歟。

一同申狀云。二所皇太神者。天地靈貴。日月之大元也云々。

此條殊以不審。如日本書紀者。生月神。一書云月讀尊。其光彩亞日。可以配日而治。故送之于天云々。舊事本紀又同。卽今別宮月讀神歟。管見之所覃如此。豐受宮月神坐之條。見何文哉云々。非了見之巨難也。或傳云。天照太神日輪也。豐受太神日輪也云々。又或記偁。豐者日如意也。受者月寶殊也云々。加之神記幷秘記等。又以有子細。但依爲秘奧。所不載委細也。依此等義者。雖號月神。不可有其難。然而三光天子之出現。當宮所化之功力也。故即爲日月大元之由。載于二問狀畢。

一同狀云。御形之方圓。千木之俯仰者。表天神地祇歟。陰陽之比量。幽契之緣。不得其意云云。

御形文圖方形之條。二宮間未存知。當宮圓形也。即象天位也。大日靈貴豈不坐地神之初哉。

千木片揆。開口者。受水德之理。塞口者。含一水德之義也。加之殿舍金物。共以雖黃色。御形御錺。或黃或白。製造本緣。內宮禰宜不案內之間。成此不審歟。陰陽之義。不二之理。誠不達變通之者。不得口傳之輩。定令迷惑歟。

一同申狀云。凡厥幣帛。本宮者錦綾也。外宮者平絹也。殿舍之寸法。神寶之員數。於事有差別。於禮有尊卑。又云。如長寬二年勘文者。延

喜御記中。有太神宮與豐受宮 如君臣之文云
云。
此條吹毛申狀也。如延喜式者。以平絹可進
外宮之由不被載之。無五綾者生綾云々。隨
二宮共案之官幣也 公家調進御裝束。二
宮共錦綾也。殿內御餝。又有加增。謹考舊
典。內宮御託宣偁。吾祭奉仕之時。先可奉
祭與由氣太神云々。故諸祭以當宮爲先。夅
崇之甚。神 勅已明也。內宮祠官之凡慮。
何趣本宮之託宣哉。又永保二年可被置內
人差別之由。雖經謬 奏。有公卿僉議。敢
無
勅許。縱雖有幽玄之御記。難破定置之式
文。長寬勘文。又伊勢兩宮載之。豈爲一方
潤色哉。隨本朝載式之明神。何不授品位。
而至太神宮者。奉授品位之文所未勘得也。
今准人臣之法。 親王公卿以下。盡敍品敍

位。未曾聞 帝皇之品號。即依此儀者歟云
云。受(本ノマヽ)受二宮共無品位。無差別。一通勘文。
片趣了見。不可然者歟。
一同申狀偁。諸神者皆爲天胤之間。 公家致祭
祀之日。雖載皇字 諸社捧解狀之時。 皇太
神宮禰宜之外。全不書皇字於申狀云々。
當宮皇字事。承伏勿論歟。隨累代古典。明
時宣命。諸事祭文。或奉書 天照坐豐受皇
太神。或被載豐受皇太神也。是則二宮者朝
庭之崇重。敬祭之禮奠。異于天下諸社之故
也。凡祠官之階品。猶以有增位。夅神之本
號。何可被改滅矣。
一同狀云。神主飛鳥等者。外宮禰宜之先祖也。
爲其宮祠官。私記置之文。非沙汰之限云々。
此條不知案內之謀陳也。
天孫御降臨之昔。天貳上命奉相從之以來。
迄大佐々命。於所々奉仕本宮 一百七十九

万三千六百餘歳也。
外宮御遷坐當州之後。兼　二宮 令執行神
事。又廿代矣。
天武天皇御宇。停大神主職。被定置禰宜職
各一員於二宮之日。猶以當氏遠祖志己夫
兒虫等也。爰志己夫依無子孫。以度會郡大
領荒木田野守。轉補內宮禰宜之後。漸兩氏
相分爲二宮禰宜也。飛鳥者。彼以前
繼體天皇御宇大神主也。仍居二宮兼行之
祠職。祀一朝宗廟之大源也。豈末來鑒子
孫。偏奉仕當宮。而遺片趣之記錄哉。縱雖
爲一方之記。諸家之法。倫龜鏡者定例也。
爲己者進覽內宮禰宜荃貞不實勘錄之譜圖
帳。爲他者何令難二宮兼 行飛鳥宸秘之本
記哉。是偏不辨臁脚之謂歟。
一同狀云。日本書紀。古語拾遺。古事記。律令格。
及延曆公成延喜安則等勘　奏本系。天長元

五貞觀十三年　宣命詔紙。二宮共不載皇字。
一方何可有其難乎云々。就之謂之。外宮解狀
不可載皇字之條。承伏自稱也云々。
此條未曾有之非料簡也。內宮不戴皇字。古
書繁多之間。二宮共依不一樣。以令言與不
可有當宮皇字之由。承伏之旨。亂陳之條。
比興之至。由而有餘者歟。
一同狀云。延喜十四年正月氏本系勘進　奏書。
天慶九年 請神祇官符解狀。不載豐受皇太神
宮云々。
皇字現在之條。見于副進案文。就謬難不及
費筆墨矣。
一同狀云。大同二年大宮司幷 二宮禰宜進官供
奉神叓本記。迄延喜十四年正月氏 本系勘進
奏書。命之名字相違延喜狀者。注倭姫皇女夢想之由。載大若子。大同文者。注進雄略天
皇御夢之由。載大佐々命。由叓。
天皇與皇女。同雖有御夢想之告。更不可同

也。大若子命大佐々命只奉仕畢。有何難哉。但彼大同二年二月十日狀。官進之篇不審也。二月三日逝去宮司。後日載位署之申狀。頗可謂疑書歟。緣此狀難延喜本系。還爲疑書之旨。注進之條。非表自科矣。

一同狀云。內宮皇字不見日本書紀以下數卷之古書。爲載于解狀。經　上奏　天裁歟。帶所見者可出對也。不然者爭遁自難矣云々。

當宮解狀載皇字之條。當宮累代規範也。今更不能陳答云々。雖不經　上奏。載皇字之條內宮禰宜承伏。閇口勿論歟。限當宮不能巨難。況於爲舊跡乎。凡爲根本尊號之上者。縱雖始奉載于解狀。有何儀哉。何況進解狀之每度。不一樣之子細。載于皇字於當宮解狀之先規。盡二問狀幷先段畢。隨今度內宮禰宜二人答狀之題目。皇太神宮神主云々。必不載皇字於題目。是無定儀之規證也。

一同狀云。大祖神號。屬無窮而無定樣者。至天下之大社者。不可有定神號歟。荒涼之申狀。頗迷是非乎云々。

比輿之謬難也。先可分別二問文章歟。無窮者全非不定儀。神靈者無盡無去來之理也。而唯氏姓之中絕。往古神號。重不經　上奏之由。內宮禰宜訴申之間。今言上畢。以非了見。迷是非之旨。書載荒言之條。有若亡之次第也。

一同狀云。二所太神宮神態者。守舊例所行來也。故無違變之法。所謂元々本々左物不移右。万叓無違事之故也云々。

元々本々。左物不移右之制法。太神宮本記文歟。然者外宮皇字。件書載而察然也。次神態祭祀。尤舊例須守神記之處。去正應五年九月神嘗祭職掌人等不參仕。鳥名子(トリナコ)無僻踏。而外宮以前令勤行也。先規未聞之間。相尋內宮禰宜之處。終以閉口畢。神樂者天神地祇之奧賾。上界日域之靈料也。因茲或繼開磐戸之古跡。或移始長倉之往叓。年中三度之祭。必奏此曲。謂彼役人歌長笛生琴生鳥名子等也。若自不參之時者。雖爲式日。令延引祭祀之例也。況一向不參。而當宮以前勤行之條。古今之間全無之。仍於役人者。存先規不參之處。至禰宜者。背舊例勤行之條。違例違式之罪。不信非禮之科。旁以難遁。先被尋下之。可被祈謝矣。

一同狀云。磯宮本宮坐之條。具日本紀也云々。

此篇雖爲枝葉。案日本紀幷太神宮本記。儀式帳。降臨記。及當國風土記。累代古書等。以倭姬命齋宮。可何謂守一隅哉。

一同狀云。本宮禰宜等。去貞觀年中叙內位。外宮神主者不許云々。拔詮。

此條非當論之詮用。但去天平廿一年　二所太神宮禰宜。面〔同歟〕浴于朝恩之時叙同階。如寶龜十一年正月廿一日官符者。二所太神宮禰宜等。准長上例。以四考叙內位之旨。內宮祠官廣河載于大同元年申狀也。雖有中間叙用之遲速。前後其無差別。就中二年二宮連署狀。荒木田度會兩氏人等。尋其源各是一流之孫也云々。凡荒木田氏人者。本是或物忌。或內人也。而繼當氏曩祖之遺塵。僅成本宮禰宜之稱號。何忘出身之根元。猥經過分之濫訴矣。

一就去年十一月廿七日綸旨。內宮禰宜所進請文偁。至外宮解狀不書皇字之所見者。先度副進之。延曆大同延喜式等分明也。不可有別所見云々。

彼狀等全不可載皇字於外宮解狀之由不書之。隨此狀等參差不調之子細。言上先段畢。不可有別所見之旨。內宮已出承伏狀之上

者勿論歟。就中延喜十一年正月二宮連署
狀。載伊勢
二所皇太神宮禰宜等解。預官符畢。雖非一
方之解。爲兩宮連署之支證也。又延喜延長
本系。幷當宮解狀。及數通古典。分明之條。
載于狀右之間。不遑羅縷。次長寬解狀。右
二所皇太神在鎭護國家之誓云々。以前
注進之秘書式文。　宣命解狀之外。又以如
此。　帝籙七十餘代。　皇序九百歲。不載
皇字於外宮解狀之旨。言上之條。堅固之不
實也。
一同狀云。彼宮禰宜等慳惜具書。不進三問狀。
記錄等稱極秘。不可出對之由謬訴。結搆之甚
也云々。取意。
是併表自科者歟。內宮禰宜者。去年九月請
取二問狀。今年正月付送二答狀等於當宮
也。雖然所被召之不可有外宮皇字之所見。
依不出對。隨彼左右。可言上所存之旨就中。
祭主度々被下知之刻。不帶別所見之由承
伏。去六日到來之間。所進三問狀也。更非
自由之遲進。次秘記事。全不副進于具書。
唯書載狀中許也。所詮彼記等。內宮禰宜令
所帶者。當宮所引載。令參差否差申歟。不
所帶者。又雖爲氏人。撰器依人授之。輙難
及外見。但有御不審而可經　叡覽者。遂訴
陳之後。二宮禰宜各企參洛。持參　鴻門。
可備　上覽也。
一同狀云。令蔑爾本宮。忝奉欺　朝憲。所掠申
歟云々。
此條就何文。申此儀哉。被召所見。糺決眞
僞。可被斷罪。
以前條々。大較如右。抑內宮禰宜者。致胸臆
之謀論。剩行違式之違例。增減神號宮文也。
當宮禰宜者。勘舊記。相副　詔書　宣命式文

代々解狀。經理運之訴訟。用捨尤雲泥也。凡巧無道。敵對　尊神之內宮禰宜。與代　神明言上所及之外宮禰宜。何有理不有罪。併仰明察矣。然則早經次第　上奏。停止內宮禰宜等之詐訴。可糺行條々罪科之由。爲蒙
勅裁。重注進言上如件。

永仁五年四月十一日

大內人正六位上度會神主則彥

禰宜正四位上度會神主定行

八人皆署

貞觀式卷第六神祇六稱

祝詞。

以下略之。

豐受宮。

天皇我御命以弖。度會能稱辭竟奉流皇太神能大前爾申給久。常毛進之神嘗能大幣帛乎云々。

略之。

私記外宮皇字載之。

延喜式卷第八稱。

祝詞。

天皇我御命以弖。度會乃山田原乃。下津磐根爾辭竟奉留豐受皇太神乃大前爾申久云々。

前後自餘畧之。外宮皇字載之條具也。

十二月晦夜燈油供奉御倉神祝言云。

度會乃山田原乃。下都磐根爾大宮柱太敷立天。高天原爾千木高知天。豐受皇太神乃酒殿調御倉御竈屋坐留。宇賀御魂神等乃廣前爾。

恐美恐美毛申。皇御孫尊乃高天原爾事始賜
布天都御膳乃。黑木白木大神酒於。長御膳遠
御膳度。御神酒者甕爾滿置旦。御稻者如八桑
枝爾茂榮旦。如橫山積置天。二所皇太神乃橫
田平田乃稻實波。朝大御氣夕大御氣登平久
安久。堅石常石爾守幸奉給度。恐美恐美毛衆聞
食度申。

自餘畧之。　是又二宮共以〔衍歟〕不載皇字。

勘例。

長寛勘文引延喜式僞。

一大外記中原師元勘文云。

延喜式云。

太神宮。在度會郡宇治鄉五十鈴河上

天照太神一座。

一從三位刑部卿藤原朝臣範兼勘文云。

延喜神祇式云。

太神宮。在度會郡宇治鄉五十鈴河上。

天照太神一座。

私記。已上內宮坐皇字不見之。

天皇我詔旨度。掛畏支伊勢乃度會乃山田原乃
下津磐根爾大宮柱廣敷立天。高天原爾千木高
知天。稱辭定奉留天照坐須豐受皇太神乃廣前
爾。恐美恐美毛申賜波久申久略之。

天永元年七月廿八日

此外。延喜十四年。延長元年本系帳。延喜
天慶狀等者。兼日令書載于狀右之間。重不
及書寫也。又內宮請文二通。同二答狀具書
同前之間。同不書寫也。

外宮禰宜等申新儀皇字事。當宮二答狀。相副
惣官下知。去正月猶告知候畢。而容隱章證據。
不令出三問狀。空送數月。是併新儀推書。自
專露顯之間。爲遁糺明。令延引候。如當時者。
結搆非普通沙汰。無際限候歟。所詮忩渡三問
狀等。可遂訴陳之由。重可令告知給候。恐々

謹言。

卯月十七日　　内宮禰宜判泰氏

謹上大宮司殿

皇字事。内宮一禰宜書狀如此。子細見狀候。三問狀忩可有其沙汰候歟。恐々謹言。

卯月十九日　　大宮司判長藤

謹上外宮長殿

皇字叓。相副内宮一禰宜書狀。三問狀忩可有沙汰之由承候畢。此事就當宮使雅見申狀。帶不可有外宮皇字所見者。委可注申之由。可被下知内宮禰宜等之旨。去年十一月廿七日綸旨。彼宮禰宜等乍請預之。不進所召之所見之間。被召其渡狀可調進三問狀之旨就申。惣官度々下知之處。不帶別所見之由。出請文之間。此上者三問之狀相調之。今明可獻候也。凡者當宮二問之狀。内宮禰宜等去年九月請預之後。經四ヶ月。今年正月付送二答之狀於當宮候畢。彼者無指故。任自由遲進之。是者任。勅定所被召之所見。就到來爲言上子細。申其由於惣官。相待候畢。一切非緩怠之儀。不顧自身之矯餝。不言無理之謬難。存外之次第候。恐々謹言。

四月廿日　　外宮禰宜判定行

當宮皇字叓。三問狀副具書。獻之候。忩可令申上給候。恐々謹言。

四月廿一日　　外宮禰宜判定行

謹上大宮司殿

太神宮司解　申請祭主下知事。

一紙。被載皇字事。可下問外宮禰宜等申狀。

副進

禰宜等三問狀一通。右具書。

右祭主今年正月九日下知偁。子細云々者。謹所請如件。隨即任其旨令下知于禰宜等之處。所進三問狀。今日到來如此。仍相副言上如件。

永仁五年四月廿一日　　權主典
主典
大司神祇權大祐大中臣朝臣判
權大司大中臣朝臣
少司
皇字叓。外宮禰宜等三問狀幷具書。加一見返
獻之。早下問內宮禰宜。可令左右給也。仍執
達如件。
四月廿五日　　神祇大副定世
大司御舘
逐申
灸穢之間。以淸筆令申也。
皇字叓。相副外宮禰宜等三問狀幷具書。惣官
下知如此。子細見狀候。以其旨可令致沙汰給
候也。恐々謹言。
四月廿五日　　大宮司判
謹上內宮長殿

當宮皇字事。幷尾張國酒見御厨以下諸神領
等國衙亂妨事。早爲神宮使遂參洛。且先可令
申沙汰給之由。外宮廳宣所候也。謹言。
永仁五年四月十七日　權禰宜判奉雅見
一志三郎太夫殿
皇字事。忩差上神宮使。可令申沙汰之由存候
之間。重注文之草如此候。被加御取捨可返給
候。謹言。
五月五日判　　新一禰宜行忠
傍官御中　　請文畧之
豐受皇太神宮神主
注進可早重經次第　上奏。訴陳沙汰中間
停止內宮禰宜等無道濫　奏。任以前度々
勅裁。召整訴陳。相待落居　聖斷由。欲被
仰下當宮皇字事。
副進
三問狀具書。以兩度　綸旨等。

右件事。召整訴陳。可令申之由。去年九月廿九日。兩度被下嚴密　綸旨之處。被止沙汰中間皇字。可遂訴陳之趣。內宮權禰宜泰直雖捧申狀。經御沙汰被弃置濫訴畢。奚背以前治定　勅裁。遁訴陳。動可被止　皇字之旨。致違　勅謀訴之條。濫吹之至。招科斷者歟。隨就在京神宮使雅見申狀。皇字當宮本號之篇。詔書　宣命式文舊記。載而分明之段。奉書解狀之先規引載解狀之秘記等。非具書子細。被聞食了。同年十一月廿七日。帶不可有外宮　皇字所見者。委可注申之由。被仰下之間。祭主施行之處。內宮禰宜不可有別所見之由。依出承伏內宮方出對之五通。具不足于不可有外宮皇字所見之旨趣。或錄不實。或加增官文之次第。幷神號非勘之科。　神事違例之罪。糺斷難遁之條。委見副進之三問狀也。仍彼狀爲祭主之沙汰。雖被下內宮迫陳謝。抑留三答狀。猶趁京都。可被止沙汰中間皇字之趣。可被召渡。非具書秘記之由。企姧曲濫訴之旨。承及之條。無謂結搆也。件兩條共以存外無理之篇。載于以前數通解狀畢。就違　勅自由申狀。爭可被改先々度々
聖斷哉。然則早停止中間嗷々謀訴。召整訴陳可相待落居　勅裁之由爲仰下。重注進如件。

永仁五年五月五日

大內人正六位上度會神主則彥

禰宜正四位上度會神主行忠

從四位上

外宮一禰宜定行被止神事供奉之時解狀
也。第八座闕。
當宮皇字㕝重解狀。具書獻覽之子細載狀候。
忩被副司解狀可返給候。恐々謹言。
五月五日　　　外宮禰宜判行忠
謹上大宮司殿
太神宮司解　申進　申文事。
言上豐受皇太神宮禰宜等。注進可早重經
次第上奏。任以前度々　勅裁。召整訴陳相
待落居　聖斷由。欲被仰下當宮皇字申狀。
副進
禰宜等注文一通。在具書。
右得彼禰宜今月五日注文偁。子細載于其狀
也。此㕝。當時訴陳沙汰之中間言上之條。雖
非無思慮。到來之狀。亦依難抑留。相副言上。
以解。
永仁五年五月六日　　　權主典

主典
大司從四位下神祇權大祐大中臣朝臣長藤
權大司從五位下大中臣朝臣
少司
外宮禰宜等申皇字事。宮司解狀一通。副禰宜等申狀。
謹進上之。子細載狀候。此事。當時訴陳沙汰
之中間執達。非無思慮候。然而到來狀。又依
難抑留。爲御計內々申合候。恐々謹言。
五月八日　　　神祇大副在判定世
謹上頭辨殿
當宮皇字事。任以前度々　勅定。訴陳沙汰之
中間。內宮方經結搆謀　奏之由。其聞候之
間。爲申沙汰。帶解狀行家神主令參洛候。條
條子細。直被尋聞食候者。可爲御敬神之至
候。定細々令言上候歟。任道理可有御沙汰之
由。可令申給候哉。恐々謹言。
五月九日　　　外宮一禰宜判行忠

謹上瀧口左衞門尉殿
當宮皇字三問狀。前長官之時。整上候之間。即被下内宮禰宜等候畢。而于今無音候歟。忩可被召出陳狀候哉。恐々謹言。
五月十三日　外宮禰宜判行忠
謹上大宮司殿
同十四日返事
當宮皇字事。三問之狀整上候之間。去月廿五日被下問内宮禰宜等候畢。三答之狀。令調進候者。忩下預之。加一見。重可申上所存候。誠恐謹言。
五月廿五日　外宮禰宜判定行
進上祭主三位殿政所
外宮皇字事。以三問狀。先日下問内宮禰宜等畢。而三答之狀及遲々歟。忩可令催給也。仍執達如件。
五月廿七日　神祇大副判定世
大司御館
同廿八日申狀。同日内宮返狀略之。
當宮皇字事。重　綸旨如此候。御施行事。忩可令申沙汰給候。謹言。
六月十日　判長官
慶幸太夫
神書
此事如前々。可被下司中候歟。
外宮皇字事。奏聞之處。内宮禰宜等。頻雖欝申之。宗廟尊號之字。沙汰未斷之㝡中。輙難被止。存其旨可被下知旨。依
天氣執達如件。
五月十九日　兵部卿光泰
祭主三位殿
下大神宮司。
可早任　綸旨致沙汰外宮皇字事。
副下　綸旨。

右件事。去十九日　綸旨偁。外宮皇字事。奏聞之處。內宮禰宜等頻雖欝申之。　宗廟尊號之字。沙汰未斷之最中。輙難被止。存其旨可下知之由。可被仰下也。任其旨可下知之狀如件。以下。

永仁五年六月一日

祭主神祇大副大中臣朝臣判

當宮皇字事。　綸旨惣官御施行等進之候。可被存其旨之趣。可申給二宮各別御告狀之由。其沙汰候也。恐々謹言。

六月二日　雅見

一志七郎太夫殿

當宮皇字事。司中兩通御施行。任示給之旨。申成進候。　綸旨下案幷惣官御施行正文。爲當宮後證申出之。令進候也。內宮御文。忩可被付候哉。恐々謹言。

六月二日　文能

外宮政所大夫殿

外宮皇字事。　綸旨幷惣官下知獻覽之。子細見狀候。可令存知給候哉。恐々謹言。

大宮司判

謹上內宮長殿

當宮皇字事。　恐々謹言。

六月二日　大宮司判

謹上外宮長殿

皇字訴陳間簡要目安條々。

一當宮皇字根本尊號坐事。

神記偁。德合天地爲皇。　知合神靈爲命云々又云。號豐葦原中國。亦因以曰　天照止由氣皇太神也。與大日孁貴　天照太神預結幽契。永治天上天下給也云々。飛鳥記云。夫天照大神止由氣皇太神二柱御太神。則天津彥火瓊瓊杵尊之祖神也。名曰皇孫命者也。又云。天照皇太神與止由氣皇太神。合明齊德居焉。

如天上之儀。一處雙座云々。神記云。兩宮則天神地祇之大宗。君臣上下元祖也。惟天下大廟也。國家社稷也云々。
云可奉書皇字之由緒。云奉載天照幷皇字於根本斈號之篇。云二宮共宗廟皇祖神坐之段。一々炳焉也。隨內宮二答狀云。元々本々。右物不移左。万叓無違事云々。存此儀者。根本斈號。皇字何不可書之旨。可經(陳歟)謀訴哉。

一被載皇字於式文詔刀　宣命解狀等例事。
二通　貞觀延喜式文祝言。
一通　十二月晦夜御倉神詔刀文。
宣命十二通之中。
一通　延久元年十一月八日。
一通　承保二年十一月七日。
一通　承曆三年三月十六日。
一通　寬治二年十月八日。
一通　同四年十一月四日。如柱下類林者。天照坐之中。被載此宣命也。展轉書寫本。書落　天照字歟。
一通　嘉保三年九月廿日。
一通　天仁二年十月廿九日。
一通　同三年五月廿五日。天照坐之由見之。
一通　天永元年七月廿四日。天照坐之由見之。
一通　永曆元年十一月十一日。
一通　正治二年十一月廿八日。
一通　寬元三年十一月十三日。
解狀四通之中。
一通　延喜十一年正月日二宮連署狀。二宮相殿御裝束事。
一通　同十四年正月廿七日官進　本系帳。內宮禰宜等連署也。
一通　延長元年正月系帳。
一通　天慶九年四月七日　諸神祇　官符文云。神宮四至。地德也。造作等事也。

已上皆悉載皇字也。此外數通條文。長寛解狀等文以同前也。
一進解狀每度必不一樣例事。
延暦十九年八月廿日大神宮禰宜公成本系帳題目云。
太神宮禰宜荒木田神主氏解之由載之。
延暦廿一年十二月廿日鷹守八氏注文。
二宮神主幷別宮職掌人等交座署也。
延暦廿三年三月廿四日外宮儀式帳題目云。
度會宮禰宜內人等解之由載之。
同年八月廿八日內宮儀式帳題目云。
伊勢　太神宮禰宜謹解之由載之。
大同元年八月十日。太神宮大內人廣河申狀題目云。
度會神主氏等解之由載之。
延喜十一年正月日二宮連署解狀題目云。
伊勢　二所皇太神宮禰宜等解之由載之。
同十四年正月廿七日二宮連署本系帳題目云。
度會神主氏解之由載之。
同十九年九月十三日外宮解狀題目云。
度會宮神主解之由載之。正權交座也。
延長元年十二月廿五日二宮連署本系帳題目云。
伊勢國々造　二所太神宮供奉度會氏解之由載之。
天慶九年四月七日請神祇官符之解狀題目云。
伊勢　豐受太神宮神主解之由載之。
天元四年二月十一日外宮解狀。
正權禰宜等交座也。
貞元元年十月七日內宮解狀題目云。
太神宮主解之由載之。
一內宮禰宜等二答狀幷重請文題目云。

皇太神宮神主云々。此條前々全無此儀。而當時也難(他イ)訴之解狀。或載皇字。或略皇字。是則無定樣之現證也。

一內宮不書皇字例叓。

日本書紀。古語拾遺。古叓記。律令及延曆公成　延喜安則本系。天長元五　貞觀十三年　宣命。　貞觀式第三卷。神祇。　延喜式第四卷。神祇。天平勝寶五年二月廿五日二宮解狀。不書皇字也。寬治三年解狀。題目云。二所太神宮神主云々。奥云。　太神宮豐受太神宮云々。內宮一禰宜宮掌。當一禰宜先祖。外宮一禰宜賴元。

二宮共不載皇字。何限當宮。不可奉書彼字之旨。可告訴夲神哉。

一內宮禰宜等令勘違　當宮神號事。

二答狀偁。如風土記者。浴于丹波國與謝郡比沼乃眞井之天女。卽當宮御饌都神座也云々。彼天女者。和久產巢日神子豐宇賀乃賣命歟。全非外宮御叓。次御氣津神六柱。同非當宮御叓歟。隨風土記之詞。令搆書者歟。就中如偁進具書之中。大同二年二月十日狀。以素戔烏尊子。稱豐受宮歟。存外不實也。已出對之。具書與載訴狀之旨趣。令參差之上。彼此共相違也。粗案先規。糺行設法者哉。

一同禰宜等爲倫理訴。令增違官文書叓。

延喜式文坐皇二字加筆歟。風土記之詞。又令僞書哉。糺行指掌者歟。

同禰宜背神記并前々沙汰旨。違例神叓事。

去正應五年九月　神甞祭之時。四所役人不參之處。勘行御祭之上。當宮御祭以前令遂行畢。

是則且違　神宮。且背先々沙汰之旨。違例違式之至。何叓如之哉。

一同禰宜出對狀等不調事。

如大同二年二月十日狀者。以素戔烏尊之子。

稱豐受太神歟。存外不實也。是一。次雄略天皇御宇。外宮御遷座當宮之時。其宮之内艮角御饌殿乎造立天 其殿内仁 天照坐皇太神御坐奉東方。止由居太神御座四方。又御伴神三前御座之趣載之。又云。其饌殿乎 今號伊屋殿云々。

造立御氣殿御饌支者。

聖武天皇御宇 神龜五年之三月歟。彼以前御饌供進者瑞垣御門下也。

雄略天皇御時。造御饌殿。其内奉崇五座。神支堅固處誕歟。是二。次其御饌殿乎 號神屋殿云云。

於忌火屋殿者。奉崇件五座神。供進朝夕御饌事。又以無之。是三。次宮司眞繼者。大同二年二月三日逝去歟。其替豐庭同年十二月廿四日補任歟。其間以司代執行神支歟。而二月十日狀載宮司之位署。太神宮司解之由令書之條。疑殆不少者哉。是四。延喜七年九月譜圖帳云。

件木枝乎 或折天各別立(衍歟)支。之中國摩大鹿島命二男。大狹山命兒天見通命刺生云々。又云。荒木田神主加遠祖天見通命。木綿葛乎 爲縵懸云云。又云。木綿著天 號玉串者。供奉神世禰宜天見通命云々。

大鹿島命者。 卷向日代御宇 景行天皇。奉仕歟。

天見通命者。 卷向珠城御宇 垂仁天皇。奉仕歟。

然者天見通命神世供奉之條。大違逆者歟。祖父大鹿島命。尚以神代不奉仕。何況於孫天見通哉。又禰宜職。天武天皇御宇始而被定置歟。神代禰宜之號。可謂珍事歟。

以前條々大概如斯。於自余事者大畧枝葉也。非當論眼目矣。仍拔簡要。目安如件。

私記。

夫伊勢二所皇太神宮。則天地靈貴。諸神大宗也。或爲日爲月。永懸而不落。或爲神爲皇。常存而無窮矣。竊伺内證。則金剛乎。菩薩曰。伊勢兩宮。則胎金兩部。大日孁尊。是質性明麗。
故使照臨天地。万物長養之故。曰照皇天子。
以上元大一德。用爲神皇。以神靈德。用合天
地。爲人皇者也云々。當知無上極尊。遍照智
性。天地與同和。仁義與合德。無二無別義。云
御形文圖。云千木片掞。式明可存者歟。皇字
祖按古跡者。皇親神漏岐神漏美(伴イ)命者。惟豐受
皇大神之裔神也。故屬太祖。而名天孫命曰皇
御孫命。此親祖之緣也。源起皇天。流傳于王

家。德侔天地則稱之。義同大處則號之。然則
貞觀延喜式文。延久承德　宣命。神宮秘書
飛鳥本記。皆以奉載皇字於外宮也。

天文十九年庚戌閏九月吉日度會權神主
貞直書寫之。此正本二禰宜當直之所持
之本。懇望寫。寫本憲人之手跡也可秘。
可秘。

校了

續群書類從卷第五

神祇部四

內宮御神寶記

伊勢太神宮。　內宮。

御裝束。

太神宮御料。

正殿御裝。

生絹壁代單帳參條。

壹條。長六丈。弘六幅。

壹條。長四丈五尺。弘六幅。

壹條。長九尺。弘貳幅。

生絹單天井壹條。長三丈六尺三寸。弘九幅。

生絹袷幌壹條。長九尺。弘七幅。

生絹單內蚊屋貳條。長各一丈一尺。弘各十二幅。

御床料御裝束。

細布袷土代帷壹條。長一丈八尺。弘六幅。

生絹袷帷壹條。長一丈三尺。弘四幅。

納葛籠箱壹合。方一尺。深二寸。

蒴黃絹御被貳條。長各九尺。弘六幅。

壹條。無綿。

壹條。納綿貳拾屯。

已上納黑漆唐櫃壹合。在金銅鏁鎰。沓帽子菱釘兩面叉。裡緋青打絹。打立緂組緒。初木尻雨皮筵鼻栗等。

小窠錦御被壹條。長九尺。弘四幅。緋絹。裡納綿二拾屯。

樋代料御裝束。
小紋紫綾御被壹條。長五尺。弘二幅。納綿八屯。
小紋緋綾御被壹條。長五尺。弘二幅。納綿八屯。
小紋緋綾壹疋。折累敷料。
已上納唐櫃壹合。色目同前。
屋形文錦御被壹條。長五尺。弘二幅。無綿。
五窠文錦御被壹條。長一丈。弘五幅。緋絹。裡納綿二拾屯。
帛御被參條。
貳條。長各一丈。弘各四幅。納綿各廿屯。
壹條。長各九尺。四幅。無綿。
已上納辛櫃壹合。
出座御裝束。
錦御枕貳枚。長各五寸分。弘三寸八分。厚二寸四分。中子以檜作之。以赤地錦裹之。
納白柳莒壹合。方一尺五分。深二寸。赤地唐錦折立。
帛袷御袜八條。長各二尺。弘一尺五分。緋絹。裡。
納白柳莒壹合。方一尺五寸。深二寸。打敷色紙二枚。
御櫛莒貳合。方各一尺。深二寸。黑漆平文。赤地唐錦折立。
納黃楊櫛八枚。各四枚。
納黃楊櫛八枚。各四枚。
御鏡貳面。徑各九寸。付唐組緒。二幅兩面。
白織物入帷。長各三尺。
納轆轤莒貳合。黑平文。赤地唐錦折立。
御髮緒紫絲八條。長各五尺。
納白柳莒壹合。方一尺。深二寸。打敷色紙二枚。
御加美阿弖帛絹八條。長各三尺。弘各一尺七寸。單。
納柳白莒貳合。方一尺。深二寸。打敷紙三枚。
白玉八拾壹丸。重一兩三分。中分以白絹二尺各裹之。
納白柳莒貳合。方一尺。深二寸。各打敷色紙二枚。納生絹袷袋二枚。長七尺。弘四幅。
細布袷帳壹條。長九尺。弘四幅。
生絹袷帳壹條。長九尺。弘四幅。
白絹袷御被壹條。長九尺。弘四幅。無綿。
已上納唐櫃壹合。同前。
錦御被壹條。長九尺。弘四幅。納綿八屯。裡緋絹。面紺地小紋。京錦。
小文紺綾御衣貳領。長各三尺五寸。納綿各二屯。裏帛袖二尺五寸小文紫綾御衣貳領。長各三尺五寸袖二尺五寸。裏帛。納綿二屯。

帛絹御衣四領。長各三尺五寸。納各綿二屯。

帛御裳四腰。長各五尺。大腰五尺。小腰八尺。裡縹。

紫綾御帶六條。長各七尺。弘一寸八分。

生絹單比禮八條。長各二丈五尺。弘各二幅。

帛意須比八條。長各二丈五尺。弘各二幅。

緑布御巾四條。長各五尺。

細綾御帶拾四條。長各七尺。弘二寸八分。

錦御履貳兩。長各九寸五分。敷弘三寸。面青地唐菱紋。京錦。裡散花黄地文。京錦。

納白柳莒壹合。方一尺四寸。深三寸。打敷色紙二枚。

已上納辛櫃壹合。色目目前。

座相殿神裝束。

左座神料生絹囊壹合。長七尺二寸。弘二幅。

右座神料生絹囊壹合。長四尺二寸。弘二幅。

寶殿貳宇生絹幌貳條。長各六尺三寸。弘四幅。

四御門幌四條。生絹單。

瑞垣御門。長七尺八寸。弘四幅。

蕃垣御門。長八尺八寸。弘五幅。

玉串御門。長八尺八寸。弘五幅。

玉垣御門。長八尺四寸。弘三幅。

衣莒參口。黒漆。平文。赤地唐錦折立。

入帷參條。長各五尺。弘二幅。白練絹兩面。

囊參條。長各五尺。弘各二幅。面小葵文綾。濃打。裏蘇芳打絹

以上納辛櫃壹合。色目同前

奉遷御裝束

奉座楊莒拾壹合　方一尺六寸。深二寸。在蓋。

相殿神座楊莒貳合。寸法同前。

垣代生絹單帳壹條。長六丈。弘三幅。

一赤紫綾盖貳具。裡緋絹各方五尺七寸。四幅。副緋綱二條。各長二丈。綾二破二陪縫之。

柄長壹丈參尺二寸二分。黒漆平文。金銅桶尻。高一寸五分。頂金銅葱花。

裡鏡。弘四寸六分。

骨八支。長各四尺四寸三分。末蕨形金各四枚。長四寸五分。本末竝反張木本蟹爪金八筋。各二寸。本脛巾金八枚。

小骨八支。長二尺四寸二分。本末金銅脛巾金

四角上覆金八筋。長三尺九寸五分。赤地唐錦。花形四面。緣押赤紫組四條。長各一丈。耳金八。

葱花貳口。口四寸二分。高四寸三分。同下臺二枚。徑一尺五寸。

蓋上以銀薄押窠文。

張緒緋丸組八條。長各八尺。在各志倍。總鈴八口。輪一寸四分。

緋四組四筋。長各五尺。

以上納辛櫃壹合。同前。但柄骨等納他櫃。

羅紫翳貳枚。柄長各一丈四尺四寸。徑二寸。下黑漆平文。羽長三尺七寸。弘三尺三寸五分。金銅桶尻高二寸五分。翳厚一寸。以泥畫之。蟹目釘參拾六隻。

大節金貳枚。長各六寸八分。弘二寸。厚一寸六分。

中節金拾六枚。長各二寸三分。弘二寸。上下四所。

小節金。上下四所。

廻緣赤地唐錦。片面。廣八分。在黑漆平文莒。又納檜莒。羅兩面張之。

廻押木。弘八分。黑漆。

菅翳貳柄。柄長各七尺二寸。徑一寸三分。本桶尻金長一寸。羽方各三尺三寸。黑漆平文。

骨參拾八枚。雲形四枚。長七寸。弘五寸五分。在中穴。骨長一尺三寸六分。

廻曲木四枚。並塗漆。

金銅雲形四枚。長九寸三分。弘三寸二分。在中穴。蟹目釘廿四隻。

緋綾綱四條。長各一丈五尺。

以上納黑漆大莒貳合。平文。

菅大笠貳枚。柄長各八尺五寸六分。徑一寸四〔分脫歟〕。黑漆平文。金銅桶尻長一寸一分。耳金貳隻。

骨四十枚。黑漆長二尺七寸五分。骨末押金薄。其躰如蕨形。

廻曲各五。削竹。塗漆。

笠徑五尺五寸三分。裡生絹。

頂覆金銅盤形金各壹枚。徑五寸。

緋綱貳條。長各二丈。金銅栗形。

已上納緋袋壹口。裡生絹。弘四幅。

道敷白布貳拾參段參丈。自舊宮迄新宮正殿御門料。

納朱漆韓櫃壹合。

神財貳拾壹種。

金銅椯貳基。高一尺一寸六分。土居徑三寸六分。厚一寸三分。徑金一寸五分。同土位金徑三分。

金銅麻笥貳。口徑各三寸六分。深二寸三分。尻徑二寸八分。

金銅桛貳枚。莖長九寸七分。手長六寸七分。方三分半。手厚二分半。手弘四分半。

金銅鏄貳枚。莖長各九寸八分。輪徑一寸八分。
銀銅椯壹基。高一尺一寸六分。土居徑三寸六分。
銀銅麻筒壹口。口徑三寸七分。尻徑二寸九分。深二寸三分。
銀銅拵壹枚。莖長九寸六分。手長五寸八分。
銀銅鏄壹枚。莖一尺。輪徑二寸。
已上納朱漆辛櫃壹合。色目同前。
梓御弓貳拾四張。長各七尺五寸。此内八尺二張。朱漆。本末弭黑漆。以鹿角爲弓束骨。各纏緤組壹丈五尺。並有絃。又以赤地唐錦纏弓束。長三寸二分。同上下並本末弭纏藤。
以上納朱漆辛櫃七合。在覆兩面。裡生絹。金銅金物。以青絹折立。
玉纏太刀壹柄。柄長七寸一分。赤木鞘長三尺六寸七分。身長三尺五寸。黑漆。以青唐綾纏鞘。以五色吹玉三百丸。四面隨並玉色。黏裏玉筒著居。
柄
口寄金壹枚。重鑄葉金一枚身在口裏金。上下居花形玉筒二枚。黏居水精丸二果。裏居玉筒六枚。各玉琥珀玉瑠璃玉四。
目貫金壹枚。表裏重位。金束居玉筒。黏居水精玉。
頭可布上金壹枚。在栗形金一枚。加輪。金並位金。
守宮形玉筒五枚。各居瑠璃玉五果。裡打蟷螂形釘五隻。

金壹丸。付鈴拾口。打鎚貳枚料。
金鮒形貳隻。長各六寸。弘各二寸六分。以金小輪入口爲緒付。金付紫丸組。長各六尺。付各金志倍。末濃瑠璃露玉二盖。
鞘。黑漆。以萠黃唐綾纏其上。爲玉地分十三丁。以五色吹玉貫糸四面。隨玉色黏裏。
口金貳重。在葉金。如柄口金。
帶取足金貳枚。
志波利金壹枚。青金色。
桶尻壹枚。石突金也。
已上金銅作金銅嚴。
帶取緂組貳條。長各四尺。弘各一寸五分。裡付縹唐綾。打平組一丈六尺。
在七金。並革前金貳枚。
前緒居軟錦文金物十七枚。後緒居同金物十七枚。
但各丸文金物。居玉筒。黏居水精玉。
平緒壹條。長一丈三寸五分。但前總一方一尺一寸。弘四寸。有繡後孔雀。前鸚鵡。鳥中間
有單文。
納袋壹條。赤地唐錦。緋唐綾。在村濃伏組。
以上納朱漆櫃壹合。在青打絹折立。兩面覆。裡生絹。金銅金物。前革緒。

須我利太刀壹腰。柄長六寸五分。用赤木。身長三尺五寸。鞘長三尺六寸三分。加納玉纏櫃。
柄以緋糸纏。鵄羽餝其上。
口寄金壹枚。同玉纏。
目貫金。同玉纏。
目貫左右玉筍黏居水精玉二果。
守宮形五枚。同玉纏。
可布土金壹枚。下纏堀物。可布土金八。其上表裡居玉。筍十二。黏居玉。
輪金壹丸。同玉纏。組不打。栗形大鎹一枚。其中間小輪金一枚
金鮒形貳隻。同玉纏。
鞘。黑漆。
口金貳重。在葉金。如柄口金。
帶取山形金貳枚。長各四寸。
足金六筋。下纏堀物金二枚。長各五寸一分。居玉筍十六。各在大小玉。
志波利金壹枚。下纏堀物金一枚。長五寸一分。玉筍二十。
桶尻金壹枚。下同。
黑漆地以銀打雲形平文。其上押金麒麟五枚。表三枚。裡二枚。
帶取緂組平綱貳條。長各四尺。弘八分。裡黏唐綾。

在七金玉。並革前等。煎海鼠形。金貳拾枚。
玉筍七枚。各居玉。
平緒壹條。同玉纏。
納袋。同玉纏。
金銅造太刀貳拾柄。鞘長二尺六寸六分。身長二尺六寸。
柄。長六寸七分。以櫻木用之。以緋糸纏付鳥羽。
津波金壹枚。
口金貳重。
可布土口金壹枚。
目貫須加流金貳枚。有責金一枚。露二小文。亦滑革丸。縫緒。
鞘。黑漆平文。
口金壹枚。
足金貳枚。
志波利金壹枚。
革前金壹枚。
桶尻金壹枚。革前金貳枚。
帶取赤地唐錦貳條。長三尺三寸。弘一寸二分。裡緋絹。以赤地唐錦纏七金。

緒赤地唐錦壹條。長九尺裡緋絹、弘五寸二分。

納袋貳拾條。表赤地唐錦。長九尺。弘二寸五分。裏靑打絹。

已上納朱漆辛櫃四合。各五柄。靑打絹。折立金物覆。同玉纒。

錦靫貳拾四腰。後長各二尺四寸。前長二尺一寸六分。上弘六寸。下弘四寸五分。厚二寸七分。矢刺口方二寸九分。以檜作之。以地赤唐錦黏表。以緋唐綾黏裡。

付紫革緒〔イ无〕二處。長二尺六寸。弘一寸三分。裡黏小文靑革。

間塞牒形金貳枚。

刺矢四百八十隻。腰別二十隻。長二尺三寸二分。片征戻加長三寸八分。根定。各鳥羽長四寸

矯糸塗朱。其上塗金漆。

蒲靫貳拾腰。長各二尺。上弘四寸五分。前長一尺七寸。下弘四寸。以檜作之。高長一尺九寸。下二寸二分。上厚二寸半。下形其上組入蒲。裡款冬唐綾。赤地唐錦爲口緣。

付紫革緒二處。長二尺五寸。弘一寸三分。裏小文靑革。加付本緒。緋在前後位二枚。

刺矢千隻。腰別五十隻。鳥羽長四寸。矢戻矯糸同前。

革靫貳拾四腰。長各一尺八三寸分。上弘四寸五分。下弘三寸八分。以檜彫之。著布。

付緒二處。在金銅固食文金四枚。後前緒二筋。長二尺五寸。弘一寸三分。

刺矢七百六拾八隻。長二尺四寸二分。征矢長同前。鷲羽長四寸。矯糸同前。

腰引參拾貳隻。以銀泥畫笆。朽木形也。

鞆貳拾四枚。以熊皮張之。黑漆平文鞆繪。付村濃四組。四緒長一尺七寸。弘二分。各納赤地唐錦袋。裡緋唐組緒。

納檜筥貳合。徑二尺六寸五分。深一尺四寸五分。

楯貳拾四枚。長各四尺五寸三分。上弘一尺四寸八分。下弘一尺五寸一分。厚一寸。黑漆。後付取手柄。長七寸五分。

桙貳拾四本。柄長各一丈四尺。口徑一寸五分。黑漆平文。身長九寸二寸。弘上二寸。下一寸六分。

有樋內散物鐵白瑩桶戻。長二寸八分。塗金漆。

赤地唐錦比禮。長三尺七分。弘一尺三寸八分。在金銅並銀蒲伏輪。

鏡鞆繪。徑九寸二分。

金銅鏑拍子。高二寸六分。徑三寸三分。拍子高一寸。

納檜細長櫃四合。各納六竿。

鵄尾琴壹面。長八尺八寸。頭弘一尺一寸。末弘一尺八寸。徑三寸二分。高厚三寸三分。

以鹿角入緒穴。並筋上下。以黑柹黃楊木作

著。面塗朱砂。腹竝同。左右喬塗黑漆。在

緒。並阿志津緒。黑柹琴柱。納赤地唐錦小

袋。裡緋絹。納唐組。

納赤地大文唐錦袋壹條。裡靑打絹。村濃伏組。

納朱漆櫃壹合。色目同前。

已上。

于時寛正三年十二月十九日。内宮一神主以在判之本書寫之。

右一冊。原本誤字脱字多く。本文と註と錯亂いたし。行々高低もみだりがはしき所々多く候ゆゑ。長暦送官符。寛正送官符を以。足代權太夫弘訓と致校合。大躰相正し申候。内宮御神寶の圖などを以引合候はゞ。能相分りて申候得共。右手に入不申候故。闕疑候所。これかれ御座候也。

三日市帯刀

秀　茂

外宮御神寶記

外宮正殿御神寶之事。

一おんたらし　三張。

赤地のにしきの袋に入。

納朱塗御辛櫃。

一御やなぐい　三腰。黒漆。

うちは赤地の錦をたつる。金銅てふ金物うち。おもてに有しめをばふせぐみにして。こんどうのはとかな物あり。五色のかううちの緒。かはさきに金銅の金物。目敷つゆ金物有。こめんかはをもつくる。黒漆にぬり。うへに鳥いろいろの平もん有。白羽の御矢こしとに數三十筋づゝ。とがり矢。かぶら矢。うはね二すぢあり。御矢長貳尺三寸。

納朱塗御辛櫃。

一御ゆぎ　　　　貳こし。黑漆。
金銅のくはんを付。かはのひば有。御矢
の長貳尺三寸四歩。しらは。
一御たて　　　　五枚。黑漆。
しろき御ひつにおさむ。
一御桙　　　　五本。
柄の長壹丈貳尺。みの長壹尺六寸。きん
ばく。御つば金ばく。金銅の桶尻有。赤
地のにしきのひれ長三尺壹寸。はゞ一
ふく。
玄ろき御ひつにおさむ。
一ふながたの御大刀　　　壹から。
金銅の片つるに。金銅の鈴五ッヅツつ
く。かぶとがね。ふちむすびむらさき。
こんどうのふながた二まいつく。
つかうらおもてに。花がたのかなもの
有。金銅のふちおなじくけんつば。

足金物せめがねしはひき。各
金銅有。さやのうらおもてに。金銅のき
りん。する金物有。おびとり錦。ひらを
にぬいものいろ〳〵有。
錦の袋に入。
納朱塗御辛櫃。
一いもり形の御太刀。
金銅のかぶとがね。　　柄の裏表に。花
がたの金物。ふちつば足金物。かわさき
せめがねしはひき。各
金銅也。さやに金銅雲形きりん。すへ金
物有。おびとり赤地の錦也。
赤地の錦の袋に入。
納朱塗御辛櫃　　　壹合。
一金銅造御太刀　　　　壹から。
つかさやをにしきにてまき。金銅のか
ぶとがね。ふち足金物。せめがねいしづ

き。おの／＼金銅也。おびとり赤地のに
しき。
赤地の錦の袋に入。
納朱塗御辛櫃壹合。
一御しゆうぎ　一ぐ。黒漆
こんどうのさかわ。赤地の錦ニテあひ
引をもかくる。くれなひのふさあげま
きにして。二所につくる。同じくくわん
有。
一御けうそく　一ぐ黒漆。
一御きでうす　一ぐ。黒漆。
はなさきに金箔をおし。まさへに十六
ようの表菊かけにかきけし。ふん五色
の糸ニテ錦を織かくる。
一御たゝり　貳具。黒漆。
はしらもと。はしらさき。金ばくおす。
一御かせ　三まい。但壹枚ハ金。貳枚銀箔。

一御おこけ　三ツ。但壹ツハ金箔。貳ツハ銀にすり。
一御をかけ　三ツ。但同前金銀。貳ツハ金箔。一ツ銀
一御つむ　三ツ。但二ツ金ばく。一ツ銀。
一御はく　二ツ。黒漆。
はなさきに金ばくおす。
右黒漆箱壹合におさむ。
一御くら　壹口。黒漆。
赤地の錦のしとね。あかきおもかいじ
りかい有。赤地の錦のくらおゝい。同錦
のおふせ有。くらかけにかけて。
納朱塗御辛櫃壹合。
一御あぶみ　壹掛。黒漆。
赤地の錦の袋に入。
右納御鞍箱。
一御くつわ。
あかきにしきのたづなあり。
一御むち　壹筋。黒漆。

上下五所に。とをまきゐかき組緒有。
一あさぎのほそ引　貳筋。
一白馬形　壹疋。高サ貳尺。
御くち御あぶみみかけ。金銅の鈴八口。
金銅きやうよう十六づゝ。御たづな赤
地のにしき。まいはるひ。をの〳〵さい
しき。しりがいもあかくさいしき。しり
がいのうへにほうくわ有。たいのこぐ
ちくろぬり。上はさいしき。
一御すゞり　四面。黒漆。
一御かうろ　壹ツ。黒漆。
一御ひばし　壹ぜん。こんごう。
一御かぶり　壹かけ。黒漆。
一御しやく　壹ツ。黒漆。
一御あふぎ　壹本。
うらおもて金。いろ〳〵の繪あり。
一御鏡　壹面。わたり九寸。

八花さき入。かたひらしろきおり物。黒
漆莒に入。納錦袋に。
一御とも　三枝。黒漆。
赤地の錦の袋におさむ。
一御かい　壹具。
紫の綾にてはる。四角にわらひかた。金
銅の鈴四口。くれなひの上巻四ッの角
につく。金銅のそうくわ花がたあり。ゑ
の長壹丈三尺貳寸貳分。黒漆に塗。金銅
のかけ金貳ッ。金銅の桶尻有。ゑにつく
綱は。ひの綾長壹丈。幅壹ふくを。貳ッ
わりにして二筋つく。
納黒漆箱壹合。柄はよの箱に入。
一紫うすものゑい　壹具。
柄長壹丈貳尺。黒漆にぬる。はの長三尺
七寸。はゞ三尺五寸。金銅の桶尻雲形花
がたの金物有。

納黒漆箱。
一すげのゐひ　壹から。
ゐの長七尺貳寸。はの長三尺三寸。柄ほね黒漆にぬる。ひの綾つな長壹丈を。貳ツわりにして二すじつく。
納黒漆箱。但右のうすもの。紫のゐひの箱一ツに。是をも入之。
一すげの御かさ　壹から。
ゐの長八尺五寸。黒漆にぬる。かさのはば五尺三寸。金銅の桶尻有。ひのつな長一丈。はゞ六寸五歩。
納黒漆箱。
一太神宮奉座やないばこ　三合長一尺八寸五分。弘一尺六寸。
赤地錦折立とす。内にも敷。但ふた有。
一玉はいのはこ　貳合。方一尺貳寸。深八寸。
赤地錦のおゝいあり。
一とびの尾の御こと　壹面。
朱塗。内黒漆。ことぢ。糸懸。金銅のほしめぬき。あとさきに貳拾六あり。いとをかくる。
納赤漆箱壹合。
一御くしばこ　壹合。黒漆。かけご。
内あかぢの錦の折立。
一御くし　七つい。數廿壹枚。つげの木色之
赤地の錦の袋におさむ。
一御すゞ　八口。
一御小がたな　三本。
一紫の御もとゆい　四筋。
長三尺五寸。弘六歩。おりたて。
一しんらくみ　卅筋。長三尺。弘三分。
右納御櫛箱。
一御枕　二基。長五寸五分。弘三寸八分。
納白楊箱。　赤地の錦折立とす。
一御くつ　壹りやう。
あかぢのにしきにてはる。

一御さうがい　壹りやう。
紺地のにしきにてはり。うちは散花の
錦おりたてとす。
納白柳箱。

御装束之事。

一壁代すゞしかたびら　壹條。長貳丈三尺。弘六幅。
一かべ代すゞしかたびら　壹條。長九尺。弘二ふく。
一てんじやうおほひかたびら　壹條。長貳丈六尺。弘七幅。
一かやすゞしかたびら　壹條。長八尺。弘九幅。
一かやすゞしかたびら　壹條。長八尺。弘六幅。
一すゞしかたびら　壹條。長九尺。弘四幅。
一すゞしてんのとの上間にはる　壹條。長壹丈。弘貳幅。
一すゞしあはせかたびら　壹條。長九尺。弘四幅。
一御ゆかの上土代ほそ布かたびら　壹條。長壹丈。弘五幅。
一はくのおり物御ふすま　壹條。長九尺。弘四幅。

御裏あかき絹。わた　四りやう。
あひ殿れうのうちに入。
一はくのおり物御ふすま　二てう。長九尺。弘四幅。
御裏しろき絹。綿　四りやう。
一すゞしあわせの御ふすま　壹條。長三尺五寸。弘貳ふく。
一帛の御ふすま　壹條。長九尺。弘四ふく。
御うらはなだ。
一はくのおり物御ふすま（御ふなじろのうちに敷）　貳條。長七尺。弘貳幅。
御うら赤き絹。綿。　四りやう。
一うへにおほふはくの御ふすま　壹條。長七尺。弘三ふく。
御うらはなだの絹。わたなし。
一にぐるまの錦御ふすま　二條。長八尺。弘四幅。
御うら大もんあかき綾。綿　四りやう。
納右御辛櫃。
一すゞしの御ふすま（あいどのゝれうのう棄）　綿貳拾屯。　貳條。長三尺五寸。弘貳ふく。
一五色の五くはの錦の御衣　壹領。長三尺五寸。弘貳尺五寸。

御うらあけの絹。わたなし。
一小あやみどりの御衣　壹領。長三尺五寸。袖貳尺五寸。
御うらあかき絹。わたなし。
一せうくわくれの錦の御衣。壹領。長三尺五寸。袖二尺五寸。
御うらはくのきぬ。わたなし。
一あけのあやの御衣　一領。長三尺五寸。袖二尺五寸。
御うらあけの衣。
一はくのおり物御衣（あひどの〻れうのうちに入）　三領。長三尺五寸。袖貳尺五寸。
御うらあさぎの絹。わた　廿屯。
一すゞしの御衣　三領。長貳尺七寸。袖壹尺三寸。
御裏しろき絹。わたなし。
一あけの綾の御裳　一腰。大こし五尺。小こし八尺。
一こんのあやの御も　一よう。大こし五尺。小こし八尺。
一帛の御裳　二よう。大こし五尺。小こし八尺。
一すゞしの御裳（あひどの〻れうに入）　六よう。大こし三尺。小こし五尺。
右御裳をの〳〵ひとへ也。
一五色の五くわの錦の御裳　一よう。大こし五尺。小こし八尺。

御うら淺黄の絹。わたなし。
一小あや紫の御裳　一よう。大こし五尺。小こし八尺。
御うらあさぎのきぬ。わたなし。
一紺の綾の御裳　一よう。大こし五尺。小こし八尺。
御裏あかき絹。
一ゑとりもん錦の御も　一よう。大こし五尺。小こし八尺。
御うらはなだのあや。
一あやのひれ　四筋。長貳尺五寸。弘一ふく。
一はくのおり物御おび　四筋。長七尺。弘貳寸。
一はくのおり物御まへだれ　四筋。長貳尺。幅壹尺五寸。
御うらはなだ
一帛のおり物御手のごい　二條。長五尺。弘一幅。
一帛の御しとうづ　四足。長九寸五歩。弘七寸。
納御柳箱。
一細布の御てのごい　貳條。長五尺。弘一ふく。
一紫の御おび　二筋。長八尺五寸。弘三寸五分。
一みどりの綾の御おび　四筋。長八尺。弘三寸五分。

一さんくわの錦の御衣とうづ　貳具。長九寸五歩。弘七寸。
御柳箱におさむ。
右各納黒漆御辛櫃三合。
相殿三座のれう。
一すゞしのまん　二條。壹丈。六尺。
一御寶殿二字の御とばり　二條。長六尺三寸。弘四幅。
一みつの御門みとばり　三條。長七尺八寸。弘四ふく。
一かべしろすゞしのぢやう　一條。長九尺。弘貳幅。
一しろ布　拾八反。
御ほうでんにうつしたてまつる道にしく布なり。
已上納黒漆御辛櫃壹合。
一きぬ　拾貳疋。
是は右惣みとばりかやかたびら。いろいろのよけいにかくのごとし。

右之一册。去慶長十四年 寛永六年兩度
御遷宮御神寶。以讀合帳寫畢。
慶安二己丑年
右一册以會重常之本書寫之。
寶永六丑六月十六日
大内人下井延清印。

右一册橋村宰記 正並藏本を以。足代權太夫弘訓と致校合候。但し近世の讀合帳にくらべ候へば。よみざまも不宜。誤字等も有之候得共。あながち改正いたし候にも不及ものに候得者。其儘に致置候也。

三日市帯刀
秀茂

續群書類從卷第六

神祇部六

外宮遷御奉仕來歷

豐受皇太神宮御鎭座遷幸例。
雄畧天皇御宇二十二年戊午秋九月望。遷幸伊勢山田原豐受皇大神宮事。天御中主尊爲天神第一。天照大神詑倭姫命宣。秘密々々。因茲自丹波國與佐之小見比沼魚井原。奉迎本宮御正躰。
　大佐々命。小和志理命奉戴之。今一禰宜二禰宜勤仕。
東相殿皇御孫尊御靈形。
　奥魂命。道主命奉戴之。今權一座重代輩。大物忌父一﨟神役之輩勤仕之。
西相殿天兒屋根命。太玉命。御靈形。
　自內宮奉傍外宮。爲西相殿神。天照皇太神之御託宣也。今權二座重代之輩。玉串大內人神役之輩勤仕之。
多賀宮大直日尊御靈形。
　今三禰宜四禰宜勤仕之。
土宮大土御祖尊御靈形。
　今五禰宜六禰宜勤仕之。
月讀宮月夜見尊御靈形。
　今七禰宜八禰宜勤仕之。

風宮御靈形
此宮改社號。奉成宮號。依異國降伏御祈也。
今九禰宜十禰宜勤仕之。
絹垣事。
若雷神。天之八重雲四方仁薄靡天爲御垣。遷幸之間。奉圍之故。崇于北御門神。奉傍豐受宮。
其後累代遷御不可盡數。近例如左。
白河院御宇。
承曆二年戊午。外宮御遷宮正殿也。于時一禰宜度會常季。
堀河院御宇。
寛治四年庚午。外宮假殿遷宮。于時一禰宜度會賴元。
同御宇。
承德元年丁丑。外宮正遷宮。于時一禰宜度會賴元。
鳥羽院御宇。
永久四年丙子。外宮正遷宮。于時一禰宜度會賴元。
崇德院御宇。
大治元年丙午。外宮假殿遷宮。于時一禰宜忠房。同年十一月卒。彥忠執印。
同御宇。
保延元年乙卯。外宮正遷宮。于時一禰宜度會彥忠。
近衞院御宇。
久壽元年甲戌。外宮正遷宮。于時一禰宜度會重房。
二條院御宇。
永萬元年乙酉。外宮假殿遷宮。于時一禰宜度會貞綱。
高倉院御宇。

承安三年癸巳。外宮御遷宮。于時一禰宜度會貞綱。

順德院御宇。

建曆元年辛未。外宮正遷宮。于時一禰宜度會正行。

此遷御奉仕來歷。如寫本不違一字書寫校合畢。

慶安三年庚寅閏十月書寫了　正禰宜

康曆二年外宮遷宮記

上卿中院大納言
應安六年五月十六日　宣旨。

正四位上行神祇權大副大中臣忠直朝臣

件人。宜被任造伊勢豐受太神宮使。

藏人頭左中辨藤原宣方奉

造外宮使事。依親世卿不法。所被改補也。宣下未到之間。且可被存知之由。被仰下候也。仍執達如件。

五月十六日　左中辨宣方

祭主殿

外宮造宮使職事。被仰下之旨如此。相副口宣獻之。被存其旨。且可令告知神宮給也。仍執達如件。

五月十六日　神祇權大副

大宮司殿

外宮造宮使職事。相副去十六日院宣并口宣。同日祭主下知。只今到來。仍獻覽之。早可令存知給候。恐々謹言。

五月廿二日　大宮司

謹上外宮長殿

造外宮使職事。相副今月十六日口宣等。宮司告狀如此。可有御存知候。謹言。

五月廿三日　判

傍官御中

請文略之。
拜賀可爲來月三日。可存知之由。可被告知二
宮也。仍執達如件。
後十月廿九日　神祇權大副
大宮司殿
拜賀可爲來三日由事。祭主下知今日到來。仍
獻覽之。二宮一同可令存知給候哉。恐々謹
言。
十一月一日　大宮司
謹上外宮長殿
拜賀可爲來三日由事。相副祭主下知。宮司告
狀只今戌刻。到來。面々可令存知給候。謹言。
十一月一日　判
傍官御中
雖延引八日。不及重下知。
十一月八日。亥刻。祭主正四位下行神祇權大
輔忠直朝臣。爲當宮造宮使拜賀。自里宿六貞昌神

主屋。直參也。束帶騎馬。共人輕戻。內三經直子。氏親。
經秀。故內六經孝子。守尙。已上內宮。內七守元子。常勝。六貞昌子。師明。
故文明子。朝量。前八朝英子。春宗。已上當宮。前九延春子。六位貪定。出雲
左衛門尉。迄二鳥居。御火二續。祗承宮掌時延文賴神主。參
膝突。布事。人長等雖申之。被稱無先例。不及
沙汰。入官符宣旨於蘿莒盖前ニ令持。於例所
有手水。役人朝勝行連神主。其後內院神拜。
御火者自三鳥居之左右差上之。此時分。禰宜
者集會例所。無案內九人也。各束帶。二不參。御火
二續。無程承祭主先被着一殿北坐。自兼坐主
坐前ニ居二種肴。高坏也。禰宜又着坐。西坐
北上也。祭主疊者重二帖。禰宜座疊者敷延四
帖。共以小文高麗也。各一拜之後。自北戸經
房神主。布衣。乍入宣旨於蘿莒盖。置祭主之
前。祭主取之。被獻于一禰宜。迄末座次第一
見之後。又傳上之。一禰宜進祭主。御懷中。其
後一禰宜勸盃。不敷勸盃座。疊ノ端ヘスリ寄

ル。三獻禮畢之後撤前。陪膳手水役人也。如恒酒者用銚子也。一禰宜御遷宮不可有子細之由賀申。畢各一拜之後立座。有對拜。祭主者九丈殿之西。禰宜者當殿坤也。北上。其後祭主者被參內宮。禰宜者歸宿館也。今夜造宮使拜賀時分。一禰宜晴宗神主館上棟也。

祭主忠直朝臣者。潤十月十四日出京。同十七日夕被着。六禰宜貞昌神主西河原宿所也。

造外宮木作始斫材事。奏聞之處。任康永例。可被採用宮山木之旨。被仰下候也。仍執達如件。

後十月十一日　右少辨判

祭主神祇權大副殿

爲當宮事始神事。來十一日可參宮。可令存知也。仍執達如件。

十一月九日　神祇權大副判

外宮長殿

造外宮木作始斫材。任康永例。可採用宮山木事。院宣如此。早可被存知也。仍執達如件。

十一月九日　神祇權大副判

外宮長殿

爲當宮事始神事。來十二日可參宮。可令存知給由事。並木作始斫材。任康永例。可被採用宮山木由事。昨日九日。捴宮御文。只今未剋。到來獻之。可有御存知候。謹言。

十一月十日

傍官御中

請文略之。

廳宣

可早任先例。令催參木作始神事時一殿可着座權官以下色節職掌人等事。

右來十四日可遂行木作始神事之由。造宮所告狀所到來也。早彼日一殿着座權官以下祇承宮掌。無懈怠可令催參之狀。所宣如件。以宣。

應安六年十一月十日

禰宜度會神主十八

同十二日。爲來十四日御事始神事。新造宮使祭主忠直朝臣自今夕參籠。經一鳥居。先神拜祢承宮掌家鄕。子家□代。文種神主。御火二續。手水役人延名雅衞父雅右代。神主神拜之時。加例御火者。自三鳥居之左右差上之。於一殿有酒肴。對面禰宜四五七八四人也。祭主北座。重疊二帖。禰宜西座。敷延疊□帖。各小文高麗也。有宮半帖。居二種肴於高坏。勸盃。四禰宜之役也。不敷勸盃筵。經當殿之西。自北鳥居下向。被宿六禰宜貞昌神主館。是作所八禰宜晨彥神主借請之故也。其後禰宜歸宿館。禰宜方無御火。祭主禰宜共衣冠。一殿志津良伊無之。十三日。雖爲事始以前。工等始木作。是依勅裁也。

同十四日。夕。有御事始神事。祭主忠直朝臣。束帶。伯父權大副實直朝臣束帶。雜色七本如木〔人歟〕一人。侍經房。內宮。氏親。同。朝勝。外宮。量房。同。守尙。內宮。貞秀。外宮。行英。同。延孝。同。六位資定也。祢承宮掌。重尙。重勝子重鄕代。神主也。自北鳥居被參也。於例所有手水。祭主者御輿。宿殿自北第二間仁被立。但北一間顚倒之間。第一門也實直朝臣者。立當殿之北。祭主手水役人。兼秀奉宗本名宗春。是者非巡。而以一禰宜家子之分勤之。神主也。祭主已被進寄之處。未令用意手水幷紙之間。暫被立途中。宮中沙汰人之無沙汰也。實直者不用手水。其後神拜。別宮遙拜之後。實直朝臣者着一殿西座也。祭主者被着當殿西之外南向也。小文高麗一帖於敷。扈從族。內宮祠官者自道北之□〔芝歟〕生仁座。外宮祠官者自道南爾着ス。各東上也。爰自造宮所有案內于神宮。自神宮又有 案內于傍官。仍參集使所。禰宜一。晴宗。二。行彥。三。

滋延。四。朝照。五。常盛。六。貞尙。七。行廉。八。晨彥。
九。久彥。十。元尙。皆參也。各束帶。祢承宮掌時
延光俊神主也。其後內院神拜。□三鳥居之
時者。尤可引裾也。雖然執之。次別宮遙拜之
後。經主神司殿中間（一頭二頭着座中間也。）廻一殿之東天。
自北戶着座。北座也。西上如恒對座。權官房
通神主者留于南。自南着ス。有少時。又手水役
人兼彥春宗神主自北戶經禰宜之東。着對座。
先例皆對座者自南着之法也。已上對座三人。
實直朝臣疊小文高麗一帖也。禰宜同疊五帖
敷延之。各在宮半帖。對座疊者紫端也。二帖
自西第二柱之際（與利）敷之。中間五尺計於置天。物
忌着座。同疊二帖敷之。大物忌二臈康長。三
臈康經。御炊庭重三人西上仁着。各衣冠。東
壁際（北間）。同疊一帖於敷天。祢承宮掌重尙重勝
二人着ス。北上也。大宮別宮職掌者。當殿南前
仁着ス。自兼居置肴使禰宜前者。高坏也。肴者

相子海老鯛鱠高盛熬物二種烏豆腐也。對座
宮掌物忌等者白懸盤也。先例者朱懸盤云々。
有小時。使陪膳經房朝勝神主廻南。入自中門
東之間也。經房者進盞。朝勝者酌也。禰宜方
陪膳量房貞秀神主也。是者自東第一之間入
也。壁際之間也。量房進盞。貞秀酌也。對座陪
膳者六位資定也。宮掌物忌陪膳者如木雜色。
（左近五郎父。）雖三獻禮畢。一二頭之勸盃事。依相論
不撤前。彼頭工等云。我先飮天。小作所代尙直
神主可飮之由申之。押神事比與之儀也。即此
代者。小作所內宮權神主尙淸之弟也。尙淸雖
令當參用代官也。雖然就三頭之指南。如恒式
事也。一頭座者主神司殿內西間。小工者自當
殿乾角。東上北向座也。二頭者當殿東間。小
工者自當殿艮角。西上北向爾居也。三頭者對
二頭。西上仁着也。北面云々先例也。忌鍛冶
者一殿以西。梘木東仁着。西上南向也。頭工

者各々疊用一帖。小工者敷絁。工等前各二
者。大略海老五具大根也。三方頭工等勸盃。
小作所代疊用紺端。是臨時之儀也。先例者紫
端也。頭工酌如木雜色。小工酌小雜色。各事
畢之後。自末座宮掌物忌撤前。其後貞秀量房
撤禰宜前。自陪膳出入之間出入也。先祭主被
退出。祗承隨于後。其後實直退出。雖立當殿
之西。共侍皆隨祭主之間。一人毛。無之。經數
剋了。待彼下向。禰宜自西退出。
一祭主不被着座　用代官實直朝臣事者。可着北
座之由有問答。神宮造宮使北座之例更無之
旨返答。仍任承暦祭主輔經朝臣之例。被用代
官。
一實直立座之時無拜事。
一禰宜少々食肴事　使者不食之。凡事始者。大
禮也。更不可食之。其故者。前々四度大饗。立
箸計也。以可爲同前也。但九十禰宜者。不食

之由申之。
一頭工者一貫文宛。小工者三百文宛賜之。
一於一殿者。雖炬火。祭主禰宜共以參入。退出
之時不乘〔乗歟〕松明也。
一使陪膳者。休息之時。中門、南端仁蹲居、禰宜陪
膳並資定者。自禰宜東仁休息。西上不敷疊也。
予見知之間。大槩注之。
今日御材木着岸于大湊。前造宮使時御材木
多朽損之間。先日工等入美濃山奉採之。但御
堅魚木三支者未到。是近日美濃川水勢少之
故也。
一頭國眞。二頭光興。三頭近澤。小工不遑于
注。
同十六日。御材木奉入于宮中。千木以下也。
同廿一日。直正殿御柱根。
同廿三四兩日。奉結麻柱雲形。食事。作所者
六升之由申之。物忌者八升之旨論之。雖然任

文永並康永之例。令治定六升官升。畢。同廿五日。本泥障板於白ケテ。奉懸替千木二支者。美濃山木二支者。宮山木可採用之由見勅裁。土宮谷奧高宮以西木也。

卅日。已可奉始御表葺之處。自巳尅計雨降之間。工等退出。十二月一日與利致下搆。奉始表葺。二日表葺也。三日同前。今日針返。物忌康長。但依老躰候地下。康經。長吉。友重。弘正五人參。各衣冠懸明衣。人別日食六升。官升定。請六人食。一人不參。布三段也。一段ヲ三宛仁切テ。正物忌九人配分。以二尋用之。手蕨一宛所持之。後仁者得分之。自四日者。無御萓之間。被指置御葺。十日又奉葺之。今日者大略生萓也。南方者奉葺滿爲表葺。見知神宮奉行五人云々。光達。政所。彥貞。文種。出納所。文富。文奉神主等也。十一日奉葺之。今日御葺奉畢。作所今日針返。物忌庭重加。

應安七年甲寅二月十五日。正殿千木殘三枝奉上之。六月上旬始。西寶殿葺始之處。葺不足之間。同廿一日奉葺滿之。同廿九日奉入御壁板。今日少々御柱於白計奉留。

當宮杵築神事。可爲來月一日。可令存知給也。仍執達如件。

六月廿七日　　神祇權大副判

外宮長殿

當宮杵築神事。可爲來月一日由事。總官御文今日到來獻之。可有御存知候哉。謹言。

六月廿七日　　判

傍官御中

請文等略之。

廳宣

可早任先例。令催參杵築神事時。一殿可着座權官以下色節職掌人等事。

右來月一日可遂行杵築神事之由。造宮所告

狀所到來也。早彼日一殿着座權官以下祢承宮掌等。無懈怠可令催參之狀。所宣如件。以宣。

應安七年六月廿七日

禰宜度會神主十八人皆判。

同日書五位歷名取奉之處。合點之族是多。無故實之至也。凡前々者取對座。廿人奉歟。

同廿九日。夜。爲來月一日杵築神事。造宮使祭主忠直朝臣參籠。先神拜。祢承宮掌重勝。吉秀。手水役人貞秀。房棟神主。於一殿有禰宜對面。二三四五七八五人也。有酒肴。々二種也。居高坏。勸盃二神主。祭主北座。小文高麗疊二帖重之。禰宜方同疊也。

七月一日。杵築神事。陰陽頭者。雖撰去月廿五日。儲日今日也。自日中雨降頻也。雖然酉剋許仁雨止。亥上剋。祭主束帶。先神拜。自六禰宜貞昌神主舘。被經北御門也。扈從侍朝勝。外宮延名。同氏直。內宮經氏。同貞秀。外宮。延考。同。是一人衣冠也。手水人之役故也。行英。同。神主六位出雲太郎左衞門尉貧定。已上八人也。祢承宮掌文通。重尙神主也。有御火。自三鳥居左右差上之。手水役人延考。相彥神主。使着座于一殿之後。神宮ニ有案內。自神宮又傍官仁有案內。祢承宮掌重勝。時延神主也。向二禰宜館。自宮中御火者無之。禰宜二。行彥。三。滋延五。常盛。七。行康。八。晨彥。九。久彥。也。各束帶。一晴宗。依脚氣候宿館。四朝照。養父二禰宜朝通神主服。六貞昌。一腹弟服。十元尙。祖母服也。先禰宜權官參集例所之後。本宮神拜。別宮遙拜畢天。通玉串所之前。經一殿之西。自北戶着座。使者西座。依爲祭主。重小文高麗疊一帖。先例者雖無之族。被祭主下知之故歟。自今夜。詔刀禰宜高座之條。神慮有恐。尤可爲臨時祭准據者哉。禰宜者北座。敷延同小文疊□

帖着座。對座權官者南座西上也。行勝。房通。常躬。昌尙。誠彥五人也。自兼居置肴。使禰宜前者高坏。對座以下者懸盤也。正物忌八人。二膓康長計不參也。對座二帖。宮掌一帖。正物忌三帖。疊者皆紫端也。敷様同去年事始。使陪膳朝勝。當宮。經氏。內宮。禰宜方延名。貞秀神主也。對座陪膳出雲太郎左衞門尉貪定。正物忌酌者如木雜色竹市丸。爰副物忌助家益秀二人。隔正物忌座二尺計。敷紺端一帖。着座之處。作所八禰宜晨彥神主憤云。副物忌者。殿檐着西上南向之例也。今着座之様。無謂之次第也。助家等答云。副物忌一座者。預朱懸盤。着正物忌末座之例也。就中康永之例分明也土申之。猶晨彥神主可取退前之由。雖令下知。不及其儀。雖然終不賜酒。當座之躰不便歟。工等座事。是如去年事始。勸盃小作所第尙直神主。三獻之禮畢天。自末座撤前。正物忌陪膳者小雜色也。使被立座之後。禰宜於當殿。懸明衣於南廂外。祗承宮掌獻手水。本宮神拜。着版位也。終不用火。違先例者也。於燒松者。自作所出之。宮中下部乘之條。載代々記分明也。二禰宜着西版位。申詔刀。無本暗申之也。是先例也。其詞云。

度會乃山田原乃。下津岩根爾宮柱廣敷立天。高天原仁千木高知天。皇御麻乃命乃稱辭定奉留豐受乃皇太神乃廣前仁。恐美恐美毛申久。廿年一度乃造替新宮正殿乃。宮地杵平久留狀於。平久聞食志天。天下泰平仁。國家安穩仁。大宮乃內長久平久。恤惠幸江給江土。恐美恐美毛申〔給脫歟〕久土〔申。脫歟〕

着本版位之時。八度拜。二度拍手。別宮遙拜。在拜手。其後參新宮。任先例。於荒垣御門之內。自一頭衣冠。之手。祗承宮掌請取之。可獻杖於正員之處。此杖不見之間。召問工等之刻。爲權官等。被取失之由。申條不可說次第也。如此遲々之間。祭主扈從權官。着衣冠參逢也。仍工等頓二枝作之。本杖四相殘也。袪承宮掌時延献之。欲令着版位之處。更在所不見。以推量令着歟。其後入自正面。自巽角柱本三反。西北東止築廻也。衣冠權官者內。布衣族者外也。在哥云。

度會乃。豐受乃宮乃。杵築志天。宮曾榮留。國曾榮留。萬世万天仁。萬世万天仁。

次着版位。神拜之後。令退出。於本宮第三御門前。一拜志天。別宮遙拜。先例者突畢之後。着版位一拜。其後退出也。無別宮遙拜。今夜退出。宮中思々也。退出者有　祭時之先例歟。

一使禰宜前各一本高坏肴也。菽半分削懸皮。盛大土器。茄高盛小土器。削物鮫鯛打身又小繪〔鱠歟〕也。有熬物。用兼神主請取。五結經營之。不參禰宜前入長櫃。自雜掌所送之。先例者。以二十貫文爲經營之饗膳也。但正中者十九貫文也。使一禰宜前六本。傍官四本。美麗經營也。今度爲酒肴之條。被失四度大饗之名者也。工鍛冶等前者三種肴也。菽茄干物也。任先例。居置瑞垣板歟。頭工一貫文。小工三百文被下行之處。餘憤申之間。被先日下行合。通用二ヶ日食。頭工加增。小工二ヶ日食代二百文加增。先例者。頭工五貫文。小工一貫五百文賜之也。

一今日申剋許仁。自調御倉。以荷用安直。賦進禰宜明衣。下品美濃絹一疋宛也。不參禰宜分同時送之。前前者。爲六丈精好之處。左道絹一疋者五丈也。云左道。云短。是陵遲也。以後日爲長官。五連用途於加增。如今度沙汰者。一禰宜分者八丈。自餘者六丈云々。此例未見及之。但加增者。爲後代目出。可爲永例也。同日晚送祿物。相副作所晨彥狀。無表紙。一紙狀也。其狀云。
杵築神事御分祿物。上紙五帖。中紙十帖。色
革一枚。進覽之候。恐々謹言。
七月一日　　晨彥
十殿
此內。革者如形師子丸古皮作。數ヶ所有縫
用。上紙五帖土載者。中紙程也。先例者椙原
也。中紙者未到。可明日進之旨。作所申送之。
此狀八日。晨彥神主來取返之。文章違先例之
故歟。可送中紙之時。令書改可進之旨申之。
一權官以下明衣。於調御倉請之。長サ竹量三尺
四寸也。弘一寸計。
一權官以下杖百枝作之間。以外不足勘。歷名可
作之哉。
一今日差定延。相彥於手水役之。剩以。彼役人
可令陪膳之由。被祭主下知之處。定延申云。
無先規之上。稱非奉公者。辭退陪膳之間。向
後不可差手水役之者。以使被下知神宮云々。
不便之儀哉。仍今度任先例。陪膳者非手水役
人。
同五日。夜。亥剋。奉入御船代於宮中。迄二鳥
居之前者引之。自是奉荷。奉置舞姬候殿也。
任先例。禰宜有參拜。二三五七八九也。玉串
所石疊以南端石之際。西上南面爾蹲居。此以
前有祭主參宮。於一鳥居之前。則被奉拜之。
同廿七日。自作所之許送十禰宜狀云。送宿館使。作所
中間﨟一丸。
杵築神事御分祿物。上紙五帖。中紙拾帖。色
革一枚。進之候。恐々謹言。
七月一日　　晨彥
十禰宜殿
今日杵築神事祿物。色革一枚。上紙五帖。中
紙十帖。慥給候了。恐々謹言。
七月一日　　元尙

此返事令内封也。不書位所（位所云者官事也。）之故也。文
章者。以嘉元正中案書之。彼兩度不拾送文之
文章。仍今度如此。是先例也。私案。嘉元正中
者立文也。書位所也。建長者内封狀也。康永
者自作所一禰宜之許。以面々之使。請取之
間。不及送文之沙汰。今度作所狀不書位所志
天。立文（在禮紙。）之條。不得其意者也。中紙十帖。今
日到來。大略如雜紙也。
同九月八日。夜（丑下剋。）大宮新殿乾方枯松一本顚
倒。其解狀云。
豐受太神宮神主
注進。可早被經次第上奏。當宮新宮乾方松
木顚倒刻。新殿乾方千木一支折落。堅魚木
一支頽落。同方泥障板并桁萱居御葺萱等
破損事。
右去夜丑剋。彼松木依令顚倒。新宮正殿破損
之次第　大物忌父延重等告來之間」相待明天。
神事以後。禰宜等一同令拜見之處。破損無相
違者也。仍注進如件。
應安七年九月九日
大内人六位上度會神主氏基
禰宜正四位上度會神主晴宗
、、、下、、、行彥
、從四位上、、、滋延
、、、下、、、朝照（于時朝照輕服。雖然加署。）
、、、、、、常盛
、、、、、、貞副
、、、、、、行廉
、正五位下、、、晨彥
、從五位上、、、久彥
、、、下、、、元尙
自十一月廿六日。又有庭作。正殿東柱以下奉
作之。一頭國眞故障之間。頭代居上可立代官
之由雖訴申。不及裁許。自一頭方立代官了。

頭代申狀頗比興也。前々事終之沙汰也。彼庭作析。是者自有爾係案。寺二萬疋出課析錢於。神人等一萬疋。進摠官之間。以之被下行了。以寺物被用正殿造營析足之條。有其難歟。但以凡慮難量者也。今度被下行一番食。其後御橋四面簀子等奉作之。
去九月所破損之新宮千木。欲奉採替之處。要木可在于當山之由。工等令申之。去年被下勅裁之上者。採用不可有子細歟。可爲何樣哉。
仍執達如件。
十二月七日　　神祇權大副判
外宮長殿
去九月所破損之新宮千木。可採用當山木。不可有子細歟。可爲何樣哉由事。摠官御文到來獻之。可有御存知候。謹言。
十二月七日　判
傍官御中

請文。大畧謹承候了。可存其旨之由也。
同八日。檜原以束木一本。爲千木一支。被採用畢。
同十一日。正殿御堅魚木於寄東天。御萱萱。北者西一間通。南者軒通取去之。別而無廂柱食米食之內也。又當月一番被下行。自北三品之時。迄今度旣八番下行之由有沙汰。同日。北西端桁一間奉置之。今日文富文奉神主兩人。爲長官使來云。正殿御萱以今取去萱。可通用之由。宮司申摠官之間。內々以彼狀並申狀。被尋之條。可爲何樣哉之旨事也。如今度ナル可出例文之由。可有御問答之旨。返答了。此事被訪傍官之意見了。
同十三日。乾千木一支奉懸之。其下萱覆一間。通其下妻戸。同奉置之。同左右板號短。左右一間道也。
同奉懸之。
萱可通用否事。宮司其後。寬喜土宮千木事。

文永瑞垣御門萱事。共以假殿例歟。雖注進之。不爲正殿例之間。祭主不被許容之旨。有沙汰。
同八年乙卯正月廿日。奉葺始正殿乾方。是去年破損之所也。同廿一日奉葺滿之。今日針返物忌參。宛造宮所之沙汰也。御萱。自作所方持寄新萱也。
廿三日。二頭代有繼申云。御板敷寄敷居通釘者鋪下也。此鋪打樣爲何樣哉之由。令申之間。鋪者廿一日也。自敷居去八寸天鋪與鋪乃直一尺三寸之旨。令指南了。今日外長押同奉打之。廿四日御簀子奉敷之。
六月十五日。正殿堅魚木一支奉懸之。是去年頽落替也。瑞垣御門並御氣殿不足分御材木等。去上旬到着。此時此堅魚木毛。同時令到着者也。
七月二日。瑞垣御門並同北御門奉作始之。
同十二日。二頭代有繼來云。新宮瑞垣御門柱根。自本宮者。三尺寄北給之間。寶殿土相近之間。同北御門毛三尺寄北事。同前也。可爲何樣哉。作所毛被存知。工毛不存知之間。任東宮之寸法。自古穴三尺寄南。自昨日堀之刻。言語道斷仁地堅候也卜申之。予答云。左樣事可有之也。仍引見記六之處。西宮瑞垣御門。並同北御門三尺寄北事。祖父長官嘉元記分明之間。令指南了。
同十三日。奉立瑞垣御門。同北御門。
永和二年丙辰四月廿八日。高宮御棟持以下御材木。少々付宮中。
閏七月十一日與利。又有庭作。瑞垣御門斷材也。
同廿一日。奉疊正殿御階。
同廿六日。□瑞垣御門桁。
八月五日。奉始高宮庭作。
同廿四日。瑞垣少々奉立之。南御門左右。
九月三日。大略奉立之。

同四日。奉立御氣殿由木。是上棟之儀也。
同九日。高宮地鎮祭。幷御上棟事。日時勘文云。此勘文無告知于神宮。於作所七禰宜之許書之。
陰陽寮
擇申可被立伊勢豐受太神高宮日時。
鎮地日時。
九月四日乙酉。時卯二點。若申。
此日更不可延引也十六日丁酉。時辰二點。
立柱上棟日時。
此兩日更不可延引也十九日庚子。時午二點。若申。
廿二日癸卯。時午二點。
立柱次第。先酉。次東。次南。次北。
永和二年八月廿一日
頭兼曆博士賀茂朝臣在弘
此點並注者。自摠官被注之。
來十九日。可爲高宮上棟。可令存知給之狀如件。

九月三日　神祇權大副判
外一御館
來十九日。可爲高宮上棟。可令存知由事。去三日摠官御下知。今日到來獻之。可有御存知候哉。謹言。
九月十四日　判
傍官御中
傍文略之。
廳宣
可早任先例。令催參高宮上棟神事時。一殿可着座權官以下色節職掌人等事。
右來十九日。可爲高宮上棟神事之由。造宮所告狀所到來也。早彼日一殿着座權官以下祗承宮掌等。無懈怠可令催參之狀。所宣如件。以宣。
永和二年九月十五日
禰宜度會神主十八判

同十六日。大宮御祭之後。高宮地鎮祭。々物次第。
作所沙汰物。
鐵鏡貳拾枚。鐵人像貳拾枚。鉼壹枚。長刀子拾枚。（前々者貳拾枚。）鋒貳柄。鎌貳柄。鑿貳口。庸布四端。（四人役人。明衣一端宛。）墨一廷。青花。赤火口无少々。燒松析古村（材歟）瑞垣板一枚。見物下行者是也。此外物者。錢一貫四百十六文下行之。是官下並作所沙汰分代物也。委本法色目。見代々送文之間。不注之。
宮司沙汰分。
已上代物五百文。酒肴析五十文。彼本法之沙汰。日記見代々送文。仍略之。但鷄以下者。見物繪圖也。
役人御巫代大宮御巫内人度會清恒。管裁人當宮物忌二鵤磯部弘近。先例者。云官下。云作所。云宮司。相副送文。奉納神庫。宮中沙汰人下行役人也。今度不及其儀。役人直請取之。
奉祭次第。
御前ニ東西止。三尺ニ懸棚御饌五前奉備之。於當宮忌屋敷調備之。熨蚫。堅魚。干鯛。海澡。アラメ。此四種ヲ熬テ。盛合ニ小土器ニ。一前ニ三盃宛進之。折敷ニ置進之。鐵忌物雞卵麻苧ヲ皆奉備。東西ニ五色幡彫等ヲ立。其後詔刀畢之後。幡鷄以下者。西大杉之下ニテ奉燒之。（御幡染所計ヲ燒之。）此幡長五尺之由申之。先例者一丈云云。鐵忌物者。可有御座之下ニ奉埋之。旦剋也。已上以詔刀等。役人淸恒之說注之。此詔刀文。自八禰宜之許依有狀。予出之。任先例。於役人者。以詞自神宮催之。不成廳宣也。
同十九日。天晴。高宮御上棟日記。
今日酉剋。申案内。（號工使迠弱者也。先例者小工申之。）其後依一殿鋪設事。禰宜無左右不參。神宮者。任文永弘安嘉元正中等代々之例。可爲疊之由問答。作所七禰宜晨彥神主者。任康永之例。可爲畏莚之旨論之。雖然任代々之例。所用疊也。貞和元年十二月廿一日。高宮御上棟。村松長官家行。記云。着一殿北座。小文四帖。官半帖云々。七禰宜日記如何。不審也。又依燒松之論。於例所經裎。神宮者任准據之例。自作所可出之云々。作所者不可有其儀之由申之。是當宮御上棟。入夜事無近例之故也。兩方論不道行之間無御火。寬喜入夜之間。自作所出燒松之由。日記分明也。先本宮神拜。禰宜一。行彥。二。滋延。三。朝照。四。常盛　五。貞昌　六。行廉　八。久彥。九。元尙　十常勝　也。各衣冠。作所七晨彥。父故長官服。不參。祢承宮掌重尙。文種神主。各衣冠。不及別宮遙拜。直參高宮神拜。西上北向也。其後參新宮御前。東上北向也。是先例也。工等登東柱之上。奉立由木。御事成之由申時。立座。號上棟是也。東柱者。自日中奉立之。二禰宜者不御事成之前仁退出。於御池際。待請傍官相伴也。是近日聊病氣之故也。不及內宮遙拜。土宮神拜。月讀宮遙拜之後。經玉串所之前。並一殿之西。自北戶着座。迄殿內着沓。禰宜座寄北壁數。小文高麗干帖之間。以外其座迫也。前々者四帖也。對座權官座南敷紺端疊一帖。無紫端用意之由。自作所申之。量房神主一人着座。衣冠也。其中間隔五尺計。又紺端疊二帖敷之。是正物忌座也。其次長莚敷之。副物忌等之座也。折天敷之事如先例。副東壁。紺端疊一帖敷之。祢承北上西向爾着座。爰正物忌不可有陪膳之由。付聞及不着座。雖然移時之間着座。大物忌一﨟貞松。御炊物忌庭重。同重繼。御鹽燒物忌弘正等也。各衣冠。彼陪膳事。小作所尙淸。與雜掌所用兼等問答數反。其詞不及于注。禰宜前者高坏三種肴。柑子。熨鮑。鯛打身等高盛。熬物一。先例者二種肴也。若守康永之例歟。代物五百疋。自作所下行之由申之。自兼皆居置也。正員陪膳御鹽燒物忌長吉。友重。各布衣。爲作所之沙汰雇之。長官勸盃量房神主。初獻計也。不敷勸盃之莚。量房神主着本座。受庭重之勸盃被陪膳者。雜掌所用兼之如申者。馬瀬者。祖父者五位。父權禰宜也。雖然不申其名字。物忌並祛承陪膳者。作所中間字福一。布衣對座。正物忌宮掌等者。朱懸盤也。副物忌等者。白懸盤也。副物忌一人毛不着座。下剋上之今。謙長莚歟。三獻事畢之後。出前之時。各自廂西退出。亥下剋也。大宮別宮職掌一一者領酒肴。予今夜參宮之間。隨見及大概記之。

一當宮事。爲請屋之間。自作所。頭工等仁無下行物歟。但工中江一貫文下行之。爲一頭方之請屋。工十一人也。加頭工定。

一今日髮長。迄內院並高宮推參。末代之式。無力之次第也。

一成廳宣。相觸日時於工等事。

抑地鎮祭以前。奉堀柱穴事。不堪不審。九月廿一日。以御鹽燒物忌弘正。相尋一頭國貞之處。八月八日九日兩日仁。奉堀之由申之。地鎮祭以前。動地之段如何。其後連日。於一殿庭作也。

同卅日。奉入高宮御壁板。

十月上旬。於一殿坤。奉立高宮上棟。

同廿一日。於舞姬候殿。工等奉作御船代。前造宮使親世卿之時。奉採御船代。有朽損之疑。當揔宮之時。又被奉採之。雖然當祭主時。奉採者令朽損。前造宮使之時。以奉採奉作之。此御船代者。有船代祭之後者無祭。神慮之至歟。

新宮心御柱御錺放落事。解狀草献之。忩被御取捨。可返給候哉。謹言。

十月廿五日　判

傍官御中

請文略之。

豐受太神宮神主

注進可早經次第上奏・急速被奉餝替新宮心御柱卷絹卷布並御榊等解落間事。

右新宮心御柱。經年序之間。行彥久彥等。今日（廿五日。）參內院。令拜見之處。御餝解落。木膚令露顯之條珍事也。然早經次第上奏。御遷宮以前。急速爲被奉餝替。注進如件。

永和二年十月廿五日

大內人從五位下度會神主氏基

禰宜正四位下度會神主行彥

、、從四位上、、、、滋延

、、、、、下、、、、朝照炎。

、、、、、、、、、常盛

、、、、、、、、、貞昌

、、、、、、、、、、行彥炎。

、、正五位下、、、、長彥重服。

、、從五位上、、、、久彥

、、、、、下、、、、元尙

、、、、、、、、、常勝

同廿五六日。奉葺瑞垣御門北方。

十一月上旬。奉葺南方。（可尋日。）

同八日。奉上瑞垣御門堅魚木。

同十一日。奉立高宮御棟持柱。又奉上御棟。

同十五日。奉葺始。十六日葺了。

同日。（十五日。）荒垣南方柱少々奉立之。

同日。奉立蕃垣御門。

同十七日。奉上高宮堅魚木。

同十八日。八禰宜久彥神主來臨。被相談御床幷御帳柱寸法之剋。又二頭代有繼。帶前々一頭淸正記來之間。引合所持之處無相違。

帳柱高一丈八寸。弘四寸。（御板敷上ヨリ桁下（江波）一丈一尺三寸也。桁厚七寸）

（六分。梁同。已上一丈二尺六分。梁之中墨定也。已上一丈二尺也。仍帳柱一丈八寸。）釣金一尺二寸。（長一尺。鐶二寸。）
正宮御床二脚。長八尺。弘四尺。（定。）高一尺。（加面定。）板厚二寸。足高各二寸。足外一尺四寸二分。（清正記。）端波目二寸二分。（長之内也。同記。）
相殿御床長五尺。（清正康永記。）弘三尺六寸八分。（同記。）足高八寸。（加面定。清正記。）二寸打足事。足外六寸。（同記。）足厚二寸。（同記。）端波目二寸二分。（同記。長之内也。）
　此分無相違于所持記。仍今度此定也。
相殿御床。一頭清光文永記云。長五尺七分。村松長官（家行。）記云。御帳柱。長一丈三寸云々。四寸不足之間。不可行付也。同記云。正宮御床二脚也。一脚長八尺一分。横四尺三分。高一尺云々。相違于當家日記並清正記。同記云。相殿御床一脚。長五尺。横三尺七寸。高八寸。（左右同。）云々。
同廿ム日。奉立御稻御倉。於本殿者。卽八禰宜久彥神主運取之。是代々八座得分之故也。
同三年丁巳正月十三日。奉懸第四御門千木。
二月廿九日。南鳥居四方荒垣奉立之。
四月上旬。奉入御稻御倉壁。
同中旬。奉葺第四御門。
同廿七八日兩日。奉葺御氣殿針返。當番物忌（大）康經。（御炊）庭重。（重純替。立番代。）（御鹽燒）弘正三人參。
五月十九日。奉立二鳥居。
同廿三日。東方荒垣十餘間奉立之。
六月一日。夕。介參宮拜見之處。新宮南東荒垣者。大畧奉立之。御氣殿以南仁。一間不立之。是爲奉入彼殿材木也。彼殿者。板敷御戶計木作也。北鳥居之北東荒垣者。奉立之。又西者自正殿以南奉立之。但東方以下鳥居際一間者。不奉立之。未立二方鳥居之故也。抑新宮東方荒垣者。東宮乃西乃荒垣與利外仁奉立。爲先例之處。東宮乃荒垣乃本在所爾。奉立之條違失也。定可奉立改歟。是作所晨彥神主指南之由。工等申之。
十月廿六日。立外幣殿由木。是上棟也。
同廿七日。東方荒垣。三尺計寄東立改之。以前東宮荒垣乃在所仁立之間。改之也。先度之儀。希代之失錯哉。
十一月十二日。荒垣大鳥居立之。
同十三日。同東鳥居立之。
造外宮遷宮以前。彼遂行內宮山口祭之條。無先規由。外宮一同申所存歟。於內宮山口祭者。當年雖爲式年。外宮遷宮延引之間。無左右不可有物忌之御沙汰。此上者。不可及參洛之企之由。嚴密可被下知禰宜等之旨。被仰下之狀如件。

十二月十八日　　權右中辨俊任

祭主神祇權大副殿

內宮山口祭事。當年雖爲式年。外宮遷宮延引間。無左右不可有物忌之御沙汰。此上者。禰宜等不可及參洛之企由事。御教書如此。早任被仰下之旨。可令告知下宮給也。仍執達如件。

十二月十八日　　神祇權大副判

大宮司殿

同廿五日。宮司告狀。同四年正月八日廻覽。
同四年戊午二月。葺御稻御倉。如法左道也。
康曆元年己未八月廿三日。正權禰宜以下上洛。是御遷宮延引事爲申遣也。參洛禰宜。三。朝照　五。貞昌　六。晨彥〔〕九。常勝　並權官延名。二代。以下也。七。久彥　九月二日上洛。但不及入洛。皆宿石山也。委細注于上洛記。
內宮〔未及歟〕來度造替山口祭木本祭事。任御卜之趣。外宮遷御以前。可有沙汰之由。被仰下之處。禰宜等無是非。可企參訴云々。事已爲重事。此上者。於彼兩祭者。遷兩以後。可被遂行。早可止參洛之儀之由。可被下知外宮之旨。被仰下之狀如件。

八月廿六日　　右大辨判

祭主神祇權大副殿

同日祭主施行。

外宮禰宜等參訴事。遷宮以前。被行內宮山口木本祭之條。更無先例之由。愁申歟。於其段者。可被遂行外宮遷御之旨。先度被仰下之上者。不可有所存歟。至神寶析足事。別被仰武家之間。不日可申沙汰之旨。申領狀畢。此上者。止參洛之儀。早令下國。若猶及遲引者。重可申所存之旨。可被下知禰宜等之旨。被仰下之狀如件。

八月廿八日　　右大辨判

祭主神祇權大副殿

同日。施行于禰宜。

外宮禰宜等參洛企事。條々欝訴。一々裁許。定開眉哉。於遷宮事者。爲無雙之大儀。不日難被遵行歟。來十一月中。必被奉獻神寶。可被遂行遷御。此上者。早令下國。可專祈謝之由。可被下知禰宜等之旨。被仰下之狀如件。

九月八日　　右大辨判

祭主神祇權大副殿

同日。祭主施行于一禰宜。

同廿日。禰宜以下立石山。廻海道。廿五日夕。着于山田。委細在上洛沙汰文。

續群書類從巻第七

神祇部七

建久九年内宮假殿遷宮記

太神宮神主

重注進。可早任度々　宣旨。被令遂修造當
宮内院殿舎御倉御門差檜皮葺萱破壞朽損
事。

正殿。

葺萱三分一朽損。南面差檜皮半分拔落。其
中乾角併頽損。江津利露顯。既有濕損危。

東寶殿。

艮角葺萱三分一朽損。差檜皮半分拔落。

西寶殿。

葺萱三分一朽損。差檜皮半拔落。

瑞垣御門。

差檜皮三分一拔落。

玉串御門。

葺萱四分一朽損。差檜皮三分一拔落。

外幣殿。

葺萱少々朽損。差檜皮三分一拔落。鞭懸木
三支折損。

舞姫候殿。

葺萱三分一朽損。

以上件損色。去建久六年十二月廿六日

注進之處。可令宮司修造之由。同七年正
月卅日雖被下　宣旨。前宮司盛家不終
其功得替畢。
遂修造殿舍等。
內院。
舞姬候殿　但土壁一間修造。其外葺萱未勤。
中院。
內御厩。
外院。
主神司殿。
九丈殿。
一殿。
廳舍。
齋王御饌殿。
子良宿舘。
以上件殿舍等損色。載于建久六年十二
月廿六日注文也。而前司依不終其功　當
任宮司任　宣旨所遂修造也　具旨先日
言上畢。
內院。
調御倉。
荒祭宮。
御倉。
以上件二宇御倉。先日注文之後。濕損出
來之由。內人物忌等所注申也。
右件內中外院殿舍等損色勤否。載于狀右
也。而可令修造之由。度々雖被下　宣旨。
前宮司盛家不致其勤。得替之後。當任宮
司。於中外院殿舍等者。雖令修造。未勤殿
舍等。猶有其數。空送年月之間。損色倍增。
莊嚴既廢。非無事恐。就中。正殿幷東西寶
殿不可准他殿舍之處。東西寶殿。所濕損
出來也。然則早經次第　上奏。任度々　宣
旨。爲被遂修造。重注進如件。

建久八年七月六日
大內人正六位上荒木田神主豐重
禰宜正四位上荒木田神主重章
――忠滿
――元雅
――定滿
――光定
――氏良
――從四位上――成定
左弁官下伊勢太神宮大司大中臣朝臣康定。
應任先例不日修造當宮內院殿舍御倉御門
差檜皮葺萱破壞朽損事。
正殿。
葺萱三分一朽損。南面差檜皮半分拔落　其
中乾角併頽損　江津利露顯。既有濕損危
者。
東寶殿。
艮角葺萱三分一朽損。差檜皮半分拔落者。
西寶殿。
葺萱三分一朽損。差檜皮半分拔落者。
瑞垣御門。
差檜皮三分一拔落者。
玉串御門。
葺萱四分一朽損。差檜皮三分一拔落者。
外幣殿。
葺萱少々朽損。差檜皮三分一拔落。鞭懸木
三支折損者。
舞姬候殿。
葺萱三分一朽損者。
以上件損色。去建久六年十二月廿六日
注進之處。可令宮司修造之由。同七年正
月卅日雖被下　宣旨。前宮司盛家不終
其功。得替畢者。
內院。

調御倉。
荒祭宮。
御倉。
以上件二宇御倉。先日注文之後。濕損出
來之由。內人物忌等所注申也者。
右得祭主神祇大副大中臣能隆朝臣今月十三
日解狀偁。太神宮司同月十二日解偁。禰宜等
同月六日注文偁。件內中外院殿舍等　損色勤
否。載于狀右也。而可令修造之由。度々雖被
下　宣旨。前宮司　盛家。下致其勤。得替之
後。當任　宮司。於中　外院殿　舍等者。雖令修
造。未勤殿舍等。猶有其數。空送年月之間　損
色倍增。莊嚴既廢。非無事恐。就中正殿幷東
西寶殿。不可准他殿舍之處。東西寶殿所濕損
出來也。然則早經　次第　上奏。任度々　宣
旨。欲被遂修造者。子細載其狀。仍相副言上
如件者。權中納言源朝臣通資宣。奉　勅。宣
任先例　令宮司不日修造者。宮司宜承知　依
宣行之
建久八年七月廿六日
右大史高橋翻 在判
中弁藤原朝臣在判
司符　太神宮神主。
可早任　宣旨幷先例不日修造當宮內院殿
舍御倉門差檜皮葺萱破壞朽損事。
副下　宣旨
右去七月廿六日　宣旨。今日到來偁。子細云
云具也　仍相副下符如件。神主宜承知。依宣
行之。以符。
大司大中臣朝臣在判
權大司大中臣朝臣
少司大中臣朝臣
建久八年九月六日
神宮御修理事。　宣旨成副司符献之。請文可

令忩上給。惣官御下知〔向イ〕以前。可申上之由。思
給候也。謹言。

九月六日　大宮司在判

謹上　内宮長殿

〔以下七行據イ本補〕神宮御修理事。　宣旨官使令持參惣官之處。
如此之。被下宮司之　宣旨不能副下知之由。
稱有其仰。直持來之間。副司符令献候畢、若
本宮請文難被上者。隨御返事。自司中可申上
候歟。謹言。

九月七日　大宮司在判

謹上　内宮長殿

太神宮神主

依　宣旨注進應任先例。不日修造當宮内
院殿舍御倉門差檜皮葺萱破壞朽損事。

正殿。――――。

東寶殿。――――。

西寶殿。――――。

瑞垣御門。――――。

玉串御門。――――。

外幣殿。――――。

舞姫候殿。――――。

内院。――――。

荒祭宮。――――。

右宮司今月六日符偁。去七月廿六日　宣旨
偁。云々者。謹所請如件。然則任被　宣下之

旨。早可令宮司修造之狀。注進如件。
建久八年九月六日
大内人正六位上荒木田神主
禰宜正四位上荒木田神主有眞名政印

神宮御修理事。　宣旨請文令成献候畢。可申
上給。前々直雖被　宣下宮司候。依爲被成副
總官御下文之例。一旦令尋申候許也。爲御不
審。去年十月〔宣旨ィ〕次第下知案献覽之。恐
恐謹言。
九月七日　　内宮禰宜在判

左弁官下伊勢太神宮司
應且注進神事違例不信不淨穢氣。且祈謝
公家御愼幷怪所驚恐病事震巽方口舌。任
例造替當宮正殿御戸本指木。兼令奉納官
幣日供奉祠官弁申破壞子細事。
右得祭主神祇大副大中臣能隆朝臣去月廿一
日解狀偁。太神宮司同日解偁。太神宮禰宜等
同月十八日注文偁。任先例爲奉納官幣。奉開
正殿御戸拜見之處。件本指木折損之旨。所見
付也。任宣旨爲修補御殿葺萱破壞。近日可勤
行假殿御迁宮。其次可令修造彼木歟。雖然。
此旨不可不言上者。令神祇官陰陽寮等卜申
之處。官卜云。依神事違例不淨所致之上。可
有公家御愼及怪所口舌驚恐病事歟者。寮占
云。依神事違例不信穢氣所致之上。公家御愼
御藥事怪所有病事歟。又從震巽方。　奏口舌
事歟。期今日以後廿日内　明年二月九日節中
並丙丁日也者。權大納言藤原朝臣頼實宣。奉

勅。宜任卜之趣。且致祈謝。注進神事違例。
且件本指木。任例造替。兼令被日供奉祠官
弁申破損子細。宮司宜承知。依宣行之。
建久八年十二月廿四日
大史小槻宿禰在判。
中弁藤原朝臣在判
同九年正月十六日祭主下文。
同月同日司符　以上子細例狀也。
二所太神宮神主
依宣旨注進。應 且注進神事違例不信不
淨穢氣。且祈謝公家御愼幷恠所驚恐病
事震巽方口舌。任 例造替當宮正殿御戶
本指。兼奉納官 幣日供奉祠官弁申破損
子細事。
右宮司今月十六日符偁。祭主同日下文偁。去
年十二月廿四日 宣旨偁 云々者。謹所請如
件。抑〔相ィ〕當于神事違例不信事等。前前注
進畢。其中水銀座人。幷船江庄下司永意法師
濫行。幷紀爲高子息友宗。正重。坂東入道等。
殺害內人兼飯高郡御常供田丁部御麻生園神
人三宅國重。幷男神人國貞身事等。早可被糺
行之由。或載于宣旨請文。或勒別解狀。連々
雖言上。依裁斷不早。彼輩張行之體。寔言語
難及。因之禰宜等參洛。可 奏達子細之由。
先日雖言上。依無裁許彼座人幷永意等。凶亂
彌倍增。早糺行罪科。可被懲向後亂行也。
公家御愼幷恠所驚恐病事及口舌事。任被
宣下之旨。殊凝信心。所奉祈請也。兼又正殿
御戶本指木破損事。子細先日注申畢。每年神
嘗御祭之時。任先例。禰宜等昇殿供奉之間。
以御鎰匙等。奉開御鏁幷久留々木之後。拜見
之處。彼本指木破損之由〔先歟〕所見付也。前々如
此非常事。准據之例。非無光跡。然則假殿御
迁宮勤行之時 件本指木任宣旨可造替也。注〔仍脫歟〕

進如件。
建久九年正月卅日
大內人正六位上荒木田神主

皇太神宮
禰宜正四位上荒木田神主

豐受太神宮
禰宜正四位上度會神主

假殿御材木杣作庭等日數。并工人數。任先例
可注給候。近日可令上日時請　奏之間。所令
尋申候。謹言。
二月二日　大宮司在判
謹上內宮長殿

注進
假殿御迁宮次第行事。
工三十三人之中。
頭三人　番匠三十人。
杣作一番十三箇日之中。
御材木一番二箇日。黑木一日。
庭作一番々中。
御樋代。
頭三人。番匠六人。
杣作二箇日。庭作一日。

右件次第行事。任先例注進如件。
建久九年二月二日
三頭工荒祭宮官掌內人礒部武遠
二頭工權官掌內人礒部時次
一頭工大內人荒木田光季

先日所示給之假殿造替之間。雜事可注給候。存子細爲致沙汰。所令申請候也。一日所送給之工注文中。杣作十三箇日之由。見于狀中候。相尋文治五年例候之處 十二箇日之由分明候歟。尤任先例。其沙汰可候哉。爲令申子細。 惟時神主所令 參宮候也。謹言。
二月五日　　大宮司在判
謹上　內宮長殿

假殿造營之間。雜事重召問工等 可令注申候也。御材木杣作。幷庭作日數事。任工等之申狀。令注申候畢。而文治五年之例。相尋所見之處。杣作十二箇日 黑木杣二箇日之由分明也。存此旨。可有御沙汰候。子細惟時神主可申歟。恐々謹言。
二月六日　　內宮禰宜在判

副官事。雖被申成功之由。件內院事。全可爲成功之由。不被仰下。然者二所太神宮修造事。募彼功被致莫大之勤者。可有御沙汰。不然者。難被抽賞之由。所被仰下也 仍執達如件。
正月卅日　　左中辦〔辨イ〕在判
祭主殿

二宮御修理事。被仰下之旨如此。仍兼浴其恩畢〔或衍歟〕 可令存其旨之狀如件。
二月二日　　神祇大副在判
大司御館

神宮御修理事。總官被仰下之旨如此。可令存其旨給。謹言。

二月六日申刻　　大宮司在判

謹上　內宮長殿

抑。於假殿造營者。任先例宮司所課也。至正殿以下御修理者。任先例修理造宮使之勤也。同正殿已下大少蕨并釘等同勤內也。至于鐵鎚三具者。宮司之勤。假殿造營料也。次彼鎚通用正殿御修理事。

同二月廿一日先日注進之外。內外院損色。并別宮損色等注進畢。是依惣官仰也。子細見于別紙也。同日宮司返事云。

神宮損色注文一通給預候畢。早可申上候。謹言。

二月廿一日　　大宮司在判

建久九年戊午二月晦日。入夜。修理造宮使神祇〔權ィ〕少副大中臣朝臣隆宗參宮　而爲造宮使初參之由。依無別告知。不致祇承之用意。抑神祇官拜賀之時手水陪膳者當番物忌等之役也。雖然當番物忌父。或故障。或不參會。仍權禰宜忠隆。宮掌大內人盛康等勤仕畢。是不可爲定例歟。爰於外宮者。祇承參仕。當宮無其支度之由。頗雖有沙汰。依無用意不致其勤。而神拜之後。於一殿禰宜對面。御修理之宣旨。六禰宜氏良神主被讀上畢。其後酒肴。一禰宜重章神主所被勸杯也。

應令神祇權少副大中臣朝臣隆宗。修造伊勢二所大神宮殿舍并重々御垣等破壞事。

右得隆宗今月三日解狀偁。募彼　二宮修造之功。先遂當宮補任之望。既浴無涯之恩澤。宜勵不日之修營。望請　天裁。因准先例。被下　宣旨。欲致其勤者。左中弁藤原朝臣宗隆傳　宣。權大納言藤原朝臣頼實宣。奉　勅。依請者。

建久九年二月十三日　左大史小槻宿禰在判

二所太神宮修造事。募隆宗副官之功　可致莫大之勤之由。祭主能隆朝臣申請之。被先任畢。內中外院。併可致其勤。於別宮者宮司可令修造之由所被仰下候也。仍執達如件。

三月七日　　中宮權大進長兼奉

大夫史殿

逐申

先日　宣下之狀。可限內院之由。不載定歟。都以申請　二所太神宮修造之趣也。然者。重不可及　宣下之由。所被仰下候也。且以此趣。可令下知給。依此沙汰。日時勤之。未下遣歟。空經日數者。次第日次各相違歟。且以此旨令下知給。旁可宜歟。謹言。

二所太神宮內。中外院諸別宮等造營事　被仰下之旨如此。〔且存此ィ〕旨。且可令下知給之狀如件。

三月七日　　大夫史小槻在判

謹上　祭主殿

二宮御修理事。被仰下之旨如此。可令存其旨給之狀如件。

三月十二日　　神祇大副在判

大司御館

神宮御修理事。被仰下之旨如此。可令存此旨給候。謹言。

三月十三日　　大宮司在判

謹上　內宮長殿

左弁官下伊勢太神宮司。

應任日時勤行當宮假殿修造事。

入杣採材日時。

今月十五日壬子。時巳二點。

十八日乙卯。時午二點。

始假殿木作日時。

四月三日庚午。時午二點。
六日癸酉。時午二點。
立柱上棟日時。
廿一日戊子。時午二點。
廿四日辛卯。時午二點。
奉渡御躰於假殿日時。
六月一日丁卯。時寅二點。
五日辛未。時寅二點。
修理正殿日時。
一日丁卯。時辰二點。
五日辛未。時卯二點。
奉移御躰於正殿日時。
一日丁卯。時戌二點。
五日辛未。時戌二點。
右權中納言平朝臣親宗宣。奉　勅。宜任日時。早令勤行者　宮司承知依宣行之。
建久九年三月五日　右少史中原朝臣在判

中辨藤原朝臣在判
下太神宮司
可早任　宣旨。勤行當宮正殿修造事。
副下　宣旨。
右今月五日　宣旨。今日到來偁。子細云々具也。仍相副下知如件　宮司宜承知。依件行之。以下。
建久九年三月十二日
祭主神祇大副大中臣朝臣在判
司符。太神宮神主。
可早任　宣旨祭主下文勤行當宮正殿修造事。
副下　宣旨祭主下文
右今月五日　宣旨。幷今月十二日祭主下文今日到來偁。子細云々具也。仍相副下符如件。神主宜承知。依件行之。以符。
建久九年三月十三日

大司大中臣朝臣在判
權大司大中臣朝臣在判
少司大中臣
正殿御修理之間。假殿日時　宣旨。幷祭主下文。成副司符献之。請文早付廻史可及給也。雲形布。棟上日時以前可被奉下之由。可被載歟。任先例可令申上給候。謹言。

三月十三日　　大宮司在判

謹上　內宮長殿

太神宮神主

依　宣旨注進應任日時勤行當宮正殿修造事。

右宮司今月十三日符偁。祭主同十二日下文偁。同月五日　宣旨偁。入杣日時。今月十五日壬子。時巳二點　十八日乙卯。時午二點。始假殿木作日時。四月三日庚午。時午二點。六日癸酉。時午二點。立柱上棟日時。廿一日戊子。時午二點。廿四日辛卯時午二點。奉渡御體於假殿日時。六月一日丁卯。時寅二點　五日辛未。時寅二點。修理正殿日時。一日丁卯時辰二點。五日辛未。時卯二點。奉移御體於正殿日時。一日丁卯。時戌二點。五日辛未。時戌二點。〔イ无〕右權中納言平朝臣親宗宣。奉勅。宜任日時。早令勤行者。謹所請如件。然則任被宣下日時。早勤行也。雲形布。棟上日時以前。早可被奉送之狀。注進如件。

建久九年三月十四日

大內人正六位上荒木田神主豐重
禰宜正四位上荒木田神主在眞名正印

太神宮神主
注進奉採心御柱祭物事。
鉄人形像鏡鉾各卅枚　長刀子廿枚。
鉾四柄。　鎌二張。
小刀子一枚。　鉇一枚。
五色薄絁各五尺。　木綿麻各二斤。
米酒各一斗。　堅魚鰒各二斤。
雜腊一斗。　雜海藻二斤〔斗イ〕
鹽二斗。　鶏二翼。
鶏卵十枚。　陶器土器各十〔廿イ〕口。
內人等明衣料　庸布四端。使忌部明衣料一
端。
式外物。
奉卷布一端。

杪一柄。　桶二口。
折櫃二合。　折敷二枚。
用紙三帖。　堝二口。
右當日奉採假殿心御柱祭物　任式文并先例
注進如件。
建久九年三月十五日
大內人荒木田神主
禰宜荒木田神主在連判正印
奉採心御柱祭物注文給預候畢。作所令致用
意候歟。謹言。

三月十五日

権禰宜國隆大司目代也。

三月十五日壬子。司參頭工三人。光季。時次。武遠。頭代三人。國弘。安弘。清弘。並六人給飯酒。其外別給頭工三人各米一石〔豊イ〕官斗定。頭代三人各米五斗同斗定。但是頭三人者。先例歟。於頭代者今度始云々。同日夕部工等歸參。本宮天事始。任先例酒參樽。肴三種海老螻。在頭工餅十五枚。番匠已〔參イ〕下餅各十枚預之。但依不合期。餅代米。頭各三升。作所斗定。番匠已下各二升。同斗。凡工三十三人。〔鍛冶二人。相作二人等也。相作二人同各二升也。イ〕

抑當日雖可被奉採心御柱。且日時沙汰間及晩景之上。用途料依不合期。延引畢。

同十六日。工等謂杣作食參司庫天預之。

一頭光季。頭代。國弘。同小工。依垣。四頭工。垣清。同頭代。時成。

同〔一イ〕頭小工。清安。同。豐武。同。時興。

二頭時次。頭代。安弘。同小工。安成。同。則任。同。成次。同。友末。同。時豐〔重イ〕。同。篤清。四頭小左。弘元。二頭小工。垣包。四頭方。清末。

三頭武遠。頭代。清弘。同小工。國元。同。久成。同。末久。同。安垣。同。得國。同。武道。四方頭。末重。同。安久。同。久重。

已上三十三人。請十三日〔十二日イ〕食料畢。日別頭工各五升。番匠各四升。十合升定也。作所升是也。

鍛冶本宮忌鍛冶。二人。次包。安國。相作二人等之食十箇日料請之。鍛冶各日別四升。同升。相作各日別二升。同升定也。四月廿四日。又二箇日食物請之。鍛冶日別四升。相作日別二升也。

同十八日乙卯。時午二點。奉採心御柱行事。

奉送

奉採心御柱祭物事。

右奉採心御柱祭物。任注文幷先例。奉送如件。

建久九年九月十八日

作所權禰宜荒木田神主惟時

供奉人玉串大內人貞成。土公山向。內人荒木田淸末同物忌子良一人。淸末男。十歲許。御玉內人度會安貞。一臈千與安他行。仍勤之。忌部德久也　詔刀玉串役也。供物米一斗。散供米一俵。員三升許。飯野郡司勤。自餘祭物。見于注文送文等也。明衣布。玉串山向。同子良。忌部。已上四人。各一丈。饗料米。玉串五升。同從料五升。山向。同子良。御巫。忌部。已上四人。各五升。但御巫散米一升副下之。已上官斗。但前々以作所升下行之處。今度宮司後見親元神主。以官斗下行。下知子細之故也。不可爲定例。隨即不知先例。只意巧之由。親元神主令申歟。

同日工等木本祭行事。

祭物頭工三人。各米一斗。作所斗定。干魚各一隻請之。

（天和本云以下四十七行恐當在前文二月六日與同月廿一日間）

同廿一日。工等注申。正殿已下損色用途注文云。

注進

當宮內中外院殿舍御門御垣等破壞朽損修造料用途物等事。

正殿。

御戸本指料木一枚。（支イ）

萓萱八百爲。

左檜皮五十爲。

蕨百五十隻。之中。大蕨五十隻。簀縫蕨百隻。

針六隻。

鉄鎚三具。

江津利縫梓切手料榑八十寸。

縫繩百五十方相交麻可繩。
簀〔簣イ下同〕繩二千方。各五十尋。〔四字イ在簀繩下〕
針返料板四枚。
步板五十枚。
橋一曲料木三四〔四十三歟〕寸。
楉八千枚〔支イ〕。

東寶殿。
葺萱二百爲。
差檜皮四十爲。
蕨七十隻之中。大蕨三十隻。簀縫蕨四十隻。
針三具〔隻イ〕。
江津利縫鉾〔梓ウ〕切手料榑三十寸。
縫繩二千〔十イ〕方。
簀繩五百方。
針返料板二枚。
步板二十四枚。
楉千五百支。

橋一曲料木四五〔三イ〕寸。

西寶殿。
葺萱三百爲。
縫繩五十方。
江津利縫梓切手料榑五十寸。
自餘同前。依事長不書之。

瑞垣御門。
葺萱五十爲。
差檜皮三十爲。
蕨五十隻之中。大蕨二十隻。簀縫蕨三十隻。
針二隻。
江津利縫梓切手料榑廿寸。
縫繩二十方。
簀繩二百五十方。
步板二十四枚〔支イ〕。
楉七百枚。
自餘殿舍。御門御倉御垣等用途物。依

事長不書之。
假殿杣作十三箇日之條。依不所見分明。見參之時。令申其由候畢。然而就貴命。今一日料可致沙汰由。令下知候所候畢。謹言。
四月一日　〔大宮司在判イ〕
件杣作食物。今一箇日未レ下レ米。其後工等三十三人加頭三人定。請預畢。
四月二日己巳。自當日三箇日。雜穢觸及宮中之間。三日庚午。假殿木作始延引畢。但依有儲日。不被成上注文之。
六日癸酉。時午二點。工等木作始勤行。同日鍛冶等。於河原殿天勤之。酒二樽。三瓶子。肴二種。于名占。於廳舍前天。工并鍛冶等預之。
太神宮神宮
注進可早任先例。被申下假殿御迁宮勤行間用途物事。
雲形料紺布捌端。
明衣料布捌拾端。
右宮司去三月十三日符偁。祭主同月十二日下文偁。同月五日宣旨偁。入杣採〔木イ〕材日時。今月十五日壬子。十八日乙卯。始假殿木作日時。四月三日庚午。六日癸酉。立棟上棟日時。廿一日戊子。廿四日辛卯。奉渡御體於假殿日時。六月一日丁卯。五日辛未。修理正殿日時。一日丁卯。五日辛未。奉移御躰於正殿日時。一日丁卯。五日辛未云々者。然則件雲形并明衣料兩色布等。彼廿一日以前。任先例早可被申下之狀。注進如件。
建久九年四月八日
大内人正六位上荒木田神主在眞名
禰宜正四位上荒木田神主有眞名正印

太神宮神主
注進鎮祭宮地奉立心御柱供物事。
鉄人像鏡各卌枚。長刀子廿枚。
鉾四柄。　鎌二張。
小刀子一枚。　鍬二口。
五色薄絁各一丈。木綿麻各二斤。
米酒各二斗五升。　雑腊二斗五升。
堅〔二イ〕魚鰒各三斤。　雑海藻二斗五升。
鹽一升。　鷄二翼。
卵十枚。　陶器土器各卌口〔或作廿口〕。
内人物忌等三人明衣料絹三匹。
式外物。
桶二口。　杓一柄。
折敷二枚。　折櫃〔二合。イ〕

堝二口。　用紙三帖。
薦一枚。
古來廿一日。奉立假殿心御柱祭供物。任式文
幷先例。注進如件。
建久九年四月八日　大内人荒木田
禰宜荒木田神主在連判正印

太神宮神主
注進假殿御装束幷用途物禰宜内人等衣
事。
一假殿御装束。
壁代料絹五匹。

蚊屋料絹三匹。
天井料絹五丈四尺。
御幌料絹二丈一尺。
正躰御床敷料絹一匹二丈一尺。
御被二條料絹二匹。
袷帳一條料絹一匹三丈。
單帳一條料絹四丈。
絹垣料絹三匹。
行障料絹二丈四尺。
四宇御門幌〔料脱歟〕絹一匹四丈八尺。
　已上料絹十九匹五丈八尺。
土敷幷御床上敷相殿座上下敷料手作布五端。
庸布卄三端三丈道敷料。
同布一端假殿御板敷洗巾料。
同布半端假殿天井結料。
新長莚十枚。
上莚三枚。
薦十枚。
苫十枚。
油三升。
水桶二口。
杓二柄假殿洗料。
一假殿御裝束裁縫奉調料。
長莚五枚。
上莚三枚。
薦五枚。
一可預〔布脱歟〕絹明衣。
正員七人。內六人禰宜。代一人。各一匹。
權任神主百卅六人。內百十人。々別三丈。
昇殿玉串大內人一人。大物忌父一人。幷二人料一匹。
　已上六十二匹。

六位權禰宜大內人以下內人明衣料庸布
六十端。
　御修理工明衣料調布卅二端半。但不依人數。〔可イ〕
右件御裝束料絹布。莚薦。幷神主及大少內人
物忌等明衣。任先例所注進也。此外若有遺漏
事者。追可注申之狀如件。
　建久九年四月八日　大內人荒木田
禰宜荒木田神主在連判正印

雲形明衣等事注文。幷神事違例宣旨請文等
給畢。早可令申上也。謹言。
　四月九日　太神宮司在判

四月廿一日戊子。宮司參之後。當日任日時之
宣旨。爲奉立心御柱仁。役人等擬請取祭物等
之處。自同日未時。宮中仁三箇日雜穢出來之
間。延引畢。
太神宮神主
　注進當宮假殿御迁宮次第行事。任被
　宣下日時。今月廿一日立心御柱。來廿四
　日擬上棟處。三箇日雜穢出來延引事。
右件假殿御迁宮次第行事。任被　宣下日時。
去三月十八日採始御材木。今月六日始木作
畢。同廿一日立心御柱。來廿四日擬上假殿
棟之處。未立御柱以前。今日廿一日未時。於神宮院
內。所見付鹿足骨也。任先例可爲三箇日穢之
由。儀定之間。彼御柱立事延引畢。隨過穢限。
任勘文來廿四日可立心御柱。其後雖可上假
殿棟。不蒙　勅定者。趣不能勤行之上。自同
廿五日。依入五月節。彌難計得。前々五月節

中。如此造宮事。被勤行之例。神宮所不覺悟
也。然則上假殿棟。幷奉修造正殿事等。早爲
被勘下日時。勘子細注進如件。
建久九年四月廿一日
大內人正六位上荒木田神主
禰宜正四位上荒木田神主〔在眞名正印イ〕

從四位上

宮中番直事。殊可令加撿察給。就中假殿造營
之間。穢物出來。次第日時延引。是則宿衛怠
慢之故歟。自今以後。若有懈怠者。慥可令注
申交名。隨狀可有其科之由。總官所被示仰候
也。兼又今日地鎭祭之間。色節背先例。令申

過差事之旨。作所惟時神主所令申候也。尤不
便候。任例可致沙汰之由。御下知可候也。
謹言。
四月廿四日　〔大宮司在判イ〕
謹上　內宮長殿
宮中番直事。無御命以前。無緩怠殊可勤仕之
由。所召仰番直之輩候也。
今日地鎭祭之間。祭物事。任先例注文。可被
奉下之處。多以不調之由。役人等依令申候。
是依爲嚴重之勤。任注文可有沙汰之旨。相催
作所惟時神主候許也。而以御文之旨。尋問彼
神主之處。件供米下行之間。少論云々。早召
問役人等。若爲注文外事者。可止彼催之由。
可被召仰候也。凡如此事無異儀。返々可被尋
仰之處。無左右申上總官給之條。遺恨候事
也。有限神事。料物不調之由。役人等令申候
時。爭不相觸作所候哉。謹言。

四月廿四日　〔內宮禰宜イ〕

假御樋代庭作食物工九人。加頭三人定。請之。四月廿日云々。
頭工各五升。小工各四升。已上一箇日役也。
但於杣作食料者。先例十三箇日食物內之由。
作所惟時神主所令申也。

一四月廿四日辛卯。鎮祭宮地奉立心御柱行事。

奉送

鎮祭宮地奉立心御柱供物事。

右奉立假殿心御柱供物。任注文幷先例。奉送
如件。

建久九年四月廿四日

作所目代權禰宜荒木田神主惟時

同日。修理造宮使。万乃事乃事始乃酒肴。於
九丈殿給之。同惟時神主依被仰付。所奉行
也。酒三樽。肴二種。皆干魚。頭工三人料餠各十五
枚。代米三升。作所斗。小工三十人。鍛冶二人。相作二人
等各十五枚。代二升。同斗。同日御戸本指木一日役
仁。宮地邊所採出也。二人役一頭光季。五升。頭代
國弘。四升。夫一人二升。也。

一同日戌時。鎮祭宮地奉立心御柱事。

供奉人玉串大內人貞成。土公大物忌父季貞
神主。宮守物忌父則清。地祭物忌父賴房。御
巫內人礒部清延。一﨟千與安依不參也。山向內人荒木田
清末。忌部清正等也。奉立御柱。並詔刀役地
祭物忌父也。御供米一斗五升。作所斗。散供米一
俵。員三升許。飯野郡司勤之。自餘祭物見于本宮請文也。件供
奉人已上七人饗料米各五升。作所斗。明衣凡絹各
半疋。其中御巫內人波。不預明衣。其故何者。
於河會淵邊天。祭物祓清之後。依不參仕祭庭
也。地祭御巫。副各散供米一斗。玉串。三色。物忌。已上
四人。副各從料一斗。彼御柱乃垣栫食料米二升。山向
內人清末請之。件米先例一升云々。而不足之

由。淸末切切依憤申。今度加下之由。惟時神主所申也。今夜番直上下職掌人等。或退出。或不退出歟。有先例云々。

太神宮神主

注進當宮假殿御遷宮事。相待重日時宣旨。擬勤行間。自今月十六日。祭主廿日故障出來事。

右件假殿御遷宮事。立柱上棟並奉移御體日時。重可被宣下之由。先日注進之後。于今不被仰下左右。而自今月十六日。祭主廿日故障出來。抑二所太神宮造替。並假殿御遷宮被勤行之時。祭主供奉之例也。而不慮之外。故障出來之時。以神祇官人爲代官。令供奉之例。代代有〔其イ〕數。近則去治承三年當宮假殿御遷宮被勤行之時。祭主親隆卿依廿日故障出來。尋先例副舊記。經言上處。可令神祇權〔下イ〕少副大中臣朝臣定隆供奉之由。依被　宣旨。任日時令遂勤行畢。然則任先例。爲被裁下。勒子細。注進如件。

建久九年五月廿一日

太神宮頭工等解申進申文事。

言上當宮假殿御遷宮次第日時勘文于今遲到。期日近近上。依日來霖雨。萌萱並檽木柴及色色用途物等難合期狀。

右件假殿御遷宮事。先日任被仰下日時。採出材木。於庭作者雖勤仕。至柱立棟上幷御遷宮日時者。未被仰下歟。而又依日來霖雨。遠近神領等。所課萌萱。並檽木柴。及自餘色色雜事。于今不出來之間。期日不幾。定難合期歟。來月御祭神事以後。被勤行御遷宮可宜歟。依存遲怠之恐。粗言上如件。以解。

建久九年五月日　太神宮頭工等

假殿御遷宮之間事。注文一通獻上之。子細載狀中候。早可令申上給候。恐々謹言。

五月廿一日　　內宮禰宜
謹上　大司御館
逐申
頭工等申文一通副献之。期日近近之間。假殿御遷宮次第雜事。可難合期之由。令申候歟。此旨可令申上給哉否。可依御計候。謹言。

左辨官下。伊勢太神宮司。
應任日時勤行當宮正殿修造事。
立假殿柱上棟日時。
六月一日丁卯。時午二點。
五日辛未。時午二點。
奉渡御體於假殿日時。
〔七日癸酉。時寅二點。イ〕
〔十六日壬午。時寅二點　イ〕
修理〔正イ〕殿日時。
七日癸酉。時卯二點。
十六日壬午。時卯〔辰イ〕二點。
奉移御體於正殿日時。
七日癸酉。時戌二點。
十六日壬午。時亥二點。
右大納言藤原朝臣隆忠宣。奉　勅。宜任日時。令勤行者。宮司宜承知。依宣行之。
建久九年五月十七日　　右少史中原朝臣在判
中辨藤原朝臣在判

同月廿三日。司符到來。於祭主下文者。依故障不被成載。

正殿御修理之間。假殿日時隨到來。成副司符獻之。請文早可令成上給候。謹言。
五月廿三日到來同日戌時。　大宮司在判
謹上　內宮長殿

太神宮神主
依　宣旨注進。應任日時勤行當〔宮イ〕正

殿修造事。
右宮司今月廿三日符偁。同月十七日宣旨偁。云々者。謹所請如件。任被宣下之旨。來六月一日立假殿柱上棟。同月七日奉渡御體於假殿。雖可勤行御修理事。期日既不幾之上。此日來霖雨無間斷之間。修造料楉木柴並蕳萱。及色色次第雜事。依難合期。可被延引六月下旬歟之由。頭工等依進申文。先日相副本宮注文言上畢。而猶任宣下日時。可勤行者。六月一日若風雨之難出來者。以同五日雖可立柱上棟。隔中間一日。同七日勤行御遷宮之條不合期。同月十六日者。豐受太神宮式日御祭之上。當宮由貴御饌供進之日也。仍件日令勤行遷宮事之條。非便宜歟。然者先日就頭工等申狀。如言上。被延引來月下旬之條可宜歟。雖然猶任被仰下日時。以來月一五兩日之間。立柱可上棟之由。可召仰頭工等也。但於遷宮並御修理事者。可被延引同月下旬哉。仍爲用意勒子細。注進如件。

建久九年五月廿四日

假殿御遷宮日時　宣旨請文給畢。早可申上候也。神事違例宣旨請文事承畢。可令忩上給候也。謹言。

五月廿五日　〔大宮司在判イ〕

六月一日假殿立柱上棟延引事。
五月晦日。工等參宮地。任先例。以繩被定御柱跡之處。心御柱正中相違之由。令申之間。猶良良可拜見之由。依召仰工等。當日朝重參拜之處。同前云々。而宮司旬參之次。於一殿成評定天。大司康定。權大司忠國。一神主重章。二忠滿。三元雅。五光定。六氏良。七成定神主等。各參宮地。於四神主定滿者。依輕服不參。召問工等。且爲不審。柱根少少堀顯天。以丈尺糺定之處。寄東方四寸。寄北方二寸三

分。所相違也。仍成上注文。隨　勅定當日延
引畢。

太神宮神主

注進當宮假殿御遷宮。任重日時勘文。爲
立柱上棟。頭工等拜見宮地處。心御柱相
違事。

右件假殿御遷宮事。重任被　宣下日時勘文。
今月一日爲奉立柱上棟。頭工等拜見宮地。去
四月廿四日奉立心御柱。寄東方四寸。寄北方
二寸三分相違之由。依言上。宮司禰宜等相共
見知之處。有其實。此旨爲隨勅定。當日柱立
棟上事延引畢。爰尋先例。去天仁三年。豐受
太神宮心柱柄損顚倒。可立改否事。被行公卿
僉議。被問諸道之間。去應和二年。太神宮心
御柱相違舊例。去正中寄傍奉立事。改立彼柱
之條。甚可恐之由。左大臣依被定申。不令立
改之旨具也。而當　時相違御柱事。不經　言上
者。輙依難左右。所注進子細也。就中依件御
柱事。假殿立柱上棟日時。既延引畢。此旨不
可不言上者。然則早爲被裁下。勒子細注進如
件。

建久九月一日

心御柱事。注文給候畢。不日可令申上候。謹
言。

六月三日　酉時　　大宮司在判

左辨官下伊勢太神宮司。

應早令遂行當宮假殿遷宮事。

右得彼宮司今月廿二日解狀偁。同宮禰宜等
注文偁者。大納言藤原朝臣隆忠　宣。奉　勅。
遷宮期日。迫不合期者。以儲日令遂行。能隆
朝臣故障替。仰神祇官。任先例令差進者。宮
司宜承知。依宣行之。

建久九年五月廿九日　　右大史三善朝臣在判

中辨藤原朝臣在判

同六月四日　司符到來。

太神宮假殿遷宮事。任先度日時。致用意畢。不可懈怠之由。參洛使言上。而今如申狀者。前後相違歟。數度延引之條。專不可然。慥猶任日時。可遂行之由。可令下知給者。依御氣色執達如件。

五月廿九日　　中宮大進在判

大夫史殿

逐申

遷宮事。以此趣可令下知。一切不可延引之由。被仰下畢。件宣旨。一昨日下知。何日到來哉。如此急事。自然遲怠。尤不便候。下知之後。懈怠事等。力不及候也。謹言。

給預

太神宮假殿遷宮日時事。

副禰宜解。

右可申上之狀。所請如件。抑此事。被下　宣旨之上。雖不及儀。不廻時刻。申上畢。隨被仰下之旨如此。任御敎書。可令致沙汰給也。謹言。

六月一日〔到來同四日辰時云々。イ〕　左大史小槻在判

逐申

御遷宮　宣旨。以官使雖可馳下。依有遲怠之疑。所付御使也。早々可令進請文給也。謹言。

假殿遷宮事。　宣旨只今辰時。到來。仍成副司符献之。度々延引之上。此條其恐不少候。早不廻時刻。可成上請文給候。謹言。

六月四日　　大宮司在判

謹上　內宮長殿

左辨官下神祇官。

應任先例。令差進供奉　來七日伊勢太神宮

假殿遷宮官人事。
右大納言藤原朝臣隆忠宣。奉　勅。祭主神祇大副大中臣能隆朝臣故障替。宜仰彼宮令差進者。官宜承知。依宣行之。
建久九年五月廿九日
右大史三善朝臣在判
中辨藤原朝臣〔在判ィ〕

來七日假殿御遷宮供奉官人事。宣旨如此候。早可令供奉給候也。於差文者。今日二日。付宮候畢。爲御用意。差獻脚力候也。恐々謹言。
六月二日巳時　年預史也　神祇史齋部茂平
謹上佐奈權大副殿

假殿遷宮事。宣旨神祇官年預書狀獻覽之。遷宮事。來七日一定候歟。今日四日。自安乃宿所。所罷歸候也。謹言。
六月四日戌時　神祇權大副在判定輔

內一御館
〔內々申ィ〕
心御柱事。披露說候如何。何樣事候哉。奏聞候歟。其外恠異出來之由承之。不可說不可說　又遷宮間參宮供奉儀式例等可注給〔候ィ〕也。今度供奉事。殊恐思給候也。內內委細可注給候也。謹言。

假殿御遷宮事。可令供奉給之由。宣旨並神祇官年預書狀見給候畢。件御遷宮事。今月七日十六日之間。可勤行之由。先日所被勘下日時候也。而去一日任勘文。爲奉立假殿柱上棟。拜見宮地之處。〔雖下脫文歟〕心御柱相違事候之由。頭工等依申上候。雖其由言上畢。然者隨重　勅定。可被遂行候。恐々謹言。
六月五日　內宮禰宜
逐申。件御遷宮事。重被　宣下候者。

可令申其由候也。謹言。

左辨官下伊勢太神宮司。
奉送庸布紺布等事。
雲形料紺布捌段。
道敷料庸布拾捌段。
明衣料白布陸拾段。
右大納言藤原朝臣隆忠宣。奉　勅。件布。太神宮假殿御遷宮用途料。任本宮注文。奉送如件者。宮司宜承知。依宣行之。
建久九年五月廿六日　右大史三善朝臣
中辨藤原朝臣在判

雲形幷道敷料及明衣等布。副送文。只今所奉下候也。請文不日可令言上給候。謹言。
六月四日　大宮司在判
謹上　內宮長殿

伊勢太神宮禰宜等
請預假殿御遷宮用途料庸紺布等事。

右任去五月廿六日　宣旨。謹所請預如件。
建久九年六月五日
禰宜從四位上荒木田神主
―正四位上―
〔イ作傍書在實名無正印六字〕禰宜正四位上荒木田神主

抑件明衣布等。隨身奉　送之官使〔々ィ〕部紀久次。佐伯末弘等。自本宮可預飯酒之旨。雖搆申。無先例之由。宮廳目代返答之處。敢無陳辨之詞。因之司廳後見親元神主。於便宜宿館。賜飯酒畢。件布等。於一殿宮廳。目代加見

知之後。奉納由貴殿畢。件布。先例自司廳奉
送之例也。
太神宮神主
依　宣旨注進。應早令遂行當宮假殿御迁
宮事。
右宮司今月四日符偁。去五月廿九日　宣旨
偁云々者。謹所請如件。先日任被　宣旨日
時。今月一日爲立柱上棟。拜見宮地之間。心
御柱相違事出來。因之不蒙　勅定者。輙依難
左右。勒子細即言上畢。而今期日迫不合期
者。以儲日可令遂行之旨。被下　宣旨也。任
其狀。以來十六日。雖可勤行御遷宮并修造
事。彼日以前。不被仰下心御柱相違事。〔可擬歟〕假殿
柱立棟上日時者。不能遂行哉。然則早被裁下
之狀。注進如件。
建久九年六月五日
假殿御遷宮事。　宣旨請文給預候畢。不日可
令申上候也。謹言。
六月五日未時　　大宮司在判
御申文即申上之處。次第延引。以外違例也。
就中心御柱奉　立違之條。云作所目代。云頭
工。其科難遁之由。〔許イ〕沙汰候云々。隨被仰下。重
可馳申候也。仍且執達如件。
六月六日到來十一日巳時　　左大史在判
〔遂啓イ〕
明衣雲形布等事。奉行宮掌申狀獻覽
之。迄三日不參著之條。返々奇怪候事
也。
心御柱奉立違事。上御解狀之處。可有條々御
沙汰。來十六日假殿御遷宮。難被遂行之由。
所被仰下也。可令相待重仰給之狀如件。
六月九日　　左大史隆職
〔遂啓イ〕
齋宮歸京。來八月廿三日也。可被存此

旨之由。所被仰下也。抑御歸京之時。
伊賀路近江路代々之例。本宮所被存。
早可注申由之候也。
到來。建久九年六月十三日。酉時。
心御柱幷齋宮御歸京事。被仰下之旨如此。早可令申子細給候。謹言。
六月十四日　　大宮司在判
謹上　內宮長殿
心御柱幷齋宮御歸京事。大夫史仰見給候畢。假殿御遷宮事。重可相待。被仰下候齋宮御歸京事。伊賀路近江路之間事。本宮不知先例子細候。恐々謹言。
六月十四日　　內宮禰宜
心御柱事。可有條々御沙汰之由。被仰下之旨。相副大夫史返事。夜前宮司所令申也。抑今度御柱奉立事。役人之中。地祭與山向有相論云々。前々彼兩人間。誰人之勤哉。如此事。

可委被尋糺決。若有被召問之旨者。尤可有存知事歟。兼又此條。本宮使參洛。可申子細之由。可被仰遣之旨。宮司所令申也。可被上神宮使歟。將可被相待重仰歟。可令相計給之狀如件。
六月十四日　　神祇大副〔在判イ〕
內宮長殿
逐申
十六日假殿御遷宮延引事。定令聞給歟。
謹請
假殿御遷宮間事。
右相副大夫史返事。宮司消息。今日到來。就其狀。擬言上子細候之間。被仰下之旨。謹承候畢。件心御柱奉立事。可爲地祭物忌役之由。被載式文之上。召對彼夜供奉役人等。尋問候之處。任先例。地祭物忌父賴房。堀穴奉立之由〔令イ〕申之上。傍供奉人等。同所證申候也。於山向內人者。奉伐御柱本〔木イ〕口役計〔許イ〕云々。抑依件事。本宮使可參洛候哉否。評定未〔決歟〕許候。如大夫史返事者。可相待重仰之由具也。其上令參洛之條。何樣可候哉。誠恐謹言。

六月十四日　　　　內宮禰宜

心御柱奉立替事。被問公卿候云々。件事迄三箇日。不申上之條。尤緩怠也。又以神宮使不令申子細。不當之由。有其議云々。仍欲差上使者候也。彼役人等交名。可注給哉。爲內々存知也。謹言。

六月十八日　　　　大宮司在判

謹上　內宮長殿

奉立心御柱供奉役人等。

合

一人地祭物忌父賴房。申詔刀之後。堀穴奉立御柱之役勤之。

一人山向內人清末。奉伐御柱本〔木イ〕口之役勤之。

一人忌部清正。奉持御柱之役勤之。德久依故障。清正勤之云々。

一人玉串大內人貞成土公〔云々イ〕。

一人大物忌父季貞神主。

一人宮守物忌父則清。

已上三人。雖無指勤役。相副供奉之例也。

右件供奉役人等交名如此。件御柱入夜陰奉立之。彼夜深役人等之外。大少職掌人等。退出宮中之例也。仍大畧注申之狀如件。

建久九年六月十八日

心御柱間事。有御沙汰之趣。委承候畢。不審之處。被示仰之條。所悅思給候也。彼役人交名注文一枚獻上之。恐々謹言。

六月十八日　　　　內宮禰宜在判

左辨官下伊勢太神宮司。

應任日時。勤行當宮正殿修造事。

立假殿柱。上棟日時。

七月六日壬寅。　時午二點。
奉渡御體於假殿日時。
　十六日壬子。　時寅二點。
修理正殿日時。
　同日　壬子。　時辰二點。
奉移御體於正殿日時。
　同日　壬子。　時戌二點。
右大納言藤原朝臣隆忠宣。奉　勅。任日時。
令勤行者。宮司宜承知。依宣行之。
　建久九年六月十九日
　　　少史三善朝臣在判
中辨藤原朝臣在判
同年七月二日祭主下文。同日司符。當宮爾所
被符也。御修理日時宣旨副次第下知獻之。
早可令成上請文給。心御柱役人交名可注申。
並神事違例事。依被載一紙。遣送外宮候畢。
定被傳献候歟。隨到來。請文同可令忩　上給
候。謹言。
　七月二日　　　大宮司在判
謹上　内宮長殿
太神宮神主
依　宣旨注進。應任日時勤行當宮　正殿修
造事。
右宮司今月二日符偁。祭主同日下文偁。去六
月十九日宣旨〔下イ〕偁。云々者。謹所請如件。然則
任被　宣旨日時。可勤行之狀。注進如件。
　建久九年七月三日
左辨官下伊勢大神宮司。
　應且仰本宮。祈謝公家御愼。並離巽方口
舌。且注進神事違例及立心柱日備役輩交
名等事。
右得彼宮司今月三日解狀等。禰宜等同月一
日注文偁。件假殿御遷宮事云々者。令神祇官
陽陰寮等占〔申之處。官卜云。依神事不信所

致歟者。寮占[イ]云。依神事穢氣所致之上。公家非愼御御藥事。從離巽方。奏口舌事歟。期今日以後卅五日內及來八月。明年五月節中。並庚辛日也。同心柱可被立哉否事。同令占申之處。官卜云。奉改立凶歟。寮占云。被改立不快歟者。大納言藤原朝臣隆忠宣。奉　勅。且仰本宮祈謝。且令注進神事違例。並立心柱日備役輩交名。兼任占卜不可立改彼柱者。宮司宜承知。依宣行之。

建久九年六月廿二日

大史小槻宿禰在判

中辨藤原朝臣在判

同年七月二日祭主下文。同日司符二宮へ所被符也。宣旨三通之中。一通。召吉行養子答事。二通。可注申神事違例幷心柱役人交名事。相副次第下知。並大司書狀等。獻覽之。任其旨　云請文。云施行。二宮一同。可忩沙汰候。其中令注申彼役人等給事。可爲各別之請文候哉。存其旨。可令沙汰給。謹言。

七月三日　　　外宮禰宜

謹上　內宮長殿

太神宮神主

依　宣旨注進。應且仰本宮祈謝公家御愼。並離巽方口舌。且注進神事違例。及立心柱日備役輩交名等事。

奉立心御柱供奉役人等。

一人地祭物忌父賴房。申詔刀之後。堀穴奉立御柱之役勤之。

一人山向內人淸末。奉伐御柱[木口イ]之役勤之。

一人忌部淸正。奉持御柱之役勤之。

一人玉串大內人貞成土公。

一人大物忌父秀貞神主。

一人宮守物忌父則淸。

已上三人。雖無指勤役。相副供奉之例也。

右宮司今月二日符偁。祭主同日下文偁。去六

月廿二日宣旨俑。云々者。謹所請如件。任被
宣下之旨。殊可奉祈謝公家御愼。並離巽方
口舌也。奉立心御柱日。供奉役人等交名所注
進也。兼又可爲神叓違例之事等。前々任子細
言上。並任其狀可被裁許也。仍注進如件。

建久九年七月三日

假殿遷宮移使事。

伯三位書狀。

假殿御遷宮供奉事。任先例。可差遣之由。被
下　宣旨畢。其上重不及　宣下。本宮早可令
催促由。自宮令返答畢云々。然者。一旦〔直イ〕令供
奉給。更不可不審候歟。又被交名之條。縱雖
有先例。今度其理不可然歟。存此旨。早可令
供奉之狀如件。

六月廿八日　　在判

職事仰。

供奉假殿遷宮間事。今度仰神祇官。可令差遣
之由。被　宣下畢。是又先規也。此上不可及
重　宣下。可有供奉之由。以事次。早可令披
露之狀如件。

六月廿九日到來七月二日

中宮權大進在判

假殿御遷宮供奉事。　宣旨　職事藏人大進御
敎書。伯三位狀等献覽之。假殿間事等。任日
時勘文。御沙汰候歟。心御柱事。無爲候之條。
神妙候。謹言。

七月二日　　神祇權大副在判定輔

假殿御遷宮移使事。依不審。令尋〔于歟〕早佐奈權大
副之處。返事如此。々上不可及異議歟。一見
之後。彼具書等。相共可返給候。謹言。

七月三日　　大宮司在判

謹上　內宮長殿

一同六日壬寅立假殿柱上棟行事。
早旦工等參會。人夫等堀御柱穴。立御柱。午

時所奉上棟也。祭物五色絹切少々。白生絹三切。各二尺。木綿麻各少々。綿十枚。紙三帖。雜紙小帖。布三段。本文。鍬三口。鮑三連。堅魚一連。干魚三隻。折敷三枚。土器少々。餅三外。居酒三瓶。白瓷瓶子。散供米一斗也。又苧一把。弓箭形結付料仁相加之者也。又桶一口。杓一枝。是水量乃水酌料也。而折敷不足之由。工等雖令申。先例三枚之由。作所惟時神主所申也。於折敷者。寔不足也。故何者。供物調進之員數九前也。仍以外居臺用途畢。兼又布三段之外。又詔刀役膝突一段。有先例之由。一頭工光季愼申之處。全無先例之由。作所神主所申也。仍各論申之間。可蒙宮廳裁之由。依司廳之命。作所幷工等令申之處。工等之方。依無指所見。不賜也。抑大司康定朝臣。當日朝參宮。於內御厩前天。被拜見之間。禰宜各所被參會也。各衣冠。而上棟之後。宮司賜別酒肴於工等畢。酒一ハ大瓶。二ハ瓶子。火干莵等也。工等於假殿御前。各飲用之者也。其後奉葺假殿畢。仰正遷宮造替之時者。御棟祭之後。經三箇日勤役歟。至于假殿者。直勤仕之例也。

雲形役人二人之中。一人內人。節弘宮廳荷用也。一人內人作所從也。各日別食料米貳升請預之。

同日。南面御門鳥居五基。北面鳥居五基〔二イ〕。已上十〔七イ〕基奉立畢。彼此皆御門舊跡也。南面荒垣鳥居高。廣。四宇門。高。厚。北面高。廣。、高一丈。廣七尺。

同九日乙巳。假殿御戸立留。祭勤行畢。祭物色目。同于御棟上祭料物。但苧綿生絹三切桶杓等除之。

同日。假殿奉造畢。三間板葺御殿一宇。高一丈二尺五寸。長二丈六尺。自御板敷。上九尺。下三尺五寸也。中間一丈。左右間各八尺。樓廣一丈六尺。東西蝮羽各三尺。宇立高四尺。垂木間別二支。在四面欄。南面御橋板十枚。長壹丈二尺。厚一寸五分。廣八寸。棟持柱高一丈六尺五寸。土ヨリ上定。棟覆泥障板廣八寸。厚一寸五分。御戸高六尺八寸。廣七尺。御板敷皆檜板也。材木皆黑木也。又泥障板四面廻也。廣六寸。厚一寸。假殿御戸。左右脇幷東西北面皆立衾垣也。緣二支。在上下樋。四面木柴垣。但結二緣也。南面三重瑞垣御門。東西脇各三丈六尺。南北長九丈八尺。番垣御門。東西脇各四丈四尺。南北長瑞垣。舊跡定也。南面今重玉串御門。東西脇如番垣御門。在左右少垣各一丈三尺。付北方開間各五尺。又南面荒垣。鳥居前木柴垣一所。如屏垣。南面三重。幷內陣木柴垣。皆打其葉。外陣東西北方波不打之。

來十六日假殿御遷宮之間。東西寶殿可奉修造工事。任先例可參勤之由。可被召仰頭工等候也。謹言。

七月十一日　內宮禰宜在判

謹上　外宮長殿

追申

仲工四十人。可參勤之由。可令下知給候。謹言。

來十六日假殿御遷宮間。東西寶殿可奉修造工事。任先例可參勤之由。召仰頭工候畢。謹言。

七月十一日　外宮禰宜

同十二日戊申。御修理一日工等食料米。自造宮所下行事。

正殿工五十四人。本工四十人之外。任先例雇工十人。當鄕居住丁〔下イ〕部也。頭工四人。各五升。小工各四升。

東西寶殿工四十三人。外宮工本工三十三人之外。雇工十人。彼宮下部也。頭小工等食料米仝前。

瑞垣御門工二十二人。瀧原宮工。頭小工等食物同前。

同十三日己酉。本宮工等。正殿東西寶殿瑞垣御門等奉葺料乃縫鉾江津利切手等。所奉造也。頭工四人。各五升。小工十人各四升。請之。

奉送

太神宮假殿御遷宮用途物事。

一御裝束物等。

八丈絹拾肆疋漆丈捌尺。種々御裝束拾玖疋捌尺料。

手作布五端。土敷幷御床上下敷料。

庸布貳拾參端參丈。道敷料。官下先進。

同布壹端。假殿御板敷奉洗巾料。

同布一丈。假殿天井奉結料。

長莚十枚。

表莚陸枚。

薦拾伍枚。

苫拾枚。

油參升。之中。壹升伍合見進副燈心。壹升伍合修造使可勤之。

水桶貳口。

杓二口。

一明衣。

八丈絹伍疋肆丈。正員禰宜七人料。但官長八丈。傍官各六丈。

凡絹陸拾貳疋。權任神主并昇殿玉串大物忌父等料。

庸布陸拾端。六位禰宜大内人等以下料。官下先進。

右任本宮注文旨。依先例奉送如件。

建久九年七月十四日

主典淸原眞人成世

抑件御裝束奉裁縫事。前々或三箇日。或二箇日也。而今度御裝束。于今不被奉送之條。不便之由。度々觸遣司廳之處。稱不合期之由。十四日申時許。適雖被奉送。依及晩景。當日不能始勤之上。違先例天。御裝束料絹十四疋漆丈捌尺。被奉送之條。無其謂。早任先例。可被書改送文之由。被觸遣之處。司廳目代外宮權神主國隆。隨身日記天云。件御裝束絹波。先例。以六丈號一疋旨。陳申之間。宮廳目代等。又前々日記。及御裝束奉裁縫之記文等。令披見之處閉口。所詮於不足者。任先例可奉送之由令申天。罷歸了。因之。明日早旦。隨當時見在。先可奉裁縫。於不足者。可相催之由。評定畢。

一同十五日辛亥。御裝束奉裁縫行事。

辰時許仁。正員禰宜七人衣冠。權任神主布衣。成仲。定範。元家。延仲。忠仲。範朝。忠兼。成重。重能。忠輔。行親。家長。滿忠。　範兼。　重仲神主等也。玉串貞成土公。大物忌父季貞神主。權禰宜光兼。(同布衣。)　正員禰宜各南座向北。但一禰宜〔神主イ〕波西座向東。清忠西座向東。取尺奉裁之。先御被(オフスマ)一神主奉縫始天。已下禰宜及權任神主次第仁奉縫之。

糸五挊(カセ)。針八筋。小刀三柄。搔板三枚。上紙一帖。紙捻(ヒネリ)料。絹垣柄十支。(長七尺。)　御幌幷四宇門幌筒貫五支。(右臂金。)行障柄二支。小鐵鎚三具。　切針二百許。　錐三。　墨一挺。　筆一管。

已上。任先例。相具御裝束天。所被奉送也。

御裝束次第寸法。

合

御被二條。(長各八尺。弘四幅。袷。)　料絹十二丈八尺。

天井一條。(長二丈二尺。弘五幅。)　料絹十一丈。

蚊屋二條。(長各八尺。弘十幅。)　料絹十六丈。

壁代二條ノ内

一條。(長六丈。弘五幅。)　料絹三十丈。

一條。(長一丈七尺四寸弘五幅。)　料絹八丈七尺。

件二條。以八丈絹五疋。二條各幅仁閇合天調進畢。

絹垣一條。(左右各一疋四丈。中ニテ續以紙捻。一尺四五寸間閉也。中間一丈付也。掉十支。長八丈四尺。)

料絹三匹。
相殿單帳二條。長各六尺。弘各二幅。　料絹二丈四尺。
假殿御幌一條。長七尺二寸。弘四幅。　料絹二丈八尺八寸。
行障二條。長各五尺。弘各二幅。　料絹二丈。
正殿御床敷帳三條內。
　二條。長各八尺。弘各五幅。袷。　料絹十六丈。
　一條。長八尺。弘五幅。單。　料絹四丈。
四宇御門幌。長各七尺。弘各四幅。　料絹十二丈二尺。
御座布。
　御床上敷帳二條。長各八尺。弘各五幅。　料布四段十六丈。
　　一條御床土敷料。　條御床上敷料。
　相殿御料四條。長各五尺。弘各二幅。　料布一段四丈。
件御裝束等。奉裁縫之間不足。仍所相催司廳
也。
御裝束奉裁調候之間。不足候也。如仁安日記
者。先可被奉送三匹候也。只今爲調進。所令

馳申候也。謹言。
　七月十五日　　權禰宜範朝
司廳御目代殿
御裝束不足料絹。只今隨尋出候。先一匹肆丈
奉送之。就例文致沙汰候之處。臨期此事出來
候之間。凡失東西候也。若尙不足事候者。先
明衣料於引越。可被調進也。彼明衣者。隨尋
出。雖及夜陰。可令奉送候也。謹言。
　七月十五日　　主典成正
御裝束料不足絹一匹四丈。且給候也。明衣料
絹。今朝已分配候畢。其上不能左右。早相尋。
可令忩奉送給候。調進之後。爲秡淸所。令馳
申候也。謹言。
　七月十五日　　權禰宜範朝
同日申時許。司廳目代國隆神主。參〔帶イ〕大庭邊氏
申云。御裝束料不足絹尋出之處。董絹也。爲

之如何。但如天永假殿御遷宮日記者。黃絹所相交也。仍爲不審。件日記所持參也者。寔如彼日記者。黃絹相交之由具也。時刻已及遲遲。早可被忩送之由。返答畢。

御裝束不足料絹。尙任示給之旨。一〔壹イ〕匹四丈黃絹一匹。白絹四丈〔八丈〕。獻之。彼是相並。八丈絹貳拾參匹參丈〔四字イ作〕八尺也。加禰宜明衣。定雖不改送文。同事候。謹言。

七月十五日　主典成正

政所大夫殿

御裝束不足料絹一匹四丈。請預候畢。勤行文事。可令草送給候。兼日尤可有評定候歟。謹言。

七月十五日　權禰宜範朝

同日申下刻許爾。御裝束調進畢。仍任先例。爲河原御秡仁。自忌屋殿。種々御裝束。以莚天奉褁天。下部等奉持之。於絹垣行障幌等者不褁之。假御樋代等同所奉出也。禰宜先陳。次御裝束。次權任神主六位權禰宜物忌父等也。即於河原淵頭天。御巫內人千與安秡勤仕畢。祭物散供米三升。酒一瓶子。干魚少々。用紙三帖。自作所請之。是則今日河原御秡。幷明日御出。還御。已上三箇度御秡料。先例云々。御秡畢之後。假御樋代絹垣行障御門幌等取別天。奉納忌屋殿。於御裝束等者。直持參新宮天。正權神主各參昇。正員禰宜皆參。權任成仲。定範。延仲。範朝。忠兼。成重。忠仲。忠輔。行親。淸忠。範兼。玉串貞成。大物忌父季貞。神主權禰宜光兼等也。爰正體御床二脚也。而件御床。今度一脚仁所打連也。仍召問一頭工大內人光季之處。申云。脚乎打連之後。件ノ脚乃中於可奉伐之由。支度之處。偏忘却之旨陳申。仍奉舁出大出床天。一頭頭代副大物忌父國弘奉伐畢。兼又左右相殿御床。以外爾廣博也。奉開脚戸之後。敢無舁殿供奉之便。仍召問役人二頭時次。三頭武遠等之處。各陳申之旨不分明。卽同奉舁出天。令伐造直畢。

奉餝御裝束次第。先蚊屋。南北爾懸奉留。次天井。東西邊奉引留。次御壁代。自御戸東脇柱奉引廻留。以小釘奉打付留。次自御戸西脇柱利所奉引合也。次正體御床下。先奉敷薦二枚。其上敷長莚二枚。其上敷白布袷帷一條。其上舁立御床二脚。御床上先敷表莚一枚。其上敷白布袷帷一條。其上敷生絹單帳一條。其上重敷生絹袷帳二條。其上生絹御袷二條所奉疊置也。次東方相殿。御裝束奉餝次第。先敷薦一枚。其上敷長莚一枚。其上敷白布單帳一條。其上舁立御床。其上〔敷脱カ〕莚一枚。其上敷白布單帳一條。生絹單帳一條所奉疊置也。次西方御裝束次第。同東方。其後副東方御壁代。先敷薦二枚。其上敷長莚二枚。但與南北〔北南イ〕敷也。其後以紙捻一二尺。同所合〔合イ〕閇付。莚薦敷合耳也。西方同前。其後御床後。所敷長莚一枚也。於御板敷者。日中許爲內物忌父等役。所奉洗清也。其後各罷出殿內畢。

一明衣絹布分配行事。

於正員禰宜者。今朝分行畢。宮〔官イ〕長八丈。傍官禰宜六丈也。權任神主等各二人仁。充凡絹一疋。六位權禰宜。大內人。三色物忌父等。各以布一段分充三人。色節少內人等。以布一段充給四人畢。如此之間。巳仁日暮畢。召立文。戌時許清書畢。

一御出間次第行事。

丑時許仁事始。移使神祇權大副定輔朝臣。従

久滿神主宿舘。被參之間。自二鳥居御火幷祇
承勤之。宮司被參之間。同前。於玉串所。御巫
内人秡淸假殿御樋代。幷絹垣行障及色々供
奉役人等不淨。事疑〔終歟〕之後。玉串行事如例。內
院石壺仁座。御玉串如例。其後拜八度。在手
兩端。御鑰櫃乃御封。任例鑰取內人申之後。取
出正殿御鑰天。奉一禰宜留。其後各參入瑞垣御
門內。移使先參寄御橋際氏。奉遷新宮之由。被
申詔刀。但不脫沓。其後一禰宜相具大物忌子
良。參昇御橋上。奉開御戶。其後左右火燈役
左滿言神主。二神主男。右成言神主。一神主男。參昇。其次傍官神主參昇。
其後任先例。移使者立御橋東方。宮司者立御
橋西方。其後召立役人權神主經長。參寄御橋
東方際天。任召立文。奉出前後陣御神寶等。其
後御出之間。御巫內人瑞垣御門外東脇仁立
天。鷄鳴三聲勤之。簀子爾出御之間。移使進參
天。前陣仁。供奉。御戶波左右火燈役人奉閉例

也。御鑰　預給鑰取內人云々。自瑞垣御門。
初警蹕。微音也。本宮幷假殿門門仁天警蹕。但
假殿內陣御垣邊仁天。止警蹕云々。大司康定。
少司長能後陣也。權大司忠國依所勞不參。奉
鎭御躰於假殿之後。前陣御神寶。始自御楯。
次第爾奉納。次後陣御神寶。始自御鏡筥。同
奉納。但前陣御弓二張。御鉾二基。御楯二枚。
奉安置左右御戶脇。又前後陣御蓋二基。外爾
奉安置。神拜之後。二神主以下。玉串物忌左
右火燈役人等。罷下之後。一神主奉御戶閇退
下。列座如本宮。移使脫沓。進參奉鎭新宮之
由。被申詔刀。還本座拜四度。無手。但奉祈朝
廷也。其後禰宜宮司。次移使〔イ无〕令退出。著石壺。
拜手兩度。神拜之後退出。荒祭宮拜如例。
一御修理行事。
寅下刻。工等結麻柱工百十九之中。本工四十
四人。如十人奉葺正殿。外宮工四十三人。奉

葺東西寶殿。瀧原工二十二人。奉葺瑞垣御門。巳時許。正員禰宜。幷火燈役人。及玉串貞成。大物忌父季貞神主等。各著束帶。參入殿內。而針返役人。先例物忌玉串等所役也。爰於玉串者雖致勤。物忌季貞老氣之間。都不致其勤。因之。針返役不合期日。當日御修理勤仕。就中今度葺萱大破。旁有事恐之由。工等頻令申之間。昇殿供奉人之外。他人不能勤役。爰去長寬元年假殿御遷宮之時。西寶殿針返役人孝忠神主。依老氣不堪其役。可被差替他人之由。雖辭申。無左右。然間。可令差副堪事者之旨。自總官有其仰。仍被差副惟忠神主畢。又去治承三年假殿御遷宮之時。同西寶殿針返役人時盛神主老氣不堪之間。任長寬之例。被差副盛通神主畢。彼此所給預綾也。准據件等之例。被差副大物忌父二臈權禰宜光兼也。仍光兼著束帶氏。所令勤彼役也。申時許。御修理畢。酉時。掃除又畢。東寶殿針返役人重能。重繼神主等。西寶殿針返役人範朝。忠兼神主等。西寶殿針返役人四人。各給預綾貳端。又本新兩宮火燈役人四人。各給預綾參端。權禰宜光兼給預綾壹端。是正殿乃綿綾不合期之間。給壹端歟。

御修理工明衣。〔調衣イ〕調布卅二端半。造宮使與宮司。中分爾被下行畢。御修理畢天後。工等任先例。於大庭邊天。預酒肴畢。都酒九樽之中。四樽正殿工。四樽東西寶殿工。壹樽瑞垣御門工也。在各肴二種居折敷也。魚貝也。

一還御行事。

戌時許。各參新宮玉串所。御秡畢之後。移使巳下參入之間。次第行事。如今曉御出之作法志。移使參寄御橋際天。可有還御之由。被申詔刀。奉開御戸之次第。如今曉。火燭役人左成仲神主。權一。右定範神主。權二。前後陣取物次第。還御作法。如御出。

奉渡御躰正殿之後。奉鎭御躰。奉覆御被。奉納御寶等畢。正員禰宜肩充。左右火燭役人請預天。於御戶西脇簀子上天。召各所從。令給預畢。御樋代一神主被取出畢。相殿御樋代波。玉串物忌等。早速仁取出天各神拜之後。傍官並玉串物忌等罷下畢。左右火燭役人。取火罷下畢。一神主奉閉御戶。罷下之後。移使脫沓參寄天。奉鎭之由。詔刀乎被申。今度波朝廷被申云々。還本座。拜四度。無手。有神拜。奉祈朝廷也。東西寶殿御鎰御封。任先例。宮司禰宜相向天、於東寶殿前天鎰仁付封氏。御封申之後。拜手如例。又荒祭神拜同前也。其後於一殿天。爲勤行文沙汰仁、各被著座留。移使北座。宮司南座。禰宜東座也。勤行文波。任本宮草案天。兼日宮司目代所淸書也。而宮廳目代範朝神主請取天。讀上之後。各任送天。始自七神主。連署畢。或自筆。範朝神主所書付也。其後各退出。移使幷大宮司卽時被退出宮畢。抑御出時乃油松等。宮司勤之。還御度乃油松等。造宮使之勤也。

言上

太神宮假殿御遷宮勤行狀。

右任去六月十九日　宣旨日時。宮司大中臣朝臣康定。造進假殿。依先例。調進御裝束物。神祇權少副大中臣朝臣隆宗任損色注文。修補正殿東西寶殿。幷瑞垣御門萓宣差檜皮。朽損破壞。兼又造替。正殿御戶本指木折損。如本指固畢。仍勒子細。言上如件。謹解。

建久九年七月十六日

禰宜從四位上荒木田神主成定

禰宜正四位上荒木田神主氏良

光定

定滿

———元雅

———忠滿

禰宜正四位上荒木田神主重章

大神宮司

少司正六位上大中臣朝臣長能

權大司從五位下大中臣朝臣

大司從五位下大中臣朝臣康定

使

從四位上行神祇權大副大中臣朝臣定輔

同十七日。於宮廳公文所。新宮御裝束絹布等。任先例。正權神主幷六位權禰宜大少內人等所分行也。

一神主。絹六丈。御床敷絹三幅。各袷。　土代布二幅。袷。　表莚三枚。　長莚二枚半。　苫四枚。　薦三枚。

二神主。　絹五丈。　御床敷絹二幅。袷。　土代布一幅。袷。　相殿單土代布一條。　長莚二枚。薦二枚。苫一枚。

三神主。　絹五丈。御床敷絹一幅。袷。　土代布一幅。袷。　相殿單土代布一條。　長莚二枚。薦二枚。苫一枚。

四神主。　絹五丈。　御床敷絹一幅。袷。　土代布一幅。袷。　相殿單土代布一幅。　長莚二枚。苫一枚。

五神主　仝前。

六神主　仝前。

七神主　仝前。

權任神主百九人。　各絹三尺。

供奉六位權禰宜幷宮掌大內人及新宮宿直權禰宜等幷三十三人。　各絹二尺二寸。

道敷奉仕內人十六人。　各道敷布二丈。

內物忌父十二人仁。　假殿御門幌三帖給之。　小莚三枚。薦五枚副給之。
御火。十四人。繼松四人。油持。四人。鑰取。二人。御巫。二人。御鹽湯。二人。御厠。二人。權宮掌内人。六人。山向。二人。鋪設。一人。酒殿。二人。由貴殿。一人。出納。三人。已上四十五人。各絹二尺二寸。
抑御装束。奉裁縫絹布切端。幷御装束分配用殘。幷供奉六位權禰宜已下明衣布用殘等。任先例。宮廳公文所各分配畢。
針。小刀。鎚。錐。釘。搔板等。同公文所各分配畢。
同十七日。造宮使被勤仕饗膳。少宮司長能。正員禰宜七人並供奉。權任神主。玉串 大内人。六位權禰宜。大少内人。物忌父子良母等。及荒祭瀧祭兄部内人。物忌權宮掌内人。々長出納内人等也。
宮司正員禰宜始給〔終イ〕四本高杯。權任神主。六位權禰宜。物忌父子母等及兩宮兄部各懸盤也。
權宮掌已下。供奉色節小内人等並七十一人机也。但代米升。一殿陪膳役。權神主遠光等也。是宮司禰宜饗膳。當時依爲道後政所之勤天。彼侍等所勤仕也。一殿著座之權任神主之外。皆請机也。於内物忌父兩宮兄部者著座。
工饗膳事。着九丈殿。
頭工三人。各上懸盤。在重飯菓子。番匠三十人。鍛冶二人。各上机在計追物。頭工獻坏權神主惟時作所。勤之。祿料。頭工。各布一段本尺。番匠鍛冶。各布二丈也。
同十八日榍分配事。
合二千百枝之中。正殿七百支。東寶殿五百支。西寶殿六百支。瑞垣御門二百支。
一神主六百枝。二神主三百枝。三神主百七十支。四神主仝前。五神主仝前。六神主仝前。七神主仝前。用殘二百五十枝。公文所分配畢。
抑去十五日所勤仕之新宮八重榊役人山向内人食物。自作所請預也。三人。各二升。官斗也。是先例一人之勤歟。而今度役人遲參之間。事卛爾也。仍三人勤之云々。無謂之由。雖宜論申。任申之旨。令下行歟。

一鐵鎚釘等事。

正殿釘六隻並鐵鎚三具之中。

　鐵鎚一具。釘一隻。給一頭光季畢。

　殘釘五隻。鐵鎚二具。廳分也。而次頭工等。可預之由雖令申。如大治之例者。一頭之外不給之。工等方爾無指所見。仍不給之。

東西寶殿釘六隻之中。

　三隻。外宮頭工三人給之。

瑞垣御門釘二隻之中。

　一隻。瀧原一頭工給之。殘一隻廳分也。

建久九年七月十六日假殿御遷宮取物次第行事。

　合

一前陣供奉。

宮掌八人。

　權禰宜忠仲神主。　權禰宜光成神主。

　宮掌大內人宗賴神主。　權禰宜光遠。

　權禰宜忠隆。私記云。依所勞不參。　權禰宜憲方。

　宮掌大內人範弘。　宮掌大內人範行。

秉燭內人十人。

左。

御火內人恒貞　同內人恒包。同內人恒重。　同內人末時。同內人友弘。

右。

同內人末正。　同內人貞友。同內人貞時。　同內人光則。同內人末恒。

次道敷奉仕內人十六人。

內人時成。　內人行武。　內人行友。

內人時澤。　內人友弘。　內人有元。

內人安弘。　內人淸安。　內人守久。

內人末久。　內人恒末。　內人淸成。

內人秋岡。　內人重益。　內人包藤。

內人節弘。

次行障二人。
左番撿大内人友元神主。　右權禰宜遠光神主。
次御楯六枚。
左權禰宜延定。　右番撿大内人親忠。
左權禰宜盛重。　右權禰宜重家。
左權禰宜隆道。　右權禰宜氏雅。
次御桙六基。
左權禰宜有能神主。　右權禰宜光基神主。
左權禰宜宮忠神主。　左權禰宜良成神主。
左權禰宜正繼神主。　右權禰宜泰長神主。
次御靫六腰。
左權禰宜延成神主。　右權禰宜延雅神主。
左權禰宜師常神主。　右權禰宜重賢神主。
左權禰宜利長神主。　右權禰宜長能神主。
次御弓六張。
左權禰宜滿盛神主。　右權禰宜元時神主。
左權禰宜久家神主。　右權禰宜成家神主。

左權禰宜氏忠神主。　右權禰宜長忠神主。
次菅刺羽二枚。
左權禰宜延方。　右權禰宜盛忠神主。
次紫御羽二枚。
左權禰宜時延。　右權禰宜刀禰道―。
次金銅作御太刀四腰。
左權禰宜重繼神主。　右權禰宜氏基神主。
左權禰宜仲忠神主。　右權禰宜成時神主。
次玉纒御太刀四腰。
左權禰宜忠輔神主。　右權禰宜行親神主。
左權禰宜成正神主。　右權禰宜有範神主。
次御鎊劒四腰。
左權禰宜延賢神主。　右權禰宜惟延神主。
左權禰宜重能神主。　右權禰宜成賢神主。
次御鏡筥四合。
左權禰宜宗經神主。　右權禰宜良俊神主。
左權禰宜俊正神主。　右權禰宜成賢神主。

次御櫛筥四合。
左權禰宜延忠神主。　右權禰宜利延神主。
左權禰宜德俊神主。　右權禰宜親房神主。
次御蓋一基。
權禰宜弘光ーー。　大內人久兼〔イ无〕神主。
同綱。
權禰宜廣定神主。　權禰宜康忠神主。
權禰宜經元神主。不參。仍權禰宜言長勤之。
權禰宜原久〔イ无〕ーー。
次御絹垣十人。
權禰宜淸滿神主。　權禰宜重能神主。
權禰宜元家神主。　權禰宜延仲神主。
權禰宜滿實神主。　權禰宜久滿神主。
權禰宜經明神主。　權禰宜元成神主。
權禰宜元廣神主。　權禰宜滿良神主。
一後陣供奉。
御鏡筥四合。
左權禰宜方康神主。　右權禰宜忠兼神主。
左權禰宜氏親神主。　右權禰宜元長神主。
玉佩御筥四合。
左權禰宜隆光神主。　右權禰宜長宗神主。
左權禰宜氏俊神主。　右權禰宜公元神主
次須我利御太刀四腰。
左權禰宜定行神主。　右權禰宜經定神主。
左權禰宜守長神主。　右權禰宜延成神主。
次金銅作御太刀四腰。
左――家長神主。　右權禰宜成康神主。
左――滿明神主。　右權禰宜元兼神主。
次御蓋一基。
番撿大內人重宗。　番撿大內人氏盛。
同綱。
權禰宜成倫神主。　權禰宜仲成神主。
權禰宜成忠神主。　權禰宜重仲神主。
次菅御笠二枚。

左權禰宜忠重神主。　右權禰宜惟時神主。
次御弓六張。
左權禰宜顯延神主。　右權禰宜延方神主。
左權禰宜忠家神主。　右權禰宜盛清神主。
左權禰宜明忠神主。　右權禰宜範親神主。
次御靫六腰。
左權禰宜有盛神主。　右權禰宜佐盛神主。
左權禰宜長定神主。　右權禰宜延經神主。
左權禰宜有經神主。　右權禰宜守隆神主。
次御桙六基。
左權禰宜重定神主。　右權禰宜能滿神主。
左權禰宜盛定神主。　右權禰宜明經神主。
左權禰宜成延神主。　右權禰宜仲明神主。
次御楯六枚。
左權禰宜範成神主。　右權禰宜清忠神主。
左權禰宜範兼神主。　右權禰宜仲能神主。
左權禰宜季良神主。　右權禰宜宗明神主。

宮掌六人。
權禰宜範明神主。　權禰宜安實神主。
權禰宜成兼神主。　宮掌大內人忠季。
宮掌大內人盛康。　宮掌大內人賴憲。
次御火內人四人。
左內人眞末。　內人光成。
右內人用包。　內人則近。
次繼松內人四人。
內人國里。　內人國光。
內人松澤。　內人清延。
一昇殿供奉人。
正體奉戴。
一二禰宜。　相副三四五禰宜。
左右相殿奉戴。
東玉串大內人貞成土公。　相副六禰宜。
西大物忌父季貞神主。　相副七禰宜。
一本宮。

火燈二人。
左權禰宜滿言神主。　右權禰宜成重神主。
火滅內人。〔五字イ无〕內人名脫歟。
油持二人。
左內人重末。　右內人吉重。
北御門預。〔五字イ无〕內人名脫歟。
御幌三人。〔五字イ无〕內人名脫歟。
一新宮。
火燈二人。
左權禰宜成仲神主。　右權禰宜定範神主。
油持二人。
左內人末正。　右內人末光。
御幌四人。〔六字イ无〕四人之名脫歟。
鑰取內人二人。
有安。　末重。
御巫內人二人。
千與安。　安眞。

御鹽湯內人二人。
清安。　安恒。
御麻內人二人。
國時。　彥重。
新宮北御門預。
新宮御殿宿直十人。
番撿大內人安守神主。　權禰宜惟長。
權禰宜賴賢。　權禰宜則貞。
權禰宜正元。　權禰宜利兼。
權禰宜兼行。　權禰宜弘利。
權禰宜經時。　玉串大內人宗仲。
召立　權禰宜經長神主。
右。依例。次第行事。所差定如件。
建久九年七月十六日　禰宜荒木田神主無署名

一左辨官下伊勢國幷太神宮司。
　應科上祓立當宮心柱日供輩事。
　使中臣散位大中臣朝臣爲盛從伍人。
　卜部神祇權大祐卜部宿禰兼茂從伍人。
　神部貳人。
　地祭物忌父賴房。
　山向内人清末。
　忌部清正。
　玉串大内人貞成。
　大物忌父季貞。
　宮守物忌父則清。
右大納言藤原朝臣實宗宣。奉　勅。彼賴房等。去四月廿四日。當宮假殿心柱。寄東方四寸。北方二寸三分立違之由。本宮所經言上也。件輩宜科上祓者。國幷宮司宜承知。依宣行之。使者經彼之間。依例勤供給。路次之間。亦准此。官送下（官符追下歟）。
　建久九年七月廿六日　左大史小槻宿禰在判
左中辨藤原朝臣
同八月十九日。司符到來。抑件輩。皆以勤彼祓畢之後。所供奉神事也。祭物員數。不遑委注之。
同年九月十二日。假殿木柴垣幷鳥居分配行事。
　合
廳分。正殿一宇。調御倉。
二神主。瑞垣御門東脇與利十丈。同鳥居相具也。
三神主。番垣御門左右七丈、同鳥居相具也。
四神主。玉串御門脇與利七丈。同鳥居相具也。
五神主。瑞垣御門西脇與利七丈。四御門鳥居相具也。

六神主。玉串御門西脇與利七丈。南荒垣鳥居相具也。

七神主。西方七丈。北瑞垣御門鳥居相具也。

東西北方用殘三十七丈。政所目代雜役出納等普分配畢。

〔古本奥書云〕于時貞治第六二月中旬以　一校了

五禰宜泰行神主本寫之

〔右建久九年內宮假殿遷宮記以貞治古本一校了注イ即是〕

建久九年內宮假殿遷宮記畢

續群書類從卷第八

神祇部八

文永三年御遷宮沙汰文

八月廿四日。

造宮所沙汰。瑞垣板七十壹枚立之。　件御垣等。雜掌對捍之間。被營作也。瑞垣御門。御堅魚木上之。解下庥柱訖。

廿五日。

正殿四面高欄端各切之。御戸西脇柱打之。御橋左右男柱立之。同下桁渡之。東寶殿板敷々滿之。齋王御膳殿土壁敷居入之。酒殿土居奉組始之。

廿六日。

正殿御階板。三頭方三枚奉敷之。玉串御門南面葺始之。五禰宜氏忠神主沙汰。荒垣料材等。日數無據之間。於由貴殿南面。用松明致營作。是造宮所之助成也。卅間ト云々。

廿七日。

正殿御階。一頭方四枚。二頭方三枚奉敷之。齋王候殿北面葺始之。酒殿四面板組滿之。荒祭宮御門立之。左右凡板同棟凡木固付之。但御門者。廿六日柱立也。上下長押同以打之。御倉東柱穴堀之。子良宿館壞之。新造柱立始之。

廿八日。
正殿御階造畢。 荒祭宮御倉。立東柱。 組地板。酒殿立宇立。懸角木。
造宮使爲繼朝臣從父姊妹。去月十九日他界。依三箇日故障退出。明後日可皈參。仍明日御作事。可爲如何樣哉之由。以外權禰宜元春神主。被觸申宮廳之處。御造營事。不及奉止。廿九日鷄鳴以後。可有早參之由被申之。于時戌刻。
廿九日。甚雨。
南御門西脇荒垣柱立始之。酒殿垂木張之。子良宿館上棟。
九月一日。
造宮所沙汰。荒垣御門西脇。同北三十二間立柱。上下樋 盤同覆搆付之。 調御倉 木作始也。
二日。
造宮使曉更參宮。子良宿館東西博風張之。葺始之。御船代御樋代。 一頭方。 膚御倉。二頭方。鋪設御倉。三頭方。
一御稻御倉。四頭方。荒祭宮新造御倉。堪事良匠。各昇殿奉造之。
一假御樋代。於鋪設御倉之前。奉作之。
一正殿御方奉作忌物。
鑿六。釣鉋六。錐六。刀六。鋸三。手鉾三。差三。鉋三。 御形御料在此中。
一荒祭宮御方。
鑿一。釣鉋一。錐一。刀一。鋸一。手鉾三。差一。鉋一。
忌鍛冶內人。於河原殿奉作之。所令下行工等也。物具寸法。不違于尋常。
一御船代奉作工。一頭方八人。加頭工定。二三四頭方各六人。加頭工定。食日別頭工一斗。小工八升。三ケ日役也。又工忌鍛冶等。明衣官下庸布八段賜之。

一御船代寸法。

正殿御料一具。

長七尺。手四寸八分。弘サ二尺一寸。身高サ一尺一寸。彫内一尺九寸。蓋ノ高サ一尺四分。

一相殿御料二具。

長七尺。手ノ長サ四寸二分。内ノ長サ六尺九寸。弘サ一尺一寸五分。身高七寸五分。蓋高七寸。身彫内九寸。

御樋代一口。號樋代。

高壹尺七寸八分。口ノ徑一尺。彫端一寸。端牙七分。蓋一口。口徑九寸。

一御床四脚之中。

二脚正殿御料。

長サ各八尺。加端入定。弘各四尺。厚二寸。足板四枚。各三尺九寸加端入定。長七尺六寸。端入同前弘サ九寸八分。厚サ二寸。

二脚相殿。

長各八尺。弘サ各四尺加二枚定。厚サ二寸。足板四枚長各三尺八寸。加端入定。

天井一蓋。

方八尺五寸。子ノ員廿四加頭定。弘一寸五分。厚一寸二分。

柱四本。號玉奈居御柱。

長九尺六寸。除土居定。方四寸。上七寸。下四寸五分。其中間令取面。

土居四具。

長二尺三寸二分。厚四寸五分。弘五寸五分。

荒祭宮御船代。

長七尺。弘一尺三寸。身高八寸五分可在哉。蓋高八寸。

御床。

長六尺八寸七分。弘四尺七寸。合二枚定。厚一寸八分。足一枚高八寸。厚二寸。

一使故障事。
造宮間事。故障以後。如元可被奉行者。依院
宣執達如件。
八月廿七日　　　右中辨在判
内造宮使殿
逐申。
人夫事。御敎書四通。祭主。長成。輔氏。永定。獻之候。
急可被尋候。内裏犬死穢。並辨代輕服之
間。神寶發遣事。廿九日延引候也。
使從父姉妹伊賀國住他界之由。主典成親在
京之間。隨告知。經　奏聞。不日申下院宣云
云。而如頭工等申者。使故障之後。預酒肴之
例也。今度無沙汰。違先規之由申之。如造宮
所返問者。承曆使曩祖宣衡。三箇日故障出來
之刻。及上奏之處。故障以後。如元可供奉之
旨。被下綸旨訖。任其例所被仰下也。於酒肴
之篇者。爲使改補之時。本使奉行。不致其沙
汰。右記揭焉。新儀依違之由被申之。
一神寶發遣事。依内裏觸穢延引。可爲來十日。
期日相迫之間。越驛家。縮行程。可參著之由。
所被下御敎書也。爲三箇日者。十二日下著。
十三日讀合歟。其後奉合御金物。〻綷之滯
歟。且又本宮沙汰何樣哉。不審之間。所觸申
之。仍執達如件。
九月一日　　　神祇大副隆蔭
内一御館
神寶發遣。可爲來月十日候。人夫事。其間被
召置候也。可令存其旨給者。依　御氣色。執
達如件
八月廿八日　　　右中辨資宣
祭主三位殿
逐申
依内裏觸穢。明日延引候也。其外日次不
候之間。可爲十日候。仍期日迫候之間。

越驛家。縮行程。可參著候。若逃失之輩候者。可爲本所僻事之由。被仰候也。存其旨。殊可令下知給。

太神宮神主

依御敎書祭主下知。注進神寶發遣可爲來十日事。

右今月一日祭主下知偁。八月廿八日御敎書偁　神寶發遣。可爲來月十日候。人夫事。其間被召置候也。可令存其旨給者。依　御氣色。執達如件。禮紙仰偁。越驛家。縮行程。可參著之由者。謹所請如件。任被仰下之旨。十日發遣。縮日數。十二日參著。十三日始讀合。十四日五日奉打金物之條。不可遲々。仍注進如件。

文永三年九月二日

大内人正六位上荒木田神主

禰宜正四位上荒木田神主延季

―延成

―成行

―經元

―氏忠

―泰良

―尙良

―從四位上―經雄

三日。

御稻御倉立東柱地板。子良宿館葺滿之。

四日。

神寶使發遣。可爲來十日。期日迫之間。越驛家。縮行程。無爲可參著之由。可祈請申之旨。所被仰下也。仍彼御敎書案獻之。存其旨。傍官禰宜。相共凝丹誠。可令祈請申給。仍執達如件。

九月八日　神祇大副在判

内一御館

逐申

小河權少副。爲代官來十日可參宮也。可
令存其旨給。
太神宮神主。
依御敎書。注進神寳使發遣可爲來十日。其
間無風雨難。無爲可參著由。可祈申事。
右今月八日祭主下知偁。同三日御敎書偁。神
寳發遣。可爲來十日。期日迫之間。越驛家。縮
行程。可參著之由。被仰下候。其間無風雨之
難。無爲可參著之由。殊可被祈請申候。且下
知禰宜等。且差遣代官。可有其沙汰之由。別
御氣色所候也。仍執達如件者。謹所請如件。
抑神寳使發遣。可爲今月十日之由。去八月廿
八日御敎書到來之間。禰宜等各夙夜宮中。無
風雨之難。無爲事之由。令祈請申。其上重任
被仰下之旨。玉串御門。堅魚木上之。玉垣柱
立始之。一殿擔付也。
五日。
四御門千木御垂木張之。同南荒垣鳥居東御
柱立替之。
六日。甚雨洪水。
御船代。御樋代。御鎰櫃。工等所奉安置正殿
之內也。
七日。
玉串並四御門西脇玉垣立之。南荒垣鳥居置
島木打冠木。同北鳥居東柱立替之。
八日。
御稻御倉上棟。齋王候殿。舞姬候殿。畧棟調
御倉東柱立之。
九日。
神寳發遣。可爲來十日。期日迫之間。越驛家。
縮行程。可參著之由。被仰下候。其間無風雨
之難。無爲可參著之由。殊可被祈請申候。且
下知禰宜等。且差遣代官。可有其沙汰之由。
別御氣色候也。仍執達如件。

九月三日　　　右中辨資宣

祭主三位殿

殊以凝丹誠。所奉祈玄應也。仍注進如件。

文永三年九月九日　大内人正六位上荒木田神主盛長

禰宜正四位上荒木田神主延秀皆署

十日。

一御形奉彫次第。

地祭物忌父有一頭末武代弘里。二頭清仲。頭代松永。三頭弘武。頭代時末。任先例。令供奉用途物。筆三管。墨三廷。白瓷三口。杓一。小刀三。鑿三。釣鉇三。酒一瓶子。餅一外居。大小土器少々。折敷一枚。饗料米。物忌一斗。頭工三人各一斗。小工三人各一斗。小工三人各八升。官斗。物忌々具。以忌鍛冶内人。於河原殿奉作之。物具寸法。尋常作所勤。

一御戸立祭物。

散供米三斗。布六端。鍬三口。尋常餅三外居。清酒三瓶子。凡絹六疋。麻三束。蚫三連。堅魚三連。干魚三隻。折敷六枚。土器大少百。薦一。紙三帖。此外酒一樽。工等献料。作所勤。

一後鎮祭物。

御供米四斗八升。官斗。鍬二口。尋常鋤二口。同。上紙二帖。小紙五帖。桶二口。杓二柄。折敷廿枚。薦一枚。酒二瓶子。續松等。玉串貞常土公。大物忌父有兼神主。宮守物忌父尚國。地祭物忌父有兼神主。宮守物忌父尚國。地祭物忌父有久。御巫重成。一斗。散供米二升山向内人。一斗作所勤。

一荒祭宮。

中紙五帖。桶一口。杓一柄。散供米二升。給供米五升。薦一枚。折敷土器等。續松。大内人宗延。大物忌父清久饗料各一斗。酒代等。作所勤。

一東西寶殿御戸立。

散供米五升。紙一帖。酒一瓶子。餅一外居。布二端。加膝突布。鍬二口。麻三把。苧三把。糸一挊。綿少々。一端定。干魚二隻。折敷三枚。土器大少五十。櫓付同前。國雑掌勤之。

一同上棟。

散供米一斗。紙一帖。酒一瓶子。鍬一口。餅一外居。麻布二端。加膝突定。干魚二隻。折敷三枚。土器大小五十。麻三把。綿一枚。五色絹。蚫三連。堅魚二連。薦一枚。國雑掌所勤也。

件祭物。依書落。所令記錄也。

十六日。

一正殿後鎮祭物。

鐵人形卅枚　鏡卅。鉾卅。長刀子廿。鎒四柄。鎌二張。小刀子一柄。五色絁各一丈。木綿麻各二斤。庸布一段。明衣料。

已上官下。

散供米二斗五升。飯高郡司勤。酒二斗。多氣郡司勤。雑腊二斗五升。堅魚三斤。鰒三斤。海藻二斗五升。鹽二斗。陶土器廿。鷄二翼。同卵廿枚。度會郡司勤。

已上司庫勤。

一荒祭宮後鎮祭物。

鐵人像十枚。鏡鉾各十枚。鎌一柄。鎒一柄。五色絁各五尺。木綿麻各一斤。庸布一段。長刀子小刀子各十枚。

已上官下。

蚫一連。堅魚一　。海藻少々。土器少々。司庫勤。庸布一段。明衣料。官下。

今月十六日。後祭之間。宮長憲繼神主之館御寄宿也。當日小河權少副盛繼。爲祈禱雖被告知。後鎮祭之間。依遅參。以通時神主。被觸子細之刻。自尾上坂被皈云々。

一荒祭宮御戸立祭物。

散供米一斗。蚫一連。堅魚一連。清酒一瓶子。餅一外居。麻一把。紙一帖。庸布二段。官下。干魚一隻。鍬一口。折敷二枚。土器少々。薦一枚。

凡絹一疋。獻酒作所勤。正殿御形板。頭工三人。頭代三人。地祭物忌父各參昇殿内奉彫之。即結儲麻柱奉打之。其後御戸祭。備祭物於折敷。頭別一前宛。御戸國上三所供之。申詔刀。荒垣西北鳥居。置島木雌木。忌屋殿鳥居立之　主神司殿纍棟。

一關東御訪絹事。

太神宮へ御物を所被奉送也。海井伊勢ちのすく〳〵。をくりふ肆人。夜宿直山越兵士。無懈怠可致沙汰。兼又關渡わづらひなく。可令勘過之状。依仰下知如件。

文永三年八月廿五日　左衛門尉藤原在判

左衛門尉藤原在判

御訪桑絲事。既下行之由承候。不及別子細候。此事今度者。他人奉行候。然而只同事候也。其間子細。雜掌定被申候歟。他事期後信候。恐々謹言。

八月廿五日　前對馬守在判

造宮所返事。

運上

造伊勢太神宮用途料　御別進上絹事。

合佰疋　在官。

右運上如件。

文永三年八月廿六日　散位藤原朝臣在判

件絹　九月十一日到著造宮所館也。

十一日。

正殿麻柱奉結滿之。相加御金物。役定五箇日也。

内院瑞垣板立滿之。四御門北面葺之。抑四宇御倉上棟三宇。雖經日數。蘭萱遲到之間。頻有催(促歟)役也。

十二日。

御作事遲怠事。太神宮禰宜等申狀。副延季神主書狀。奏聞之處。調御倉御門御垣已下事。先日依被驚聞食。即以飛脚。被仰下爲繼朝臣畢。定致其沙汰歟。於外院事者。少々尙雖有未作之事。先奉成式日之遷宮。忩可致成風之本營之由。可被下知者。院宣如此。仍執達如件。

九月八日　　右中辨資宣

大夫史殿

逐申

且以此旨下知本宮。且可被仰子細於爲繼朝臣之由。其沙汰候也。

御作事遲怠事。院宣如此。獻覽之。調御倉御門已下事。先日已被仰爲繼朝臣畢。於外院者。雖有少々未作。先可令遂行式日遷宮之狀如件。

九月八日　　左大史小槻在判

內宮一禰宜殿

一奉遷使參宮事。

應令神祇權大副大中臣定世朝臣。供奉來九月當宮遷宮事。

右權中納言藤原朝臣伊賴宣。奉　勅。祭主神祇大副大中臣隆蔭卿故障替。宜令定世朝臣。供奉彼遷宮者。宮宜承知。依宣行之。

文永三年八月廿七日　　大史小槻宿禰判

右中辨藤原朝臣判

奉遷使神祇權大副大中臣朝臣定世十二日。參宮。（于時入夜。）祢承兼賢。親政神主。御麻御鹽湯御火二人勤之。手水以待懸之。一殿長莚。宮半疊敷儲之。被用意酒肴。爲對面長官傍官被參之處。著衣冠之上。一殿未被造畢。爲同事之由。以祢承兼賢神主被申之間。不及御對面。大副殿所被參籠與氏神主館也。

十二日。

一鳥居立之。

十三日。

二鳥居立之。
調御倉荒祭宮御倉上棟。庸御倉車宿張垂木博風御稻御倉齋王御膳殿搔棧。
一荒祭宮。
釣金四隻。一尺五寸。上弘五分。弘一寸。厚五分。
杤金四枚。壺四枚。肱金四隻之中。(二隻御殿御料。二隻御内御料)歟。
一正殿御料。
鎚三具。小刀三具。錐二。奉打御金物料。
一荒祭宮御料。
鎚一。小刀一。錐一。
文永三年九月十三日
御神寶御裝束。御金物御辛櫃等。酉中刻參著宮中。忌部勤仕御祓。奉舁置河原殿一殿。而今夕爲讀合。辨代神祇伯(輔雄王。)被參宮之處。行事官並道々細工等。令寄宿岡田 納米緣邊之在家云々。仍立使者。可參之由。被相催之處。供給雜事等。于今無沙汰。食事以後可參之由。依申之。齋王候殿之內。任例敷儲。鋪設。宮廳以下讀合役人常親神主。各々參著之處。經時刻。及深更之刻。重觸申辨代。催促史生之處。史生縱雖令參。道々細工等。於爲不參者。神寶式目。金物員數。無人于指南。可爲明朝歟之旨。依申之。辨代被退出外爾宜延房神主里宿也。兼亦御神寶參著之時。行事官等。可賜宿直之旨。雖申之。讀合以前。本宮宿直不相應之由。被返荅之間。自行事官之方。所奉守護也。
一十四日御裝束讀合行事。
辨代史生遲參之間。午刻許。宮廳讀合役人常親神主等。進參于新宮齋王候殿。加催促之處。小時一二三五六七八禰宜史生宮掌等參會。其座。辨代北座。東上南面。(自東第二柱。)其次史。其次史生宮掌。神祇官南座。東上北面。宮司公行。南座。西上北面。禰宜東座。北上西面。讀合役人西座。東面。長莚宮半帖。但史生等長莚許也。各束帶著座。揖拜之後。史生入送官符於覽莒蓋。持參宮廳。宮聽召讀合役人。々々進參跪。賜之。皈著本坐。其後御裝束御神寶御辛櫃。八重疊之南。以東爲上。奉舁居之。然而辨代猶以遲留。雖不被相待。急爲奉打御金物。且可有其沙汰歟之由。宮廳被計申之處。如勅定者。不待遲參之輩。可致沙汰之由。被仰下之旨。史生令申之間。始讀合。張肱金百卅二口。依爲送文之最前。計之請取之。其後一御辛櫃。辨代與宮廳之中間東第一之間。奉舁入。以覆莚四枚敷之。一枚南北。二枚東西。一枚繼目上也。其上置御辛櫃蓋。物忌父久清。弘國。尙國。有久。兼元。光弘等。奉出御裝束。加拜見。以鐵尺指寸法。自餘御辛櫃一々拜見。後後不指寸法。又御神寶御辛櫃。召道々細工。任式目加見知。其後御金物御辛櫃等。瑞垣御門內西脇奉舁入之。行事官等參入。憲雅神主者帶寶治記文。實俊神主帶安貞送官符。任次第先奉出千木金物。可被奉打之由。致沙汰之處。件御金物非當宮之本樣。爲外宮之本樣。仍寸法違失。依不相叶。俄召銅細工等。以二頭代松永取千木。前之寸法。或切除。或續延。奉粧付訖。是新奉造直之條。依可日數相迫時刻掛移也。其間。七禰宜尙良。八禰宜經雄。自御子殿參入。相共見知。其後甍覆泥障板。左右喬金同令打之處。二尺餘。一尺餘。不足間。續目之所。重爲過分歟旨。行事官等依加疑難。尋問工等之處。不然之由申之。此上不審之間。彼甍覆泥障板之寸法。本樣文與當時奉作召工等。令交量之處。本樣者短。御材木者長。就本樣造之。金物不足爲道理歟。其上同甍覆泥障板。左右端打立金。又以不足。云彼云此。引越蟬覆下金。並自餘御金物所奉打也。凡者如此重事者。尤可有用意沙汰之處。依無其儀。及此煩歟。隨寶治御造營之度。被增分歟之間。敢無不足沙汰之上。謬被送餘殘御金物於本宮之由。令申之處。行事官等信伏。如彼申狀者。本樣使下向之時。尋御材木寸法。於故實良匠。皆悉於令注進者。雖聊非可違。爲後代。冝有其沙汰歟云々。又如松永申者。東西寶殿瑞垣御門千木金物等。同于正殿不可被打。明日令繕直者。定令滯渟歟。今夜可被支度。然者帶御金物。於里宿。松永相共可加見知許定之由。計申之間。爲神爲朝。有忠有功之旨。行事官等。殊所令褒美感歎也。又辨代參宮之時。莅承御麻御鹽湯。先規在之歟。依無催促。不及沙汰。抑所殘御金物。任寶治近例。自行事官之方。可奉守護之由。令告知之處。牽爾上向。從僕窮屈。可然之樣。可申之趣。一同翹望之間。即披露子細於官廳之處。件御金物御辛櫃等。運置齋王候殿。差下部等。可有宿衞沙汰之由。被申之間。行事官等成悅。以所從等。荷御辛櫃。付封。安置彼殿。戌刻許。令退出了。兼又行事官等。早參以前。猶以稱可被相忘。御垂木端金八十八枚。蟠目釘三百五十二隻。預置工等畢。今夜。物忌等。正殿天平賀八百口。任先例。奉居置之。

一十五日御金物行事。

行事官三人淨衣。巳刻參宮之間。憲雅。實俊。通時神主等。如昨日參候新宮瑞垣御門西脇。自齋王候殿。奉舁入去夜 安置御金物御辛櫃之處。所付之封。令相違之上。鼻栗之緒。又以同前。所納之御金物。非無不審之由申之。如憲雅等申者。行事官宗清（于時黃昏）書封。以從僕等付之。皆悉荷之。運送齋王候殿。今被不審本宮職掌宿直輩等歟。早開御辛櫃。可被見知納物。入目錄万一令紛失者。召彼此可有其沙汰之由。本宮奉行憲雅神主等令申之處。納物員數。不相違云々。荒涼申狀。甚無其謂歟。兼又行事官等任本樣文。計預御金物等。本宮奉行人等。可退出之由。雖申之。於令違失者。無人于問荅。金物奉仕之間。相共可有其沙汰。隨寶治御造營之時。爲一同之奉行。不可請預之旨。依令申兩方。相共致結解散用。錄在所員數。而御形御金物事。代々送官符。雖不載之。以鏡形金六十八枚。小鋪四十四枚。兩方奉打之。其外御戶冠木內外二枚端折立之金。寸法不足之間。冠木之厚續二枚打之。於冠木行〔或片歟〕折立金者。依無便宜之金。不令續延之上。御階長押左右端金。寸法同不足之間。尋出別之金。所令奉打也。其後御戶御金物之間。宮廳昇殿加見知。被致奉行。於御鏁御鎰者。入御鎰櫃納外幣殿。又宮廳退出之後。任色々座次置居玉。兼又造宮沙汰。內院掃除。沙石運上。可爲終夜之由。雖被申之。御金物奉仕之後。數万雜人。自由參入。依有事恐。可爲未明沙汰之由。加評定。瑞垣御門固之。北御門差鏁畢。因茲。造宮所奉行等。持置沙石瑞垣御門之外。早朝可進入之由。所令申也。又寶殿御倉御鏁。並行事官封納辛櫃等。奉納御稻御倉。爲翌日沙汰也。

同日。

調御倉雖葺始之。依無御萱。不終其功。內御厩雖搔棧。依萱之未到。不葺之。荒祭宮御倉。齋王御饌殿。以靑萱葺之。雖然猶以不足。爲萱判官之無沙汰歟。

十六日。

正殿內外。東西寶殿。重々御門御金物等。憲雅。實俊。通時神主等。自官行事所之許請取之。下行工等。抑殿内御板敷。平釘三。並東西行打一。並各卅六口打之。但可依御板敷之枚數歟。玉奈居柱上下脛金肱金等。寸法加增之間。切之打之。天井鈎金懸之。鎹柱角。自上六寸許之下打之。於鈎金者。向勾於下打梁也。天井組入辻。菱釘百八隻。每辻打之。於四方之縁者。不奉打之。令隱蚊屋天井之故歟。

御床貳脚。

足料桶尻金捌枚。弘四寸・厚三寸。莖長一寸。高二寸。件ノ足ノ端ニ打之。

肱金捌勾。長各一尺七分〔マヽ〕六寸。片方四寸七分。弘一寸九分。

件ノ金端入釘。一脚別四隻宛。片方六寸。金物之下釘目一者隱也。然者。端入釘目。平金二脚。兩方八隻。面二。並釘目平金十枚宛。已上平金卅二隻打之。但彼金弘。少々加增于實治寸法之間。切除而打之。所記寸法之定也。

相殿御床二脚。

一脚面釘目覆花形金菱釘。二並。一並。八枚宛。二並十六枚。端入金片面四枚。合目兼一枚奉仕之。合五枚也。然者兩方十枚。又足高釘目二枚宛打之。南北八枚也。今一脚子細同前。件御金物。當日未刻。奉粧滿之。凡厥請取員數。結解目錄。奉仕在所。下行成敗。輙以愚慮。敢叵差別。雖然。無一事越度之違失。勵請方隨分之忠節。懇誠之至。感應令通者歟。抑抑〔マヽ〕御金物究〔マヽ〕粧。十四五六日。雖及三ヶ日。十四十六日。彼此半日。爲二ヶ日之役也。

物忌等奉洗御板敷之間。足桶一口。持桶一口。杓二口。拭布二段。作所致沙汰畢。

一同日河原御祓事。

鷄鳴以後。天明以前。恒例御祓勤行。御稻奉下如常。其後正員禰宜八人。火燈役人四人。守氏。定兼。延行。氏成神主。未刻許。參集新宮御稻御倉西玉垣之前。其坐敷長莚。北上東面也。于時召立役人氏繼神主　束帶立外幣殿巽角。御裝束御辛櫃。自一迄七召立之。物忌父有兼。尙淸。久國。有久等。任次第取出之。北上東面奉舁畢。其後色々御神寶召立之。取物權任自外幣殿庸御倉請預之。石橋之左右所令行烈也。宮掌八人。久繼。行久。兼賢。俊職。憲雅。常良。雅行。親政神主。次禰宜。次召立役人。次舁殿權官。次御辛櫃。次上﨟權任十八。御共出二鳥居。經恒例河原御祓參道下大庭。參著河合淵端。御裝束御辛櫃。一禰宜之前。南上西面。奉舁居之。次取物權官。御河之端。一面迄瀧祭之瀨烈立。于時御巫內人重成。衣冠向西勤仕御祓。御麻付木綿於榊枝。散供米三升。作所沙汰。而先例。御巫之二﨟。以件御麻。奉振于御裝束御辛櫃之處。二﨟安末他役計會。依無其據。重成同以勤仕之。次禰宜同前。後手御巫內人申祝言。其後歸參新宮。今夕可用先陣之神財。楯十枚。鉾十本。御弓十張。御靫十

腰。錦靫。御翳二枚。御笠二枚。紫翳二枚。金銅造御太刀十腰。玉纏御大刀一腰。須我利御太刀一腰。蓋一基。返納外幣殿調御倉。所殘之御神寶。供奉人持參新宮。或安置御戶左右。或寄立高欄御階。其後一禰宜舁居御辛櫃於御階之際。奉取出御裝束。任式目奉粧始。其後長官以彼奉仕記文。預五禰宜氏忠神主。暫退出。其後奉遷使莅承二人。御火二人。宮司莅承二人。御火一人。宮廳莅承二人。御火二人。參玉串行事所。絹垣行障。御翳櫃。假殿御樋代。自新宮奉出。御巫內人勤仕御祓。奉振之。散供米。先度內。申祝言。使手水成家。氏倫神主。玉串鬘木綿如例。玉串行事所御祓之間。氏繼神主相具先陣供奉人。於外幣殿之前召立之。其後宮廳。自玉串行事所先陣勸〔勤歟〕御櫃。御裝束御辛櫃參著本宮石壺。鎰取內人重光申御鎰御封。其後拜八度。手兩端。玉串奉納之後。一禰宜擎

御鎰。蹲踞御前。于時使進參御階下。申詔刀。還本坐之後。一禰宜相具大物忌等。先令懸手於御匙。一禰宜續奉開之後。火燈役人參昇。傍官禰宜同昇殿。召立役人應召進參。於巽角召先後陣供奉人。奉出御神寳。兼又新調御鏡箱爲出御。御神寳奉 納新宮。可奉出本宮御鏡筥之處。相具自餘御神寳。奉安置外幣殿之間。爲令得其心。申子細於召立役人。任見在被讀立畢。後代尤披覽記文可令存知也。而先後陣並敷道奉仕内人等召立之。御出之時。御巫内人重成進參御階之際。鷄鳴三聲。御鎭座于新宮。奉納御神寳之後。使同申詔刀。今度(脫沓)無爲無事。奉成還御。其後著例所石壺。御鎰櫃之後。使者自南御門退出。禰宜者自西御門退出。任例。於荒祭宮神拜所。拜八度。手兩端也。其後被著一殿。使北。南面。宮司南。東上北面。禰宜東。北上西面。鋪設各長莚宮半帖也。

件勤行文。於本宮公文所。任例書儲之。憲雅令讀上。即書付禰宜署之處。宮司目代茂房出來。令書司署畢。又外權禰宜邦房神主。令書付使名字畢。但筆者著坐。先例雖無鋪設。今度所敷薦也。而今夜。由貴御饌遷御供奉之間。依無宿館退出。一二三四八禰宜。自一殿不直裝束。即參御饌所。奉成神事畢。抑今度御遷宮之間。貴賤不知幾千萬。兼又神寳出御。河原御祓勤行。新宮御坐御裝束奉仕之間。雖微雨灑來。自遷御刻限之中間。陰雲忽晴。星宿是明。以之稱淸之雨。可謂嚴重揭焉歟。

今日。〔由脫歟〕〔神悦歟〕由貴饗膳。依遷御忩劇。可致後日沙汰之常親主申也。

一御遷宮夜錦綾奉出員數事。

御樋代御坐料八段。内錦一段。繧繝。唐綾一段。左右相殿御坐料四段。長官二段。傍官七人。玉串物忌二人。各一段宛。已上廿三段也。件錦綾。於殿内各拜領之。用肩宛。（正殿帳張肱金行間十一隻。妻間者十隻奉打之也。）

一明衣分配事。

件明衣。前々御遷宮之時。爲厚絹之處。今度國絹違于先例。可爲造宮所沙汰歟之由。依有評定。參造宮所。申子細之刻。今之明衣不載前々記。大凡厥謂造宮所用途。任舊例致沙汰之由。問答經時刻之間。以先日官下國絹。長官分二疋。傍官分六丈配分之。權任明衣。以國絹長五尺宛。破于三筋令下行之。但爲厚絹哉否。尋古記可有沙汰之由。評定了。

一勤行文。

奉遷使並宮司禰宜等。

言上太神宮御遷宮勤行狀。

右廿年一度造替御遷宮事。任宣旨。造宮使神祇權大副大中臣朝臣爲繼。造進正殿東西寶段瑞垣御門已下。内外院殿舍御門御倉御垣等。任式目。無爲無事。所令勤行也。抑内院御倉四宇内。於御稻御倉調御倉鋪設御倉三宇者。葺萱遲到之間。未葺終之。外院殿舍之中。其後外齋王御饌殿内御厩同葺萱遲到之間。所不葺也。恰給早可被終功歟。仍言上如件。

謹解。

文永三年九月十六日

禰宜從四位上荒木田神主經雄

禰宜正四位上――尙良

――泰良

――氏忠

――經元

――成行

――延成

禰宜正四位上荒木田神主延季

太神宮司

少司從五位下大中臣朝臣則（範歟）國

權大司――――國時

使　正四位下行神祇權大副定世

十七日。

神嘗御祭。次第行事如例。但長官依痔氣不參。二禰宜延成奉開御鏁之處。鏁根雄分折給之間。不及奉差之。於錦綾者。奉開懸渡奉納之。於御鏁者。入御鏁櫃。奉納外幣殿。忩可被奏聞之由。所有其沙汰也。

一荒祭宮遷御作所沙汰用途物事。

上絹一疋四丈（絹垣料。）糸十二挔（明衣料。）麻二束。（下部明衣料。）布二段。（之中。）一段昇殿役人明衣料。一段八道敷料。上紙少々。油燈心拭布一端。（麻布。）足桶一口。持桶一口。小刀鎚錐釘各一。（於釘者。今度無其用也。）於御門前。厚絹四丈。同合于三幅。奉付串八支。至御殿者。日中所奉洗也。兼又糸麻明衣。道敷布。以本宮宦下之餘殘。分下行畢。

一同宮御遷宮行事。

當日酉刻許。御装束御神財。自新宮庸御倉奉出之。以彼宮下部捧持之。當宮御前谷河參道之東奉舁居之。御巫内人安弘勤仕御祓。散供米六升。兩度分作所沙汰。御鹽湯弘安勤之。料米三升。同沙汰。其後常親。通時。憲雅。實俊等。相共加見知。以大内人宗信。物忌父清久。奉粧御装束呉床彫馬。奉納正殿。兼又御装束奉仕。式目次第。云本宮御方。云別宮御方。在于別記。神嘗御祭御遊以後。不歸宿館。參荒祭宮。于時自新宮假御樋代絹垣奉出之。大司公行。權司國時。少司範國參上。自本宮忌屋殿之後。祢承一人兼賢神主。御火二人參集蹲踞。宮司東。禰宜西。中强向谷川。御巫内人安弘勤仕御祓。奉撫御樋代。次宮司禰宜同前。在御鹽湯。次獻鬘木綿於權司。二禰宜同前。但依一禰宜不參也。其後烈參本宮。宮司東。禰宜西。中強著坐。權司進參瑞垣御門際。申詔刀。（不脫沓。）還本座。其後鎰取內人申御封。奉開御戸。于時御門左右。宮司西。東面北上。禰宜東。西面北上。召立役人氏繼神主參入瑞垣御門內。立御門巽角。召立前後陣。神寶其後御出新宮。列立如本宮。即奉鎮御躰於新宮。御封奉仕之後。權司進參申詔刀。（今度脫沓。）還本坐。拜八度。手兩端。各退出。

一新調御鏁根金折損可被修補事。

太神宮神主

注進。可早相副料銅。下遣造物所細工。不日被修補本宮正殿御戸御鏁根金折損不奉差御鎰事。

右件御戸御鏁。今月十五日。頭工等奉打餝殿內御金物。一禰宜延季參入。且令致行事。且拜見御鏁。試先奉開之處。御鏁與御鎰。本樣相應。聊無遲留。數迴奉開之上。以頭代時末又奉開。其議同前也。爰十七日御祭。任例昇殿供奉。欲奉開御鏁之間。片方根金折損。因茲。御戸有懸渡無御鏁。然而官下錦綾並織御衣者。奉開懸渡所奉納也。然則早相副料銅。下遣造物所細工。被修補矣。仍注進如件。

文永三年九月十八日　大內人正六位上荒木田神主盛長

禰宜正四位上荒木田神主延季（自餘署同前。但二三禰宜者不被加署。）

十八日。

一絹垣分配事。

絹垣厚絹一疋四丈之中。一疋者賜內人物忌。四丈者賜供奉下部訖。是近例也。

一古物渡事。

當日未刻許。荒祭宮古物渡也。而御神寶奉出之間。宮司公行。新宮御門之左脇列立。稱帯承元記文。及違亂之刻。如實治記文者。權司致見知。奉行大司無供奉之由。憲雅神主問答。成敗之刻。本宮左五禰宜氏忠。八禰宜經雄。右權司國時。新宮左二禰宜延成。三禰宜成行。四禰宜經元。七禰宜尙良。任先例令羅列之處。宮司不終古物之奉納。退出畢。兼又御神寶彫馬新古二疋。奉納正殿。其外御馬奉納御倉。是舊例也。

一直會事。

今日饗膳。依古物渡忿劇。可有後日沙汰之由。評定畢。於神態御遊者。禰宜雖爲衣冠供奉。綺〔綷歟〕爲牽爾之間。退出之次。不直裝束。所被勤仕也。

十九日。

荒祭御門帖平金。依有大事。當日以餘殘御金物。爲通時神主奉行。奉粧直。抑內院北御門。並荒祭宮御門帖釘覆金。前々爲花形之處。今度花形金不足之間。以鑄立手奉打之。其次天平賀卅八口。御殿御板敷之下。任先例奉居之。

一東寶殿御封事。

件御封。惣官出納茂兼。同目代宗滿。本宮政所常親神主等奉付之了。於司中封者。彼出納久正。布衣之間。不能昇殿。爲代官可被付之由。令雇常親神主之處。不可然之由。令返答。不付之云々。又於正殿西寶殿者。方々出納。依不相綺。所不奉付也。

廿日。

小朝熊神態直會饗膳。如例勤行之。

河原殿板敷西北兩面。並北土間長押打之畢。

廿一日。

宮司公行。五禰宜氏忠。七禰宜尙良。參新宮外幣殿。奉出御鎰櫃。拜見御鑰。重被奉納畢。

一宮中宿衞事。

新宮御鑰。依不奉差之。始自今月下旬五日。

番五位六位十二人宛。被差定訖。結番祠官參本宮。齋王候殿。舞姬候殿。瑞垣御門。所奉守護。
廿二日。
一殿壁板皆以入也。
廿三日。
車宿兩方長押。同板敷乾角西北半壁奉作之。
廿四日。
齋王御膳殿四面玉垣奉立之。
廿八日。
一綾並纈絹兩面事。
自寶治二年三月。迄文永三年七月。臨時奉幣使六十二ヶ度。四百九十六段。
神甞御祭十九箇度。百五十二段。
公卿　勅使二ヶ度。十六段。
大神寶使一箇度。八段。
已上六百七十二段。中之。
寶治二年四月十七日。假殿御遷宮。十一段用送之。
建長六年七月廿六日。假殿御遷宮。八十段用途之。
文應元年七月十六日。假殿御遷宮。八十段用途之。
今度御遷宮。廿六段用途之。
所殘五百一段歟。
此結解文。惣官目代宗滿神主尋申之間。被遣之。
廿九日。戊午。天晴。
午上刻許。正員禰宜八人束帶。在恒例明衣。宮司三人束帶。參新宮玉串行事所。宮司西。東上南面。禰宜東。西上南面。列立御巫內人重成衣冠。勤仕御祓。于時蹲踞。在手一度。在御塩湯。其後禰宜先陣。宮司後陣。自南御門參古宮著石壺。鎰取內人光重開御鎰櫃御封。

一禰宜延季捧持御鎰。參瑞垣門內。宮司東。禰宜西列居。其後一禰宜奉開御戶之後。傍官禰宜並以前火燈役人延行。氏成神主參昇。可奉渡御神寶之由。有其沙汰。被退出。但火燈役人者祗候于古殿。宮司禰宜各出自南御門。參新宮石壺。其後鎰取內人光重申御封開之由。一禰宜捧持御鎰。參瑞垣御門內。被列座蹲踞。宮司東。禰宜西。中强也。一禰宜相具子良。奉開御戶。傍官禰宜並火燈役人守氏。定兼神主等參昇。昇人差階御幌箇貫。以紙捻重結固之。同西御扉間景蟹目釘。先日工等奉仕。令拔落給之間。仰玉串貞常土公。以他之目釘奉打付之。其後五六七八禰宜。並大物忌父有兼神主參古宮。奉出御神寶奉渡之。其間於西鳥居。古宮新宮之中間。在御塩湯。新宮西寶殿者。安兼。常親神主。大物忌父弘國。宮守物忌父尙淸神主。古宮西寶殿者。憲繼。行久神主等參昇。同奉出御神寶。供奉權官。古宮寶殿相並勤仕。其役斯中須我利玉纒御大刀各一腰。爲來度御遷宮本樣。奉納新宮西寶殿。兼又金銅作御大刀一腰。彫馬一疋。任先例。一禰宜爲拜領。不渡之所留置也。而傍官禰宜同御大刀各一腰。可賜預之由。依有時議。又以七腰同留之。此外皆悉奉渡訖。其後東西寶殿御幌奉懸之。是御遷宮夜。任舊記用行障之間。于今延引。其後新宮御鏁根金。雖令折損給。修補依可遲々。如本奉差之。以紙捻奉結付之。其後。一禰宜捧持御鏁。歸著石壺。拜八度。手兩段。外幣殿古物同奉渡之。其後爲分配錦綾。宮司禰宜自西御門退出。參入古宮。召鋪設役人。御殿之後。東寶殿之前。敷長莚被著坐。宮司東。西上北面。禰宜西。東上北面也。爰惣官奉行人宗滿。茂兼神主。對面于憲繼神主。令申云。分配事。任例先開古宮正殿。取出奉納錦綾。可有其沙汰之處。今度無其儀。可爲如何樣哉之由申之。仍憲繼神主。以此趣申宮廳之刻。至正殿錦綾者。度々御假殿御座肩宛用途之間。所殘狹少也。可爲禰宜之得分歟。然者。開東寶殿。可有分配云云。任其旨。返答之處。去寶治之度。先奉開正殿。今度不可相違歟。此議不被叙用者。〔マヽ〕追參向于配分之席。且可申子細於惣官云々。因茲。重申宮廳之處。惣官當時服氣中也。正殿奉納之。神物配分沙汰之次第。頗以非無其恐歟。凡如此事。本宮計成敗之上。敢不能彼違濫哉者。其間問答往反。依覃晩陰。可有後日沙汰之由。成評定。被退出訖。當日。御稻御倉調御倉所奉葺終也。

卅日。

鋪設御倉。同奉葺滿畢。依萱到來也。

外權禰宜邦房神主爲惣官使參向。憲繼對面。被申云。今度御遷宮。式日無相違被遂行。公私殊以悅申者也。兼又古物分配。爲祭主沙汰之條。式文分明也。而寶治之度。二品祭主奉遷使事依故障。前加賀守忠長朝臣雖勤仕之。於古物錦綾者。被致其沙汰畢。外宮建長御遷宮之時。三位入道在任之刻。三品祭主他界之間。不遂供奉。雖爲中陰。同致沙汰畢。先規間。存近例如此。而如宗滿。茂兼神主等申者。錦綾事。依服氣。不及祭主得分之由。有其議之上。同出納不可致昇殿沙汰云々。彼等申狀。雖可信用。爲散不審。差進使者也。宮廳返陳偁。今度御造營。依有遲怠之恐。致隨分催促。加魯匠製作。仍式日遷御。無爲申行之條。爲神爲君。有忠有功之處。今之芳問。尤以承悅。兼又廿九日。古物渡以後。依分配沙汰。宮司相共古宮東寶殿之前。任例令著坐之處。宗滿。茂兼神主。先奉開正殿出納致昇殿。可有其沙汰云々。雖然於正殿奉納錦綾者。度々御假殿之時。所令用途之殘不幾之上。惣官當時服氣中也。於正殿奉納錦綾者。宛禰冝得分。至惣官分者。以東寶殿之錦綾。可分進之由。相觸子細於宗滿神主等之處。不被開正殿者。難參向之旨申之。兼又出納昇殿。寶治之度無之。今度不可相違。凡厥大少祠官服氣之時。雖候宮中。不預供祭物。仍留正殿錦綾。進寶殿錦綾之條。且伺神慮。且存公平。敢非可淹留。又寶治御遷宮之後。公卿　勅使御參宮之時。唐綾二段。唐錦二段。被奉献安置殿內。於唐綾者。兩度御假殿之時。奉敷御樋代。其外恒例錦綾。致目錄送出納。不可有疑殆歟。件錦一段者。爲惣官分。服氣以後。來十一月可進之。一段者宮司禰冝等。可令配分之由。返答之間。邦房神主退出。于時黃昏也。

今夜。宮廳宿館各令休息之處。亥剋許歟。自新宮宿衛。權任神主之中。舊宮瑞垣御門內。有放金物之音。仍圍廻御垣之外。可有見知之由。使者到來之間。自公文所。常政。兼賢。憲雅。實俊。家氏。通時神主等參向。搆續松。三頭二弘武相共參入實撿之處。古殿御階左右端金。高欄土居同泥障板角金。並蟬木御金物等令放取之。但於員數者。不令覺知。仍有盜人哉否。興定。茂經。廣章神主。依著狩衣。即參昇大床四面。東西寶殿御板敷之下雖見之。就騷動之音。令迯退歟。兼又巽坤角瑞垣兩方顚倒結立之。惣官方宿直。同撿非違使代官等令相候歟。如今之實撿者。西寶殿之後瑞垣板一枚取放之。件盜人之所爲歟。沙汰之間。權司國時。七禰冝尙良。其外宗滿神主。息子當番衆已下。職掌下部撿非違使成澄等。多以群集所驚耳目也。凡厥御造營之間。造宮所採用御垣御材木等。日々紛失之上。一殿齋王御饌殿。主神司殿。九丈殿。河原殿。車宿廳舍材木等。至少物者。及半分失之。宮中濫吹。爲希代之勝事歟。

十月一日。庚申。天晴。番文如例。

一古殿御裝束分配事。

當日午上剋。一禰宜束帶。二禰宜以下衣冠。著襪。先新宮神拜之後。參昇舊宮。奉開御戶。傍官禰宜並火燈役人定兼。延行。氏成神主。及安兼。常親。憲繼。俊職。實俊。行久。玉串貞常士公。　物忌有兼神主等參昇。　一禰宜御床東。南上西面。傍官禰宜同前。但六七八神主居廻于西方也。然後。　憲繼御床巽方侍坐。帶實治分配記文。申指南。　至有相違者。任見在分之。玉串物忌之所役也。爰實俊神主書儲相分文。　隨員數令合點。　如此沙汰之中間。惣官使邦房神主參向之由告知之。　憲繼進向於一鳥居對面。古物分配事。　昨日申子細訖。　祭主雖爲服氣。令所務者例也。今度不可違依。出納昇殿。是又先例也。而實治之度。茂明依遲參。不昇殿歟。　以一度之例。不可弃捐以往之例。仍猶差進使者之由被申之。此等次第。歸參古殿。　申宮廳之處。　古物分配間事。夜前申子細訖。　其旨不可有異議。又出納昇殿。實治之時無其議之上。錦綾員數目錄分明。不可有不審歟。仍大殿掃之外。六十五段所計留置外幣殿也。至古物御裝束者。今日依爲吉日。傍官禰宜相共分給之。　於此外者。　無別議之旨。被申之訖。

一古殿金物事。

御階高欄　大床金物。自奉　行人之方。被放之間。正殿御內。並御戶冠木御金物等。任先例。自宮廳被放之訖。

一御裝束分配事。

自外幣殿。奉取寄　正殿御裝束帛御被二領。

錦御被一領。

一神主分。

御樋代御裝束。除帛御被定。先例。皆悉給之。小文紫綾錦御被一條。小文緋綾御被一條。五窠文錦御被一條。錦御被一條。二幅。無綿。屋形文。臨時御裝束一具。夏冬生絁袷帷一幅。御枕二枚。御弓袋二。御大刀袋一。御襪二足。御沓二足。御帶五條。御髮結二條。織御衣卅褁。已上辛櫃一合納之。

二神主分。

小窠御被一條。臨時御裝束一具。御弓袋一。太刀袋一。御襪ヽ〔一足歟〕。御沓一足。御帶三條。御髮結一條。御裳一腰。生絁袷帷一幅。織御衣廿褁。辛櫃一合納之。

三神主分。

帛綿御被一條。生袷帷一條。四幅。御大刀袋一。御沓一足。御襪一足。御帶二條。生絹袷帷一幅。織御衣廿褁。辛櫃一合納之。

四神主分。

帛綿御被一條。御大刀袋一。御襪一足。御帶二條。生絹帷一幅。織御衣廿褁。辛櫃一合納之。

五神主分。

廣絹御被一條。但以奉替御裝束致沙汰。御大刀袋一。御襪一足。御帶二條。意須比一幅。織御衣廿褁。辛櫃一合納之。

六神主分。

帛御被一條。奉替御裝束也。御大刀袋一。御裳一腰。御帶一條。御襪一足。意須比二幅。織御衣廿褁。辛櫃一合納之。

七神主分。

帛御被一條。奉替御裝束也。御大刀袋一。御裳一腰。御帶一條。御襪一足。意須比二幅。織御衣廿褁。辛櫃一合納之。

八神主分。

生袷褁一條。意須比一幅。御帶一條。御太刀
袋一。御紲八條。織御衣廿褁。辛櫃一合納之。
火燈役人得分。
白御袙各一領。五窠文錦御被各二尺餘。
重分配。
一神主分。
紫御袙一領。帛御被一領。紺地錦御被一切。
廣絹袷御被一幅。五窠錦御被二尺餘。
二神主分。
紺地綾袙一領。五窠文錦御被二尺餘。紺地錦
御被一切。帛御被一領。廣絹袷生御被一幅。
三神主分。
紺地綾袙一領。五窠紋錦御被二尺餘。廣絹袷
生御袷一幅。紺地錦御被一切。
四神主分。
御裳二腰。五窠文錦御被二尺餘。紫綾紲一領
二幅。紺地錦御被一切。廣絹袷生御被一幅。

五神主分。
五窠文錦御被二尺餘。白絹袷御被一帖。二幅。廣
絹袷生御被一幅。紺地錦御被一切。
六神主分。
紫御裳一領。五窠文錦御被二尺餘。白絹袷御
被一切。二幅。緋綾八尺。廣絹袷生御被一幅。紺
地錦御被一切。
七神主分。
五窠文錦御被二尺餘。紫御裳一領。緋綾八
尺。一幅。帛絹袷御被一帖。二幅。廣絹袷生御被。一幅。
紺地錦御被一切。
八神主分。
五窠文錦御被二尺餘。白絹袷御被一條。二幅。紫
御裳一領。緋綾八尺。一幅。廣絹袷生御被。一幅。紺
地錦御被一切。
玉串分貞常士公。
五窠文錦御袷二尺餘。同裏二幅。御紲一幅。

御大刀袋一。
物忌分有兼神主。
同前。
正殿大殿掃料卅九段留置之外。綾卅一段。雲
間十七段。兩面十七段取出之。納置新宮外幣
殿。
大殿掃綾。
廳分五段。傍官七人。各三段。火燈役人四人。
各一段。召立役人一段。寶殿役人四人。各一
段。古殿參昇二人一段。
二日。
月讀伊佐奈岐兩宮御裝束。於外幣殿濕損之
間。奉廳分出之致分配。纐纈御被一領。
六神主分。
纐纈御被一領。帛御被二條。生御被一條。
七神主分。
同前。

八神主分。
同前。
昨日分配之時。六七八神主之分不足之由。依
有其議。如此被相分訖。
一公文所分配物事。
古殿天井蚊屋壁代。御幌。土代。白布絹垣。御
琴錦袋。任先例分配之。
一辛櫃事。
廳分。黑漆一合。朱漆三合。弓櫃一合。矢二
合。御衣二合。
二神主。黑漆一合。朱漆一合。弓櫃一合。御衣
一合。三四五六七八神主同前。（但八神主分。以月讀宮可給之。）
召立役人。御衣二合。火燈役人四人。御衣各
一合。
玉串貞常。大物忌有兼。各朱漆一合。以荒祭
宮朱漆給之。御衣一合宛也。
權任二百二人。御衣櫃三人壹合。六位五人

壹合。
荒祭宮。
內人物忌朱漆一合。御衣一合。火燈二人御衣各一合。下部卅一人十一合。三人別一合宛。
公文所。
十三人御衣各一合。金物辛櫃一合。
一瑞垣事。
官符權禰宜正大內人各二枚。但末座輩。權大內人各一枚也。
一荒垣事。
御厩。御鹽湯。山向鎰取人長四人。瀧祭兄部。日祈兄部。各一間賜之。但要樞職掌。或二間。或三間。此外下部。任例五人。別一間分配之。
一玉垣事。
件御垣柱二本宛相具。瑞垣板分配于六位之處。今度紛失之間。滿遍不賜之也。
一荒祭宮御門瑞垣板事。
御門二禰宜瑞垣東脇。大內人西脇。物忌權大內人五枚。副物忌五枚。自餘二枚。餘分政所賜之。
一西寶殿鞍分配事。
廳分三具。傍官各一具。餘分猶進宮廳。
一殿舍御門分配目錄。
　已上權任二百人。
瑞垣御門。上首十六人。但上座八人。加北屏門也。　蕃垣御門五人。
玉串御門十六人。　四御門十六人。御門金物等。任例自本宮放之。
齋王候殿十四人。　舞姬候殿十四人。
御輿宿十五人。　主神司殿十八人。
九丈殿二十人。　忌屋十七人。鳥居屏垣館家司出納荷用分配之例也。但自寶治始之云々。
齋王御膳殿十八人。　御厩十八人。
廳舍十人。　河原殿十八人。
車宿二十人。　一鳥居。宮掌工﨟一二兩人。任先四面荒垣鳥居同具足並鳥居。例賜之。
長官分。
一古殿御倉分配事。
祭主分。
正殿一宇。但御戸鏁鎰上下冠木。並段內御金物。任例皆悉本宮放之訖。
大司分。
車寶殿。但鏁鎰金物。任先例。自宮廳被放之。
權司分。
荒祭宮正殿。鏁鎰同前。
少司分。
外幣殿。鏁鎰同前。
一禰宜分。
西寶殿酒殿一殿御稻神倉。但近代被進惣官。伊雜宮忌
屋殿。
二禰宜分。
月讀宮正殿調御倉荒祭宮御門。

三禰宜分。
伊佐奈岐宮正殿鹽御倉。
四禰宜分。
伊佐奈岐宮小殿由貴殿。
五禰宜分。
鋪設御倉。
六禰宜分。
伊雜宮正殿。
七禰宜分。
荒祭宮御倉。
八禰宜分。
月讀宮小殿。
宮政所。
月讀宮忌屋殿。
十月十三日。
車宿葺滿畢。
內宮正殿御戸御鏁事。來十二日。可被造改造

様事。任嘉保例。可令申沙汰給候。但以鐵用心事。彼年以後。無其例者。違例之由。本宮若令申候者。委先問答。爲繼朝臣。可令申左右給之由。被仰下候也。仍執達如件。

十月四日　中宮大進賴枳〔マヽ〕

謹上右少辨殿

逐申

來八日。於陣可被勘日時之事。可令參陣給候。

遷宮無爲事。心靜遂見參。可令美談之由。相存候之處。折節依御違例。空退出。遺恨不少候キ。即又企參洛間。其後不申案內。定無別御事候歟。

抑正殿御戸御鏁令損給之事。　院宣如此候。嘉保之度。以鐵造之。以金銅奉裹之由。其沙汰候。而所見不帶候之間。不存知之由。出請文候畢。且御所存如何。凡於官下神寳事者。造宮使雖不存知候。就被尋下。內々所馳申候也。兼又四宇御倉事。依御萱不足。未奉葺終。其後如何様候哉。責伏宮司。忩可令終其功之由。加下知作所候。又爲來十二月別宮遷御。難濟所々申沙汰之後。來月下旬之比。可企下向候也。每事期後信候。恐々謹言。

十月五日　神祇權大副判

內宮長殿

正殿御鏁事。今月四日　院宣。同十三日到來。謹令拜見候畢。被仰下者。嘉保以鐵被用心候歟。其後或修補。或造替。其例雖多。被用鐵於心之條。所見不分明候。而今所被獻之御鏁。爲鑄物歟之間。自然令折損給。殊仰造物所之細工等。被調進者。可爲打物候哉。恐々謹言。

十月十六日辰刻　內宮一禰宜

追申

御遷宮。式日無相違申行候。爲神爲朝。有忠有功者歟。今之愚札。殊令欽仰候。

内院四宇御倉葺萱事。令終功候。此外内

御廐未葺始。

齋王御膳殿。又不終其功。是即宮司所役懈怠之儀候歟。一殿檜皮東北方。同未葺滿。早可其沙汰候也。

十月廿一日。伊佐奈岐兩宮鎭地祭也。同廿三日御上棟也。

左辨官下　伊勢太神宮司。

　應且注進神事違例不信不淨。且祈謝占卜趣事。

右得彼宮禰宜等去月十八日注文偁。本宮正殿御戸御鏁。今月十五日。頭工等奉打錺。殿内御金物一禰宜延季參入。且令致行事。且拜見御鏁。試先奉開之。御鏁與御鎰。本樣相應。聊無遲留。數廻奉開之上。以頭代時末。又奉令開。其儀同前也。爰十七日御祭。任例昇殿供奉。欲奉開御鏁之間。片方根金令折損。因玆。御戸有懸渡。無御鎰。然而於官下錦綾並織御衣者。奉開懸渡所奉納也。然則早相副料銅。下遣造物所細工。不日被修補矣者。令神祇官陰陽寮等卜申之處。官卜云。依神事違例所致之上。恠所可有鬪諍病事歟者。寮占云。依神事不信不淨所致之上。巽坤方奏口舌動樣事歟。期今日以後廿日内來十月明年正月八日節中庚辛日也者。權中納言藤原朝臣伊頼宣。奉　勅。令本宮注進神事不信不淨。祈謝占卜趣。兼又於御鏁者。任例令造改者。宮司宜承知。依宣行之。

　文永三年十月十日　大史小槻宿禰判

　右辨官藤原朝臣判

同月廿二日。祭主下知。同廿三日司符到來。

十一月三日成上請文了。

行伊勢太神宮御鏁事所
奉送
御鏁壹具。金銅。
納小辛櫃一合。兩面覆緣絹。折立蘇芳鼻栗腹懸。
右任被申請之旨。加修補奉送如件。
文永三年十一月日　右官掌紀惟兼
右史生紀宗清
左大史中原俊秀

陰陽寮
擇申可被修補伊勢太神宮正殿御鏁日時。
今月七日乙未。時午二點。
文永三年十一月二日
小允賀茂朝臣在幸
大炊權助安倍朝臣有弘
權陰陽博士賀茂朝臣在統
權漏尅博士賀茂朝臣在雄
陰陽博士賀茂朝臣在資
頭兼丹波介賀茂朝臣在清

七日酉刻許。官使行賴。造宮所細工眞綱。隨身料銅。並日時勘文參向也。而經彼雜事。可爲宮司沙汰處。住所遼遠。無據于催促。及晩景之刻。自宮廳。爲雜事沙汰。遣官使等。於三頭宿所。食事之後。入夜皈參。候于廳舍。于事一禰宜沐浴裝束。御鎰御封之間。付于近。以通時神主。雖被告知。權司國時。不參之刻。爲不違勘下日時。宮廳亥刻許奉開。瑞垣御門。自南門參昇新宮。奉取御鏁賜細工訖。自外幣殿奉取出御鏁之鎰。搆續松三拔之。細工相尋鍛冶物具之處。折節瀧原宮忌鍛冶物具安置廳底之間。取寄之。終夜於御鏁之繼目。致其沙汰。
八日。
御鏁。云鏉根金。云蟬棚板。奉固付修補之處。蟬棚板自本有折目之間。可繼直之由。依致沙汰。又取放致修補。
九日。
御鏁修補。奉獻于　宮廳之間。令安置調御倉
訖。
伊勢太神宮禰宜等。
請預　當宮正殿御鏁壹具。金銅事。
納小、、――――。
右官使行次（賴歟）。細工眞綱等下向。任勘下日時。
始自今月七日。致修補。令調進之間。所請預
也。以來十一日旬神事之。次可奉差固之狀如
件。謹解。
文永三年十一月九日
禰宜從四位上荒木田神主

禰宜正四位上荒木田神主
官使等午刻許。賜注文歸向了。
十一日。
大司公行衣冠參宮。番文以後。參新宮。前陣
一禰宜。束帶。明衣。鬘木綿木綿繦。二延成。
三成行。四經元。六泰良。各衣冠。於玉串行事
所。祓淸御鏁。參入内院。一禰宜參昇。欲奉差
固之處。三分許不至合。是則御戸板令于寄給
之故。此旨可注進之由。有議定退出畢。
太神宮神主
注進當宮正殿御鏁。任勘下日時修補。今月
十一日旬神事次。宮司相共加拜見。欲奉差
固處。參分許不至合事。
右件御鏁。去九月神嘗御祭之時。奉開之刻。
片方根金折損事。注進言上之處。勘下日時。

相副料銅。被下造物所細工。便始自今月七日修補。同九日調進。本宮請預之。以同十一日神事之次。可奉差固之由。成上請文訖。奥若宮司共加拜見。一禰宜參昇。欲奉差固之處。參分許不至合。若是修補之間。聊有相違歟。將又九月以後。不奉差固御鏁。御戸板自然介于寄給歟。然而於打立金者。奉打固之上。不能改動。然則一向可被造替歟。重猶被下造物所細工。可被修補歟。爲造替之議者。打立金之中間玖寸御鏁鎌者。可在打立之外。以其分限。可被調進哉。兩箇之間。可從勅定。仍注進如件。

文永三年十一月十三日大内人正六位上荒木田神主

禰宜正四位上荒木田神主延季

禰宜從四位上荒木田神主經雄

十一月廿三日。

齋王御膳殿萱滿畢。

御鏁事。十二月十四日　宣旨。同四年正月廿九日到來。被成上請文了。可造替之由。被仰下也。

同年十二月卅日。

園相神社同前。

蚊野神社御遷。

同四年三月七日。

鴫神社御遷宮也。周防國沙汰云々。

同十七日。

內御厩葺之。

太神宮神主。

依右少辨御教書。注進五所別宮御金物事。

副進

安貞二年九月十七日行事官送文。

建長八年四月十六日行事官送文。

右宮司去年十二月十六日告狀偁。同八日祭主下知偁。同七日大夫史仰偁。同六日御教書偁。神宮五所別宮金物間事。爲繼朝臣申狀。並禰宜延季請文。經奏聞候之處。官行事所調獻以前事。只以建長八年已往之例。可致沙汰之由。可令下知給之旨。被仰下候也。仍執達如件者。謹所請如件。抑月讀伊佐奈岐兩宮。瀧原並兩宮伊雜宮金銅御金物事。去安貞二年六月。注進言上之處。同年九月十七日。行事官相副送文。令奉送之間。所奉餝新殿也。是以寶治造替遷御之時。員數寸法。雖令注進。依不被調進。度々令言上之刻。有御沙汰。被奉獻畢。見于送文也。其旨去年本樣使參宮。甄錄之日。令注進之處。今如被仰下者。以建長已往之例。可有御沙汰云々。

安貞被調進之上。不及豫議者歟。凡御金物事。就要須隨申請。被奉獻者例也。所謂安貞建長是也。況亦外宮別宮高宮金物元雖爲鐵。保延仁平遷御之時。依申請。改鐵被用金銅。土宮月讀宮同前也。況於本宮別宮乎。早任先例。被奉献者。以事次可奉打錺也。兼又鐵鏁。本宮別宮御料拾玖具由。雖被載送官符。被奉送貳拾具之例也。謂其所用東西寶殿。北御門。外幣殿肆宇。御倉由貴殿。酒殿。荒祭宮。同御倉。月讀伊佐奈岐兩宮小殿貳宇。瀧原並兩宮伊雜宮小朝熊是也。今度奉獻拾玖具之間。小朝熊御料不足。以小殿御料所奉用也。當社御鏁事。去長寛年中。覆御等依有紛失。經奏聞。被行仗議。有御沙汰。被奉獻御鏁。爾以降。御遷宮每度所奉送也。然則早云御金物。云御鏁。任先例。被調進矣。仍注進如件。

文永四年正月十五日　大内――

禰宜正四位上荒木田神主延季

―

―

―

―

―

―

禰宜從四位上荒木田神主

神宮古殿壞退事。任先例可致沙汰之由。可令
下知祭主卿給者。依院御氣色。執達如件。

六月十一日　皇后宮權大進光朝奉

大夫史殿

逐申

石壺座事。違先例之由。聞食之。早守先
規。可改直之由。可令下知祭主卿並延季
等給之由。被仰下候也。

同日官仰。十五日惣官御文。同日宮司告狀。
十六日到來。

太神宮神主

依院宣。注進當宮古殿並石壺事。

右宮司今月十五日告狀偁。同日祭主下知偁。
同十一日大夫史仰偁。同日院宣偁。――
禮紙仰者。謹所請如件。抑造替御遷宮之後。
本宮古殿者祭主。東寶殿者大宮司。西寶殿者
一禰宜。令拜領之例也。此外重々御門殿舍御
倉。並別宮古殿等者。任用宮司傍官禰宜權任
神主等。同所拜領也。仍於御門殿舍等者。令
壞退之。而古殿未被壞退之上。東寶殿所奉納
之錦綾。依不被遂配分。東西寶殿不壞退。早
任先例。遂行錦綾配分。可被壞退哉。至石壺
座者。舊跡不相違。大夫史直被仰下之間。所
奉別紙請文也。仍注進如件。

文永四年六月廿一日

一延季。二延成。三成行。二人無署。四經元。五氏忠。六泰良。七尙良。在署。八經雄。依違例無參宮。

太神宮神主

注進本宮別宮殿舍御垣並造替陸祉內未作所々事。

一本宮。

一殿。

件殿未褁棟。不立後戶。不葺妻庇。早被終功矣。

忌屋殿。

件殿者。御饌調脩之間。屛垣四面內所奉安置御竈木也。而西面四間。北面參間。不造進爲犬狐非無事。恐不日被造進矣。

內御廐。

件御廐四面土壁。雖搆下地。未塗之。早被致沙汰矣。

一別宮。

月讀宮。

件宮。東西北參面瑞垣。未造進之。國役之仁。對捍之間。爲造宮所之沙汰。可令終功云々。早被奉作矣。

同小殿。

件殿。依無簡〔葺歟〕萱。不葺滿之由。工等申之。早被終功矣。

一殿。

件殿。于今未造替。於本殿。勤行神事。非無違例之恐。而如三頭工弘武申者。料材少々雖致用意。依無作料不營作云々。早被造替矣。

忌屋殿。

件殿。依無萱。不葺滿云々。然間。御饌調脩雨降之時。有煩于經營。無便于祗候之由。內人物忌等所欝申也。早被終功矣。

伊佐奈岐宮小殿。
件殿。依無葺萱。同不葢載之由。工等申之。凡
[葺歟]簡萱事。先日被下　院宣之間。神宮令施行云
云。早重被仰下矣。
一陸所別宮内。
薗相神社。
鴨神社。
件兩社。去年雖遂行造替遷行。至御前社者。
依無作料。究下造進之由。祝憲氏行兼等申
之。早被造替矣。
田邊神社。
件神社。御材木少々雖奉付。社頭依無作料沙
汰。不造替之由。祝松末申之。早被造替矣。
蚊野神社。
件神社。去年雖奉成造替遷御。至御前社並
御門瑞垣鳥居者。依無粁米。究下未造進之
由。祝宗久申之。早被造替矣。

湯田神社。
件神社。子細同前于田邊神社之由。祝德千與
申之。早被速替矣。
右本宮別宮殿舍御垣。別社未作事。子細載狀
中也。早可終不日功之由。被仰下矣。抑月讀
宮御殿差檜皮三分之一許拔落。伊佐奈岐宮
御殿差檜皮少々所拔落也。爰按先規。寶治元
年造替御遷宮。翌年伊佐奈岐宮御殿傾倚。差
檜皮拔客。御裝束濕損之由。就內人物忌等注
文。同二年十月日注進言上之處。仰宮司勤行。
假殿遷宮。令本造宮使直傾倚並差檜皮。於御
裝束者。於官令調進之由。建長元年四月廿五
日被下宣旨。同年十月廿八日。被奉献御裝束
之間。其時大宮司光定。搆小殿。御裝束鳥居
木柴。本造宮使忠長調進本殿御修理用途物
等。同二年七月五日勤行假殿御遷宮。奉直傾
倚。被修補差檜皮畢。其例在眼。准據可足歟。

然則早奉葺兩宮小殿忌屋殿。造替一殿。任先例。勤行假殿御遷宮。被修補差檜皮矣。兼又伊佐奈岐宮小殿御料。鐵中鏁壹具可被調進也。其所用之員數。載于御敎書請文。去正月十五日令言上畢。仍注進如件。

文永四年七月十三日

八禰宜之外皆連署。

本宮外院殿舍別宮攝社等。未作所々事。一禰宜延季狀申入畢。諸國大使等。乍進嚴密請文。于今不終其功之條。尤所驚聞食也。不日加下知。可有其沙汰者。依御氣色執達如件。

八月七日　右中辨資宣

内造宮使殿

今度御造營本宮外院殿舍等中。未終功處々事。去月十一日御札。今月三日到來。即經奏聞候之處。如此被仰下候。仍彼大使等。不日可終其功之由。加下知候也。且近日企下向。可致其沙汰候。每事期參宮之次。恐々謹言。

八月八日　神祇權大副爲繼

八月十日。

惣官爲奉出外宮御棟持御壁柱。相具國々人夫等。令入部阿曾御園終。自十一日夕部。陰雲。十二日雨降。用水出來。御柱十五日令到著槻瀨給。御柱少々當日被付進宮地。十六日御棟持二本奉付宮地。先二頭方。次三頭方也。於二鳥居内。長官傍官被奉引之音頭。々工三聲也。御柱今日皆以被付進之訖。廿三日正殿御上棟可被遂行云々。

陰陽寮

擇申可被造替伊勢太神宮御鏁日時。

造日時。　今月五日己未。　時申二點。

用日時。　廿三日丁丑。　時午二點。

文永四年八月五日

大藏權少輔安倍朝臣維弘
陰陽博士兼因幡權介賀茂朝臣在資
大舍人頭兼天文博士安倍朝臣國尙
助兼安藝介安倍朝臣晴繼

行伊勢太神宮正殿御鏁事所。
奉送
御鏁壹具。金銅。
管長サ四寸五分。　管ノ徑リ一寸七分。
自勾至二寸七分。　自舌莖本勾一寸四分。
根雄徑リ五分。　根雄ノ長一尺二寸。
管弘厚各々二寸。
御鎰一勾長サ一尺一寸五分。
已上納朱小辛櫃一合。在兩面覆。緣絹折立。蘇芳絹鼻。栗腹懸。
右任本宮解。造替如此。但於打立金。並位金平金蟹目等者。奉打固之上。不能改勤。且打立金之中間玖寸御鏁鍊者。可在打立之外。又參分許不 至合。若是九月以後。不奉差固御鏁。御戸板自然令于寄給歟之由。去年十一月十三日本宮解被載之。然者任被申請之旨。造替之。仍相副造物所御細工家弘。並官使家友等。奉送如件。

文永四年八月十二日

右官掌紀維兼
左史生紀重有
左大史中原俊季

伊勢大神宮禰宜等。
請預
御鏁壹具。金銅。
御鎰壹勾。
已上納朱小辛櫃一合。在兩面覆。緣打立。蘇芳絹鼻。栗腹脛。
右任今月十二日官行事所送文。所請預如件。隨即任勘下日時。今月廿三日。宮司相共加拜見。所奉差替也。抑 月讀伊佐奈岐兩宮。瀧原並宮伊雜宮五所別宮。金銅御金物事。並伊

佐奈岐宮小殿御料鐵 中鏁一具事。去年注進
言上之處。被下御敎書之間。載子細於御文。
今年正月十五日。重注進之上。彼御鏁事。去
七月十三日。勤〔勘歟〕本宮別宮殿舍未作注文狀中。
令言上畢。所用員數。見先進狀也。又。
荒祭宮正殿御門 御戸怗金物。寶治遷御同前
也。而今度爲平金。無鑄立足之門。御門金物
五口內。二口拔落。所紛失也。任先例。爲花形
丸頭者。儀餝令相應。拜見可嚴重者也。然則。
早云別宮御金物。云小殿御鏁。任先例。被調
進矣。仍言上如件。謹解。

文永四年八月廿三日

禰宜從四位上荒木田神主

—— 尙良

—— 泰良

—— 氏忠

—— 經元

—— 成行

—— 延成

禰宜正四位上荒木田神主延季

件御鏁。十五日黃昏到來。請預之。奉納外幣
殿也。官使造物細工者。入夜之間。依宮廳下
知。被宿置納米。住人中九良守眞住宅。夕朝
雜事。一頭未〔末歟〕武致沙汰。是依同下知也。十六
日相副狀。被觸送司中。廿三日未明。可皈參
本宮之由。被仰官使畢。隨即廿三日。官使並
細工。

一少司範國朝臣衣冠。當日參之間。一禰宜正裝
束。二三六七神主衣冠。於玉串行事所。自外
幣殿。奉取寄御鏁。秡淸之。鎰取內人光重。兼
役御秡也。正殿御鎰櫃取出御前。自瑞垣御門
參入。御鏁酒殿出 納弘安奉持之。一禰宜參
昇。抽退本御鏁。以新調御鏁奉差固之。御戸
仁相應尤殊勝也。御鎰櫃封。以少司奉付之。

然後各退出也。官使等依有申之旨。錢二百文自宮廳志給之畢。本御鏁一禰宜拜領也。
八月廿二日。
伊佐奈岐宮小殿葺之。奉上泥障板堅魚木也。
廿三日。雨降。外宮御上棟也。
月讀宮瑞垣東西北三方七十餘枚。杣採造宮所之沙汰。
杣出河引。庭作作所沙汰。去ル八月廿一日奉立之。
十一月八日。
本宮一殿東庇奉葺之。棟裹之後戸者未立之。
同廿日。
月讀宮一殿上棟也。同宮瑞垣北面所殘。去十月二日奉立滿。
同廿四日。外宮正殿御擔付被勤行之。廿六日。田邊神社御遷宮被遂行畢。造宮所之沙汰。件社當社祝松末請預。作料所造進之。先例云々。
十二月三日。忌火殿屏七間令終功也。
一殿後戸事。國雜掌無沙汰間。爲造宮所之沙汰。採料材。同十七日。被終功了。

奉送
古御幣絁八疋。
御調絹卅疋。　同糸廿勾。
右任分配之旨。依例所令奉送候也。謹言。
文永五年九月廿一日
外宮權禰宜度會雅〔衍歟〕主判
謹上　內宮御目代殿
件古物。傍官配分了。

續群書類從卷第九

神祇部九

正中御餝記

豐受皇太神宮廿年一度造替御迁宮金物並御裝束次第行事。

奉餝正殿金物次第。

正權禰宜等件金物等。任送官符。讀合之後。衣冠參。

新宮。先本宮神拜。別宮遙拜。如常儀式也。召頭工等。頭工衣冠。小工布衣。各着明衣。奉飾正殿金物。神宮政所公文出納等奉行之。

先千木肆枚。端金肆枚。自辰巳方奉始之。

如送官符者。甍覆高金二筋。長各五丈六寸云云。枝〔板歟〕類不見之。而板二尺金十六枚奉。

次堅魚木㞍。並貫木甍覆板。左右泥障板。端金物等奉飾（送之也イ）之。仍工等下行之。又泥障板二枚。左右高金二筋。長各五丈四尺云々。是又板類不見之。二尺金五十四云。

次垂木搏風鞭懸等金物飾之。奉送之。同工等下行之例也。如送官符者。搏風端金四枚。長各二尺〔三イ〕。弘五寸六分云云。而以下長之間。以二枚。天四切天奉仕之。雖然。猶長廣也。今二枚者余分也。

次御形金物東西五十二隻。此鋪者。送官符仁。渡鏡形木覆鋪十〔肆歟〕拾肆口之由載之。四十四口徑各二寸一分鋪也。今八口自本不足之間。以妻塞押木鋪八口打之。則寸法過分之間。御形立板頭横板下仁二隻奉仕之。二四八口也。

次妻塞押木打金物東西二十六隻。徑各二寸五分。加字立六隻定。
次四面高欄金物。
土居外五隻。内不打之。
泥障板二枚。径三寸。肱金如式目。
西方同前也。
北方中桁。　土居桁。　泥障板。
鋪三十五隻。外七所四並廿八隻。中桁外七隻。土居七隻。泥障板二枚十四隻。径各二寸一
分。中桁内七所。径各二寸一分。但不論大小。
肱金如式目。
南方。
御橋東脇中桁。内三隻。外二隻。径二寸一分。
土居。内方一隻。外二隻。径二寸。三隻説雖有之。僻㕝也。
泥障板二枚四隻。第二三柱通径三寸。
以上鋪十二隻。二寸一分鋪八隻。三寸鋪四隻也。
肱金如式目。
西脇同前。
送官符云。同泥障板鋪二十九口。径三寸。残十三隻者。同鋪瓷十二口。径三寸鋪之。内奉仕之。

都合四百鋪。百七隻之中。卌二隻。径三寸。泥障
板奉仕之。
六十五隻。径二寸一分。内廿三隻。外八十四隻
奉仕之。
送官符云。同鋪栢肆拾玖隻。玖拾貳口。径各三寸。
伍拾漆口。径各二寸一分。鋪八隻不足之間。以余
分金物奉仕之。北方中桁。内七所。並東西中
桁内乃北方仁可打之也。不論大小故之也。
次御簀子平金。
東方。六通六隻宛奉仕之。但御棟持於波左無也。以上三十六隻。
西方。同前也。
北方。七通六隻宛奉仕之。代々四通廿四隻
奉仕之處。自弘安加南方。七通打之。今三
通波。以余分金物奉仕。以上卌二隻加畢。嘉
元正中如此。
南方。七通。御前中心一通者七口。其外六
通者。六口宛奉仕之。已上四十三隻也。又四角仁六隻
宛奉仕之。貳拾四隻也。
都合四面御簀子平金百八十一口也。簀子止橋板之

中間止乃。桁上面乃二。一口加之。定
御前中心一通者。七通止注是也。
送官符云。同簀子敷釘平金佰陸拾隻。徑三寸
一分。仍廿一隻不足之間。以余分金物奉仕之。
次御橋。
橋板十一枚。々別三隻宛奉仕之。
又簀子與橋板中乃間乃桁上面仁。簀子通仁
平金但一口。之定也。
南面之曾波。南面仁面之通仁。三隻奉仕之。
又開柱與橋板。打付釘覆舗三隻打之。
送官符云。御橋舗拾隻。徑三寸。仍六隻不足之間。高
欄舗之内。以九十二口徑三寸舗奉仕之。地躰御橋高
欄平桁内外舗八隻者。
可爲高欄金物之内也。
又御橋脇高欄平桁 左右方舗各二隻。同左
右外仁各隻宛。
以上四十六隻。簀子與橋板乃中間乃桁上金物等。除定之定。〔官脱歟〕
自余金物等。且守本殿。且任送符。本口釘
目等奉打之。
次四面高欄居玉（スヱヌマ）貳拾肆果。青五。黄五。赤五。白五。黒四。
東棟持柱與利志天北方。青黄赤白黒。

辰巳柱東迫與利志天南面脇ェ。赤黄赤白黒。
西方同前于東方也。自未申柱通居加〔始イ〕之。
御橋東方 中青色。開柱際赤色。四方 中黄
色。開柱際白色也。
次蟬〔形木歟〕、、釘隱廿四口。又東西御棟持柱之
西方仁。副張桁四支。釘隱八口。彼是平金卅□〔貳歟〕□。又
同張本々尻金物四枚。
次御戸金物等如式數。
次寳殿御門等金物 如式目。頭工等並神
宮政所出納行叓也。
一正殿内金物次第。
禰宜等參昇新殿奉飾之。但千木堅魚木金等奉仕以後參昇也。
先板敷釘覆金百五隻。送官符云。百廿六隻。徑二寸一分。足各一。鑄立之。
東西一通廿一隻。南北五並也。其間一尺三
寸也。件金物。上首禰宜奉打始之。
御板敷之巽平金。東南角方去古止八寸。寄數居之
曾波乃端與利也。釘目江波數居之除去九寸。

已上百五隻也。

次四角仁各一隻宛打之。板敷釘覆角之金興利。寄敷居之角之中程仁打加之。已上四角四隻也。

高橋二基。

小橋二基。正中不追〔進歟〕之。

高足代二脚。

小足代二脚。

撥板二枚。鐵尺二。自工方進之。例也。以檜木作之。

次寄敷居覆金六隻打之。送官符云。内壁持小長押釘覆鋪六口。徑各二寸一分。

次同敷居中間仁。平金各一口宛打之。十箇所也。十口也。

送官符云。壁持中間釘覆平金十枚。蟹目釘三十隻。

次御戸内冠木之左右端折金物奉仕之。弘八寸。長一尺九。弘七寸三分。

次同釘隠鋪二口奉仕之。徑各三寸。足長各二寸。鑄立之。

次保宇立板仁鋪。五隻。左右。十隻也。

貞和元年十二月廿七日遷宮仁波。奉打落古物渡之時。次年正月四日奉打之。送官符云。戸左右脇柱小鋪少〔廿歟〕隻。徑各二寸一分。但近例不打上之也。下方者一寸許於去天打之。而正中度者。向佐須乃下梁仁打之。違先規歟。

次御帳柱四本金物。

四本足瑺金十六枚奉仕之。

送官符云。柱四本。上下木尻金八口。弘五寸。厚四寸。

件御帳柱本末乃卷金八枚。四本料。足乃瑺金十六枚。雖被官下。波多乃方仁立金無之。仍近例。依時宜。以余方之金物等。花崎仁切宛奉飾之。

御床二脚料桶尻捌口。弘四寸。厚三寸。高三寸。又花實金又不載送官符文。金往例在弘二寸。長八寸金八枚。以此等金奉仕之。此金物者。御床足木口奉仕之。

次組入中目固花形釘佰陸拾玖隻。

送官符云。御帳天井四面打錢形釘五十隻。徑拾五分。枚別足一。打堺中目固花形釘百四拾隻。同組入中目固花形釘百六十九隻。

件組入之菱釘。面方者每組目仁打之。面方下也。裏仁毛愚目仁打之。

又四方乃布知乃曾波仁。每釘目仁打之。奉伏御板數。不及手之處者。奉寄懸于壁打之。凡於此金物者。無次第。隨便宜奉仕也。但自面始之間。落打菱釘。

次御床正體御料二脚。

先釘隱乃小鋪十二隻。一並仁六隻宛。一脚奉仕之。送官符云。花形釘四十六隻。徑七分。莖長一寸。

角折金足木口乃金。並端波目乃釘隱奉仕之。但於木口之金者。雖不載于送官符。往代之間。弘二寸。長八寸之金八枚。有用意也。但送官符云。御床二脚料。桶尻捌口。弘肆寸。厚三寸。高三寸云々。此金物不審云々。四花形打堺。加帳柱上下木尻金物也。自文永奉仕之。前々行事官。雖令用意。依無尋持歸云。

次相殿御床二脚。釘隱小鋪奉仕之。端波目釘覆菱釘打之。角折金無之。

一殿內御裝束次第。

正權禰宜等衣冠。參集廳舍南檐下仁。各參外幣殿之前。禰宜東上北面坐。次御巫內人勤仕御祓之後。瑞垣乃東於經天。自南御門奉入也。御裝束唐櫃等爲先也。

御唐櫃等。昇立御階之東方仁。次禰宜等次第仁參昇也。

先奉居御床二脚。

先南。次北。北波寄敷居頰與利去叓。笏一長也。一尺三寸許也。但御帳柱之土居於寄敷居頰江押寄天奉立之上者。別不可有寸法者也。

次奉立御帳柱四本。

先巽。次坤。次艮。次乾也。上首禰宜奉仕之。御床四角立之。

次奉上組入。天井也。金物方者下也。

釣金四隻奉打之。次第如帳柱也。組入之第二間仁宛奉釣之。

次奉打御戶幌懸之肱金。東一禰宜。西二禰宜。

次奉打鐶三隻。左右脇柱與利去一尺打之。一隻中央也。已上三隻。糸於押與利天。每鐶奉結付脚金波二隻。奈利保字立仁打之。奉懸筒貫也。正中度者鐶許也。肱金畧之。嘉曆二年八月十三日假殿之時。有沙汰。御壁代之肱金二隻拔之。奉打之畢。

次奉懸幌。長漆尺三寸。弘五幅。兩面也。
以太糸天。筒貫於肱金並鐶仁閇付之。筒貫者。庇柱腕際切之。
次以九幅御帳奉仕之。長二丈五尺。天井上復絹帷。
東西止奉引渡留。西方乃垂笏一長許。不及于御床也。
下爲面縫目爲上也。天井之南面之不知與利波。一幅ヲ垂下也。奉仕之間。用足代也。東西御帳。柱角仁打返天奉閇付也。
次五幅生絹帳。殿戸上間。張生絹帳壹條。長貳丈。弘五幅也。
件御帳。天井乃上乃通仁引張天。冠木乃上乃小座仁。以肱金三隻天打付天。北方江御張乃上於引越天。天井乃縁仁閇付之。北方垂四五尺許也。
次蚊屋生絹帳二條。
先以長一丈四尺。弘十九幅帳於奉仕之。十九幅之中半之處於。組入乃北方乃中間仁宛天。閇付之天。東西江引廻也。巽坤乃角江及也。内爲面。縫目外也。如九幅御帳。以太糸天奉閇付之。
次五幅帳。長壹丈四尺。南面仁奉仕之。
次生絹袷帳壹條。長一丈。弘四幅。
五幅帳之上仁重天。袷乃一丈四幅帳於奉閇付也。皆以糸。天井乃縁仁。能々久奉閇付之。
次戸上壁代生絹帷壹條。長捌尺伍寸。弘五幅。
生絹袷乃四幅乃帳上仁。五幅壁代於下於爲面天。閇付天井之縁天。冠木乃上江引張天。先五幅乃下仁。以肱金五隻打之。其餘波冠木之上乃及所仁。以三隻打之。
次壁代生絹帷貳條。
先以陸丈壁代絹。自東乃南脇始天奉仕也。
自上迄下。一通爾肱金五隻宛也。
自下志天。上佐万江奉仕也。先一人者。下仁天。一人者足代仁登天。上江引上天。肱金一隻於打之後。次第仁引廻天。間久波利天。一間別三所五並奉仕之。如先規者。御柱乃中仁奉打之。然間。壁代絹與柱乃際。寄合須志天。爲御神寶。被破損之間。去文永遷宮之時。肱金百三十二隻。今十八隻於申副天。御柱乃兩方之壁際仁押纒天奉仕之。已上百五十隻。官下也。

次壁代二丈捌尺三寸。弘六幅乃於以天。西方仁縫之天奉仕之。自東乃西端波下波也。今奉仕壁代之絹波。上羽縫之。奉仕之。

壁代二條。彼此八丈八尺三寸也。間内長已上八丈六尺七寸。仍絹余分二尺四寸也。次之柱纒分宛之。

一御床上奉飾次第。

先土代細布（ホソヌノ）給（アハセ）帷壹條。長貳丈。弘五幅。白布也。

御床上仁東西止奉敷之。東一禰宜。西二禰宜奉仕之。自年長之仁乃方。一禰宜請取天。布乃末於二禰宜乃方江奈計夜留也。請取之。引廣天奉仕ス。兩方乃端余分於波。御床之仁押入也。

次帛御被壹條。長捌尺。肆幅。裏帛。

土代給帷仁奉仕之。帷仁重之。

次刺車錦御被壹條。長捌尺。弘肆幅。轅南向也。

帛御被上仁重天奉仕之。

右三種御裝束等。各東西止中心仁奉仕之後。其上仁奉居御船代。東三五禰宜。西四六禰宜。守駒取。弘安嘉元正中如此奉仕。但自正面奉入之。

奉居御船代次第。東方一二三四。西方五六七八以往也。一二禰宜奉飾御裝束之間。近例者不相綺者也。

長七尺五寸。内五尺八寸。廣二尺五寸。内二尺。高二尺一寸。足九寸。

御船代長七尺五寸。加角定也

東西止奉仕之。南方之御床前波。北方與利波一尺余許廣也。御體奉仕之間。爲參昇也。又奉居御假桶料也云々。

件御船代未奉居鎮以前者。東壁柱際仁奉居。但御金物壁代等奉仕之間。指合奴間仁奉居也。

文永。弘安。

長七尺五寸。加角七寸。定勢二寸。身長六尺一寸。際角定。

内五尺五寸。廣二尺五寸。内二尺一寸。高二尺二寸五分。幾乃波多二寸。頭三寸。幾與利置一寸五分作角。幾乃波多與利五寸置天。加土於立。加土與利二寸五分入天。戾者細作也。

一御船代内御装束次第。

先小綾（コアヤ）帛御被貳條。長各捌尺。弘貳幅。裏帛。

御船代之内仁。二條於押廣介天奉仕之。南北之波多爾折立躰也。阿万利乃波志於波。御船代之阿比江。能能折立奈利。美多〔奈歟〕々々新加留倍加（タテサマ）良須。

如建長度者。中折也。他天佐万爾端於南仁。折目於波北仁奉仕也　文永度者。如往例。押廣介天奉仕也。是則木波多於加久須也

次奉居御樋代　徑高各一尺五寸也。木口上下。切目無相違奉覆之。木口切八。東面止通。正目東西、板目南北止奉居也。◯二重折入口奉仕。折目北方也。

以小綾紫御被壹條。奉敷于御樋代之内也。

東西餘分於波。暫奉疊入于御樋代利天。奉覆蓋也。

先東余分西江奉覆。次西余分東江奉覆也。奉鎮神體之後。如此万伽奈比奉仕也。

御樋代西方御装束

先紺御衣一領。裏綠絹。

御衣頸於東仁志天。御樋代爾津加勢奉利天。妻於南向仁。須曾乃阿万利於波下江押折也。

次小綾綠御衣一領。小菱。裏淺綠絹。

次生絹御衣一領。裏同面。已上各長三尺。納綿各四兩。

次小綾紫御衣一領。小菱。裏帛絹。

次帛御衣一領。裏帛絹。

次呉錦御衣一領。黃地。以青糸奉織。竹文也。如舊者桐竹文也。

次緋御衣一領。裏緋絹。已上長三尺五寸。納各四兩綿。文三重多須幾。中菱綾也。

次御枕二基。赤地唐錦。

重々之御衣上仁御枕二基。長五寸五分。弘三寸八分。南北止立佐万爾相並天。御樋代爾副天奉仕之

建長度者。西爾寄天奉仕之。不得其意。是西者御衣之齋長奈留故也。

東方。

先緋御裳一腰。

腰於爲天前爲南也。三重仁押折波。御腰波西也。須曾波東也。

次帛御裳二腰。緋御裳。上仁重天奉仕也。

次紺御裳一腰。帛御裳乃上仁奉仕之。重止云者。其上爾奉仕也。

次生絹御裳一腰。平絹也。以上單御裳。各長五尺。𥿻長五丈。腰長一丈三尺。紺御裳上仁奉仕也。

次小綾紫御裳一腰。文小菱。生絹御裳上奉仕之。

次紺御裳一腰。前後絹〔紺イ〕御裳二腰也。或記云。練御裳。文同小綾。紫御裳上奉仕之。

次吳錦御裳一腰。如別記者〔紺イ〕御裳。次吳錦御裳。次倭文也。以上單御裳各高五〔尺脫歟〕。𥿻長二丈五尺。腰長一丈七尺。建長。文永。弘安。又吳錦御裳。倭文御裳上奉仕之。大長官貞尙日記分明也。仍嘉元正中守別記。此奉仕畢。絹御裳上仁奉仕之。

次倭文御裳一腰。紺地。文セムキムビシノ片方也。赤黃靑白菊。文者赤色糸也。吳錦御裳上仁奉仕之。貞和度者。紺御裳。次倭文御裳。次吳錦御裳止奉仕之。件倭文錦。永長殊有沙汰。不落居。自公家有布敷之由。雖被仰下。自神宮。布裝束仁不見之由就申。以羅被調進畢。永長保延以後皆羅也。其色香色也。

次帛袷袾四條。長各四尺。弘四幅。倭文御裳上仁奉仕之。

次綾忍比四條。長各二丈五尺。弘一幅。帛袷袾上奉仕之。

次生綾比禮四條。長各二尺五寸。弘一幅。帛綾忍比上仁奉仕之。

如舊記者。先比禮四條。次忍比。次袾。次帛御襪也。任建長例。文永度。先袾。次忍比。次比禮止奉仕之。貞和度者。先比禮。

次忍比。次袾止奉仕之。

建長文永弘安嘉元正中。袾。次忍比。次比禮止奉仕之。長各二尺。

次帛御襪四條。二足小絹地。

次錦御襪二具。白地小文龜甲丸。

鼻於波南向也。波々幾西向也。足下方東向也。

次御帶二條。紫絹折留者也。弘二寸。長七寸。長二尺。紫糸與禮利。

次御髻結四條。但近例奉納御櫛筥也。

次錦御履二兩。長一尺。面赤地唐菱錦。裏靑地。同文錦。

鼻南向也。四並天奉仕之。建長度。東向奉仕也。

南方。

帛巾二條。タナゴヒ長各五尺。弘一幅。古記秘傳云。南方帛絹忍比。生綾比禮。御髻結等。自東志天西江奉仕之。傳云。比禮者領巾也。是寶冠巾也。

北方。

巾布二條。寸法同。帛布兩中〔マヽ〕。御樋代南北。自東迄西。引亘奉仕也。

一奉覆御桶代御被次第。

緋錦御衣一領。裏緋綾。長三尺。納綿四兩。文唐草。前〔革荷イ〕唐草。

奉覆于御樋代之上也。中心也。宇地比呂計天（ウチヒロゲ）。南向仁奉仕之。御袖波兩方江比呂計多利。東西也。

次帛御被一條。長八尺。弘四幅。裏同帛。貞和度毛。緋錦御衣上ニ奉覆之。

緋錦御衣上仁奉覆之。或云。刺車御被乃裏仁重天御船代上仁奉覆之。此儀者。云或文。云建久記。相違也。

次御船代蓋於。北方仁片懸天奉覆之。

次刺車御被一條。

奉覆于御船代之上也。

件御船代御樋代御内御裝束等。一二禰宜參昇御床上也。一禰宜東座。二禰宜西座。各指貫乃久々利於押下天。踏久々美天。跪波比天。片足於波御床仁敷波津志天。恐々志天万加奈比（マカナヒ）奉仕也。

手長役。

三禰宜者。御帳之辰巳。柱乃西。御前東仁聊寄天。向北候天。祕叓密叓。重々色々。御裝束等。任舊記。存次第傳進之。任次第傳進。一禰宜請取之。奉仕也。

弘安嘉元正中。末座禰宜兩人。御裝束於奉入辛櫃盖。昇參殿内畢。

四禰宜。御戸之外御簀子候天。自辛櫃取出御裝束等。進于三禰宜也。奉入辛櫃盖也。文永貞尙。行忠。依記錄所帶。一向上首役勤。

五禰宜。東西寶殿參勤奉懸幌。文永度。四禰宜朝行參勤之。

六七八禰宜參御氣殿。但文永五六參。定行。延房。

東相殿。相殿船代。各長四尺三寸。内五尺。廣一尺五寸。内一尺一寸五分。高一尺七寸。深一尺。如盖身定。

御床奉立之。南方者。壁持之端仁。津加勢天奉仕之。東方同津加勢多利。但東和七八寸計利面江去留。

次御船代中心仁奉居之。東西奉仕之。

其內。

先帛御衣一領。

次生絹御衣二領。神躰御座中折仕之。折目者北江端南。
件生絹御衣二領乃中仁奉領之。奉遷之時者。下乃帛御衣一領於殘天。上與下乃生絹御衣二領於。波多良加佐夫押合。奉渡御假櫃。但御假櫃之下仁。幣絁一段於奉敷天後。奉渡神躰。又其上仁幣絁一段於奉覆天。覆盖也。
正迁宮御假殿無差別者也。
次生絹御裳三腰。已上各長二尺七寸。綿各六兩。比幾佐計天奉仕之。襴各長一丈。腰長三尺。長二尺。
西於為枕。南向也。中折仁志天。折目波北江端。南江奉仕之。
次奉覆御船代盖也。後陳東相殿。〇御出次第。物忌為先。物忌父左肩。欅任右肩。
其上。
次帛御被一條。
次生絹御被一條。肩宛同前。
帛御被生絹御被。已上長三尺五寸。弘二幅。綿各廿兩。帛御衣。生絹御衣。已上各長二尺七寸。綿各六兩。

件御被二條。御船代上仁奉覆之。御假櫃者。物忌奉入之。欅目者西奉居之。
一西寶殿。
御床奉立之。如東儀式。以東為上也。
御船代內。
先帛御衣二領。一儀云。生絹御衣上仁。奉鎮御躰也。此者御船代於奉開之。有顯露之恐云々。三座內。東。大。中。春。西。大。
次生絹御衣四領。神躰御座。〇生絹御衣二領上座也。又二領御躰上。奉覆之也。奉遷儀口傳。
次生絹御裳六腰。
件生絹御衣四領中仁奉鎮之。奉迁之時者。生絹御衣四領之中。上一領。下一領於。殘留御船代內天。中二領仁天御躰於奉押合奉遷之。生絹乃御衣二領乃外者。下乃帛御衣以下。自余御裝束者。不遷之。先御假櫃乃下仁。幣絁一段於奉敷天奉遷之。次奉覆御船代盖也。又其上仁幣絁一段於奉覆天。所覆盖也。

奉遷乃牛絹御衣二領中天。（仁天歟）神躰御産乃莒一合於。天衣仁天押褁天。奉餝之。天仁五年丁酉三月十九日壬午假殿之時。有沙汰天。生絹御衣二領乃端之於取合天。神躰御座乃宮乃須邊良加佐天奉迁之。正迁宮假殿無差別者也。

以東爲枕。南向也。中折天。折目者北端南ニ奉仕之。

次帛御被二條。先陳西相殿。御出次第。以玉串爲先。玉串左肩。櫃任右肩也。

次生絹御被二條。御假櫃者。玉串奉入之。樺目者。東仁奉居御床。

件御被四條。御船代上仁奉覆之。

一御辛櫃二合。艮乾之角仁奉居之。

燈臺四本。

次雜具等取出之後。奉閇御戸。禰宜等御前候。在御祓。在御鹽湯。御巫代勤仕之。衣冠。其後本宮神拜。別宮遙拜。如恒儀。

一東寳殿。

御戸並千木等金物等。頭工奉仕之。

殿內幌懸肱金二隻。五禰宜奉仕之。奉懸幌御唐櫃一合。長七尺。弘五尺。高四尺。無凥。但高三尺四寸。中古寸法去弘安迁宮之時。有時宜。被定二尺七寸畢。

一西寳殿。

金物等。頭工奉仕之。肱金二隻。六禰宜奉仕之。奉懸幌也。

一御氣殿。

御戸千木等金物。頭工奉仕之。

殿內御床等金物。並例裝束等。禰宜物忌父相共奉仕之。

文永度。六七禰宜參也。御裝束次第在別記。

一別宮金物御裝束等次第。

高宮。就案內。禰宜參例所忌屋殿鳥居兩脇。奉先立御匙并裝束辛櫃。參高宮。奉舁居新宮御前。御祓無之。本宮神拜之後。參新宮御前。東上北向蹲踞。自一禰宜次第參昇也。

先御戸肱金二隻打之。各毛知金鎚。

上首禰宜奉仕之。先東一座禰宜。次西二座禰宜。

次幌一條。長六尺。弘三幅。御幌御門料也。下役人令縫天奉懸之。

冠木高仁。以肱金絹端於奉打付之間。近代者不閇之。

奉入筒貫奉懸之。以太糸閇付下之。但絹端於打付也。東方一禰宜。西方二禰宜奉仕之。

天井釣金四隻。毛知二。金鐩二。針二本。糸小分。自作所進之例也。

次板敷釘覆平金。送官符云。三十二隻。徑三寸。蟹目釘百六隻。

辰巳角乃板敷仁。南東乃壁際於去八寸天。打平金也。東西五並。南北五並。仍五々廿五也。

南東共。壁於八寸宛去波。東仁波寄敷居在之間。叓外仁東江寄天。角平金奉仕之樣。見苦之間。東江寄敷居乃高與利去八寸。南波去壁八寸可奉仕也。嘉元正中如此奉仕也。

又四角金與壁中間。打平金各一口也。已上廿九隻。御戸御門等金物。頭工兼奉仕之。

足代二脚。搔板一枚。鐵尺一口。以檜木作之。自工方進例也。

御床釘隱金十二隻打之。一並仁六隻宛也。

文永度不打之。以假殿之次。可奉打之由云々。不載送官符之間。如此致沙汰歟。土宮月讀宮板敷平金廿隻近例御床仁八隻宛。奉仕之外者。不入之間。以彼小平金奉仕。三所別宮卅六隻余在之。嘉元正中如此奉仕畢。

東方一。西二奉仕之。

一御裝束。

先奉居御床。去北壁笏一長也。御床四尺六寸也。天井組入土同寸法也。

次天井組入釣金四隻奉打之。組入第二間宛也。方四尺六寸。子各六支先辰巳。一禰宜。次未申。二禰宜。丑寅。三禰宜。次戌亥角。件釣金作所之沙汰鐵也。釣金鐵也。長六寸。

文永度。遲到之間。以御韓櫃繩天。奉釣之後。奉飾御裝束也。釣金到來之。卽奉打之也。

次奉釣天井組入也。御帳柱無之。

次三幅天井生絹一條。長捌尺弘三幅。

嘉元度者四尺。四尺子各六支。除不知於定。第二間乃中心仁宛天。御帳絹與利上仁釣之。

東西止奉覆之。下爲面。縫目爲上也。本宮如斯。

次生絹蚊屋一條。長捌尺。弘十二副。

東北西止。三方仁引廻志天奉仕之。内爲面。縫目外也。本宮如斯。

南方江毛。左右乃端於餘也。見合天奉仕之。

次生絹同蚊屋一條。長捌尺。弘四副。

御前仁奉仕之。各以大糸天閇付之。
御裝束奉餝次第。東。一禰宜。西。二禰宜。手長役。三禰宜也。
次細布土代帷一條。長六尺。弘二幅。
御床上仁奉敷之。東西之余分。御床之下仁打入之。
次奉居御船代。長四尺。廣一尺七寸。廣一尺五寸。
其內。
先帛御被一條。
次生絹御被一條。裏同絹。已上長各四尺五寸。一弘各二幅。納綿各廿兩。
帛御被並生絹被。共仁立佐万仁。中折仁奉仕也。折目者北。端者南方也。
乍疊。御頭於爲西天。南向仁奉仕之。
次生絹御衣一領。裏同。
次緋御衣一領。神躰御座。此御衣上仁奉鎭之。裏絹。已上長各二尺。納綿四兩。
各疊樣同前也。
次帛御裳一腰。
緋御衣上爾少分。東江引下天奉仕之。
腰者西。毛々他地者南。總南向奉仕之。

次紫紗御裳。以上單齋長各四尺。腰各四尺。長二尺。
次錦御衣一領。裏緋綾。長二尺。納綿四兩。
紫御裳上仁奉仕之。御衣頸土齋土於取合天。
横佐馬仁押折天。御袖波東西江打弘介天。南向
仁御頸於引立天奉仕之。御須曾於波押入也。
近例者不押入之。但件御衣。着御船代乃半分許於。齋於波折返天。緋御衣於露天奉仕之。緋御衣爲御座也。
建長度。乍疊奉仕。是失錯。
次燈臺二本立之。左右切目東西。〇加土居二寸定。高四尺。土居方八寸。厚二寸。
次御韓櫃一合。丑寅角仁奉居之。南北。爲奉納御糸也。
綠帶二條。奉納御韓櫃也。長各六尺。
餝可奉仕。不可入辛櫃。
紫御髮結二條。奉納御櫛筥。奉居御床上也。長各四尺。
次第雜具等。取出之後。奉閇御戶。禰宜等
自末座退下。東上北向蹲居。在御祓。御鹽湯。
奉先立御匙並御假櫃。參本宮。奉納調御倉
後。各退出之例也。
一土宮。就案內。禰宜參例所。本宮忌屋殿鳥居兩脇。各衣冠。奉先立御匙並御裝束辛櫃參土宮。奉舁居新宮御前祓無之。

本宮神拜後。參新宮御前。北上西向蹲居。自一禰冝。次第昇殿也。

御戸並御門金物等。頭工奉仕之。

御板敷釘覆平金廿隻。近例者。如高宮。先御幌懸肱金奉仕之。次御板敷平金。徑壹寸二分。此一寸二分平金。近例不打之。此内先丑寅角與利。八隻御床仁奉仕之□違送官符哉。隨而御床金物者。送官符無之。同四角平金奉打之。如高宮所被載送官符平釘。徑三寸。三十二隻。以此平釘廿隻。近例奉仕之。

板敷釘覆。先丑寅角。兩方之壁於去古止八寸也。

板敷釘覆。先丑寅角。一禰冝。辰巳。二禰冝。乾。三禰冝。坤。四禰冝奉仕之。

南江四並。西江四並也。已上四々十六隻。又四角金四隻。已上廿隻。○如高宮。

北波寄數居高與利去八寸。東波去壁八寸也。

一次御床釘覆小平金八隻。一方四隻宛。

次御幌懸肱金二隻奉打之。上首二人役也。北方一禰冝。南方二禰冝。

五尺五寸幌短間。御前六尺三幅御帳仁奉取替之。自弘安奉仕之。

次生絹幌。長五尺五寸。弘三幅。長七尺者。御門也。〔之イ〕冠木高仁。以肱金絹端於奉打付之間。不閇付之。

入筒貫天。奉懸之後。以太糸閇付之。

次奉釣天井。天井釣金四隻。毛知二。金鏁二。釘三本。糸小分。自作所進之例也。

釣金自艮打始之。天井前不知於。宇立乃中道仁宛天。第一間中心於可釣也。方三尺五寸五分。子五支。除不知定。御床止同寸法也。

次奉居御床。三尺五寸五分。廣二尺九寸。壁去笏一長。

足代二脚。搔板一枚。鐵(タケ)尺一。以檜木作之。自工方進之例也。

次天井生絹帳一條。長捌尺。弘三幅。

南北止奉仕之。下爲面。縫目上也。

次生絹蚊屋一條。長陸尺。弘三幅。

御前御帳仁奉仕之。以糸閇付之。

御裝束奉仕次第。北一禰冝。南二禰冝。手長三座役也。

次細布土代帷一條。長五尺五寸。弘二幅。

南北止奉敷之。

次奉居御假櫃。南北樺目爲北也。長三尺二寸。廣一尺八寸。高八寸。身八重ニマク。奉遷御假櫃ハ一重也。
帛御被一條。裏同帛。
御假櫃之內仁。中折志天奉敷之。折目兩端口東。
次生絹御被一條。
次帛御衣一領。裏同帛。已上長四尺。弘各二幅。納綿各十六兩。
乍疊也。御衣頸於爲南天。東向仁奉仕之。
次生絹御衣一領。同奉仕之。裏同。
次緋御衣一領。同奉仕之。裏同。神躰御座。以上長各二尺。納
綿各四兩。
次帛御裳一腰。
腰者南也。東向也。緋御衣上仁打分。北方江
寄天仕之。
次紫紗御裳一腰。以上單御裳。齋長各四尺。腰長各四尺。長二尺。
次錦御衣一領。裏緋綾。長二尺。納綿四兩。
御衣乃頸與齋於取合天。裏於合天。横佐末仁押
折天。御袖波南北止打廣計天。東向仁御頸於引
立天奉仕之。但件御衣乃齋於波。御假櫃乃半
分計仁折返天。緋御衣於半分計露天奉仕之。
緋御衣。爲神躰御座故也。錦御衣長計禮。何
程毛御頸江引上天。御體乃上江押入天。奉覆御
假櫃盖者也。
次御櫛筥一合。奉居御床上也。
次紫御髮結二條。奉納御櫛筥。長各四尺。
次韓櫃一合。戌亥角居之。卯酉。
次綠帶二條。奉納韓櫃也。長各六尺。
假櫃內可奉納。
次燈臺二基。切目於南北土宇立之通立之。加土居二寸定。高四尺。
土居方八寸。厚二寸。
禰宜自末座令退下。北上西向蹲居。御祓之
後奉先〔立イ〕。御假櫃並匙。參本宮。奉納御倉。各退
出之例也。次御祓。在御鹽湯。
一月讀宮。就案內。禰宜參例所。本宮忌屋殿鳥居兩脇。各衣冠。奉先立御匙櫃并御裝束御辛櫃。參月讀宮忌屋殿坤角

參道輿利以西。南向仁南北止奉昇居之。禰宜北上西面蹲
居。本宮正物忌衣冠。勤御祓之後。奉昇居新宮御前。本宮
神拜在之。參新宮御前。東上北
面蹲居。自一禰宜。次第參昇也。
御戸御門等金物。頭工奉仕之。
先御幌懸肱金奉仕之。次御板敷平金奉
仕之。近例如此。
御板敷釘覆平金二十隻。徑一寸三分。〔二（後文）〕土宮同前也。
此一寸二分平金。近例不打之。此內以八隻。御床仁奉
仕之條。不得其意。付本御床金物者。送官符無之。又
所被載送官符平金。三十二隻。徑三寸。以此
平金廿隻。御板敷仁奉仕之。近例也。
釘三本。糸小分。天井釣金四隻。毛知二。金
鐩二。自作所進之例也。
先辰巳角與利奉仕也。南東之壁於去古止八
寸也。東西四並。南北敷居於去叓八寸。南
壁於去叓八寸。可奉仕也。近例如此。
先辰巳。一。坤。二。艮。三。乾。四。奉仕之。
次御床釘覆小平金八隻。奉打之後奉居之。長三
尺五寸五分也。
廣二尺九寸。
足代二脚。搔板一枚。鐵尺〔一脫歟〕但以檜木作之。自二方進

之例也。
次御戸幌肱金二隻。上首打之。東一禰宜。
西二禰宜奉仕之。
次幌一條。長五尺五寸。弘三幅。長七尺。御門也。七尺幌。
下役人令縫之奉懸。先例也。冠木高仁絹乃端だ。
以肱金打付之間。
近代波不閇付之。
官進五尺五寸幌短之間。御前六尺三
幅御帳仁奉取替之。自弘安奉仕之。
入筒貫天奉懸之。以太糸閇付之。上首役也。
次奉釣天井。方三尺五寸五分。御床止同
寸法也。子丑支。際不知定。
先辰與利始之也。宇立乃中心仁。組入乃不知（フチ）
於宛天。北方仁寄天。梁乃曾波乃中桯ニ打之。
次天井生絹帳一條。長捌尺。
弘三幅。
〔イニ太字〕
假金壁與天井組入中間一尺許
也。釣金四隻作所汰沙也。鐵也
東西止奉仕之。下爲面。縫目上也。
長捌尺。弘參幅。
生絹蚊屋奉仕之時與利。正權禰宜奉仕乃仁
等。件御帳之中仁不立入者也。御帳之外。四
方仁立廻天奉仕之也。一禰宜元邦口傳也云
云。
次蚊屋一條。

東北西三方江引廻天奉仕之。以太糸閇付
之。
次同蚊屋生絹帳一條。長陸尺。弘三幅。
御前奉懸之。以大糸奉閇付之。
次細布土代帷一條。御裝束奉餝次第。東一禰宜。西二禰宜。手長三禰宜役。長五尺五寸弘二幅。
奉敷之。御床上。
次奉居御假櫃。東西。樺目西方也。長三尺二寸。廣一尺一寸。高八寸。二重ニマク。奉遷御假櫃ハ一重也。
白御被一條。裏同。
御假櫃之內仁。中折志天奉敷之。折目北端口南。
次生絹御被一條。已上長各四尺。弘各二幅。納綿各十六兩宛。
次帛御衣一領。裏同帛。
乍疊。御衣頸於西仁。南向奉仕之。
次生絹御衣一領。同奉仕之。裏同。
次緋御衣一領。同奉仕之。裏同。神躰御座。以上長各二尺。納
綿各四兩。

次帛御裳一腰。
〔此間一行脱文〕
次紫紗御裳一腰。
次錦御衣一領。裏緋綾。長二尺。納綿四兩。
頸與襴取合天。横佐末仁押折天南向。御袖波
東西江打廣氣立。御頸於引立天奉仕之。
件御衣。襴於御座仁敷須留樣仁。御假櫃乃半
分許仁折返天。緋御衣乃上仁奉仕之。
次綠御帶二條。南方傍奉仕之。長各六尺。
次御櫛筥一合。奉居御床上也。遷幸以前者。御假櫃於可奉居御床上之間。御床仁下仁差入天。暫可奉置也。
次紫髮結二條。奉納御櫛筥也。長各四尺。
韓櫃一合。丑寅角仁子午土。西向奉居之。
燈臺二基。東西壁副天宇立通仁。切目於卯酉立之。加土居定。高四尺。土居乃廣八寸。厚二寸
次御祓。本宮正物忌着衣冠。於御門之內勤仕之。在御鹽湯。
禰宜者。自末座令退下。東上北面蹲居。御祓
終之後。奉先立御假櫃並御鎰。參本宮。奉納

御倉之後。各退出之例也。
一風宮。（毛知二。金燧二。天井釣金四隻。糸針。自作所進例也。）
御戸門金物。自本宮御倉請取之。兼頭工奉仕之。禰宜衣冠。就案内參例所。（本宮忌居殿鳥居西脇。）奉
先立御御裝束韓櫃參風宮。（正中度者。新宮鳥居前奉昇之。本宮正物忌動仕御祓。高士宮御祓無之上者。於向後者。可被署者也。）
本宮神拜之後。參新宮御前。東上北面蹲居。自一禰宜。次第參昇也。
云御殿寸法。云御金物御裝束。員數同月讀之間。不能委記。
此記錄者。嘉元御遷宮之時。故長官（常尙。）
仰眼代憲家神主。遂淸書畢。隨而以自筆
除入之本也。更不可外見者也。
正中貳年己丑十二月廿一日　良尙在判
右以良尙神主自筆之本書寫之。又以別
本校合畢。其別本奧書如左。
永祿六年。正遷宮之及時代改之奉再見。
于時四禰宜晨彥在判
外長押釘覆鋪。每柱打之。角者自兩方打之。
寄敷居鋪。員數同前。簀子平金以上百八十
口。

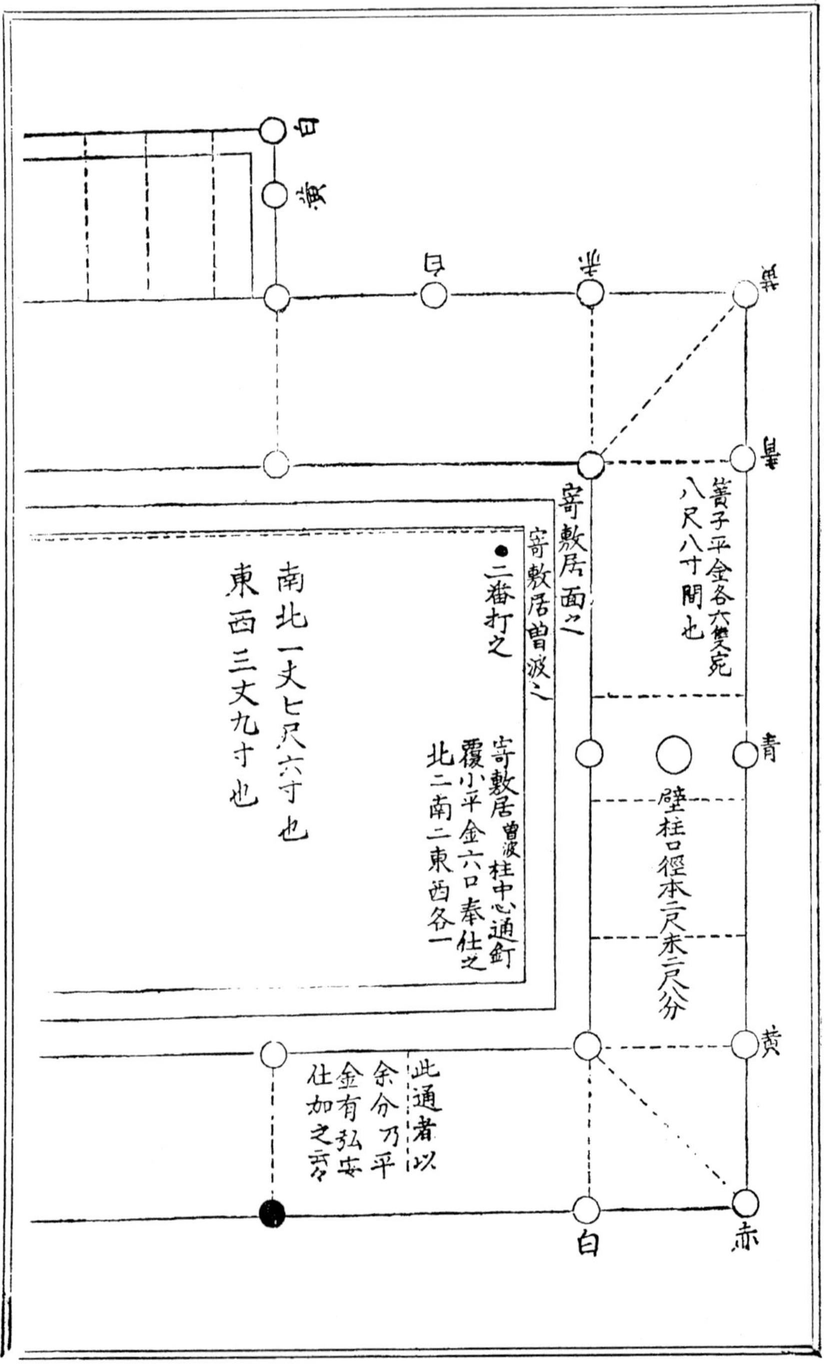
寄敷居西之
寄敷居曽波之
●二番打之
南北一丈七尺六寸也
東西三丈九寸也
寄敷居曽波柱中心通釘
覆小平金六口奉仕之
北二南二東西各一
簀子平金各六雙充
八尺八寸間也
青
壁柱口径本二尺末二尺八分
黄
此通者以
余分乃平
金有弘安
仕加之云々
白
赤

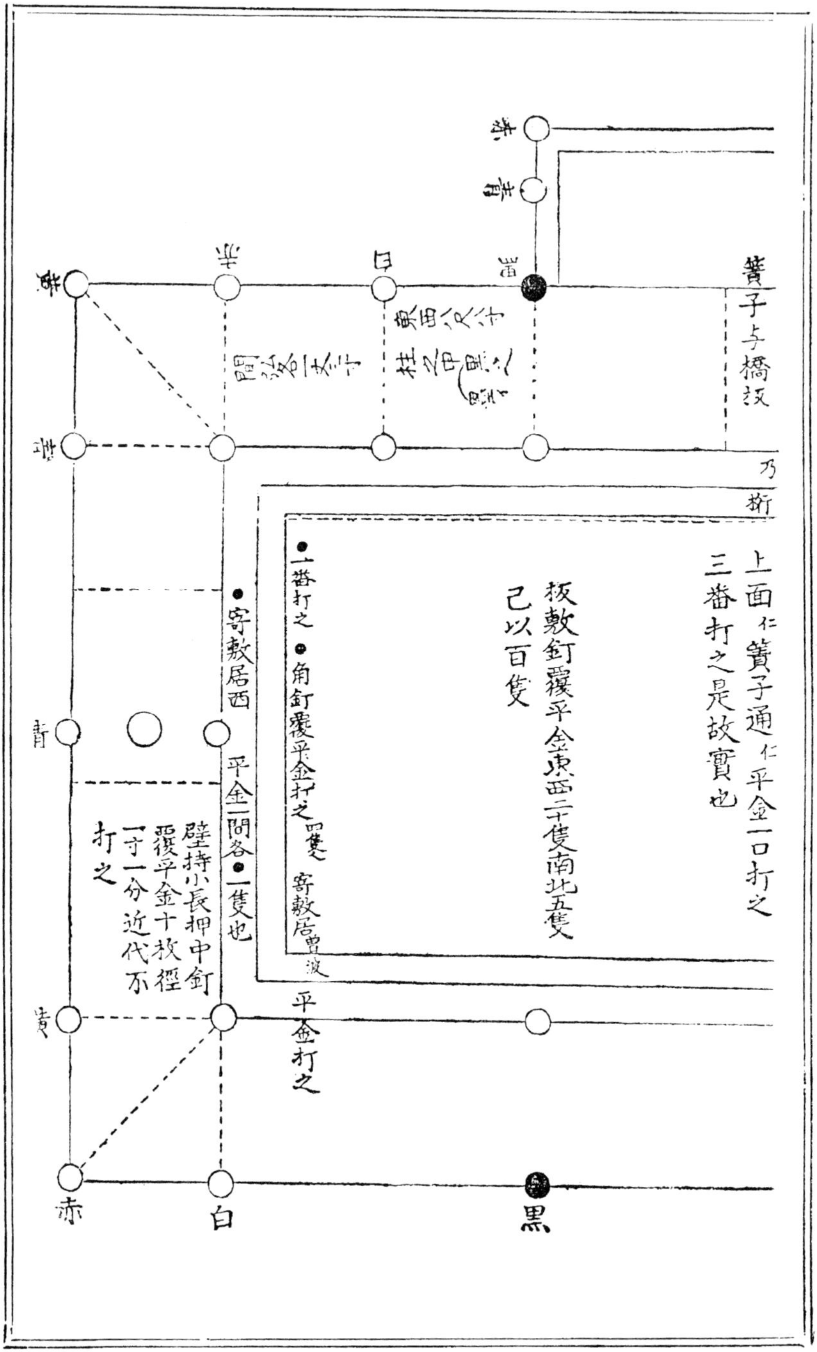
簀子与橋扱
乃
折
上面仁簀子通仁平金一口打之
三番打之是故實也
板敷釘覆平金東西二十隻南北五隻
己以百隻
●一番打之●角釘覆平金打之四隻
寄敷居西
平金一間各●一隻也
寄敷居貫
平金打之
壁持小長押中釘
覆平金十枚經
一寸一分近代不
打之
赤
白
黒

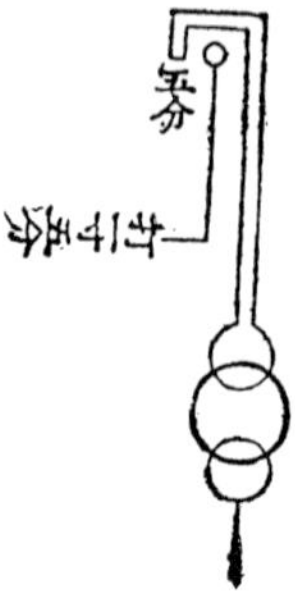

釣金四隻。長一尺。鐶二寸。梁同。已上一丈六分。梁之中墨定也。仍帳柱一丈八寸。釣金一尺二寸。已上一丈二尺也。

天井。弘八尺五分。方口徑方一寸。天井子員廿六。加滿遲出加定。

桁間一丈三寸。

妻八尺八寸。

正殿柱高土面與利一丈九尺。寸管一尺三寸。板數與利桁下羽定。

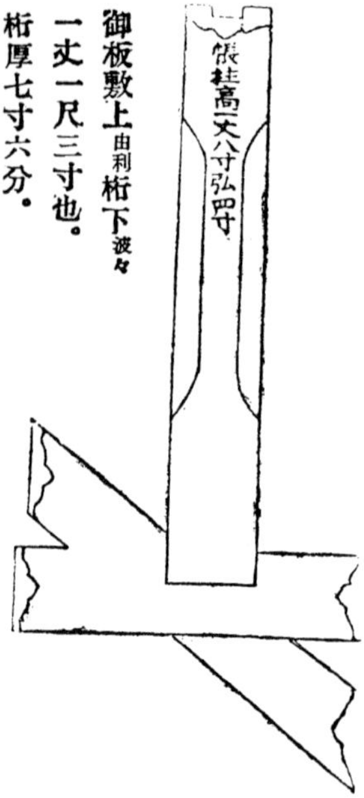

御板數上由利桁下波々一丈一尺三寸也。

桁厚七寸六分。

右正中御飾記者。雖爲最極之祕書。因光海翁跡部公之貴命。謄寫以呈焉。非不愧陋筆。且有麁忽。然感公之修左左右右之道。而發蒙之德化也。

享保四年秋七月朔日　度會久明上

同五年庚子春三月八日。得久明之許而書寫畢。　友部安崇

寛政紀元九月寫之　橘經毫

永享元年己酉十一月廿日山口祭記

山口祭之時請取申段之事。

貳拾貫文。御祭料。
是もしきゞに御座候得ば。過分之事に
候。此段は。以中世古家司殿。種々御詫言
被成候間。後例に成間敷由申。此分に候。
往古は過分之御事に候。
拾三貫文。大饗料。是も往古は過分之事
に御座候得共。無大饗。御詫言候間此分に
候。

右永享元年十一月廿日。如此記錄寫進
覽候。

三月吉日

御作所殿

人々御中

右折紙也

大饗料用途十貫文。一貫文はぶちんに引。九貫文子良
館に請取配分之。子良三人。母良正物忌九
人。出納所。以上十四人各等分人別四百四拾文。

副九人。鎰取各二百廿文宛。たかみやこ副
姥百文。陪膳五拾文。木こり老翁卅文。荷
用二人。各七十五文。

右廿七日配分之。

廿六日。雲形張于御假殿。食四升宛。錢百
文宛。自宮後三頭請取之。

十二月廿五日。正殿之殿内御掃除。自司中
請取物。
明衣拭布。六端。足付桶。一。杓。三十。次桶。二
口。杓二十。柄杓。三本。杉原紙。一帖。奉拭於御樋代也。
於廳舍之南。大物忌父一﨟修禊。奉淸於御
飾具也。

同日。御飾。
御飾畢而後。於新殿前。大物忌父一﨟修
禊。奉淸之。散供米一斗。料足百文取之。

同日。遷御。
於新殿前。大物忌父一﨟修禊畢。副物忌

父。以右大麻奉振請之。散米一斗。錢百文。自司中請取之。荷用
灌御鹽湯。右散米一斗。料足百文。於子良館。正物忌父九人配分之。奉覆于東
相殿之御假櫃絹者。權官一座。大物忌父一
座配分之。
同二年庚戌。
二月九日。祭禮。
舁居高案於大宮之前。各著座。大物忌父一
﨟獻祝詞文。徹玉串如例。
同三年辛亥。
十二月廿日。木作始。
大饗料六貫文。自作所請取之。物忌父等配
分。山口祭同前。
永享五年癸丑。
九月十三日。殿內御掃除。自作所請取物。
明衣布。三端。拭布。二端。足付桶。一。次桶。一。
杓。二。杉原紙。一帖。御樋代拭析。以上。
又御飾畢之後。大物忌父一﨟修禊。散米一斗。用途
百文。自作所取之。
同十五日。御氣殿之殿內御掃除。自作所請
取物。明衣布。三端。拭布。二端。桶。二。杓。二。以
上。御飾畢後。大物忌父一﨟修禊奉淸之。
散供米一斗。用途百文。自作所請取之。一﨟取之。
御餝參勤之禰宜九人。五不參。
御氣殿針返。物忌父等三人參。依爲餞宴。
明衣布並步行（アリキ）板等。以代物被下行畢。
九月廿一日。御つちむねあげの時。雲形奉
張事先例也。此度小工等不知先例。不案內
故不張。從廿二日。廿七日迄。雲形張也。廿
七日は柱立也。以上五日張之。每日じき八
升宛。串八本給之。雲形の串。一日に八本宛也。針返に參
勤之物忌。大物忌父一﨟。同二﨟。御炊物
忌父二人。御鹽燒物忌父二人。以上六人
參。其時請取物。
ありきの板。六枚。てわらひ。六こう。明衣

布。三端。じき一人前毎日八升宛也。是は六人の分なり。

同廿七日。立柱。

禰宜物忌父等參宮。次別宮遙拜。而後參着于新殿前。于時小工等伐揃於御柱之上。次下向。就一殿有饗。對座。正物忌九人。副物忌一座。朱懸盤。副物忌八人。白懸盤也。子良母良四前。朱懸盤。たかみやこ。副嫗（ツヒノヲバ）。白懸盤也。今度。正物忌父七人。雖參勤。饗膳者九人前後之。副物忌二人雖令參勤。九人分饗膳受之。饗畢而後。於一殿南。被牽馬於小工等。

此時大饗料十三貫文。自作所請取之。使中世古家司大夫也。

地鎮祭之時。三百文給之。

十月四日。

奉洗御棟持柱。張雲形。

同五日。

押入御棟持。張雲形。

同六日。

直柱。張雲。

奉葺正殿之時。雲形之。食八升宛取之。自柱立至奉葺。小工等昇殿上之時者。日々雲形張之。右雲形料。米四斗八升百文賜之。

永享六年甲寅。

八月廿六日。同廿八日。兩日御針返。先規者。三日雖葺立。今度依御急而二日葺立也。參勤之物忌父等。大物忌父一薦貞繼。二薦康清。御炊物忌父用吉。同清光。御鹽燒物忌父長久。同安弘。以上六人參。

自工方請取物。ありきの板。六枚。てわらひ。六こう。明衣布。三端。じき一人に八升宛。六人分。請取之。十二日分に米九斗六升也。

同廿九日。杵築。

饗膳畢而後。於本宮。前一禰宜啓祝詞。各拜。於新殿杵築有之。參勤之物忌。大物忌父一﨟貞繼。同二﨟康淸。御炊物忌父用吉。同淸光。御鹽燒物忌父長久。同安弘。副物忌淸範。同爲助。

　杵築之歌。

度會屋。豐受乃宮乃。杵築志天。宮曾榮留。國曾榮留。萬代滿天仁。々々。

九月九日。讀合。

座次。禰宜於荒垣東緣石之端。着東面南上。造宮使於榊之南。著北面。史生官掌其東北面着。物忌父。玉串内人。於一般緣石前。着西面南上。北方。かんたは西面南上。讀於讀合之役人。中座南面也。

同十三日。

奉洗殿内用物。自作所請取物。

明衣。三端。拭布。四端 御へい代に布一端。杉原紙。一帖。

今日雖可有御飾。秉燭役人聊有故障故。十五日掃除並餝相調也。御鹽湯如例。一﨟修御祓。散米一斗。錢百文。自作所請取之。

同十五日。

奉洗淸御氣殿料。料足五百文。布二端。餘工中。達而侘申により。如此料にて勤之。後例に成間敷との事之。由氣殿御餝の古布は。子良館へ取之。

同日。高宮掃除。

自作所請取物。明衣布。二端。拭布。一端。杉原。一帖。桶。二。柄杓。一本。以上。物忌父等奉洗淸之。

同日。高宮御餝。

同日。本宮遷御。

昇殿禰宜九人。禰宜代重彥。松木。

東相殿奉仕權官一座雅音。大物忌父一﨟貞繼。上部。

所覆於御假櫃之上下絹者。大物忌父一

萠權官一座。一疋宛配分之。
西相殿奉仕權官二座晴直。玉串内人家世。
本宮秉燭慶嘉（ケイカ）大夫。横世古千代滿大夫。
新宮秉燭ハ伊賀ト松木。
召立神主貞通。檜垣虎福大夫。
廿日。大殿拂。
政所出納所。各衣冠。眼代。布衣。參勤一萠貞繼。
開東寶殿。此時幣絹一端賜之。
永享七年乙卯。
三月節句請取物。
酒米　　三斗六升。
餅米　　四斗八升。しろめ一斗一升。餅につくなり。
草餅米　　一斗六升。うろしれ之。是は皆つくなり。
しろいこ　　六升。　おもら。
大豆のこ　　六升。　　鎰取大夫殿より。宮崎升にて請取申候。山もり之。供用升にて一斗二升之。

鹽　　壹升。　　鎰取大夫殿ゟ請取。
草餅　　三枚。長官へ參候。九十四。又九枚。
草餅　　すこう餅五枚。十六人方へ以上此分之。ゑいろくの酒は。小柄杓にて十六盃渡す。
小餅　　二ツ。　草餅　　一枚。　　鋪設。
小餅　　二ツ。　草餅　　一枚。　さけかき。
小餅　　二ッ宛。草餅　　一枚宛。草切二人。加用二人。
八月廿二日。廿三日。東西寶殿針返。
歩行（アリキ）板。　　足付桶。一。　　柄杓。一。
司中より宮下布。四端。子良母長。二端。副方へ。一端。合而七端請取之。雲形之食百文也。五日張雲形絎足五百文請取之。
奉洗東寶殿明衣。一端。拭布。一端。桶。一。柄杓。一本。
奉洗西寶殿明衣。一端。拭布。一端。桶。一。柄杓。一本。
奉洗御氣殿之時。亦右同前。
迁宮之後。御氣殿御餝古布者。物忌父等取之。正物忌父九人配分之。
子良裝束料。
大炊子（オホイ） 十貫文請取之。御炊子二貫五百文。御鹽燒子 二貫五百文。御母良 三貫文請取之。
正殿之御ふきの時。釘返に物忌九人參勤。自作所請取物。長板。九枚。おほわらひ。九。明衣の布。三端。じき。八升。雲形の食。八升。
東寶殿の釘返に。うけ工方ゟ請取物。長板。三枚。てわらひ。二。明衣。一端。じき。九百文。
西寶殿之釘返に。長板。三枚。てわらひ。二。明衣。一端。じき。九百文。
奉洗正殿之時。物忌父九人參勤。自作所請取物。明衣布。三端。あひ布。二端。

又御幣代に壹端。桶。一。柄杓。一本。
又東西寶殿御氣殿之分に。うけ工方より明衣一端宛。拭布一端宛。以上布。六端請取之。
同廿四日。
東西寶殿之御ふきかた〲づゝふく。
同廿五日。
東西寶殿御ふき殿一宇に。明衣。一端。てわらひ。三宛。食八斗のぶん。殿一宇ごとに三人分請取可申事に而候得共。一頭二頭達而詫言故。兩殿之ふき料として。四百文請取之。
九月十六日。奉洗清於東西寶殿之時。拭布。一端。水桶。一。柄杓。一宛。請取之。
東寶殿一頭。西寶殿二頭。
廿二日。外幣殿より西寶殿に古物渡有之。
其時正殿之方に。禰宜十人。家子三人。□□□加賀幸菊大夫也。出納所大物忌父一﨟大夫貞繼。以上參勤。

永享八年丙辰。

二月六日。西寳殿假殿おさめらるゝのぞき八百文と。串八本取之。當番物忌父。大物忌父二﨟。御炊物忌父世古口。御鹽燒物忌父長久。各廿八文宛配分之。副益一大夫十三文取之。

同九日。祭禮。

舁居高案於 大宮前。大物忌父獻祝詞文。

一禰宜啓祝詞。各料。下向。

外宮長官

續群書類從卷第十

神祇部

應永廿六年外宮神寶送官符

太政官符。伊勢太神宮司。

正殿金物。

內御帳肱金佰伍拾勾。背長各壹寸。弘參分。莖長壹寸。厚二分半。足長壹寸。

位金佰伍拾枚。徑各壹寸貳分

戸引手金貳枚。鐶徑各參寸陸分。

引手位金貳枚。花形徑各參寸。

引手內塞覆花形金貳枚。徑各壹寸玖分。足二。鑄立。枚別穴參口。

蟹目釘陸隻。長各壹寸。徑壹分半。栗形貳分。

戸鎹肆勾。背長各貳寸肆分。頭伍分。莖長參寸。厚肆分。足長壹寸漆分。弘伍分。

位金捌枚。頭花形徑各壹寸伍分。

蟹目釘貳拾肆隻。長各壹寸。頭徑壹分半

鎹外覆花形平金捌枚。徑各壹寸玖分。足二。鑄立。

蟹目釘貳拾肆隻。長各壹寸。頭徑壹寸半。

雉楯金一枚。長六寸貳分。弘三寸六分。穴長貳寸貳分。弘七分。

蟹目釘十貳隻。長各壹寸陸分。頭徑壹分半。

同裏金壹枚。寸法同面金。

牒釘覆金伍枚。徑各貳寸伍分。足長各參寸。鑄立。丸頭。但花形。

同裏金伍枚。徑貳寸。

殿戸上下閾鋪捌口。徑各參寸。足長各貳寸。鑄立。

戸冠木端肱金肆枚。長壹尺玖寸。弘捌寸。

蟹目釘肆拾捌隻。

戸圓座金貳枚。口徑各肆寸伍分。各穴伍口。
蟹目釘拾隻。
戸下卷金貳口。徑各貳寸。高伍分。厚參分。
同上卷金貳枚。長各陸寸伍分。弘貳寸。
戸布利貳口。徑貳寸參分。厚二寸タラズ。
戸間景貳枚。方五寸。
蟹目釘貳拾捌隻。
戸左右脇柱小鋪貳拾隻。徑各貳寸壹分。
幌懸鐶參枚。長各壹寸伍分。穴徑參分。頭徑陸分。
位金參枚。徑各壹寸貳分。
鏁壹具。管長肆寸捌分。管徑壹寸漆分。自舌莖本至勾壹寸肆分。根雄徑伍分。根雄長壹尺二寸。
鏁打立貳枚。頭徑壹寸參分。足本弘壹寸。穴弘陸分。莖長肆寸伍分。足長參寸伍分。弘陸分。厚貳分半
位金貳枚。徑各貳寸伍分。花形。
覆平金貳枚。徑壹寸五分。
蟹目釘陸隻。
匙壹枚。長參尺陸寸貳分。柄長伍寸伍分。柄本弘捌分。柄本末徑壹寸貳分。鐶長捌分。自柄至勾長伍寸捌分。勾金弘漆分半。自中至下弘漆分。目貫菱形。

鑰壹勾。長壹尺壹寸捌分。弘捌分。
棟端金貳枚。長各漆寸貳分。弘捌寸貳分。穴各捌口。
蟹目釘拾捌隻。長各壹寸伍分。頭徑壹分半。
桁端金肆枚。長各漆寸貳分。弘捌寸貳分。枚別穴捌口。
蟹目釘參拾貳隻。
垂木端金漆拾貳枚。(捌歟)長各參寸捌分。弘參寸伍分。枚別穴肆口。
蟹目釘貳佰捌拾隻。長各壹寸伍分。頭徑壹分半。
博風端金肆枚。長各貳尺。弘五寸陸分。穴各捌口。
蟹目釘貳拾肆隻。長各貳寸。頭徑壹分半。
鞭懸木桶尻拾陸枚。徑各貳寸漆分。高各參寸參分。
蟹目釘參拾陸隻。長各壹寸伍分。
博風下鋪拾捌口。片方玖口。徑各肆寸。足壹。鑄立。
鏡形木覆鋪拾四口。徑各貳寸壹分。足壹。鑄立。
妻塞押木打鋪肆拾肆口。徑各貳寸伍分。足壹。鑄立。足長各貳寸。
千木肆支打鋪貳拾肆口。徑各參寸。足壹。鑄立。
甍覆板壹枚左右端金貳枚。長各貳尺壹寸陸分。厚漆寸五分。
蟹目釘貳拾隻。

同面裏端金肆枚。長各貳尺壹寸陸分。弘肆寸。
蟹目釘肆拾隻。
同板左右喬金貳筋。長各伍丈陸尺。弘肆寸。
蟹目釘佰隻。
泥障板貳枚左右喬金肆枚。弘各貳尺壹寸。厚三寸捌分。
蟹目釘肆拾隻。
同面裏端金捌枚。長貳尺壹寸陸分。弘肆寸。
蟹目釘捌拾隻。
貫木玖枚左右端金拾捌枚。弘各肆寸貳分。厚各參寸貳分。
蟹目釘漆拾貳隻。
千木肆支端金肆枚。弘壹尺貳寸。厚伍寸陸分。花前肆寸伍分。
蟹目釘參拾貳隻。
同肆枝鋪貳拾肆口。徑各參寸。足壹。鑄立。
堅魚木玖枚左右端金拾捌枚。弘各壹尺玖寸。加波高參寸。
蟹目釘貳佰拾陸隻。
高欄肆面玉貳拾肆顆。赤伍。白伍。青伍。黃伍。黑肆。高肆寸。徑參寸漆分。
玉固釘貳拾肆隻。長各陸寸。以鐵作之。

同玉上下位金肆拾捌枚內。貳拾肆枚。徑各陸寸伍分。陸花前。貳拾肆枚。臺尾。長漆寸伍分。弘肆寸伍分。
蟹目釘佰隻。
高欄鳥居丸桁端金拾管。長各伍寸伍分。徑參寸陸分。花形堺。〔打堺歟〕
蟹目釘肆拾隻。長各壹寸。弘壹分半。
高欄中桁端金拾枚。長各陸寸貳分。弘捌寸。厚參寸漆分。花形打堺。枚別穴陸口。
蟹目釘陸拾隻。長各壹寸。頭徑壹分半。
同土居桁端金拾枚。長各陸寸五分。弘漆寸肆分。厚肆寸壹〔壹分歟〕花形打堺。
蟹目釘陸拾隻。長各壹寸。頭徑壹分半。
同長押肱金肆勾。長各壹尺陸寸肆分。片方捌寸貳分。花形打堺。弘漆寸壹分。勾別穴拾肆口。
蟹目釘伍拾陸隻。長各壹寸。頭徑壹分半。
同上長押肱金肆枚。長各壹尺肆寸肆分。弘肆寸二分。花形打堺。
蟹目釘參拾貳隻。
同泥障板鋪貳拾玖口。徑參寸。枚別足壹。鑄立。
同簀子敷釘覆平金佰陸拾隻。徑參寸壹分。枚別足壹。鑄立。
蟹目釘肆佰捌拾隻。長壹寸。頭徑壹分半。

同泥障板肱金肆勾。長各壹尺伍寸。厚漆寸捌分。勾別穴拾肆口。花形打堺。
蟹目釘伍拾陸隻。
同鋪佰肆拾玖隻。玖拾貳口。徑各參寸。伍拾漆口。徑各貳寸壹分。
同上瓜實貳拾肆隻。長各漆寸。弘各肆寸漆分。
御橋鋪肆拾隻。徑參寸。隻別足壹。鑄立。
同橋踏板左右端覆金貳拾貳隻。弘壹尺壹寸。厚伍寸。加波肆寸貳分。在參方打堺。
蟹目釘貳佰貳拾隻。
御橋開柱貳本葱花貳枚。徑各壹尺壹寸。長各壹尺五寸。
御帳天井肆面打錢形釘伍拾貳隻。徑各伍分。徑別足壹。鑄立。
中目固花形釘百肆拾隻。
天井勾金肆隻。長壹尺。
同釣金料耳金位輪肆口。輪徑肆寸。
同組入中目固花形釘佰陸拾玖隻。
同柱肆本上下木屎金捌口。弘五寸。厚肆寸。
蟹目釘參拾貳隻。
下木屎位金肆枚。

蟹目釘貳拾肆隻。
天井土居木屎金拾陸口。
蟹目釘陸拾肆隻。
同壁持小長押釘覆鋪陸口。徑各貳寸壹分。
壁持間中釘覆平金拾枚。
蟹目釘參拾隻。
外壁持小長押間中釘覆平金拾隻。徑壹寸壹分。
蟹目釘參拾隻。
壁角柱長押肱金肆枚。長各壹尺伍寸貳分。弘玖寸。花形打堺。
蟹目釘伍拾陸隻。
同角柱長押釘覆鋪拾肆口。徑參寸。口足壹。鑄立。
同角柱上小長押肱金肆枚。長壹尺貳寸陸分。弘貳寸肆分。花形打堺。
蟹目釘伍拾陸隻。長各壹寸。頭徑壹分半。
同小長押釘覆鋪拾肆口。徑貳寸壹分。足壹。鑄立。
板敷釘覆金佰貳拾陸隻。徑貳寸壹分。足各壹。鑄立。
蟹目釘參佰貳拾捌隻。
蟬形木覆平金貳拾肆枚。徑貳寸貳分。穴各參。

蟹目釘漆拾貳隻。
篦子下桁釘覆金捌隻。徑貳寸伍分。穴各參。
蟹目釘貳拾肆隻。
甍覆板左右喬金貳筋。長各伍丈陸尺。弘肆寸。貳尺金伍拾陸枚。
蟹目釘肆佰隻。
泥障板貳枚左右喬金貳筋。長各伍丈肆尺。弘參寸捌分。貳尺金伍拾四枚。
蟹目釘肆佰隻。
御床肆脚料。
貳脚料。
花形釘肆拾漆隻。徑漆分。莖長壹寸。
桶尻捌口。弘肆寸。厚參寸。高參寸。
肱金捌口。長各壹尺漆分。片方陸寸。片方肆寸漆分。弘壹寸玖分。並花形打堺。穴各拾肆口。
蟹目釘佰拾參隻。長各壹寸。頭徑壹分半。
貳脚料。
平金參拾貳隻。枚別各壹寸。足壹。
足金捌枚。長各捌寸。弘貳寸。
東寶殿。

千木端金肆枚。長壹尺伍分。弘伍寸貳分。花前參寸伍分。
蟹目釘參拾貳隻。
千木肆板鋪貳拾肆口。徑參寸。
博風鋪拾捌隻。徑參寸。
戸牒釘覆金肆枚。徑各參寸肆分。花崎。
雉楯金壹枚。長肆寸。弘參寸。在裏金。
肱金貳枚。在位金貳枚。皆長壹寸。根壹寸。
久留々木鎹貳隻。背長貳寸參分。莖長貳寸貳分。根長貳寸伍分。
同鎹根覆平金肆枚。徑各壹寸陸分。
蟹目釘拾貳隻。
西寶殿。
千木端金肆枚。長壹尺伍寸。弘伍寸貳分。花前參寸伍分。
蟹目釘參拾貳隻。
同鋪貳拾肆口。徑參寸。
博風鋪拾捌口。徑參寸。
戸牒木釘覆金肆枚。徑參寸。
雉楯金壹枚。長肆寸。弘參寸。在裏金。

肱金貳隻。在位金貳枚。
久留々木鎹貳隻。背長貳寸參分。莖長貳寸貳分。
同鎹根覆金肆枚。徑壹寸陸分。
　蟹目釘拾貳隻。
瑞垣南御門。
博風鋪拾捌隻。徑貳寸伍分。
千木端金肆枚。寸法同東西寶殿。釘參拾貳隻。
戶牒釘覆金伍枚。徑參寸。
千木鋪貳拾肆口。徑參寸。
內外長押鋪肆隻。徑貳寸伍分。
內外冠木鋪肆隻。徑貳寸伍分。
肱金貳隻。在位金貳枚。
貫木鎹貳隻。肩伍寸。高參寸。厚伍分。喬厚肆分。位金壹寸六分。
同北御門。
鋪捌隻。徑參寸。足壹。鑄立。
牒釘覆金伍枚。徑貳寸。
肱金參隻。

　位金參枚。
蕃垣御門。
鋪貳拾貳口。徑參寸。
牒釘覆金伍枚。徑三寸。
肱金貳枚。
四御門。
鋪參拾壹口。徑參寸。
牒釘覆金伍枚。徑參寸。
肱金貳隻。
　位金貳枚。
荒垣鳥居壹基鋪拾捌隻。徑參寸。
御氣殿金物。
千木端金四枚。弘四寸七分。長九寸八分。花前長三寸四分。
　蟹目釘卅二隻。徑三寸。
同鋪二十四口。徑三寸。
御戶貳本料。
　圓座肆枚。徑參寸。

蟹目釘拾貳隻。
戸下卷桶尻金肆口。徑一寸陸分。厚三分。高一寸。
戸津布利肆口。
戸間景肆枚。方參寸。
戸上卷金肆枚。
蟹目釘參拾隻。
博風鋪拾捌隻。徑參寸。
南北御戸牒釘覆金捌枚。徑貳寸。花形。
同牒釘根覆金捌隻。徑貳寸。花形。
蟹目釘參拾貳隻。
肱金肆隻。背長壹寸。莖長壹寸。足壹寸。弘厚各壹分。
位金肆枚。徑各壹寸壹分。
御床貳脚析。造宮所作儲之。
鏡形金貳拾枚。弘參寸。足壹。鑄立。可爲平鏡。厚壹分。
蟹目釘陸拾肆隻。
肱金捌枚。長捌寸。弘壹寸貳分。花打形堺。
蟹目釘玖拾肆隻。

瑞入釘覆平金貳拾肆枚。徑方壹寸伍分。
蟹目釘陸拾隻。
御机貳前析。造宮所作儲之。
肱金捌枚。長各漆寸。弘壹寸貳分。花形打堺。
蟹目釘玖拾陸隻。
鏡形金拾貳枚。弘參寸。足壹。鑄立。可爲平鏡。厚壹寸。
蟹目釘參拾陸隻。
端入釘覆菱釘拾陸隻。方壹寸。
齊參朝夕析机壹前析。
肱金貳拾枚。花形打堺。
捌枚。長各捌寸。弘壹寸貳分。
捌枚。長各捌寸。弘肆寸。
肆枚。長各陸寸伍分。弘參寸。
蟹目釘陸拾肆隻。
沓形肆口。徑貳寸。面壹寸肆分。喬壹寸。高壹寸參分。花形打堺。
蟹目釘拾貳隻。
一別宮。

多賀宮。
戸牒金肆枚。徑貳寸伍分。丸頭。但花形。
同裏平金肆枚。
久留々木鎹貳隻。肩壹寸陸分。長貳寸貳分。弘參分。足長貳寸伍分。厚貳寸。
位金肆枚。
久留々木鎹根覆平金肆枚。徑參寸。
蟹目釘拾貳隻。
雉楯金貳枚。長參寸伍分。弘貳寸漆分。
蟹目釘捌隻。
幌懸肱金肆枚。
位金肆枚。
板敷打釘覆平金參拾貳隻。徑參寸。足壹。鑄立。
蟹目釘佰陸隻。
瑞垣御門。
雉楯金壹枚。長陸寸肆分。穴壹口。長壹寸陸分。弘壹寸。
裏金壹枚。
鎹貳隻。背長壹寸陸分。茎長貳寸陸分。足長貳寸漆分。

同根覆平金肆枚。徑各參寸。
戸牒金肆枚。徑貳寸參分。丸頭。但花形。
長押上下桁鋪捌口。口徑各貳寸陸分。
戸引手金壹枚。寸法同正殿。
位金壹枚。花形。徑參寸。
土宮。
板敷釘覆平金貳拾隻。徑壹寸貳分。
蟹目釘陸拾隻。
平釘參拾貳隻。徑參寸。
蟹目釘佰陸隻。
雉楯金貳隻。長參寸漆分。弘壹寸壹分。穴壹。
戸牒金肆枚。徑參寸貳分。丸頭。但花形。
鎹根覆平金肆枚。徑貳寸伍分。
久留々木鎹貳隻。寸法同高宮。
幌懸肱金肆枚。加端垣御門定。
同位金肆枚。同。
瑞垣御門。

長押上下桁鋪捌口。徑參寸。
戸牒金肆枚。徑貳寸參分。丸頭。但花形。
雉楯壹枚。長參寸伍分。弘貳寸捌分。
　裏金壹枚。
鎹貳隻。背長壹寸肆分。莖長貳寸壹分。足貳寸伍分。
同根覆金肆枚。徑貳寸伍分。足壹。鑄立。
戸引手金壹枚。寸法同高宮。
　位金壹枚。
月讀宮。
板敷釘覆平金參拾隻。徑壹寸貳分。
　蟹目釘陸拾隻。
平釘參拾貳隻。徑參寸。
　蟹目釘佰陸隻。
雉楯金貳枚。長參寸漆分。弘參寸壹分。穴壹。
戸牒金肆枚。徑參寸貳分。丸頭。但花形。
鎹根覆平金肆枚。徑貳寸伍分。
久留々木鎹貳隻。寸法同高宮。

幌懸肱金肆枚。加瑞垣御門定。
同位金肆枚。同。
瑞垣御門。
戸牒金肆枚。徑貳寸參分。丸頭。但花形。
雉楯壹枚。長參寸伍分。弘貳寸肆分。
　裏金壹枚。
鎹貳隻。背長壹寸肆分。莖長貳寸壹分。足貳寸五分。
同根覆金肆枚。徑貳寸伍分。足壹。鑄立。
長押上下桁鋪捌口。徑參寸。
戸引手金壹枚。
　位金壹枚。
風宮。
板敷釘覆平金貳拾隻。徑壹寸貳分。
　蟹目釘陸拾隻。
平釘參拾貳隻。徑參寸。
　蟹目釘佰陸隻。
雉楯金貳枚。長參寸漆分。弘參寸壹分。穴壹。

戸牒金肆枚。徑參寸貳分。丸頭。但花形。
鎹根覆平金肆枚。徑貳寸伍分。
久留々木鎹貳隻。寸法同高宮。
幌懸肱金肆枚。加瑞垣御門定。
同位金肆枚。同。
瑞垣御門。
戸牒金肆枚。徑貳寸參分。丸頭。但花形。
雉楯壹枚。長參寸伍分。弘貳寸捌分。
裏金壹枚。
鎹貳隻。背長壹寸肆分。莖長貳寸壹分。足貳寸伍分。
同根覆金肆枚。徑貳寸伍分。足壹。鑄立。
長押上下桁鋪捌口。徑參寸。
戸引金壹枚。
位金壹枚。
鐵鎖拾捌具。管長肆寸以下伍寸以上。加風宮。
位金漆拾貳枚。徑壹寸。
打立參拾陸枚。莖長各貳寸伍分。弘捌分。長各貳寸伍分。厚肆分。

鑰拾捌枚。
貳枚。東西寶殿。
壹枚。御氣殿。
壹枚。酒殿。
壹枚。多賀宮。
壹枚。忌屋殿。
壹枚。同小殿。
壹枚。同小殿。
壹枚。瑞垣御門。
壹枚。外幣殿。
伍枚。御倉伍宇。
壹枚。土宮。
壹枚。月讀宮。
壹枚。風宮。
鈎匙拾參枚。鐵黑漆。加風宮御門鈎匙定。
壹枚。長貳尺六寸。厚貳分。勾伍寸。柄長肆寸伍分。柄黃楊木。本末徑壹寸壹分。本末有金銅桶尻並鐶。柄端錦。
參枚。長各貳尺。勾各伍寸。柄長肆寸伍分。黃楊木柄。口卷藤。在鐵目貫釘並鐶。
參枚。長各貳尺。勾各伍寸。黃楊木柄。口卷藤。在鐵目貫釘並鐶。
陸枚。長各壹尺捌寸。勾各肆寸。黃楊木柄。口卷藤。在鐵目貫釘並鐶。
鐵釘伍拾隻。長各參寸。
御神寶。
弓參張。

以梓作之。長漆尺伍寸。塗朱漆。在金銅彇。弓束骨藤金。以赤地唐錦爲弓束。以緋組各貳丈纏弓束。上下各壹尺。以綠絲纏弦。納赤地唐袋。朱漆櫃壹合。赤地錦折立。金銅鎖鑰。並兩覆面。

胡簶參腰。

平胡簶。以葛作之。塗赤漆。有金銅金物等。盛箭各參拾隻。長貳尺肆寸捌分。括中塗朱。以銀泥畫朽木形。鷲羽白樺。以金漆塗矢尻。以青地錦爲箭折立。付丸緒並紫革緒等。納朱漆櫃參合。在金銅鎖鑰。赤地唐錦折立。兩面覆。

御靫貳腰。

長壹尺八寸。弘四寸九分。下弘四寸壹分。下厚貳寸八分。〔下歟〕厚貳寸六分。自彫目上四寸八分。下參寸四分。弘四寸。同下弘參寸七分。加波高九分。黑漆。各盛箭參十貳隻。鷲羽白樺。以金漆塗付紫革緒貳所。長貳尺。弘壹寸壹分。裏小文革。在丸緒。間塞蝶形金物貳枚。納檜物櫃壹合。

鞆參枚。

黑漆平文。付村濃組。在金銅金物。赤地唐錦袋參條。

楯參枚。

黑漆。以檜木作之。高肆尺陸寸。弘壹尺四寸五分。厚壹寸。

鉾參竿。

柄長壹丈貳尺。黑漆平文。鐵白瑩桶尻。金銅鏑。付赤地唐錦比禮。長參尺伍寸。弘壹尺陸寸參分。金銅並銀薄伏輪。以金銅鞆繪貳枚。弘壹尺壹寸肆分。彫入中心。付緋小組緒貳筋。身長壹尺陸寸伍分。弘參寸伍分。下弘貳寸半。以金漆塗之。

大刀參柄。

壹柄。
身長參尺玖寸。赤木柄。長漆寸捌分。有金銅津波。有輪金。付鈴捌口。同甲目貫石突蟷螂〔マヽ〕形。並金鮒形貳隻。以銀爲鼻輪金。付紫肆組緒肆筋。長各參尺玖寸。水精露金笠等各肆果。鞘黑漆。長肆尺壹寸。作付山形金銅堀物銀平文雲形金騏驎伍枚。居玉捌拾陸果。大貳拾參果。小陸拾參果。以新羅組爲帶取。有漆金革前金銅煎海鼠形金貳拾參。前捌。後拾伍。又付鈴捌口。加平緒壹條。繡鸚鵡形。赤地唐錦袋。裏蘇芳打綾。付伏組。納朱細櫃壹合。以赤地唐錦爲折立。兩面覆在栗形等。

壹柄。
身長參尺漆寸。赤木柄。長捌寸肆分。金銅甲同津波。並足責石突漆金革。前蟷螂形金。以赤地唐錦爲帶取。又紫組肆筋。長參尺貳寸陸分。水精須加利玉貳果。金笠貳枚。鞘黑漆長參尺玖寸。以銀平文雲形金騏驎拾捌處。居玉捌拾貳果。大參拾果。小伍拾貳果。加平緒壹條。繡鸚鵡形。赤地唐錦袋壹條。納朱漆細櫃壹合。色目同前。

壹柄。
身長貳尺陸寸。柄長陸寸伍分。〔以脱歟〕櫻造之。以緋絲纒付烏羽。津波金壹枚。甲金壹枚。口金貳重。目貫須加留金貳枚。小文赤色丸縫緒。在責金壹枚。鞘黑漆平文。用椎子。木口金壹枚。足金貳枚。志波利金壹枚。桶尻金壹枚。革前金貳枚。帶取貳枚。赤地唐錦長參尺參寸。弘壹寸貳分。裏緋絹。以赤地唐錦爲、金緒。同錦壹條。長玖尺。弘貳寸伍分。裏緋絹。納袋壹條。赤地唐錦。裏蘇芳打綾。

御鏡壹面。
徑壹尺。八花崎。納黑漆平文筥。白鑞置口。赤地唐錦折立。白織物入帷。長參尺。兩面壹幅。

比禮貳筋。
鞍壹具。
黑漆平文同鐙。內塗朱。金銅鞍具鵄具並赤革緒。赤地唐錦褥。裏青白地革。唐錦表腹帶。在金銅金物。白布下腹帶。連著鞦鴦形。散物鑣緋組。手綱朱漆。韉裏吳錦。貫鞘以金銀薄切押繪下地。以雜丹畫鸚鵡形。以金漆油。其上□表裏黏押生絹。押縵綱緣泥障。長貳尺壹寸漆分。弘參尺貳寸捌分。以朱砂雜丹。畫鸚鵡形。金漆油。其上加村濃差繩貳筋。 以絹漆之。長參丈伍尺。 赤地唐錦袋壹條。裏緋絹。鞭壹筋。長貳尺貳寸陸分。木末在金銅桶尻。白樺卷。赤地唐錦。緒在伏組。
白馬形壹疋。
高壹尺。以金銀餝之。作著唐鞍。以雜丹綵色之。銀面。尾袋雲珠。頸總搆蝶。杏葉雲形蒜總等。凡如尋常餝馬。但髮際左右。金銅掘物著金銅小鈴。各捌口。總所餝著。鈴參拾壹口。丸緒手緒阿志津緒差繩。唐綾下腹帶。在踏板長貳尺伍寸。弘壹尺捌寸。口取壹人。高壹尺參寸。著冠纓。褐布帶。紅單衣。小文綾袴。生下袴。伊知比脛巾等。
御裝束。
壁代生絹帷貳條。 壹條長陸丈。弘陸幅。壹條長貳丈捌尺參寸。弘陸幅。
天井覆生絹帷壹條。 長貳丈伍尺。弘玖幅。
蚊屋生帷貳條。 壹條長壹丈肆尺。弘拾玖幅。壹條長壹丈肆尺。弘伍幅。
生絹袷幌壹條。 長漆尺參寸。弘伍幅。
殿戶上間張生絹帷壹條。 長貳丈。弘伍幅。
戶上壁代生絹帷壹條。 長捌尺伍寸。弘伍幅。
生絹袷帷壹條。 長壹丈。弘肆幅。
御床上王代細布袷帷壹條。 長貳丈。弘伍幅。
帛御被壹條。 長捌尺。弘肆幅。裏同。帛。
刺車錦被貳條。 長各捌尺。弘肆幅。裏大文緋綾。
船代內敷小綾帛御被貳條。 長各捌尺。貳幅。裏帛。

上覆帛被壹條。長捌尺。弘肆幅。裏同。帛。
小綾紫被壹條。長捌尺。弘肆幅。裏淺紫絹。
緋錦御衣壹領。裏緋綾。
紺御衣壹領。裏綠絹。
小綾綠御衣壹領。裏淺綠絹。
生絹御衣壹領。裏同。
以上。各長參尺。納綿各肆兩。
吳錦御衣壹領。裏緋綾。
小綾紫御衣壹領。裏緋帛。
小綾帛御衣壹領。裏緋絹。
緋御衣壹領。裏緋絹。
以上。長各參尺伍寸。納綿各肆兩。
緋御裳壹腰。
帛御裳貳腰。
紺御裳壹腰。
生絹御裳壹腰。
已上。單御裳。各高伍尺。襴長伍丈。腰長壹丈參尺。
吳錦御裳壹腰。
小綾紫御裳壹腰。
紺御裳壹腰。
倭文御裳壹腰。
已上。單御裳。各高伍尺。襴長貳丈伍尺。腰長壹丈漆尺。
生綾比禮肆條。長各貳尺伍寸。弘壹幅。
帛絹忍比肆條。長各貳丈伍尺。弘壹幅。
帛袷袜肆條。長各肆尺。弘壹幅。
帛御巾貳條。長各伍尺。弘壹幅。
細布御巾貳條。長各伍尺。弘壹幅。
御櫛筥壹合。黑漆平文。長壹尺捌寸。弘玖寸。深參寸貳分。白鑞置口。小文錦折立。納櫛漆枚。有懸子。
帛御襪肆足。長各貳尺。
錦御枕貳基。長伍寸伍分。弘參寸捌分。赤地唐錦。納楊筥。赤地錦折立。厚貳寸肆分。
紫御髮結肆條。長參尺。

同御帶貳條。長各漆尺。弘貳寸。
錦御襪貳具。納楊莒。赤地錦折立。
同御沓貳兩。長壹尺。面赤地唐菱錦。裏靑地同文錦。以生綾押其下。納楊莒。赤地錦折立。
生相殿神參座御裝束。
帛被參條。
生絹被參條。
已上。各長參尺伍寸。弘貳幅。納綿各貳拾兩。
帛衣參領。
生絹衣陸領。
已上。各長貳尺漆寸。納綿各陸兩。
生絹裳玖腰。各襴長壹丈。腰長參尺。高貳尺。
寶殿貳宇生絹幌貳條。長各捌尺。弘肆幅。
參門生絹幌參條。長各玖尺。弘伍幅。
已上。納塗赤漆韓櫃肆合。金銅鎖鑰。兩面折立。並覆緋綱。
奉遷御裝束。

紫蓋壹具。
方伍尺伍寸。表笠紫大文綾。裏緋大文綾。頂居金銅葱花壹重。頂並肆角 上覆赤地唐錦。花形押平組。肆角各付金銅鈴。結丸緒。長壹丈。蕨形。有金銅志部。並末濃總骨肆支。長肆尺五寸。各有蕨形。金物木末。各在金銅蟹爪小骨肆支。同木末有金物。在金銅轆轤。並指金柄 長壹丈肆尺參寸。黑漆平文。有金銅桶尻打堺。付緋綱肆條。長各貳丈伍尺。加緋袋壹帖。
紫翳壹柄。
羽長參尺伍寸。弘參尺肆寸。大節金貳枚。長各漆寸。弘捌寸 捌分。中節金上下 合六所。小節金上下肆所。皆金銅打堺。張紫羅。押赤地唐錦緣。片面弘捌分。柄長壹丈肆尺捌寸。黑漆平文。有金銅桶尻。打堺。加紫袋。納黑漆平文莒壹合。

菅御笠壹柄。
徑伍尺。頂覆金銅黃花形壹重。裏縫著生絹骨貳拾枚。塗黑漆末押金薄。其躰如蕨。削竹塗漆廻伍重。柄長捌尺。黑漆平文。有金銅桶尻打堺。付緋綱貳條。長各貳丈。具緋袋壹條。
菅翳壹柄。
徑參尺漆寸。有金銅雲形肆枚。月形貳枚。骨貳拾枚。廻竹肆枚。並黑漆骨。末打蟹目釘貳拾隻。柄長漆尺漆寸參分。黑漆平文。有金銅桶尻。加緋袋壹條。
大神奉座楊筥參合。
長壹尺捌寸伍分。弘壹尺陸寸陸分。以赤地錦爲折立。敷同錦長壹尺漆寸參分。弘壹尺肆寸伍分。高貳寸。在蓋。
垣代生絹單帳壹條。長陸尺。弘參幅。
生絹幔壹。長陸丈。弘參幅。

敷御道白布拾捌段。
禰宜内人明衣陸拾肆領。生絹肆□男貳人。女貳人白布陸拾段。男參拾人。女參拾人。
人垣奉仕等鬘並玉串料木綿捌斤。大。
已上。納朱辛櫃壹合。
多賀宮御裝束。
生絹蚊屋貳條。壹條長捌尺。弘肆幅。壹條長捌尺。弘拾貳幅。
天井生絹帳壹條。長捌尺。弘參幅。
細布土代帷壹條。長陸尺。弘貳幅。
帛被壹條。裏同帛。
生絹被壹條。裏同絹。
已上。長肆尺伍寸。弘各貳幅。納綿各貳拾兩。
緋衣壹領。裏緋。
生絹衣壹領。裏同。
錦衣壹領。裏緋綾。
帛衣壹領。裏同帛。
已上。長各貳尺。納綿各肆兩。

紫紗裳壹領。
帛御裳壹領。
已上單御裳。齋長肆尺。高貳尺。腰肆尺。
御櫛筥壹合。色目同。太神宮御析。
紫御髮結貳條。長各肆尺。
生絹幌壹條。長捌尺。弘參幅。
同絹幌壹條。長陸尺。弘參幅。
綠帶貳條。長各陸尺。
奉遷內人物忌白布明衣貳領。男女各壹領。長各肆丈伍尺。
已上。納朱漆辛櫃壹合。
土宮御裝束。
生絹蚊屋貳條。壹條長陸尺。弘參幅。壹條長陸尺。弘拾壹幅。
天井生絹帳壹條。長捌尺。弘參幅。
細布土代帳壹條。長伍尺伍寸。弘貳幅。
帛被壹條。裏同絹。
生絹被壹條。裏同絹。
已上。長各肆尺。弘各貳幅。納綿各拾陸兩。

緋衣壹領。裏同。
生絹衣壹領。裏同。
錦衣壹領。裏緋綾。
帛衣壹領。裏同帛。
已上。長各貳尺。納綿各肆兩。
帛御裳壹腰。
單紫紗裳壹腰。
已上單御裳。齋長各肆尺。高貳尺。腰長各肆尺。
御櫛筥壹合。尺寸同高宮。黑漆平文。白鑞置口。小文錦折立。納櫛漆枚。
紫御髮結貳條。長各肆尺。
生絹幌貳條。壹條伍尺伍寸。弘參幅。壹條長漆尺。弘參幅。
綠帶貳條。長各陸尺。
奉遷內人物忌白衣明衣貳領。男女各壹領。長各肆丈參尺。
已上。納朱漆辛櫃壹合。
月讀宮御裝束。
生絹蚊屋貳條。壹條長陸尺。弘參幅。壹條長陸尺。弘拾貳幅。

天井絹帳壹條。長丶尺。弘參幅。
細布土代帷壹條。長各伍尺伍寸。弘貳幅。
帛被壹條。裏同。
生絹被壹條。裏同。
已上。長各肆尺。弘各貳幅。納綿各拾陸兩。
緋衣壹領。裏同。
生絹衣壹領。裏同。
錦衣壹領。裏緋綾。
帛衣壹領。裏同帛。
已上。長各貳尺。納綿各肆兩。
帛御裳壹腰。
單紫紗裳壹腰。
已上單御裳。𥿻長各肆尺。高貳尺。腰長各肆尺。
御櫛筥壹合。尺寸同土宮。黑漆平文。白鑞置口。
紫御髮結貳條。長各肆尺。
生絹幌貳條。壹條長伍尺伍寸弘參幅。壹條長漆尺。弘參幅。

緑帶貳條。長各陸尺。
奉遷內人物忌白布明衣貳領。男女各壹領。長各肆丈伍尺。
納朱漆辛櫃壹合。
風宮御裝束。
當宮金物並御裝束事。
生絹蚊屋貳條。壹條長陸尺。長參幅。壹條長陸尺。弘拾貳幅。
天井絹帳壹條。
細布土代帷壹條。長各伍尺伍寸。弘貳幅。
帛被壹條。裏同。
生絹被壹條。裏同。
已上。長各肆尺。弘各貳幅。納綿各拾陸兩。
緋衣壹領。裏同。
生絹衣壹領。裏同。
錦衣壹領。裏緋綾。
帛衣壹領。裏同帛。
已上。長各貳尺。納綿各肆兩。
帛御裳壹腰。

單紫紗御裳壹腰。
已上單御裳。襴長各肆尺。高貳尺。腰長各肆尺。
御櫛筥壹合。尺寸同月讀宮。黑漆平文。白鑞置口。
紫御髮結貳條。長各肆尺。
生絹幌貳條。壹條長伍尺伍寸。弘參幅。壹條長柒尺。弘參幅。
緑帶貳條。長各陸尺。
奉遷內人物忌白布明衣貳腰。男女各壹領。長各肆丈伍尺。
納朱漆辛櫃壹合。
右得神祇官解偁。伊勢太神宮司解偁。造豐受太神宮御裝束並神寶雜物等。廿年一度。依式應奉造。仍言上如件者。正二位行權大納言藤原朝臣公雅宣。奉勅。依請者。一物已上。辨代從五位上行神祇權大副大中臣朝臣秀直。右大史正六位上兼行少內記高橋朝臣範職等。充使奉送如件者。宮司宜承知。依宣行之。
應永廿六年十一月廿日
從四位下右中辨藤原朝臣 判
〔恐常在年月日下〕從四位下行主殿頭兼左大史小槻宿禰 判
原本省略。
右任今月日宣旨狀。宮司禰宜相共。神寶並金物及奉遷御裝束等。且依先例。且任見在。所勘錄也。但於正殿並別宮御裝束者。代々就符案。被調進之間。不加撿知之狀如件。謹解。
應永廿六年六月廿七日
豐受太神宮
禰宜從五位上度會神主顯彥
禰宜從五位上度會神主貞誠
禰宜正五位下度會神主貞晴
禰宜正五位下度會神主朝清
禰宜正五位下度會神主晴昌
禰宜正五位下度會神主常重
禰宜正五位下度會神主常雄
禰宜正五位下度會神主朝廉

禰宜正五位下度會神主義彦
禰宜正五位下度會神主貞秀
宮司
少司
權大司
大司從五位下大中臣朝臣長盛
官使
左辨官史生從七位下中原朝臣職賢
右各在裏判。
右得神祇官解偁。伊勢太神宮司解偁。造豐受太神宮御裝束並神寶雜物等。廿年一度。依式應奉送。仍言上如件者。從二位行權中納言源朝臣有房宣。奉勅。依請。一物已上。辨代從五位上行神祇權少副大中臣朝臣隆種。右大史正六位上兼行左衛門少尉中原朝臣景範等。充使奉送如件者。宮司宜承知。依宣行之。
〔吉歟〕嘉元四年十二月十日

修理左宮城使正四位下行左中辨平　朝臣判
〔恐當在年號月日下〕正五位下行左大史小槻宿禰判
行豐受太神宮遷宮事所
奉送明衣事。
四丈白布參拾陸段。
六丈精好絹拾壹疋。
凡絹佰拾伍疋代國絹陸〔拾歟〕疋。
〔吉歟〕喜元四年十二月七日　左官掌紀秀兼
右史生大江職重
左大史中原景範
進納餘剩金物事。
合。
御橋踏板金二枚。　鎹四隻。在位金。
戸牒花形金三枚。　雉楯金二枚。
徑三寸鋪五。　鏡形金二枚。
平金三枚。　肱金二枚。

長二尺一寸金三枚。
以上入辛櫃一合。在初覆鼻栗等・
右依餘剩〔吉歟〕。進納如件。
嘉元四年十二月十七日
右史生紀有直
左史生紀定兼

右讀合者。兩三本之中。互擇其詳者。以終功畢。但於畢本。御神寶等。尚雖有增減。今所勘錄之本者。任宣下之旨。官即司、即禰宜中。名判炳然之間。爲證者也。仍衆議如件。
天正十三乙酉五月外宮禰宜中

續群書類從卷第十一

神祇部十一

寛正三年内宮神寶送官符

太政官符。伊勢大神宮司。

一正殿金物。

内御帳肱金百三十二勾。背長一寸。弘三分。莖長一寸。厚二分半。足長一寸二分。

戸引手金二勾。徑三寸六分。

引手位金二枚。花形徑各四寸。

引手内寨覆花形金二枚。徑一寸九分。足二。鑄立。

蟹目釘六隻。長一寸。頭徑二分半。

鎹三勾。背長分二寸四分。弘五分。莖長三寸八分。厚四分。足長三寸七分。

鎹一勾。背長二寸五分。弘六分。莖長三寸。厚三分。足長一寸七分。

位花形金八枚。徑各一寸五分。

鎹外覆花形金八枚。徑各一寸九分。足二。鑄立。枚別穴三口。

蟹目釘二十四隻。長一寸。頭徑一分半。

雉楯金二枚。長六寸一分。弘三寸六分。穴長一寸九分。打堺。

蟹目釘十六隻。長各一寸六分半。頭徑各一分半。

帖釘覆金五枚。徑各三寸。足長三寸。鑄立。

殿戸上下鬩鋪八口。徑各三寸。足長二寸。鑄立。

冠木端肱金四枚。長一尺九寸。弘七寸二分、三分。

同裏金四枚。長各七寸五分。弘一尺二寸五分。

同鬲金四枚。高各九寸二分。弘一尺三寸一分。

蟹目釘貳拾四隻。

幌懸鐶三枚。長各一寸五分。頭徑六分。
位金三枚。徑各一寸二分。
鏁一具。管長四寸五分。管口徑一寸七分。自勾至末二寸七分。管弘厚各二寸。自舌莖末至勾一寸四分。根雄徑五分。根雄長一尺二寸。
鏁打立金貳枚。頭徑壹寸三分。足長二寸五寸。足本弘一寸。穴徑六分。足弘六分。厚二分半。莖長三寸五分。
位花形金貳枚。徑各一寸五分。
覆金貳枚。徑各一寸五分。
鎰壹枚。長三尺四寸七分。柄長三寸五分。柄本金弘八分。柄本末徑一寸一分。本末口褁金長八分。自柄至勾長五寸八分。勾金弘七分。自中至下弘七分。自勾至下二二尺三寸五分。捴厚三分。柄中花形目拔在。又柄端着環。
匙壹勾。長一尺五分。弘六分。四舌。
棟端金貳枚。長各八寸一分。弘八寸七分。穴各八口。
蟹目釘十六隻。長各一寸五分。頭徑各一分半。
桁端金四枚。長各八寸一分。弘七寸二分。枚別穴八口。
蟹目釘參拾貳隻。長各一寸五分。頭徑一分半。
垂椽端金八十八枚。方各三寸四分。枚別穴四口。打堺。
蟹目釘參百五十貳隻。長各一寸五分。頭徑一分半。

博風端金四枚。長各九寸六分。弘六寸。穴各四口。打堺。
蟹目釘十六隻。長各二寸。頭徑各一分半。
鏡形木覆金六十八枚。片方三十四口。徑各三寸一分。枚別足一。鑄立。
鞭懸木端金十六枚。徑各二寸一分。枚別足一。鑄立。桶戻作之。長四寸三分。
蟹目釘十六隻。長各一寸五分。
博風鋪十八隻。片方九口。徑各四寸。口別足一。鑄立。
妻塞押木打鋪四十四口。徑各一寸五分。口別足一。鑄立。長三寸。
博風上打釘貳拾四口。徑各三寸。口〔脱歟〕足一。鑄立。
高欄鳥居丸桁端金十管。徑各三寸四分。穴各四口。長各五寸。打堺。
蟹目釘四十隻。長各一寸。頭徑一分半。
高欄中桁端金拾枚。長各七寸四分。弘四寸九分。厚三寸六分。穴六口。花形打堺。
蟹目釘六十枚。長各一寸。頭徑一分半。
高欄土居端金十枚。弘七寸四分。長七寸。枚別穴六口。厚三寸八分。並花形打堺。
蟹目釘六十隻。長各一寸。頭徑一分半。
高欄長押肱金四勾。長一尺四寸。弘六寸五分。片方長七寸。勾別穴十四口。並花形打堺。
蟹目釘五十六隻。長各一寸。頭徑一分半。
同上長押肱金四枚。長各一尺四寸。頭弘三寸八分。

蟹目釘四十隻。長各一寸。頭徑一分半。
高欄泥障板鋪貳拾九口。徑各三寸。口別足一。鑄立。
高欄簀子敷釘覆金百六十隻。徑三寸三分。口別足一。鑄立。
高欄鋪百貳拾八口。九十二口。徑各三寸。三十六口。徑二寸一分。口別足一。鑄立。
高欄上座玉貳拾丸。赤四。白四。青四。黄四。黑四。玉高三寸四分。徑三寸七分。
玉固釘十隻。長各三寸。以鐵作之。
玉位花形金貳十枚。徑各五寸。花枚六。穴各一。
又玉花形下金貳十枚。內四辻四枚。弘七寸五分。三辻二枚。弘七寸五分、十四枚穴各七寸。弘各四寸七分。穴各五口。
蟹目釘百八隻。長各一寸。徑一分半。
御橋高欄上玉六丸。青二。黄一。赤二。白一。徑各三寸七分。高三寸四分。
御橋玉位花形下金六枚。長各七寸。弘六寸。穴各四口。花形打堺。
蟹目釘參拾四隻。長各一寸。頭徑一分半。以鐵作之。
花形固釘六隻。長各三寸。以鐵作之。
御橋鋪四十口。徑各三寸。口別足各一。鑄立。
壁角柱長押肱金四枚。長二尺二寸。弘八寸。打堺。
蟹目釘五十六隻。長各一寸。頭徑一分半。

壁角柱上長押肱金四枚。長一尺二寸。弘二寸六分。
蟹目釘五十六隻。長各一寸。頭徑一分半。
壁柱長押釘覆鋪十四口。徑各三寸。口徑□。足一。鑄立。
板敷釘覆金百八枚。徑二寸一分。口三。鑄立。
正殿下蟬覆金貳拾四枚。徑各二寸五分。足三。鑄立。
蟹目釘七拾貳隻。
北御門帖釘覆金五枚。徑各一寸五分。丸頭。
同御門上下長押鋪八口。徑各三寸。口別足一。鑄立。
同御門雉楯金貳枚。長四寸三分。穴六口。長一寸。弘三寸。穴口五分。
蟹目釘十貳隻。長各一寸。頭徑一分半。
鎰外覆金六枚。徑各二寸一分。枚別穴三口。足各三。鑄立。
蟹目釘十八隻。長各一寸。頭徑一分半。
同御門鎰參勾。背長各二寸四分。弘六分。厚四分。莖長三寸。足長一寸七分。
位金六枚。徑一寸五分。
同裏覆金六隻。徑一寸五分。
幌懸鐶參枚。長各一寸五分。頭徑六分。
位金參枚。長各一寸五分。頭徑六分。

南萱葺御門參宇新鋪六十六口。徑各三寸。口別足一。鑄立。
蕃垣御門壹宇新鋪八口。徑各三寸。口別足一。鑄立。
御門四宇帖釘覆金貳拾枚。徑各一寸半。丸頭。
御門四宇幌懸耳金拾貳枚。徑各一寸半。長各一寸五分。
位金拾貳枚。徑各一寸半。
南御門壹宇鳥居長押鋪四口。徑各三寸。口別足□。鑄立。
寶殿二宇博風釘覆鋪參拾六口。徑各三寸。口別足一。鑄立。
御床四脚。造宮使儲之。
貳脚新金花形釘四十六枚。徑各七分。
足新桶尻八枚。弘四寸。厚三寸。莖長一寸。高四寸。
肱金八勾。長各一尺七分。片方六寸。片方四寸七分。弘一寸九分。並花形打堺。穴各十四口。
蟹目釘百十三隻。長各一寸。頭徑一分半。
貳脚新金平釘參拾貳隻。長各二寸。
大鏁四具。以鐵作之。納御稻倉四宇新四舌。根雄長壹尺六寸七分。口徑七分。管長六寸五分。管弘厚各二寸八分。自勾至末。片方四寸五分。弘一寸五分。厚五分。
蟹目釘九百隻。
同鏁打立八枚。頭徑一寸三分。穴徑九分。足長二寸三分。足本弘一寸三分。厚五分。足根長三寸。
位花形金八枚。徑各三寸八分。
同裏金八枚。但二寸。
匙四勾。長各一尺二寸二分。弘各一寸。
鐶四筋。長各二尺七寸。弘一寸。正殿天井縣新。
寶殿二宇鏁貳具。以鐵作之。根雄長一尺一寸七分。管長四寸三分。莖長二寸二分。方一寸八分。四舌。
同鏁打立四枚。頭徑一寸二分。穴徑六分。足長二寸五分。足本弘一寸。厚三分。足根長三寸。
位花形金四枚。徑各二寸五分。
匙貳勾。長各一尺一寸五分。弘六分。
正殿戸新。
戸圓座貳枚。長五寸五分。弘四寸三分。
間景貳枚。長各五寸五分。弘四寸二分。
蟹目釘參拾貳隻。
戸脛中貳口。徑二寸。長四寸七分。
戸卷貳口。徑一寸八分。長四寸七分。
甍覆板壹枚左右端金貳枚。弘各二尺二寸五分。中廣厚各七寸。左右端金厚二寸五分。
蟹目釘參十隻。長各一寸五分。
泥障板貳枚左右端金四枚。長二尺二寸。弘各三寸五分。
蟹目釘四十隻。長一寸五分。
堅魚木十丸左右端金貳拾枚。口徑二尺一寸五寸。加廻三寸五分定。打物。
蟹目釘參百隻。長一寸五分。
貫木拾枚左右端金貳拾枚。長各四寸五分。弘三寸五分。厚二寸五分。
蟹目釘八拾隻。長各一寸五分。
千木四枝左右端金八枚。長八寸。弘五寸。上口弘一尺。厚四寸。
蟹目釘百六十隻。徑各一寸。
正殿昇階男柱葱花金貳口。高一尺四寸。口徑一尺七分。
蟹目釘八隻。長各一寸。
御橋板敷左右端金貳十枚。長一尺一寸三分。弘三寸八分。折立二寸一分。
蟹目釘貳百四十隻。長各一寸。
長押金物貳枚。長一尺一寸八分。弘六寸五分。
蟹目釘參拾貳隻。長各一寸。

正殿棟覆板左右高覆金貳筋。長各五丈八尺八寸。弘三寸五分。
貳尺金足五十九枚。
蟹目釘五百隻。長一寸五分。
泥障板貳枚左右高覆金貳筋。長各五丈四尺八寸。弘三寸五分。
貳尺金足五十五枚。
蟹目釘五百隻。長各一寸五分。
東西寶殿御戸帖釘覆金十枚。徑二寸。
同寶殿千木八枝上端金十六枚。長各七寸。弘四寸。上口弘八寸。在猪目。
蟹目釘參百貳拾枚。長各一寸。
千木八枝鋪四十八口。徑各二寸五分。
瑞垣御門千木四枝上端覆金物八枚。長各六寸五分。弘四寸五分。
蟹目釘百六十隻。長各一寸。
同千木四枝鋪四十八口。徑各二寸五分。
同御門鎹二口。肩四寸。根上三寸六分。根雄三寸。
位金四枚。徑各一寸五分。

正殿御戸物柱鋪十口。徑一寸五分。
同壁持鬲鋪十四口。徑一寸九分。
同御帳上組入辻菱釘百四隻。方一寸二分。
同土居木尻金十六枚。長五寸五分。弘四寸五分。
蟹目釘六十四隻。長各一寸。
御戸鎰穴雉楯裏金一枚。寸法高與面金同。打堺。
同殿壁持鋪二十四口。口徑各一寸五分。鑄立。
御橋高欄土居鋪四口。徑各二寸。鑄物。
正殿妻塞宇立切組鋪二口。徑三寸。鑄物。
簀木敷木尻金十一枚。長三寸六分。弘二寸。
蟹目釘十八隻。
中鏁十具内。別宮新八具。四舌。以鐵作之。在各匙。由貴殿酒殿二具。根雄長一尺三寸。口徑六分。耳金長二寸。弘一寸。厚三分。管長四寸六分。厚二寸。弘二寸二分。舌長三寸二分。自勾至末。片方三寸七分。
同鏁打立二十枚。頭徑一寸二分。穴徑六分。足長一寸二分。足本弘一寸。厚三分。
位花形金二十枚。徑各二寸五分。
鐵鎰七勾。柄長四寸。肩六寸八分。勾下二尺四寸。弘五分。厚一分半。以黑柹爲柄。纏藤。以金銅金物爲蟹目釘。

中鏁二具。根雄長一尺三寸。口徑六分。耳金長二寸。弘二寸。厚三分。管長四寸六分。厚二寸。弘二寸一分。舌長三寸二分。自勾至末。片方三寸七分。以鐵作之。二舌。
同打立四枚。頭徑一寸二分。穴徑六分。足二寸二分。足本弘一寸。厚三分。足根長三寸。
位金花形四枚。徑各二寸五分。
又中鏁二具。寸法同前。
打立四枚。同前。
位金花形四枚。徑各二寸五分。
匙四勾。長一尺一寸五分。弘六分。
正殿天井柱上下脛巾金八枚。四枚。高四寸五分。廻一尺六寸。穴各二口。高各一寸三分。弘一寸二分。四枚。高三寸五分。廻一尺二寸。
蟹目釘四十八隻。
同殿内向板釘覆鋪四口。口徑二寸。
壁持内釘覆平金二十四枚。方一寸四分。
御戸久留々木左右木尻金二枚。口徑二寸。
御戸牒釘根塞覆平金五枚。徑各三寸。足長三寸。
御戸内閾與壁持繼目鋪二口。口徑一寸六分。足長二寸。
同閾楣中打釘覆鋪一口。口徑二寸一分。足三。鑄立。

壁持繼目鋪三口。口徑一寸六分。足長二寸。
左右相殿御床足後釘目打平釘四枚。徑八分。
閾上打鋪三口。徑一寸六分。足長二寸。
閾與壁持繼目打釘鋪二口。口徑一寸六分。足長二寸。
壁持外打鋪三口。口徑三寸。足長三寸。
蟬覆上打釘目隱鋪八口。口徑一寸六分。足長二寸。
簀子張桁木尻金四枚。弘三寸六分。厚三寸。
相殿御床足花形金十二枚。徑各五寸。
正殿蟬覆木尻金二十四枚。長各六寸五分。弘二寸八分。折立七分。
同下桁釘覆鋪四口。徑各三寸。口別足一。各立。
同殿天井鐶懸桁鋜四枚。背長各二寸五分。徑長各三寸。弘六分。厚五分。足長各二寸。
同位金八枚。
同殿泥障板釘覆鋪四口。徑各四寸。
面戶板木尻金四枚。長各七寸。弘各二寸。
相殿御床二脚桁端入釘覆花形金二十枚。徑各五分。

北御門雉楯裏金一枚。長四寸五分。穴六口。長一寸。弘三寸。穴口五分。
甍覆端金折立金四枚。弘各二寸。
泥障板四枚折立金八枚。弘各二寸。
正殿宇立左右鋪六口。徑各三寸五分。
荒祭宮御戶牒釘覆鋪五口。口徑二寸。丸頭。足長二寸。
同宿御門桁鋪四口。徑各三寸。口別足一。各立。
同御門牒釘覆花形五枚。徑各一寸五分。丸頭。
同宮御倉鏁一具。以鐵作之。管長四寸五分。弘二寸二分。厚二寸二分。四舌。耳金長一寸七分。本弘八分。厚三分。自勾至末。片方二寸八分。根雄長一尺七分。口徑四分。
同打立二枚。頭徑一寸。長七寸。本弘七分。厚三分。足根方三寸。
位花形金二枚。弘一寸四分。
蟹甲二枚。弘一寸四分。
同匙一勾。長九寸。弘六分。厚二分。
寶殿二宇幌懸鐶六枚。徑一寸五分。
位金六枚。徑各一寸五分。
別宮金物。
荒祭宮。

御戸牒釘裏金五枚。徑二寸。
板敷釘覆平金五十六枚。足一。
蟹目釘百二十隻。
引手金一枚。徑三寸。在位金根覆平金一枚。
幌懸三枚。徑各一寸五分。長一寸五分。
同位金三枚。徑各一寸五分。足一寸五分。
瑞垣御門久留々木鎰根覆平金四枚。徑二寸。
蟹目釘十二隻。
雉楯裏金一枚。長四寸。弘三寸五分。
蟹目釘四隻。
長押上下鋪四口。徑各三寸。口別足一。鑄立。
肱金一枚。肩長二寸。弘四分。厚三分。壺長一寸五分。足長二寸五分。
位金一枚。徑二寸。
同宮御鏁一具。以鐵作之。管長四寸五分。弘二寸二分。厚二寸。四舌。耳金長一寸七分。本弘八分。厚三分。自勾至末。片方二寸八分。根雄長一尺七分。口徑四分。
同打立二枚。頭徑一寸。長七寸。本弘七分。臂三分。足根長三寸。
位花形金一枚。弘一寸四分。

蟹甲二枚。弘一寸四分。
同匙一勾。長九寸。弘六分。厚二分。
納辛櫃一合。
月讀宮。
御戸牒釘覆金五枚。徑二寸。丸頭。
同裏金五枚。徑一寸。
同雉楯金二枚。長三寸二分。弘二寸六分。
同裏金一枚。長三寸二分。弘二寸六分。
蟹目釘八枚。
引手金一勾。徑三寸。在位金根覆平金一枚。
瑞垣御門牒釘覆金五枚。徑一寸。
同御戸牒釘覆金五枚。徑二寸。丸頭。
同雉楯金一枚。長三寸二分。弘二寸六分。
同裏金一枚。長三寸二分。弘二寸六分。
蟹目釘八枚。
瑞垣鎰二隻。肩徑四寸。高三寸六分。
同位金四枚。徑一寸五分。

久留々木鎹根覆平釘四枚。徑一寸五分。
同鎹二隻。肩徑一寸五分。
同位金四枚。
納辛櫃一合。
瀧原宮。
御戸牒釘覆。徑二寸。丸頭。
同裏金五枚。徑二寸。
同雉楯金一枚。長三寸二分。弘二寸六分。
同裏金一枚。長三寸二分。弘二寸六分。
蟹目釘八枚。
引手金一勾。徑三寸。在位金根覆平金一枚。
瑞垣御門牒釘覆金五枚。徑二寸。
同御戸牒釘覆金五枚。徑二寸。丸頭。
同雉楯金一枚。長三寸二分。弘二寸六分。
同裏金一枚。長三寸二分。弘二寸六分。
蟹目釘八枚。
瑞垣鎹二隻。肩徑四寸。高三寸六分。

位金四枚。徑一寸五分。
久留々木鎹根覆平釘四枚。徑一寸五分。
同鎹二隻。肩徑一寸五分。
同位金四枚。
長押上下鋪四口。徑各三寸。口別足一。鑄立。
肱金二枚。肩長二寸。弘四分。厚三分。莖長一寸五分。長二寸五分。
位金二枚。徑二寸。
納辛櫃一合。
瀧原並宮。
御戸牒釘覆金五枚。徑二寸。丸頭。
同裏金五枚。徑二寸。
同雉楯金一枚。長三寸二分。弘二寸六分。
同裏金一枚。長三寸二分。弘二寸六分。
蟹目釘八枚。
引手金一勾。徑三寸。在位金根覆平金一枚。
瑞垣御門牒釘覆金五枚。徑二寸。
同御戸牒釘覆金五枚。徑二寸。丸頭。

同雑楯金二枚。長三寸二分。弘二寸六分。
同裏金一枚。長三寸二分。弘二寸六分。
蟹目釘八枚。
瑞垣鎰二隻。肩徑四寸。高三寸六分。
同位金四枚。徑一寸五分。
久留々木鎰根覆平釘四枚。徑一寸五分。
同鎰二隻。肩徑一寸五分。
同位金四枚。
長押上下鋪四口。徑各二寸。口別足一。鐫立。
肱金二枚。肩長二寸。弘四分。厚三分。壅長一寸五分。足長二寸五分。
位金二枚。徑二寸。
納辛櫃一合。
伊雑宮。
御戸牒釘覆金五枚。徑二寸。丸頭。
同裏金五枚。徑二寸。
同雑楯金一枚。長三寸二分。弘一〔二歟〕寸六分。
同裏金一枚。長三寸二分。弘一〔二歟〕寸六分。

蟹目釘八枚。
引手金一勾。徑三寸。在位金根覆平金一枚。
瑞垣御門牒釘覆金五枚。徑二寸。
同御戸牒釘覆金五枚。徑二寸。丸頭。
同雑楯金一枚。長三寸二分。弘二寸六分。
同裏金一枚。長三寸二分。弘二寸六分。
蟹目釘八枚。
瑞垣鎰二隻。肩徑四寸。高三寸六分。
同位金四枚。徑一寸五分。
久留々木鎰根覆平釘四枚。徑一寸五分。
同鎰二隻。肩徑一寸五分。
同位金四枚。
長押上下鋪四口。徑各三寸。口別足一。鐫立。
肱金二枚。肩長二寸。弘四分。厚三分。壅長一寸五分。足長二寸五分。
位金二枚。徑二寸。
納辛櫃一合。
伊佐奈岐宮。

御戸牒釘覆金五枚。徑二寸。丸頭。
同裏金五枚。徑二寸。
同雉楯金一枚。長三寸二分。弘一〔二歟〕寸六分。
同裏金一枚。長三寸二分。弘一〔二歟〕寸六分。
蟹目釘八枚。
引手金一勾。徑三寸。在位金根覆平金一枚。
瑞垣御門牒釘覆金五枚。徑二寸。
同御戸牒釘覆金五枚。徑二寸。丸頭。
同雉楯金一枚。長三寸二分。弘二寸六分。
蟹目釘八枚。
瑞垣鎰二隻。肩徑四寸。高三寸六分。
久留々木鎰根覆平釘四枚。徑一寸五分。
同鎰二隻。肩徑一寸五分。
同位金四枚。
長押上下鋪四口。徑各三寸。口別足一。鑄立。
肱金二枚。肩長二寸。弘四寸。厚三分。莖長一寸五分。足長二寸五分。
位金二枚。

納辛櫃一合。
風日祈宮。
御戸牒釘覆金五枚。徑二寸。丸頭。
同裏金五枚。徑二寸。
同雉楯金一枚。長三寸二分。弘二寸六分。
同裏金一枚。長三寸二分。弘二寸六分。
蟹目釘八隻。
引手金一勾。徑三寸。在位金根覆平金一枚。
瑞垣御門牒釘覆金五枚。徑二寸。
同御戸牒釘覆金五枚。徑二寸。丸頭。
同雉楯金一枚。長三寸二分。弘二寸六分。
同裏金一枚。長三寸二分。弘二寸六分。
蟹目釘八枚。
瑞垣鎰二隻。肩徑四寸。高三寸六分。
同位金四枚。徑一寸五分。
久留々木鎰根覆平釘四枚。徑一寸五分。
同鎰二隻。徑一寸五分。

同位金四枚。
長押上下鋪四口。徑各三寸。口別足一。鑄立。
肱金二枚。肩長二寸。弘四分。厚三分。莖長一寸五分。足長二寸五分。
位金二枚。徑二寸。
納辛櫃一合。
一御裝束。
太神宮御析。
正殿御裝束。
生絁壁代單帳三條。
一條。長四丈尺。弘六幅。
一條。長六丈。弘六幅。
一條。長九尺。弘二幅。
生絁單天井一條。長三丈六尺二寸。弘九幅。
生絁袷幌一條。長九尺。弘七幅。
生絁單內蚊屋二條。長各一丈三尺。弘各十二幅。
御床析御裝束。
細布袷土代帷一條。長一丈八尺。弘六幅。
生絁袷帷一條。長一丈三尺。弘四幅。
納白葛宮一合。方一尺。深三寸。
生廣絁御被二條。長各九尺。弘四幅。
一條。無綿。
一條。綿二拾屯。
已上納黑漆辛櫃一合。在金銅鏁鎰。沓冒子菱釘四面覆。裏緋青。打絹折立。絲組緒。枋木戾雨皮延鼻栗等。
小窠錦御被一條。長九尺。弘四幅。緋絹裏。納綿二拾屯。
樋代析御裝束。
小文紫綾御被一帖。長五尺。弘二幅。納綿八屯。
小文緋綾御被一帖。長五尺。弘二幅。納綿八屯。
小文緋綾一疋。、累敷析。
已上納辛櫃一合。色目同前。
屋形文錦御被一條。長五尺。弘二幅。無綿。
五窠文錦御被一條。長一丈。弘五幅。緋絹裏。納綿廿屯。
帛御被三條。
二條。長各一丈。弘各四幅。納綿二拾屯。

一條。長九尺。弘四幅。無綿。
組三十八條。長各三尺。弘五分。新羅組。
已上納辛櫃一合。色目同前。
出座御裝束。
錦御枕二枚。長各五寸五分。弘三寸八分。厚二寸四分。中子以檜作之。以赤地唐錦裹之。
納柳白〔楾歟〕筥一合。方一尺五分。深二寸。赤地唐錦。折立。
帛袷御〔柳白歟〕、八條。長各二尺。弘一尺五分。緋絹裏。
納白柳筥一合。一尺五寸。深二寸。打敷。色紙二枚。
御櫛筥二合。方各一尺。深二寸。黑漆平文。赤地唐錦。折立。
納黄楊櫛八枚。各四枚。
御鏡二面。徑各九寸。
白織物入帷。長各三尺。
納筥二合。黑漆平文。赤地唐錦。折立。
御髮結紫絲八條。長各五尺。
納柳白筥一合。方一尺。深二寸。打敷。色紙二枚。
御加美阿互帛八條。長各三尺。弘各一尺七寸八分。單。
納柳白筥二合。方一尺。深二寸。打敷。色紙二枚。

白玉八拾一丸。重一兩三分。中分以白縮二尺各褁之。
納白柳〔柳白歟〕筥二合。方一尺。深二寸。各打敷。色紙二枚。
納生絁被袋二枚。長七尺。弘四幅。
細布袷帳一條。長九尺。弘四幅。
生絁袷帳一條。長九尺。弘四幅。
白絹袷御被一條。長九尺。弘四幅。無綿。
生廣絹袷御被一條。長九尺。弘四幅。無綿。
已上納辛櫃一合。同前。
錦御被一條。長九尺。弘四幅。納綿八屯。裏緋絹。面紺地。小文京錦。
小文紺綾御衣二領。長各三尺五寸。袖一尺五寸。裏帛。納綿各二屯。
小文紫綾御衣二領。長各二尺五寸。袖一尺五寸。裏帛。納綿各二屯。
帛絹御衣四領。長各三尺五寸。納綿各二屯。
帛御裳四腰。長各五尺。大腰五尺。小腰八尺。裏縹。
紫羅御裳二腰。長各五尺。裏縹絹。
紫綾御帶六條。長各七尺。弘一寸八分。
生絁單比禮八條。長各二丈五尺。弘各二幅。
帛意須比八條。長各二丈五尺。弘各二幅。
細布御巾四條。長各五尺。

帛絹御巾四條。長各五尺。

緑綾御帶拾四條。長各七尺。弘二寸八分。

錦御履二兩。長各九寸五分。敷弘三寸。面青地。唐菱文京錦。裏散花黃。地文京錦。下押紫革。

納柳白筥一合。方一尺四寸。深三寸。打敷。色紙二枚。

錦御襪八兩。長各九寸五分。高七寸五分。面紫文京錦。裏生絹。

納柳筥一合。打敷。色紙一枚。

已上納辛櫃一合。同前。

坐相殿神裝束。

左坐神紤坐絁嚢一口。長七尺二寸。弘二幅。

右坐神紤生絁嚢一口。長四尺二寸。弘二幅。

寶殿二宇生絁幌二條。長各六尺三寸。弘四幅。

四御門幌四條。生絁單。

瑞垣御門。長七尺八寸。四幅。

蕃垣御門。長八尺八寸。弘五幅。

玉串御門。長八尺八寸。弘五幅。

玉垣御門。長八尺四寸。弘三幅。

衣筥三口。黑漆平文。赤地唐錦。折立。

入帷三條。長各五尺。弘二幅。白練絹兩面。

嚢三條。長各五尺。弘各二幅。面小葵文綾濃打。裏蘇芳打緒。

以上納辛櫃一合。同前。

奉遷御裝束。

奉坐楊筥拾一合。方一尺六寸。深二寸。在蓋。

相殿神坐楊筥一合。寸法同前。

垣代生絹單帳一條。長六丈。弘三幅。

一赤紫綾蓋二具。裏緋絹。各方五尺七寸。四幅。

副緋綱二條。長各一丈綾二。

柄。長一丈三尺二寸二分。黑漆平文。金銅桶尻。高一寸五分。頂金銅葱花。裏鏡。弘四寸六分。

骨八支。長各四尺四寸三分。末廠形。金各四枚。長四寸五分。本壓巾金八枚。本末並刺張。本四蟹爪金八筋各二寸。

小骨八支。長二尺四寸二分。本末金銅壓巾金。

四角上覆金八筋。長三尺九寸五分。赤地唐錦。花形。耳金八。四面緣押赤紫組四條。長各一丈。

葱花二口。、四寸二分。高四寸二分。同下臺二枚。徑一尺五分。

盖上以銀薄押窠文。

張緒緋丸組八條。長各八尺在各〔志歟〕、倍總。金銅鈴八口。輪一寸四分。
緋四組筋。長各五尺。
以上納辛櫃一合。同前。但柄骨等納他櫃。
羅柴翳二枚。柄長各一丈四尺四寸。徑二寸。黑漆平文。羽長三尺七寸。弘三尺三寸五分。金銅桶尻。高二寸五分。翳厚一寸。以泥書之。
蟹目釘三十六隻。
大節金二枚。長各六寸八分。弘二寸。厚一寸六分。
中節金十六枚。長二寸二分。弘二寸。
廻緣赤地唐錦。片面廣八分。在黑漆平文莒。又納檜莒。羅兩面張之。
廻押木。弘八分。黑漆。
菅翳二柄。柄長七尺二寸。徑一寸三分。本桶尻金。長一寸四分。羽方各三尺三寸。黑漆平文。
骨三十八枚。雲形四枚。長七寸。弘五寸五分。在中穴。骨長一尺三寸六分。
廻曲木四枚。黑塗漆。
金銅雲形四枚。長九寸三分。弘三寸二分。在中穴。
蟹目釘二十四隻。
緋綾綱四條。長各一丈五尺。
以上納黑漆大莒二合。平文。

菅大笠二枚。柄長各八尺五寸六分。徑一寸四分。黑漆平文。金銅桶尻。長一〔マ、〕
骨四十枚。黑漆。長二尺七寸五分。末押金薄。其躰如蕨形。
廻曲各五枚。削竹塗漆。
笠。徑五尺五寸三分。裏生絹。
頂覆金銅盤形金各一枚。徑五寸。
緋綱二條。長各二丈。金銅栗形。
已上納緋袋一口。裏生絹。弘四幅。
道敷白布二十三段三丈。自舊宮迄新宮正殿御門析。
納朱漆辛櫃一合。
神財二十一種。
金銅檽二基。高一尺一寸六分。土居徑二寸六分。厚一寸三分。徑金一寸五分。同上位金徑三分。
金銅麻笥二口。徑各三寸六分。深二寸三分。尻徑二寸八分。
金銅挊二枚。莖長九寸七分。手長六寸七分。方三分半。手厚二分半。手弘四分半。
金銅榑二枚。莖長各九寸八分。輪徑一寸八分。
銀銅檽一具。高一尺一寸六分。土居徑三寸五分。
銀銅麻笥一口。口徑三寸七分。尻徑二寸九分。深二寸三分。
銀銅挊一枚。莖長九寸六分。手長五寸八分。

銀銅鑄一枚。莖長一尺。輪徑二寸。
已上納朱漆辛櫃一合。色目同前。
梓弓貳拾四張。長各七尺五寸。此内八尺二〔一イ〕張。朱
漆。本末弭黑漆。以鹿角爲弓束骨。各纏
縹組一丈五尺。並有文。以赤地唐錦纏弓
束。長三寸二分。同上下並本末弭纏藤。
玉纏太刀壹柄。柄長七寸一分。赤木鞘長三尺六寸七分。身長三尺五寸。黑漆。以青唐綾纏鞘。以
五色吹玉。四面隨並。
玉色黏纍玉筒着居。
柄。
口寄金一枚。裏縛葉金一枚。身在□纍玄。上下居花形玉筒二枚。黏□〔居歟〕水精玉二果。
裏居玉筒六枚。各玉琥珀。玉瑠璃玉四。
目貫金一枚。表裏重位金。束居玉筒。黏居水水精玉。
頭可布土金一枚。在栗形金一枚。加輪金並位金。
蟷螂形玉筒五枚。各居瑠璃玉五果。裏打蟷螂形釘五隻。
輪金一丸。付鈴拾口。打鋋二枚析。
金鮒形二隻。長各六寸。弘各二寸六分。以金小輪。入口爲緒付。金付紫丸組。長各六尺。付
各金志倍末濃瑠璃木二。在蓋。
鞘。黑漆。以萠黄唐綾纏其上。爲玉地。分十三丁。以五色吹玉貫絲。四面。隨玉色黏纍。
口金二重。

帶取足金二枚。
志波利金一枚。青金色。
桶尻一枚。石突金也。
已上。金銅作金銅餝。
帶取綖組二條。長各四尺。弘各一寸五分。裏付縹唐綾。打平組一丈六尺。在七金並
革。前金貳枚。前緒居軟錦文金物十七枚。後緒居同金物十七枚。但各丸文金物。居玉筒。黏居水精玉。
平緒一條。長一丈三寸五分。但前總一方一尺。弘四寸。有繡。後孔雀。前蝙鴉鳥。門間有單文。
納袋一條。赤地唐錦。緋唐綾。花村濃。伏組。
納朱漆辛櫃一合。在青打絹。打立兩面覆。裏生絹。金銅金物。前革緒。
須我利太刀一腰。柄長六寸五分。用赤木。身長三尺五寸。鞘長三尺六寸二分。加納玉纏櫃。
柄。以緋絲纏鵃羽。餝其上。
口寄金一枚。同玉纏。
目貫金。同玉纏目貫左右玉筒。黏居水精玉二果。
蟷螂形五枚。同玉纏。
可布土金一枚。下纏嘔恰可布土金。入其上。表裏居玉筒十二。黏居玉。
輪金一丸。同玉纏。但不打栗形。大鋋一枚。其中間入小輪。
金鮒形貳隻。同玉纏。

鞘。黒漆。
口金二重。在葉金。加柄口金。
帶取山形金二枚。長各四寸。
足金六筋。下纒堀物金二枚。長各五寸一分。居玉筍十六。各在大小玉。
志波利金一枚。下纒堀物金一枚。長三寸一分。玉筍二十。
桶尻金一枚。
黒漆地以銀打雲形平文。其上押金麒麟
五枚。表三枚。裏三枚。
帶取絲組手綱二條。長各四尺。弘八分。裏黏唐綾。在七金玉並革前等。煎海鼠形。金二拾二枚。玉筍七枚。各居玉。
平緒一條。同玉纒。
納袋。同玉纒。
金銅造太刀拾柄。鞘長二尺六寸六分。身長二尺六寸。
柄。長六寸七分。以櫻木作之。以緋絲纒付鳥羽。
津波金一枚。
口金二重。
可布土口金一枚。

目貫須加流金二枚。在責金一枚。露二小文。赤染革。丸縫緒。
鞘。黒漆平文。
口金二枚。
足金二枚。
志波利金一枚。
革前金一枚。
桶尻金一枚。革前金（イ大字）二枚。
帶取赤地唐錦二條。長三尺三寸。弘一寸二分。裏緋絹。赤地唐錦。纒七金。
平緒赤地唐錦一條。長九尺。弘二寸五分。裏緋絹。
納袋二拾條。表赤地唐錦。裏青打絹。長九尺。弘二寸五分。
已上納朱漆辛櫃四合。各五柄。青打絹。折立金物覆。同玉纒。
錦靫二拾四腰。後長各二尺四寸。前長二尺一寸六分。上弘六寸。下弘四寸五分。厚二寸七分。矢判口方二寸九分。以檜作之。以赤地唐錦黏表。以緋唐綾黏裏。
付紫革緒二處。長二尺六寸。弘一寸三分。裏黏小文青革。
間塞牒金二枚。
判矢四百八十隻。腰別二十隻。長二尺三寸二分。片尻加長三寸八分。根足各鳥（烏歟）羽長四寸。矯絲塗朱。其上塗金漆。

蒲靫二拾腰。後長各二尺。上弘四寸五分。前長一尺七寸。
下弘四寸。以檜作之。髙長一尺九寸。下厚
二寸二分。上厚二寸半。下形。其上組
入蒲。裏欵冬唐綾。赤地唐錦。爲口緣。

付紫革緒二處。長二尺五寸。弘一寸三分。裏小文青
革。加付緒緋。在前後位金二枚。

判矢千隻。腰別五十隻。鳥〔烏歟〕羽長九尺。弘二寸。
四寸矢尻。矯絲同前五分。裏緋絹。

革靫二拾四腰。長各一尺八寸三分。上弘四寸五分。下弘
三寸八分。以檜彫之。着布塗黑漆。或以
革造之。

付緒二處。在金銅固食文金四
枚。後前緒二筋。

判矢七百六十八隻。長二尺四寸二分。征矢長同前。
鷲羽長四寸。矯絲同前。以銀泥
書箆。朽木彫也。
腰別參拾二隻。

靫二拾四枚。以熊皮張之。黑漆平文靫繪。付村濃四組。四
緒長一丈七寸。各納赤地唐錦袋。裏緋□
唐組緒。

納檜筒二合。徑二尺六寸五分。
深一尺四寸五分。

楯二拾四枚。長各四尺五寸三分。上弘一尺四寸八分。下
弘一尺五寸一分。厚一寸。黑漆後付取手。
柄長七寸
七分。

桙二十四本。柄長各一丈四尺。口徑一寸五分。黑漆平文。
身長九寸二分。弘上二寸。下一寸六分。有樋
內散物鐵白鎣桶尻。長
二寸八分。塗金漆。

赤地唐錦比禮。長三尺七分。弘一尺三寸八
分。在金銅並銀薄伏輪。

鏡鞆繪。徑九寸
二分。

金銅鏑柏子。高二寸六分。徑三寸
三分。柏子高一寸。

納檜細長櫃四合。各納
六竿。

鵄尾琴一面。長八尺八寸。頭弘一尺一寸。末弘一尺八寸。
徑三寸二分。髙厚三寸三分。以鹿角入緒穴。
並筋上下。以黑柹黃楊木作着。面塗朱砂。腹並同。左右髙
塗黑漆。在緒並阿志氾緒。黑柹琴。加納赤地唐錦小袋。裏
緋絹。結
唐組。

納赤地大文唐錦袋一條。裏青打絹。
村濃伏組。

納朱漆辛櫃一合。色目
同前。

一別宮。

荒祭宮粁。

御裝束十八種。

生絁蚊屋二條。單。

一條。長七尺六寸。
弘十二幅。

一條。長七尺。
弘二幅。

御床下敷細布帷一條。長八尺。
弘二幅。

生絹御被一條。長八尺。
弘三幅。

帛御被一條。長七尺。弘三幅。
納綿八屯。

緋綾御衣一領。長二尺。弘一幅。納綿六兩。
散花文綿御衣一領。長三尺。弘一幅。納綿六兩。裏緋絹。袖一尺。
生絹御衣一領。長二尺。弘一幅。無絹。袖一尺。
緋綾御裳一腰。高二尺。須蘇弘四尺。裏帛。一幅。
帛御裳一腰。長二尺。須蘇弘四尺。裏縹。
散花文錦御裳一腰。長二尺。須蘇四尺。裏緋一幅。
生絹御幌一條。長六尺。弘三幅。
菅大笠一枚。口徑四尺五寸。柄長八尺。
櫛御莒一合。納櫛四枚。白地唐錦。折立。
鏡一面。徑三寸。
納黑漆平文莒。韈韊。赤地唐錦。折立。
紫御髮結絲二條。長四尺。
紫御帶二條。長四尺。弘二寸。
頓練絁帊一條。長九尺。弘四幅。
荒莒一合。方一尺。
已上納朱漆辛櫃一合。兩面覆青絹。折立。在鎰等。
神財七種。

太刀七柄。
金銅造一柄。納赤地唐錦袋。裏青打絹。
銅黑造六柄。各納緋唐綾袋。裏同打絹。
以上納朱漆辛櫃一合。兩面覆。裏生絹。青絹折立。金銅金物。
楯一枚。黑漆。長四尺五寸。弘一尺五寸。厚一寸五分。
桙一竿。柄長一丈六尺。黑漆平文。身長一尺。塗金漆。付鎰組。自餘不然。
緋唐綾比禮。長五尺。弘一尺五寸。以銀薄押鞆繪。以薄〔金薄歟〕押鏑。
弓二張。同太神宮。
納朱漆辛櫃一合。覆折立等。同太刀櫃。
靫參腰。
革一腰。長一尺九寸。下臺長五寸七分。廻長一尺四寸。上管長四寸五分。廻長一尺六寸八分。
判矢四十隻。長一尺三寸八分。鳥〔烏歟〕羽。
白葛二腰。長各一尺八寸。下臺長四寸五〔分脱歟〕廻一尺三寸。上廣六寸五分。
判矢各四十隻。
吳床一具。黑漆平文。長一尺三寸。在金銅桶尻。打堺。四角付丸緒幷志佉總。緋絲緒。其上敷赤地唐錦。裏緋絹。雖無先例。永久度敷之。
青毛彫馬一疋。高三尺三寸。鞍作着黑漆平文褥。赤地唐錦髮立白絲有金銅銀面以丹書面之。

尾袋雲珠。以絲革爲鞦等。付金銅杏葉。切蝶革前等。金銅鈴色々吹玉。頸總。淡組。手綱白練絲。着繩。金銅鐃在立板。以胡粉塗之。如尋常餝馬。

月讀宮正殿四字。

御裝束十三種。

土代生絹帷四條。二重。

三條。長各一丈。弘三幅。

一條。長八尺八寸弘三幅。

生絹御被四條。長各七尺。弘三幅。

帛御被四條。長各七尺。弘三幅。

生絹幌四條。單。

三條。長各六尺。弘三幅。

一條。長五尺。弘二幅。

青纐纈錦御衣四領。長各三尺。袖二尺五寸。納綿各六兩。裏帛。

生絹單御衣四領。長各二尺一〔寸脫歟〕。幅一尺三寸。

白綿練御袴三腰。長各一尺六寸。納綿各三兩。

御裳三腰。

紫一腰。長二尺。弘單。

帛二腰。長四尺。弘四幅。

御鏡九面。徑各六寸。

各納黑漆平文莒。同前。

紫御髮結八條。長四尺。以色紙裹之。

御櫛莒四合。納櫛各四枚。黑漆平文。赤地錦。折立。

緑綾御帶八條。長各四尺。弘二寸。

以上納黑漆辛櫃一合。

神財十六種。

金銅造太刀二柄。

銅黑造太刀二柄。

以上納朱漆辛櫃一合。同前

銅黑造太刀四腰。

納朱漆辛櫃一合。同前。

小刀二柄。身長各四寸。柄黑柹。纒藤。

弓六張。

納朱漆辛櫃一合。同前。

靫六腰。判矢各六十隻。烏羽。

革三腰。
蒲三腰。
楯四枚。長四尺五寸。黑漆。
桙四竿。柄長各一丈六尺。黑漆平文。身長一尺。塗金漆。
緋唐綾比禮。長各五尺。弘一尺五寸。以銀薄押鞆繪。以金薄押鏑。
件桙柄並比禮寸法事。同荒祭宮。
鈴四口。徑一寸。塗滅金。付緋絲。丸組緒。
木絡沫二具。黑漆平文。方一尺。金銅金物打堺。
陶猿頭形硯四面。高三寸。徑六寸。
納柳莒二合。各入二面。
鶴班毛雕〔彫歟〕馬一疋。高一尺三寸。同前褥綵色。
金銅火桶二口。加金銅火爐箸匙各一枚。高九寸。口徑三寸。
件火桶。八角也。面有牙象。皆置伏輪。打堺。
火筒七合。徑各八寸。深三寸。以檜作之。各納小筒二口。
五色吹玉一連。長一尺。以白貫立。
翟二枚。黑漆平文。高四寸。在金物。

御鞍二具。黑漆。鞍橋平文。
大壺鐙。黑漆平文。裏塗朱漆。
褥。黃地唐錦。裏小文青革。
韉。黏綻押□綾。裏押欵冬。唐綾。緣押赤。地唐錦。春色〔マヽ〕同前。但緣紺赤地唐錦。
泥障。以煎油塗之。以紺青緣。胡粉朱砂銀薄。書海浦。
緋綵鞦。
金銅□。以緋革縫緒。
鐵鐙。在銀散物。
緋綵組手綱。如入用之。
錦表腹帶。在金銅金物。
白布下腹帶。長八尺。
瀧原神宮。
御裝束十六種。
蚊屋二條。
一條。長七尺六寸。弘十二幅。
一條。長七尺。弘二幅。
御床生絁帳一條。長五尺五寸。弘三幅。二重。

土代細布帳一條。長七尺七寸。弘三幅。二重。
緋綾御衣一領。長二尺。一幅兩面。納綿六兩。
小文紫單御衣一領。長二尺。
白御衣一領。長二尺。袖一尺五寸。一幅。
裁替御裳□腰。長各二尺。腰長八尺。表紫絹。裏緋。
白御裳一腰。長二尺。
紫紗御裳一腰。長各二尺。須蘇弘各四尺。腰長二尺。裏帛。
帛御被一條。長七尺。弘三幅。
生絹御被一條。長七尺。弘三幅。
生絹幌一條。長六尺。弘三幅。
生絹天井一具。長七尺六寸。幅十二幅。單。
生絹帳一條。長七尺七寸。弘三幅。單。
櫛御莒一合。納櫛八枚。黑漆平文。赤地唐錦。折立。
紫御髪結絲二條。長各四尺。
緑綾御帶二條。長各四尺。弘二寸。
　已上納朱漆辛櫃一合。同前。
神財十一種。

銀銅檽一基。高四寸。
銀銅麻笥一口。徑一寸半。高一寸。
銀銅挊一枚。長六寸。手長三寸。
鈴二口。徑一寸。塗滅金。付緋丸組。
銅黑造太刀二柄。各納緋唐綾袋。裏青打絹。
　已上納朱漆太刀櫃一合。同前。
荒莒一合。
弓參張。
　納朱漆辛櫃一合。同前。
靱三腰。判矢各四十隻。烏羽。
　革二腰。
　蒲二腰。
梓二竿。柄長一丈六尺。黑漆平文。身長尺。塗金漆。
　緋唐綾比禮。長五尺。弘一尺五寸。以銀薄押柄縚。以金薄押鏑。
　件梓柄比禮寸法事。同荒祭宮。
黑葦毛彫馬一疋。高一尺三寸。同前。
瀧原並神宮。

御裝束十三種。
正殿生絹蚊屋二條。長各五尺四寸。弘二幅。單。
天井蚊屋一條。長五尺。弘十幅。單。
緋綾御衣二領。長各二尺。一幅。袖一尺。裏緋絹。
紫紗御裳二腰。長二尺。裏絹。
白御裳一腰。長二尺。
白御被一條。長六尺。弘三幅。
生絹被一條。長六尺。弘三幅。
生絹幌一條。長六尺。弘三幅。
櫛御筥一合。納櫛四枚。黑漆平文。赤地唐錦。折立。
紫御髮結絲二條。長各四尺。
綠綾御帶二條。長四尺。弘二寸。納筥一合。
細布土代帷一條。長五尺八寸。弘二幅。
已上納朱漆辛櫃一合。同前。
伊雜宮。
御裝束。
正殿生絹蚊屋二條。

一條。七尺六寸。弘十二幅。
一條。長七尺。弘二幅。
生絹御被一條。長七尺。弘三幅。
帛御被一條。長七尺。弘三幅。
細布土代帷一條。長八尺。弘三幅。
緋綾單御衣一領。長二尺。弘一幅。
繧繝錦御裳一腰。長二尺。裏緋絹。
白御裳一腰。長二尺。單。
紺御裳一腰。長二尺。弘四幅。
床敷緋帷一條。長六尺。弘四幅。
生絹幌一條。長六尺。弘三幅。
御櫛筥一合。納櫛四枚。黑漆平文。赤地錦(唐錦歟)折立。
紫御髮結絲一條。長各四尺。以色紙裹。
五寸御鏡四面。
納平文筥。各一面。赤地唐錦。折立。
綠綾(絹歟)御帶二條。長四尺。弘二寸。
生□單御衣一領。長二尺。一幅。

已上納朱漆辛櫃一合。同前。

神財。

金銅檽一基。高四寸。

金銅麻笥二口。高各一寸。徑一寸半。

金銅挊二枚。長六寸。手長三寸。

金銅高機一具。高六寸。以五色絲織物。

銅黑造太刀三柄。在緋唐綾袋。裹青絹。

已上納朱漆太刀櫃一合。同前。

弓三張。

納朱漆辛櫃一合。同前。

靫三腰。判矢各四十隻。烏羽。

革二腰。

蒲一腰。

鞆一口。在金物。以胡粉書之。着紫革緒。

伊佐奈岐伊佐奈彌宮二所。

御裝束。

生絹天井一條。長七尺六寸。弘十二幅。單。

土代絹帷一條。長各一尺。弘三幅。二重。

生蚊屋二條。

一條。長七尺六寸。弘十二幅。

一條。長七尺。弘一幅。各單。

幌二條。長各六尺。單弘二幅。

櫛御莒二合。黑漆平□櫛八枚。各四枚。赤地唐錦文。折立。

生絹帳一條。長五尺五寸。弘三幅。

帛御被二條。長各七尺。弘三幅。

生絹御被二條。長各七尺。弘三幅。

青纐纈御衣二領。長各二尺。袖一尺。弘一幅。裏帛。納綿各六兩。

紫紗御裳二腰。長各一尺六寸。裏帛。

緋綾御裳二腰。長各二尺。裏帛。

繧繝錦御裳二腰。長各二尺。弘四尺。

紫綾御帶二條。長各四尺。弘各二寸。

御髮結絲四條。長四尺。

帛綿袴二腰。長各二尺六寸。納綿各五兩。

頓練絹帊一張。長九尺。弘四幅。

細布帷一條。長六尺。弘二幅。
生絁單御衣二領。長各二尺。袖一尺。一幅。
緑綾御帶四條。長各四尺。弘二寸。
白御裳四腰。長各二尺六寸。弘四尺。
白布三段二丈八尺。
　内舍人三人物忌一人。各三丈六尺。物忌女一人。一段。
　已上納朱漆辛櫃一合。同前。
神財。
金銅造太刀二腰。在緋唐綾袋。
小刀一柄。長四寸。柄黑柹。纒藤。
鈴二口。徑一寸。付緋絲組緒。
金銅麻笥二口。
金銅桛二口。
金銅檽一基。
　已上納朱漆太刀櫃一合。同前。
銅黑造太刀六柄。在緋唐綾袋。各一條。

納朱漆辛櫃一合。同前。
弓四張。
　納朱漆辛櫃一合。同前。
靫七腰。蝟矢各十九隻。烏羽。
錦靫二腰。矢十九隻。烏羽。
蒲靫三腰。矢十九隻。烏羽。
革靫二腰。矢十九隻。烏羽。
楯二枚。長各四尺五寸。黑漆。
桙二竿。柄長各一丈六尺。黑漆平文。塗金漆。身長一尺。
緋唐綾比禮。長五尺。弘一尺五寸。以銀薄押鞆繪。以金薄押鏑。
柄並比禮寸法事。同荒祭宮。
鏡二面。徑各二寸。
　各納黑漆平文莒。同前。
呉床一具。同前。
菅大笠一蓋。副緋綱一條。長二丈。納緋袋。
鞆二枚。同前。
鵜毛彫馬一疋。高一尺三寸。同前。

風日祈宮。
御裝束。
生絹天井一條。長七尺六寸。弘十二幅。單。
土代絹帷二條。長各一丈。弘三幅。二重。
生蚊屋二條。
一條。長七尺六寸。弘十二幅。
一條。長七尺。弘二幅。各單。
幌二條。長各六尺。弘二幅。單。
櫛御筥二合。黑漆平文。納櫛八枚。各四枚。赤地唐錦。折立。
生絹帳一條。長五尺五寸。弘三幅。
帛御被二條。長各五尺。弘三幅。
生絹御被二條。長各七尺。弘三幅。
青纐纈御衣二領。長各二尺。袖一尺。弘一幅。裏帛。納綿各六兩。
紫紗御裳二腰。長各一尺六寸。裏帛。
緋御裳二腰。長各二尺。裏帛。
纈繝錦御裳二腰。長各二尺。弘四尺。
紫綾御帶二條。長各四尺。弘二寸。

御髪結絲四條。長四尺。
帛綿袴二腰。長各二尺六寸。納綿各五兩。
頓練絹帊一張。長九尺。弘四幅。
細布帷一條。長六尺。弘二幅。
生絁單御衣二領。長各二尺。袖一尺。一幅。
鏡四面。徑五寸。
納黑漆平文筥。各一面。唐錦折立。
綠綾御帶四條。長各四尺。弘二寸。
白御裳四腰。長各二尺六寸。弘四尺。
白布三段二丈八尺。
内人三人物忌一人。各三丈六尺。物忌女一人。一段。
已上納朱漆辛櫃一合。同前。
神財。
金銅標二基。高四寸。
金銅麻笥二口。高各一寸。徑一寸半。
金銅挊二枚。長各六寸。手長三寸。
金銅高機一基。高六寸。以五色絲織物。

銅黑造大刀三柄。在緋唐綾袋。裏青絹。
已上納朱漆太刀櫃一合。同前。
弓三張。
納朱漆辛櫃一合。同前。
靫二腰。判矢各四十隻。烏羽。
革二腰。
蒲一腰。
鞆一口。在金物。以胡粉書之。着紫革漆組。
右得神祇官解偁。伊勢太神宮司解偁。造太神宮裝束並神寶雜物等。二十年一度。依式應奉送。仍言上如件者。從二位行權大納言藤原朝臣冬房宣。奉　勅。依請者。一物已上。辨代正四位下行神祇權大副大中臣朝臣敏（音歟）忠。右大史兼東市正正六位上小槻宿禰通靑等。奉送如件者。宮司宜承知。依宣行之。符到奉行。

正四位上行左中辨藤原朝臣在判　修理東大寺大佛長官正四位上行左大史小槻宿禰在判

寛正三年月日闕失

續群書類從卷第十二

神祇部十二

建久三年皇太神宮年中行事

正月

元日。朝御饌供進。幷次第神事供奉事。
三員宮司。外宮半夜宿直之後。當宮半夜宿直。一殿之南砌。以北爲上。東向着座。皆束帶。其座莚一枚敷也。但當時疊敷之。宮司一員也。禰宜束帶。但上古者。一禰宜一人布袴。自余衣冠也。而故浦田長官俊定之時。始束帶成。權神主幷玉串大内人衣冠。未明。中道經一殿之北砌集會。以東爲上。北向。内外物忌父等御饌調奉。於本宮御饌者。三色。物忌父等。忌火屋殿之前置石北際。以東爲上。南向奉舁居。至別宮御饌者。忌火屋殿前奉舁居。内三方物忌火。幷別宮物忌等皆一薦。各衣冠。自余狩衣。御巫内人衣干。禰宜次第在禮。一殿東櫻宮前經置石上。以東爲上。御饌向列立。于時大物忌父。白散一座献後。御鹽湯内人衣冠御鹽湯奉仕。先御饌。次別宮御饌。次禰宜權禰宜玉串大内人職掌等也。于時一座白散捧持。据引在警蹕。微音。於南御門。在御鹽湯。八重疊東經參入。禰宜。次御饌。次權任玉串大内人職掌人等也。至別宮御饌者。彼宮々ノ下部等持參。在警蹕。微音。供進爾宜。瑞籬御門外。上首五人。左。東方。以北爲上。西向。末座五人。右。西方。以北爲上。東向。其次玉串大内人。皆沓脱蹲踞。三色物忌父〔イ无〕等御饌奉持。瑞籬御門前。一方中々。二方東左相殿御料。三方西。右相殿御料。奉舁居後。番垣御門内。以東爲上。各着座。子良母西方東向候。于時大物忌父。自一座御手。白散給。先正躰御料器奉入之後。同二蔥御神酒獻。一蔥請案上奉備後。宮守物忌父。左相殿御皿白散。自大物忌手請後。二方ニ蔥神酒獻。同一蔥案上奉備。右御方。地祭物忌父同前奉備畢。物忌等各左右立退。于時宮政所神主詔刀文用意。一座獻取之。二座禮起座。裾引御前進參。ミヅガキノ御門。東ヨリ第二ノ柱ノ前スコシ西ニヨルベシ。拜八度。立拜。右ヨリ蹲キ。鍋居ニ居テ拜ノ後。讀進詔刀文云。

度會乃宇治乃五十鈴乃河上乃。下津石根仁大宮柱太敷立天。高天原仁千木高知天。皇御麻命稱辭定奉留。掛畏岐天照坐須皇太神乃廣前恐ミ恐ミモ申ク。常モ奉留今年乃正月乃元日乃白散乃御饌。幷仁御神酒御贄等ヲ調奉狀ヲ。平ク安ク聞食天。朝廷寶位無動ク。常石堅石仁。夜守日守仁。護幸奉給ヒ。阿禮坐皇子達ヲモ慈給ヒ。百官仁奉仕留人等ヲモ平ク安ク。天下四方乃人民乃作食留五穀豐饒仁。恤幸給ト恐ミ恐ミモ申。

年號正月一日

別宮詔刀ハ。節日ハ大内人申。三度。御祭ノ由貴ノ夜ハ大物忌父申云々。

讀畢メ拜。右ヨリ立テ拜シ。左輪裾取直本座歸。于時一同蹲踞拜。開手一端。平伏又三方。如前神酒獻退揖〔次又獻〕僂拜手同前如此。三獻畢。一同座起次第。一禮退出。進時。次工ノ禮毎度アルベキナリ。玉串御門ノ内ニ。以東爲上。北ニ向烈座。其次玉串大内人裎候ス。大物忌父兄部。番垣御門ノ前西ニ寄テ。一神主方ニ向祗候。子良母良ハ。瑞垣御門前西ニ寄テ候。雨儀時ハ各御門ノ下也。于時三方御饌ノ直會ヲ。物忌父等調進。配膳副ノ物忌等ノ役也。大物忌父兄部勸盃ニ參。一座在一端。請取呑畢テ。請テ二座被獻後。大物忌ニ在禮。于時大物忌父本座歸。次々勸盃。各一端畢テ。玉串大内人ニハ無勸盃。酌配膳駈使勤之役人。大物忌父子良母良。献後又一献。今度非勸盃。只御盃ヲ取上。獻一座取之。二座ニ令禮。請テ呑給。次デニ又請テ呑。仍三獻也。其後大物忌父。御箸者不申ト申テ。于時各三方御饌餅少切戴食用。御贄等同食用後。自末座御前撤ス。上則各笏取也。神戸ノ每度。自取盃。笏ヲ置。膳ヲ上後取之也。御箸申戸ハ。限〔盞歟〕養膳。仍其外不申トナリ。一同二座ヲ起。自西退出。與玉ヲ拜シ。荒祭宮遙拜所ノ前ニ在鋪設。北上

西面ニ蹲踞シ。政所衣冠。之指南隨拜。外宮荒祭。月讀。伊佐奈岐。瀧原。幷伊雜高宮。〔異歟〕玉宮。新月讀。瀧祭。風宮。外宮風宮。四至御神。北方。歲德神。在方。東方龍王。青躰。南方。赤躰龍王。西方。白躰龍王。北方。黑躰龍王。中央。黃躰龍王。北各御座方ニ向。手一端宛。其後退出間。宮司一殿。軒南雨落ニ疊敷。南向着座。若件座奧ニ入時者。憒之令出例也。正權禰宜。幷玉串大内人以下置右烈行。正禰宜下襲ヲ下也。其外ニハ無禮。次於酒殿前置石在拜。先酒殿。次氏神乾方。各在手。其後乾ニ向朝拜。無手。其後正權神主。幷玉串大内人。宇治土公。廳舍ニ着座。自東間入。打板ノ上ニ在鋪設。長莚上ニ宮半疊也。但玉串大内人。政所衣冠。物忌等者。每度無半疊。莚計也。禰宜北。東上南面。玉串西東〔面脱歟〕。政所南。北面。一座向政所。酒殿出納二人ヲ相具。自調御倉。御政印ヲ廳舍ニ奉渡。在警蹕。微音。出

納上首ハ奉持盤。下座ハ持箱。政所ノ前ニ
置。番ノ公文所布衣。ハ番文ヲ折敷ニ居。硯
相共ニ一座ノ前ニ献立。退テ蹲踞ス。于時揖
拜。又ニ一座ニ揖拜シテ。被加判。先番文。次
吉書等也。一通ハ一座計。次々同前。若服氣
等禰宜舘ニ參候時者。番出納持參。被加判之
後。政所印ヲ奉捺之後。如元奉納テ歸着。政印ハ上
古一禰宜宿舘ニ被案置。然依大事怖畏。故浦田長官後定。祭主清親卿申合御ニ。被奉案置。

一太神宮神主。
依祭主下文。司符注進。可早任先例。令催
勤番置事。
右宮司今月一日符偁。祭主同日下文偁。早可
令勤者。所請如件。
然則任次第下知。依先例。可令催勤之狀。注
進如件。
年號正月一日　大内人荒木田
禰宜荒木田神主

一太神宮神主。
依祭主下文。司符注進。可早任先例。令修
治御常供田堰壺。
右宮司今月一日符偁。祭主同日下文偁。早可
令修治者。所請如件。
然則任次第下知。依先例。可令修治之狀。注
進如件。

年號正月一日　大内人荒木田
禰宜荒木田神主

一下祝長――。
可早任先例。令勤仕七日節供料新菜御贄
事。
右件御贄。任先例。可令勤仕之状如件。以下。
年號正月一日
禰宜荒木田神主

廳宣。宮掌大内人。
可早任先例。令勤仕宮中番置事。
右件番置。任先例。可令勤仕之状。所宣如件。
宮掌大内人等。宜承知。依件行之。以宣。
年號正月一日
禰宜荒木田神主

一廳宣。
宇治鄕刀禰等。
可早任先例。令修治御常供田堰溝叓。

右件堰溝。任先例。可令修治之狀。所宣如件。
以宣。

年號正月一日

禰宜荒木田神主

交替ハ物忌父等勤。於廳舍前番請渡由ヲ申。宮司神拜。手水出納勤之。莚承ハ四御門際マデ也。公文所布衣。勤。櫻宮マデ下向ノ時分參向。宮司一殿ノ北戸ノ東ニ立。南面。禰宜ハ裾ヲ引。南ノ軒ヲ經テ入。東上北面ニ烈立。于時對拜ノ後。沓ヲ脫テ鋪設ニ着座。各崛拜。于時番公文所布衣。西座。左鋪設。東向ニ座テ。番文讀進ノ後。筆ヲ染テ持參。宮司請取テ。加判返。公文所司中ノ侍ニ渡。後在饗膳。一座裾ヲ引テ。宮司ノ前左ニ着座。在鋪設。崛拜後勸盃。以扇拂盃。請酒テ獻。宮司禮シ。手一端請取之飲。盃ヲ机ノ下ニ置。机ハ兼テ備置也。配膳ハ副物忌役也。又盃ヲ取献。今度ハ直ニ請テ呑之。又一獻。仍三獻也。所從ノ酒肴ハ。中刀禰ノ勤。其後机ヲ撤。司中ノ雜色ニ渡。後揖拜。一座起座。本座ニ着テ。一同ニ揖拜。起座沓ヲ穿テ對拜。宮司自北退出。于時鋪設。内人北方ニ調之。一座ハ自東。自余ハ自西。以東爲上。南向ニ着座。其次ニ玉串大内人物忌父等西座。北上東面。三方副マデ十二人也。外物忌等石橋ニ着座。薦ヲ敷。東上北面。荒祭瀧祭風宮内人物忌等。各四人宛。十二人也。此外ノ役人等ハ。座不着請也。于時三人ノ人長内人。白散紙。同串ヲ物忌ニ渡。紙ハ長官ヨリ下行。中紙串ハ由貴殿出納沙汰。物忌父等拵之。政所南座。自西第二間ニ着座。在鋪設。目代公文。一兩輩相共ニ銘ヲ書。神明白散。次直會饗膳ヲ行。始献ハ寒酒。勸盃大物忌父一﨟請テ奉。一座二座ニ禮シ。大物忌父ニ禮シ。在手一端テ請取呑之後。請テ二座ニ獻。次江禮シ。一端テ呑事。次第同前也。一座ハ大物忌ニ禮ス。其後本座ニ皈着テ。於一殿内者。玉串大内人

マデ勸盃也。仍副物忌酌也。配膳人長少內人等勤之。次石橋配膳同前。但先政所ニ献例也。次大物忌父御箸ヲ申。一同ニ箸ヲ立喰之。又暖テ二献。每度大物忌父參勤。今度ハ依無勸盃。玉串大內人酌人長內人也。三献畢テ。大物忌巡流テ候ト申。于時一同手一端。自末座机ヲ撤。西ノ二間ヨリ。一座前ハ東二間ヨリ。二人舁之。渡出納。勸盃事。若一﨟不參之時ハ。次物忌勤之。勸盃次第。每度如此。配膳者。副物忌等之勤也。但上古ハ。正物忌父等勤。今日直會饗膳ハ。一禰宜氏顯神主ノ興行也。無粁所者。可退轉歟之間。大井田上分ヲ所被付置也。仍一禰宜汰沙之。服氣禰宜分送進館。次白散二串宛。銫懸ニ居進。副物忌勤之。又一度ニ取入テ進。各一宛取之。次政所公文所。子良內外物忌。諸役人出納。長官傍官新色所從等預之。人長配之。服氣傍官分送進館。上古ハ。權任神主雖被從諸神事。當時無其儀。于時起座。東二間ヨリ出。手水ヲ用。依無役所。出納勤之。總而諸神事。雖無長官參勤。家子禰宜公文所出納參。於闕如役者勤之。且又可觸催也。次一同神拜。但無御橋神拜。又今日御饌ノ年貢ハ。晦夜御巫內人自離宮白散ヲ請取。白散ハ伊勢國司沙汰。次ニ貼〔枚歟〕三百本ノマヽ使ヲ請取テ。酒殿ニ上。而大物忌父請取テ供進也。又佐八御牧ノ所進年貢。同供進云々。今月御巫內人。四至神幷天津神國津神八百万皇神達テ祭。　又年中在鹽湯。神叓ニ遲參禰宜。不合御鹽湯者。不從神事法也。

一烈神拜後。長官舘祝節。御菓皆半臺。酒肴三献。配膳公文所御節以下。臺共ニ各所從給之。其後吉書。政所進之。揖〔拜歟〕神如常。服氣等ノ禰宜舘ニ參候ノ時ハ。吉書幷節ヲ送進。但除大物。長官舘ノ火。服氣輩依不食用法也。次子良長官ノ御舘ニ參。子良鏡二面宛。母良鏡二面。并三百ノ副媼鏡一面。酒肴一献。次長官子良舘ニ被出。在一献。鏡二面。高坏并三種肴。紙一束進之。配膳物忌。以外宮參次。束帯ヲ被着。　次外宮參。長官束帯。塵取ニ被垂。傍官束帯。垂馬。權任公文所各布衣。垂馬。前陣權任神主。次傍官。次長官。後陣公文所。中强也。於外宮玉串行事所在手水。彼宮物忌父二人。衣冠着勤之。禰宜ハ北上面（西面歟）々ニ烈立。次第ニ一禮シ。裙ヲ引テ用之。彼役人ニ禮シ。裾ヲ直シ。本座ニ立。次第ニ用畢進參。權任神主并公文所侍ハ。於御池手水。用於御前石壺。拜開手兩端。次於遥拜所。高宮。風宮。新月讀宮。皇神。客神。各在手。　次下向自宇治岡。月讀伊佐奈岐宮ニ參。禰宜以下ハ。御前ノ溝ニ莅。手水ヲ用。是手綱ヲ取ニ依也。先月讀宮神拜。次伊佐奈岐宮。其後一元社拜。次所

御社拜。次楊田社拜。後次下向。抑今日。正權神主外宮禮拜ノ後。於當番禰宜并權官等者。本宮ニ皈參。至其外之正權禰宜者。爲神事供奉。離宮院ニ參例也。但當時無其儀。抑外宮參叓。一禰宜經博卿ノ依興行。於里宿有皈立饗膳。其次第。長官高坏二膳公卿配膳酌政所。傍官公卿一臺銫懸酌配膳公文所。權任半臺二膳銫懸酌配膳公文所。其後吉書。政所神主進之。長官許被加判。其後於公文所。目代等祝飯酒配膳。中屋女官等裳ヲ着勤之。每節如此。外宮參叓。有風雨難時者。延引撰日。

一二日。外宮禰宜內宮參事。手水ハ。荒祭風宮役人一﨟等。任巡番勤之。紙ハ大物忌父進。件紙堝扐等。自長官下行。

一三日。除當番禰宜之外。相具宮掌大內人一人玉串物忌父等參齋宮。是爲元三神叓供奉也。

一六日。御稻奉下事。早旦ニ宮政所出納ヲ相共

御倉ヲ開奉下。三色物忌父等。幷荒祭瀧祭物忌。及日祈内人等。請預ニ退出。於忌屋殿奉春。但三色物忌子良。幷荒祭子良。先始奉仕之後。又物忌父等之駈仕内人調進例也。但御節供之時。御稻者。御神酒料也。於御餅粁米者。爲田邊御神田作丁沙汰。以彼御稻所奉舂也。抑大物忌方御饌ヲ大御方ト申。宮守物忌方ヲ二御方ト申。（左相殿御料。）地祭物忌方ヲ三御方ト申（右相殿御料也。）

一七日。御節供粁菜御饌事。

依爲御内神事。自宵宿舘ニ參候。神叓卯尅也。件曉。正權神主衣冠ヲ着。中道ヲ經テ一殿ニ參烈。北壁ノ副東上南面。内外物忌父等方々一藺ハ。各衣冠。忌火屋殿ノ前ニ御饌ヲ奉出。各奉居。案内ヲ申時。櫻宮ノ南ヲ經テ。忌火屋殿ノ前ニ烈立。東上西面。御饌ニ向。于時御鹽湯内人（每度白〔衣敷〕冠。）御鹽湯ヲ獻。後自北御門參入。（在警蹕。）禰宜前陣。御殿ノ東ヲ經テ。一座御階ノ前東ニ寄立。自余ノ禰宜後ロヲ通テ各着座。御饌ハ御殿下ニ供進。詔刀ニ云。

度會ノ宇治ノ五十鈴ノ河上ノ。下津石根ニ大宮柱太敷立テ。高天原ニ千木高知テ。皇御廡命ノ稱辭定奉。掛畏天照坐ス皇太神ノ廣前ニ恐ミ恐ミモ申。常モ奉今年ノ正月七日ノ新菜御饌。幷御神酒御贄等ヲ調奉ル狀ヲ。平ク安ク聞食テ。朝廷寶ノ位無動。常盤堅盤ニ。夜ノ守日ノ守ニ。護幸奉給ヒ。阿禮坐ス皇子達ヲモ慈給ヒ。百官奉仕ル人等ヲモ平ク安ク。天下四方ノ人民ノ作食ル五穀豐饒ニ恤幸給ト。恐ミ恐ミモ申。

年號正月七日

東ノ男柱西ノ砌ニ進參テ讀進。本座ニ皈テ。各手一度。三獻ノ次第如一日。其後各起座。正禰宜。幷衣冠權任玉串大内人ハ。東ノ瑞籬ノ際ニ。以北爲上。御殿ニ向烈居。又布衣權任ハ。東寳殿ノ南方ニ。正殿向候。大物忌父御棟持ノ柱下ニ候。一座ニ向。子良母良東寳殿ノ下ニ候。六位權禰宜大内人等ハ。西寳殿ノ下ニ候。神直會ニ預。其次第如元日時。但今日ハ。非餅御强ヲ汁ニ入テ奉食用也。雨儀ノ時ハ。御門ノ下ニ候。至直會者。於東殿下預之。東上南面。子良ハ後ニ候。大物忌父ハ。正殿ノ艮ノ角ノ柱ノ下ニ候。退出時。於長石橋砌。荒祭宮拜。手兩端。東上。次興玉宮拜。南上。但東ニ御坐ノ時ハ。先興玉拜也。忌火屋殿ノ北ヲ經。欟宮ノ拜。一殿ノ後ヲ經テ。由貴殿酒殿ノ前ノ拜等也。次直會饗膳如常。一殿也。（料所時盛神主領知也。）座ヲ立テ東ノ二間ヨリ出。置石ヨリ退出。一殿西砌ニ物忌等蹲踞。仍各在禮。諸神事。物忌蹲踞之時。可有禮。御饌若菜ハ。自服脩進。號若菜御薗。又自佐八御牧進。若不勤之時ハ。物忌父等奉摘テ供進例也。抑御饌ノ時。毎度神拜ハ。前後思々也。但閣御饌。參事自由也。若御饌未調者。可參歟。左先可供進事也。諸神如此。

一今日。七日。御饌以後。一禰宜相共宮廳政所。幷宇治鄕大少刀禰祝部等。於宇神叓河原。行神事。詔刀祝長申。（在饗膳。不委記。陪膳祝部役也。）

一山神祭事。（伊神在所岩井田村也。）

今日。七日。河原神事以後。自酒殿。酒一瓶。菓子一籠。贄一候。小帖紙一帖。被奉彼神。其後祭禮也。又三度御祭。幷六節會之時。同自酒殿。度別ニ米二升ヲ請預テ。件社禰宜（山守）調備シテ供也。

一初卯日卯杖立叓。（件祭物。下行紙一帖。栗柑子橘各五十。串柹五串。生物海老十ヲバ五貝斗テ。物ハテ貞少散具米一升。麻少。錢十文。）爲宮守物忌父等ノ勤。自宮廳。紙御贄菓子等ヲ請預勤之。梯卯杖ト謂者。椿ヲ長サ五尺許ニ伐テ。本方ヲ五寸許削テ。紙ヲ卷ル杖也。瑞籬御門ノ左右ニ。各六筋並十二筋立ツ。輿玉ニ二筋。宮北矢野波々木ノ御前ニ各二筋。豐受宮ヲ奉祝石疊ニ二筋。櫻御前ニ二筋。荒祭御門左右ニ筋宛。四筋。同御倉ニ二筋。抑件御倉。近代ヨリ造立御倉也。但件卯杖。彼宮ノ下部ノ所ニ勤歟。又諸殿舍。自瑞垣御門ノ外ノ又御倉并正權神主ノ宿舘ニハ。隨人歟。但立之。五位已上。小朝熊奉祭。於石疊ニ二筋立之。抑瑞垣御門ニ立外枝ハ。正殿御料二筋。左右相殿御料一筋。右相殿御料二筋。已上六筋也。又東寶殿ニ二筋。西寶殿ニ二筋。當門料ニ二筋也。以上六筋也。

一今日。又如七日。於神事河原。勤行神事。卯杖之神事是ナリ。供奉人。詔刀饗膳等次第。同于七日。但自河原。卯杖二筋。本宮ニ奉。件卯杖二筋。銘ヲ書。當年歳次年號ヲ書也。南荒垣ノ御門ノ外方ノ左右ニ立也。件銘ハ當鄉刀禰之中。堪事者書也。

一十一日。旬神拜事。

早旦ニ衣冠ヲ着。被勤仕家子ノ禰宜ハ。長官ノ舘ニ參集。于時番公文所布衣。兼テ番文ヲ整硯ヲ相副。長官ノ御前ニ蹲踞テ獻。長官笏ヲ持テ禮シ。又二座ニ禮シテ被加判。公文所番文硯ヲ給。又立退候。于時又禮。次々同前也。其後以番出納。傍官御判ヲ申。上首次第也。但雖爲末座。上首ノ御前ニ候時ハ同加判也。參候舘禰宜許也。番文ヲ無送里〔宿給歟〕例。長官不被參之時ハ。上首舘ヨリ次第ニ申御判。次神拜。一鳥居神ヲ拜。可有觀念。二鳥居神拜。出納子良舘ノ前ニ蹲踞シテ。交替ニ御參ノ由ヲ申。但番出納者。番公文所ニ相從。御政印御倉ニ參。物忌父等承知。則各布衣ヲ着。大物忌父兄部。北御門ノ御鎰ヲ持。南鳥居西砌ニ候。

長官傍官ハ。風宮高倉殿ノ方拜。ソトナリ。由貴殿
酒殿櫻御門同前也。三鳥居坐神達ニ拜シ。石
壺ニ着坐候。各詔刀ヲ申。
謹請再拜々々。
掛畏キ天照坐皇太神宮。懈怠不信罪科ヲ免
御ト恐ミモ申。如此三度申テ。年號月日。今ノ時ヲ以。
禰宜位階荒木田神主名乗畏々畏ミモ申。天下知
食寶位無動。常盤堅盤ニ夜守日守護幸給ヒ。
阿禮坐御子達ヲモ慈給ヒ。百官ニ奉仕人達
ヲモ慈給ヒ。四方人民ノ作食ル五穀豐饒ニ
恤幸エ給ヒ。宮中豐ニ。祭主宮司長官傍官次
ニ色々職掌人等ニ至マデモ。安穩泰平ニ恤
幸エ給ト。恐ミ恐ミモ申。兩所相殿神。同此狀
ヲ聞食ト申。其後四至皇神拜。北方。外宮詔刀ハ
豐受太神ト申。三所相殿ト可申。其外諸別宮
マデハ。皆其神號ヲ申。又其所ニ坐神達ヲ拜
也。詔刀後各座起。石壺ヲ退蹲踞。一座禮シ。

御橋ヲ神拜。進參坪垣ノ西ニ。物忌ノ父等着
座。御鎰ニ禮シ。各進參拾〔給歟〕石橋下。自末座。豐
受太神宮ノ神拜處ノ石疊ノ前ニ進參。西上
着座。各詔刀。豐受拜。次荒祭宮。次月讀。伊
佐奈岐。坐一本社所御社楊田社。次瀧原並宮。坐河島長界若宮。次伊
雜宮。坐大歳社浦々ニ坐社三十八所。次高宮。次土宮。坐風宮。次
新月讀。次瀧祭。次風日祈宮。次小朝熊。坐前
社。次輿玉宮。宮比矢乃波々波皇神。宮比ハ荒垣内乾角。矢乃箒ハ荒垣ノ外巽角ニ坐。次
櫻宮皇神。次天津神國津神。乾方。八百萬神。
四十四前ノ四至神北。達モ諸ニ開食ト可申。
件皇神達。皆其坐方ニ向。蹲踞拜也。件神拜
以往ハ。御河ニ有入江。黒木橋ヲ渡。仍號御
橋神拜ト。下向ノ時。又御鎰ニ在禮。今度御役人立テ御鎰ヲ持捧。正殿古殿。於其通拜輿玉宮。北上沓ヲ脫
蹲踞。宮比矢乃箒皇神拜。次一座。北鳥居ノ
前坪垣ノ砌ニ沓ヲ脫蹲踞。自余ノ禰宜ノ西
ノ方ニ候。相待物忌父等。瑞籬ノ東ヲ經テ

參。先御殿ヲ拜。次一神主禮ノ後。北ノ御門ヲ奉開。又一座ニ禮シテ。御内ニ參。次々物忌各先御殿ヲ拜。次一神主ニ禮シテ參入。東ヨリ廻テ奉拜見。北御門ニ出。一䕃一神主奉向蹲踞シ。有異儀時ニハ。其旨ヲ申。仍則參入被實檢。又無異儀時ハ。異ナル㕝モ御渡候ヌト申。則禮シ。又座ヲ立テ禮シ。傍官ニ禮。荒祭宮參拜着座。天津神國津神四至神拜。北東上。次豊受宮遙拜。荒祭宮。於西砌以艮爲上。坤烈蹲踞シテ拜。同三所相殿拜。次月讀伊佐奈岐拜。（座一元所御社楊田社拜。）次瀧原宮々拜。（坐河島長界若宮拜。）次伊雜宮。大歳御前并浦々ニ坐三十八所御神達拜。次又乾方ニ向。高宮。土宮。月讀宮。風宮。皇神。客神。北御門國見社拜。次小朝熊前社拜。各坐方可向。上首ノ前ニ。基〔其歟〕時ハ末坐見給可立退也。退出。西坐時ハ二以下西ノ方ニ立退テ。以北爲上。一面ニ蹲踞。次第ニ

退出。古殿拜。於石橋下。正殿ヲ拜。櫻宮神拜。南上。五柱白神ヲ拜也。三色物忌父等。一殿ニ以東爲上。南向烈候。北御門ヲ納後ニ。御鎰ヲ宮守物忌父兄部請取テ。捧持テ。于時自東於第一二三間。禰宜各三方ニ禮シ。由貴殿酒殿拜。次朝拜。次山神巖社。次氏神荒木田社氏寺拜。西方許拜々等。一殿ノ乾角柱ノ乾方ヨリ坤エ蹲踞。已次一座廳舍着。自東間入。打板上鋪設。出納調。其上南向ニ跪。自余禰宜ハ。西方ノ傍ニ被相待。于時物忌父等。由貴殿酒殿拜後。廳舍前置石北ニ烈候。以東爲上。大物忌父兄部一座向。番交替請渡侍リト申。于時對拜。又座ヲ立テ拜ノ後。御鎰ヲ子良ノ舘持參ス。自余ノ物忌父等ハ。置石ノ南ニ西ニ向蹲踞。一座自西間出。傍官ニ禮。於石橋上。正殿方ヲ拜シ。次高倉方拜南。於石橋東ニ向。物忌父等禮各同前。風日祈宮神

拜。着座東上。於其座。東方拜。在子細歟。自余座起座。熊淵河合社ノ拜。西上南向。次山宮拜。西方。其後各北ニ向蹲踞時一座風宮ヲ拜。次ニ禮シ退出。同古殿拜。於通風宮拜。同東方拜。於橋北。正殿以下ヲ拜。風宮神拜。洪水ノ波宮。北ノ通。置石ノ南。於河端岸上拜スル也。河原祓ノ神拜。北上西面。八百万神達ヲ拜也。左ニ輪。件神拜。以往無之。近來拜之。於秡所清淨之儀者。神拜以前可參者歟。次瀧祭宮神拜。脱沓北上蹲踞。八王子幷攝社末社拜。但私ニ思々神達於遙拜歟。左ニ輪テ宮中悉拜。總而從神事作法。皆左輪。一鳥居拜。退出時ハ觀念可。相替參時。常神拜同之。但御橋ノ神拜ハ。旬日許也。又交替ノ次第ヲ可除也。

交替事。長官不被參時ハ。上首ニ觸申。公文所出納等供奉ス。不然者。家子禰宜供奉也。

一宮司參宮對面事。當時番禰宜役也。其次第同元日。但今日ハ衣冠也。又無饗膳等。番公文所出納供奉。番文政印ハ。以前奉捺之。番文役者。宮司ノ。相具撿非違使。參宮ノ時ハ。件人讀上。不然者。宮廳目代役也。元ハ先番宮掌大内人役云々。雖然。近代如此人。一殿ヲ鋪設。幷手水役事。先番輩之中二人留テ。一人自鋪設御倉出納之手。請取テ勤仕。宮司退出之後。出納ニ返上之返出也。一人者。自酒殿。請取搨杓各一口。件搨ニ水ヲ入テ。御鹽湯所ノ石疊ノ副ニ置テ。宮司參宮之時。以杓宮司手ヲ令洗之後。件於搨杓者返上之退出。例也。大司ノ手水ハ。六位ノ懸也。毎月三旬如此。

一抑交替事。維南宿舘ニ祗候ノ一禰宜ハ。於件宿舘成交替。維北宿舘ニ祗候ノ長官ノ時ハ。廳舍ニ參申行例也。維南維北ト謂。一鳥居ノ前ヨリ東ヱ通小路。南ハ中院也。北ハ維北也。
一三旬番文事。宮司不參時ハ。長官舘文書ニ納
也。
一十三日。水量ノ柱奉採事。自長官食料百文
給。由貴殿出納奉代之也。橝長サ一丈三尺。
彼ヲ削テ切口三寸也。占木ト謂之。又四尺許
ノ細木一本是謂傳土木。間削テ。由貴殿ノ南ニ寄立
置也。
一十四日。夜水量立事。政所物忌父一人。御巫
内人等參。先占木ヲ酒殿ノ前ノ置石ノ北ノ
端ニ立テ。月影ノ。九丈殿ノ西ノ軒ト。酒殿
西ノ軒ト。同通ニ指時。是夜半也。占木ノ影ノ指所
ニ。傳土水ヲ立也。件中間遠ヲ吉ト知。近ヲ
不吉ト知也。歳善惡以是知也。
一十五日。曉。粥ノ御饌供進㕝。物忌父子等。自
北御門參入供進。大物忌父詔刀ヲ申例也。正
權神主ハ不參內。物忌父等。自酒殿白米一斗
御粥料。自御稲御倉。稲一束神酒料ニ請之。
又今日御巫内人等。四至八百萬皇神達ヲ祭。
一十五日御竈木奉納神事。或自宵參。或里宿粥
以後參。思々也。先私ノ神拜。衣冠人長内人
三度告ニ參。三度目ハ御木等削荷選後。裝束
告也。御竈木。上古ハ一禰宜七荷。荷別九本。長サ七尺八寸。
細榾也。自余禰宜各六荷。權任神主各五荷。四十五本。
皆白ク削。六位權禰宜大内人等人別二荷。物
忌父同前。小物忌等人引二荷。又諸社祝部及
服麻績兩織殿神部等各一荷。是等ハ皆所々
削。中院ニ持參集。宮掌内人等公文所奉行。帶歷名
帳。於御輿宿。任各交名。隨勸盃合點各在差。
出云。權禰宜荒水田神主名乘。—服氣禰宜分ハ
不削。由貴殿ノ軒ニ立置。權任分不合點。櫻
宮砌ニ立置也。上古ハ一座布袴。自余衣冠。
當時各束帶ヲ着。中道ヲ經テ廳舍ニ烈參。自
西間東上南面。打板上烈立如常。長官ノ御木

ハ七十五本。當時如此。兼日ニ飼丁等切之。
當日ニ。於由貴殿前。出納等削荷進。祝八人各食五文宛。奉荷。狩衣。鷹依百姓役一瓶。政所粥肴二種。權長催參。自余傍官御木五十五本宛。祝或五人三人。思々悉荷畢テ。南鳥居ノ西ノ脇ニ並置。東上。于時進參。自南門裾ヲ引。在警蹕。於四御門在御鹽湯テ。石疊ニ烈候。次御木八重疊東ニ。以北爲上。杉本方爲木上。是ヲ乾ニ向。各筋替ニ舁並也。物忌父等八重ノ西ニ候。一座ノ方ニ向蹲踞。于時人長内人狩衣。二人御木ヲ員ヱ。八重疊ノ西ニ蹲踞シ。御木ノ數三千五百荷御入候ト申。後政所神主詔刀ヲ一座ニ奉。則座起。裾ヲ引テ。御前ノ石壺ニ進讀進。

度會ノ宇治ノ五十鈴ノ河上ノ。下都石根ニ太宮柱太敷立テ。高天ノ原ニ千木高知テ。皇御麻ノ命稱辭定奉。掛畏キ天照坐ス皇太神ノ廣前ニ恐ミ恐ミモ申ク。常モ奉ル今年ノ正月ノ十五日ノ御竈木ヲ。始從位階名乘等。權禰宜。大少内人。内外物忌。幷以東以西祝部。及服麻續兩機殿大少ノ神部等ニ至マデ。調進狀ヲ。平ク安ク聞食テ。朝廷ヲ寶ノ位無動。常盤堅盤ニ。夜守日守ニ護幸奉給ヒ。阿禮坐皇子達ヲモ慈給ヒ。百官ニ奉仕ル人等ヲモ。天下四方國人民ノ作食ル五穀豐饒ニ恤幸給ヘト。恐ミ恐ミモ申。

石壺ニ歸着。各拜八度。手兩端。其後。各御竈木ヲ。西ノ御門ヨリ持出。忌火屋殿ニ奉納。神主從西退出。輿玉拜。荒祭遙拜。手兩端。件拜末座ヲ待。選南石壺。沓ヲ脫。中石壺ニ蹲踞。東上拜之後。次第ニ在禮。石壺ノ北ヲ經テ退出。物忌ニ在禮。櫻宮拜。酒殿前拜。同諸別宮ヲ拜。次於一殿。粥ヲ行。次饗膳如常。長役。件御竈木職掌人等者。尋常薪ヲ奉。抑神部等御竈木勤仕ノ時。爲先例。各毛鳥一羽。又五升納件ノ皃ノ瓶ニ。酒一瓶持參。而於鳥者進宮廳。至于時酒者。酒殿又酒殿ノ酒ヲ入替テ返例也。

一廿一日。番文。神拜交替。如十一日勤。但今日ハ。宮守物忌父兄部御鎰ヲ捧持。此ノ御門ヲ納之後。地祭物忌父兄部ニ渡。

一毎月三ケ度。上中下番輩。下部院ヲ掃除。自宮廳預食物。

一雖有正月潤。無異儀。權任神主三旬番如恒。但除物忌父等番帳。兼日廻ノ人長内人勤。又人長人ニ廳宣ヲ下。

二月

一一日。番文。司對面交替如常。但今日者。地祭物忌父兄部御鎰ヲ捧持。各朝飯以後參。

一鍬山伊賀利神事。

番文交替後。役人等山入時分。巳剋許ニ各衣冠ヲ着。中道ヲ經テ一殿ニ着座。自北戸入テ東上南面。宮司(衣冠)。東座。玉串大内人(衣冠)。禰宜ノ次。物忌(布衣)。西座如常。(各在鋪設)。内外物忌父幷山向御巫内人等。於一殿艮砌飲酒。後引卒テ。當年歲德神所在方山ニ入。各以堅木鍬ニ作。以葛笠ニ作。御蔵木採出時。高聲謳敬〔歌歟〕也。而後。於主神司殿飲酒。(今日役所沙汰)。此時分。禰宜着座也後外物忌石橋ニ着座。東上。薦ヲ敷。于時直會饗膳。(永井御厨役)。但當時酒着(跡部役)。簀盛二。器盛一。羹果子等在之。當時是輕微沙汰也。初獻寒酒一座勸盃。大物忌父兄部宮司勸盃。同二萠配膳。副物忌。上古ハ諸神事配膳。物忌父等勤之。石橋マデ一献。終テ御著後。二献ハ暖酒。次第如常。宮司前。自東二間出也。其後石橋座ヲ起。東方ニ北上西面ニ。薦ヲ敷テ着座。内物忌父等。石橋着座。東上北面。在鋪設。其東ニ御巫山向内人等着座。薦ヲ敷。刀禰祝植

長以下ノ諸役人等。皆黄狩衣。外物忌ノ背着座。政所公文所布衣。一殿ノ東柱ノ下ヨリ東ヘ居流。在鋪設。其前ニ子良母良在鋪設。鍬ハ清酒々作内人外物忌等之所勤也。木綿葛ハ瀧祭物忌役。藁ハ政所御田役。内外物忌等御鍬褁等ヲ調進。先鍬ニ宛打敷ニ居。山向内人二舊ハ宮司献。同一舊ハ長官ニ献。玉串大内人マデ献。次手鍬一宛献。木綿ノ葛ヲ相副。是ヲ笠ト謂。次褁二宛進。次褁一宛進。次結藁ヲ進。次御種小石。九宛進。山向祝言ノ和歌ヲ申。各左ノ手ニ五。右ノ手ニ四取之。一ノ褁ニ入テ。以藁結之。又件種ヲ取入テ進。祝言同前。左ニ五。右ニ四取。褁一ニ入結之。其後御巫内人唯々ト申。于時件ノ葛ヲ各冠烏帽子ニ懸。御巫内人此鍬ヲ持。今年天下泰平。諸人安穩。年穀可豐稔之由祈申テ。擊地上。其詞不記。宮司神主諸職掌人等ニ至マデ。巫ノ申祠ニ隨。賀最ト申。以手鍬ヲ同時ニ擊地上。次山向内人田ヲ土ノ次大足。其後御巫御秡ヲ申。一同ニ開手兩端ノ後。笠ヲ取。褁鍬等結合之。次山向内人一人桶種小石。ヲ入蒔之。次祓内人一人。日祈内人一人。相並テ巡見シ。西方ニ鍬ヲ。槌ヱ東ニ向乍。立申テ云。今年ノ御苗從前々年勝テ。太フ逞ウ出來御座。此由ヲ以。宮政所宮長ニ可申上之由ヲ申。政所ノ前ニ蹲踞シ。此由ヲ申。政所宮廳ノ御前ニ畏テ。此由申上。長官返答。御在地刀禰。維東維西ノ祝部。土浪人浮浪人仰テ。御田蕃植。令合期待ト被仰。

政所承中刀禰ノ兄部ヲ召。申付刀禰。則相觸内人祝部蕃長等參集。蕃殖作法ヲ勤仕。以藁殖田遊作法。其初度歌云。殖長。

阿奈太乃志。遣宇乃太乃志佐。伊仁志江母。加久矣阿利遣牟。氣宇ノ太乃志佐。

次々歌不記。以折敷皷ニ用。其後宮司神主ハ褁鍬拜領。諸役人等ハ敷折ニ入小石ヲ。號年實。分給後。一同ニ揖拜。座ヲ立。沓ヲ穿テ對拜。宮司東二間退出。神主ハ褁等ヲ取持テ。東二間出。褁ヲ各所從ニ令持。置石ヲ經テ。物忌父等禮シ。退出如常。件神叓。雨儀時ハ。役人等九丈殿ニ候。田態一殿内也。

一今日御巫内人等。所々四至神ヲ祭。又於宇河合淵東方。天津神國津神八百萬皇神達ヲ祭。在料所神田云々。

又今日水量。幷去年晦夜破立。及卯杖ヲ所取退也。水量占木ハ政所給。博士木ハ由貴殿出納。

一八王子祭黄菍遊。今月吉日ヲ撰參勤。禰宜魚鳥ヲ不喰。

一神主衣冠乘馬。或家子禰宜ヲ進。世木楊田ノ田經テ。月讀宮鳥居ノ前ヨリ下馬。彼神祉ニ參。先手水勤。在紙。拜後着座。祝等平張ノ搆座。巫祭文等ノ後。直會饗膳。淸進八種汁等。引物等在之。酒三獻。勸盃配膳。祝等勤之。其後神樂三番拜見後。天神ノ社參拜。如元下向。　出納飼丁者預饗膳。

件神事料所。一身田上分。幷下行等在之。然ヲ満久代ニ。祝等申請。宮中子良舘東石神ヲ積。以彼散錢致沙汰。仍一身田ハ。長官ニ被納。無自余之下行ヒ也。御初モ不奉勤役。

一九日。祈年御祭次第行事。

祭使外宮ニ參着之由。有告知時。供奉ノ職掌人等致其用意。件告知役人者。當宮小内人也。而不輸万雜事。所勤此役也。爲告知。參宮之時。自一禰宜宿舘。小粮料ヲ給。

祭主宮司各束帶。先秡所砌在秡。但祭使二鳥居在南柱西。北向。宮司在北柱西ニ。南向ニ被立。秡勤之。五尺許榊枝ニ木綿ヲ付大麻御鹽湯小土器ニ入白鹽。以榊枝獻之ヲ。奉。件内人等各衣冠。其後次第參。先宮幣

神馬神部等奉相副。次祭袪承衣冠。一人。御火一人。次官司袪承一人。御火一人。玉串行事所御鹽湯所ニ參。禰冝各束帶。淸衣木綿ヲ着。件麻。自長官請預御火内人。長官ノ參向不參之時ハ。長代上首ノ舘ニ參。中道經テ參向。自廳舍前。袪承一人各參集時。御鹽湯所ノ石壺ニ烈立。幣使西ニ。宮司神宮東西上。各南向。于時荅拜同時。雨儀時ハ御輿宿リノ内也。官幣ハ禰冝ノ東ノ方砌ニ奉居案。案ハ御忌。御馬ハ其際ニ牽立。玉串大内人幷大物忌父兄部。束帶明衣ヲ着。但當時玉串大内人物忌父等。皆衣冠ヲ着。官幣ノ南方ニ烈立。以外爲上。但西ニ御坐ノ時者西方。北上烈立。使神宮西向也。于時使裾ヲ引テ。進寄テ手水。件抄掲紙木綿麻等。自長官山向内人衣冠。申給テ用意ス。件手水配膳等。袪承宮掌内人役也。但祭主家督參勤時。重代祠官二人。任巡番。衣冠ヲ着。參勤例也。自長官兼日被催之。次宮司裾ヲ引。手水。山向勤之。其後。大物忌父兄部笏ヲ差。官幣送文ヲ捧持。乍立一座ニ奉。則立退笏ヲ拔持テ一禮シ。立一座。送文ヲ拜見後。返渡給之。退テ禮シ。本座ニ皈シ。三色物忌父等。案際進寄テ。官幣ヲ拜見シ。諸引宮分。任書付。分進彼宮々。下部等請預之。御馬飼内人神馬ヲ請取テ。八重疊ノ東ニ事立。大物忌父一座ノ前ニ進參。乍立笏ヲ指。彼送文ヲ給テ。笏ヲ拔一拜ノ後。本所ニ皈。于時山向内人鋪設ヲ調。半疊。紙端。祭使裾ヲ引。進寄テ。件半疊ニ跪候。于時玉串大内人進寄テ。自山向内人之手。鬘木綿ヲ請取奉。使笏ヲ差。手一端請取ニ着用ノ後笏ヲ拔持テ。牙拜後本所ニ被着。後宮司裾引進寄テ。鬘木綿同前。同自山向内人手。御玉串二枝ヲ請取奉。宮司又一端シ請取。左右ノ手ニ各一枝ヲ捧持テ。牙禮シ。坐ヲ起テ進參。南ノ屛垣之前ニ。北向ニ立。次一座裾ヲ引。件半疊ニ左ヨリ跪。玉串大内人自山向内人之手。御玉串四枝ヲ請取奉之。于時一拜シ。笏ヲ差一端シテ。先左ノ二枝ヲ左ニ取。右ノ二枝ヲ右ニ取。一拜シテ右ヨリ立テ進參。南ノ鳥居ノ西ノ柱ノ下ニ。南向ニ立。二神主以下同前。西エ烈立。次玉串大内人。自山向内人之手。御玉串八枝ヲ請取テ。禰宜ノ次立。玉串行事是也。榊ヲ玉串ト云。榊ノ枝毎ニ木綿ヲ結付也。抑神主玉串大内人物忌父等之着用ノ鬘木綿手繦ハ。各自宿館着用例也。于時次第參入。裾引。各宮司ニ立向對拜。於四御門。在御鹽湯。前陣神主御火桛承進。次玉串大内人。次宮司御火桛承進。次官幣。次御神馬。次使御火桛承進。各參烈ノ時。石壺ニ着座。宮司東。使宮司ノ東。神主西。東上。其次玉串大内人。三色物忌父等。西方。以北爲上。東向候。三方一臈許。雨儀時ハ。御子殿ノ内也。同時ニ揖拜ノ後。政所神主ノ

令用意詔刀文ヲ。大物忌父兄部沓ヲ不脫。笏ヲ差。使ニ献。使取之ヲ一拜。大物忌笏ヲ抜持テ同前。本座皈。于時使座ヲ起。裾ヲ引テ八重榊ノ前東南ナル於石壺。拜ノ作法如常。詔刀ヲ被讀進。

度會ノ宇治ノ五十鈴ノ河上ノ。下津磐根ニ太宮柱敷立テ。高天原ニ千木高知テ。皇御𪊲命ノ稱辭定奉ル。天照坐ス皇太神ノ廣前ニ。恐ミ恐ミモ申給久。常モ奉二月祈年御幣帛ヲ。使祭主位神祇權大副大中臣朝臣名乘令捧持テ奉狀。平ク安ク知食テ。天皇朝廷ヲ寶位無動。常石堅石ニ。夜守日守護幸奉給ヒ。天下四方國ノ人民ノ作食ル五穀豐饒ニ恤幸ヱ奉給ヱト。恐ミ恐ミモ申給ハクト申。

荒祭。伊佐奈岐。月讀宮等ニモ。如此申テ進ト詔給フ。

可有年號。

詔刀畢テ。笏ヲ拔拜テ。本座ニ着。今日ハ宮司無詔刀。玉串大内人所持ノ玉串ヲ前置テ。座ヲ進參テ一拜シ。笏ヲ差。宮ノ司ノ榊ヲ請取。宮司笏ヲ拔牙拜ノ後。件榊ヲ一座ニ奉。一座所帶ノ榊ヲ前ニ置。一端シテ請取之。榊ヲ取持。手ヲ打。左ヲ左。右ヲ右ニ取事。每度ノ儀也。玉串大内人立退。笏ヲ拔テ一拜ノ後。本座ニ着。于時。大物忌父兄部蹲踞。一座大物忌父荒木田（名乘）ト召。唯ト稱。御前ニ參。蹲踞。拜後笏ヲ差。玉串ヲ給。一座以前ノ手玉串ヲ取。拜禮ノ後。左ニ皈テ。玉串御門（東左脇石）疊上ニ。奉納。本坐ニ皈着。時宮守物忌父兄部蹲踞。于時一座宮守物忌父荒木田（名乘）ト召。唯ト申進參ニ。御榊ヲ給。次第同前。二以下御玉串ヲ給畢テ奉納同前也。（但右脇石疊ノ上也。）于時玉串大内人八枝。所帶ノ御玉串四枝。左右各二枝捧持テ。一座ニ奉。本坐皈着。于時地祭物忌

父蹲踞。一座地祭物忌父荒木田（名乘）ト召。ヲウト申。進參テ給之。奉納（左右疊）。皈着。後玉串大内人所帶御玉串四枝。件御門ノ右脇ノ石疊ノ上ニ奉。本座ニ皈着。抑三色物忌父等。幷玉串大内人。御榊ヲ玉串ノ御門ノ左右ノ脇ノ石疊ノ上ニ奉。時先於御戸中間。御榊乍持御所ヲ一拜之後。笏ヲ拔テ。御榊置所一拜ヲ立テ。又御所ヲ於御戸中間。乍立一拜之後皈也。又奉置時。先左ノ手御玉串ヲ置。次右ノ方手ニ持榊ヲ置也。又人ニ交替之時。我ガ左ノ手ニ持ヲ人ノ左ノ手ニ渡。我ガ右ノ手ニ持ヲ人ノ右ノ手ニ渡。更無違。又人ノ手ノ榊ヲ請取時同。（必在手。）御榊事畢テ。拜八度。開手兩端。朝廷奉祈。其後各座起。但玉串大内人早立自西御門。荒祭宮大内人。同大物忌父ヲ相具。退出テ忌火屋殿艮方ニ。彼宮御料ノ官幣ヲ奉相具。各榊ヲ捧。祭使ノ拜ヲ相待。神主

自西御門退出シ。荒祭宮ノ遙拜所ノ南ニ。北上西面烈立テ。相待祭使宮司自南御門退出。於一座前對拜。裾ヲ引。宮司同前。件遙拜所。於石壺拜手兩端。使東。次宮司。次宮也。則鬘木綿解。于時玉串大内人幷彼宮ノ大内人。同大物忌父。官幣ヲ奉相具テ參。祭使宮司ハ。件石壺ノ自後南也。退出。神主自前北也。退出。於櫻宮北鬘木綿明衣ヲ脱。祭使一殿ノ自北入テ。戸ノ東脇ニ南向ニ着座。宮司南座北向。神主東坐。北上西面。各在鋪設。同時ニ揖拜ノ後。一座裾ヲ引。使ノ所机ノ東ニ着。在鋪設。牙揖拜。直會饗膳ハ。但當時酒肴。兼テ居置。一座盃ヲ取上。以扇塵ヲ拂。酒ヲ受献ス。使笏ヲ取直シ。禮一端シ。是ヲ取テ被飲。後々ハ盃ヲ取上テ獻レバ。直ニ受被飲。三献之後。配膳二人机ヲ舁テ。北戸ヨリ出。雜色給之。後不揖拜。本座ニ着。宮司勸盃。二座同時同前也。

又各揖拜。座ヲ起。沓穿テ對拜。使自北。宮司自南退出。御火炬承ハ一鳥居マデ也。神宮御火ハ舘マデ也。抑勸盃ノ事。若禰宜一人參時ハ。立渡テ勸盃ヲ勤例也。又當神事。宮司未補。仍雖不參。被遂行例也。又三宮司御教書ヲ申給。自然禁忌ノ時。以代從神事支在之。然而不勸盃。仍不着座。總而司代事。或依其仁躰。又ハ未爵ノ輩。糺明之不用例也。
又當祭官幣延引ノ時ハ。神宮無神事。
又幣馬ハ。右馬料左馬料ノ沙汰。每度三貫宛衛士給之。直安キ馬ヲ奔走。於路次是ヲ不飼。事下之間。拜領ノ禰宜無其詮。然ヲ應永年中。經博代ニ。衛士等令愬（愁歟）訴。其代以五百文沙汰之。仍巡番ノ禰宜御神馬ヲ用意シ。於一鳥居。衛士今日先來。巡番ノ禰宜ヲ催。新足ヲ渡也。御馬ハ神事以後。於三鳥居。自御馬飼内人手。本人請取也。九月例幣ニハ鞍ヲ

被置。於鞍者。西寶殿ニ納。至御馬者。一禰宜拜領例也。祈年月次等之祭ニハ。禰宜等不謂禁忌。任巡番拜領之。但忌中ハ除之。
又祈年祭ハ。晝神事也。仍御火無之。然而近代夜ニ入間。御火一人宛進之。臨時祭禮同前。
諸神事御火ハ。由貴殿出納役。御火内人。六九十二月ハ參。其外ハ籠。
又捴承ハ。宮掌權任ノ在員。三方ェ分。參例也。
又上古ハ。手水役。祭主被叙三品之後。五位二人。衣冠ヲ着シ。上首ハ紙ヲ進。下座水ヲ懸也。未叙ノ間ハ。六位ノ權禰宜役也。而近雖爲五位四位祭主。參宮之時。五品ノ輩彼役ヲ所勤仕也。其又配膳ヲ勤仕。抑祭主三品之時ノ座ハ。土敷ノ上ニ高麗端疊一帖ヲ敷テ。其上繧繝端ノ半疊ヲ敷也。未被叙以前ハ。紙端ノ半疊ヲ敷也。
又祭使不參之時ハ。宮司北座也。御□前。又臨時祭禮ハ自晝神事也。仍無御火焚。而當時夜陰之内。□

一十一日。番文。交替司對面等。如正月。
一同日。以來。春季神態勤仕事。上古ハ撰日。爲請預宮司幣物。以本宮請文。祝一人參司廳。凡絹貳疋參丈五尺請預也。又宮司長官各用紙二束六帖。米一斗。祝ニ下行。相幷供進例也。
初日。大土社神態。一禰宜衣冠。但當時大田名代官禰宜也。乘馬。政所布衣乘馬。前陣宇治鄕大少刀禰及祝部等參勤例也。出納飼丁等供奉。笏ヲ紙ニ裹。出納ニ令持。辻ノ世古神事。河原抹〔栫歟〕堀町河原ヲ經テ。所御社ニ參。先手水。祝勤紙。權長進。若祝等不參時ハ。今日ノ役所勤之。笏ヲ取持。御前ニ進。政所用意ノ詔刀ヲ取。於鋪設上拜。讀進如常。
申ク。今年ノ二月十一日ノ今ノ時ヲ以。火土ノ皇神ノ廣前ニ。恐ミ恐ミモ申ク。宮司禰宜ノ。常モ奉ル春ノ季御幣ヲ奉狀ヲ。平ク安ク聞食ヨリ。朝廷ヲ寳位無動。常磐堅盤ニ。夜守日守ニ護幸ヱ奉給ヒ。阿禮坐皇子達モ慈給ヒ。百官ニ奉仕ル人等ヲモ。天下四方ノ國ノ人民ノ作食ル五穀豐稔ニ恤幸ヱ給ヱト。恐モ恐ミモ申。

御子皇神ニモ如此申テ奉ル。

次。御子社ノ拜八度。北向。次大社拜八度。北向。八開手兩端。次西ニ向。拜四度。次東向拜四度。皆同座也。其後着座。平張ノ搆座。南向。政所西座東向。權長南座北向。各在鋪設。直會饗膳。輪八種酒。在雉。三献勸盃權長。配膳祝。一献畢後。權長御箸ヲ申。于時箸ヲ立喰之。三献畢テ。准流ト申。于時一端膳ヲ撤。禰宜机ハ。祝權長兩人シテ上之。出納飼丁等給之。乘馬ノ馬草稻半束。政所乘馬ニ三抱飼之。其後本宮ニ皈參。禰宜前。於船橋辻在下馬。月讀宮拜。今日饗膳料所ハ。當社御戸代小田御神田ノ上ニ在之云々。森衞門領知勤之。件地。經博卿代ニ。幷搆所損之時。令訴詔。饗ヲ拭〔被免歟〕五年酒肴ニ。致沙汰令修治。人足百人云々。又永享九年ニ頽損ノ時。三年被免酒肴ニ。件沙汰饗。禰宜ノ所從。出納飼丁。政所所從十三人。刀禰廿四人。祝等預之。酒一斗八升云々。

十二日。次日ニ神態津長神社。供奉如昨日。不審號田。伊和賀祭神事。饗士二本櫻ノ下ヲ經テ津長ニ參。役人幣ヲ立置。手水鋪設等如昨日。詔刀讀進。向西。申ク。今年ノ二月十二日ノ今時ヲ以。津長皇神ノ廣前ニ。恐ミ恐ミモ申ク。宮司禰宜ノ常モ奉ル春季ノ御幣ヲ奉狀ヲ。平ク安ク聞食シテ。朝廷ヲ寳位無動。常盤堅盤ニ。夜守日守ニ護幸給ヱ。阿禮座皇子達ヲモ慈給ヒ。百官ニ奉仕人等モ平ク安ク。天下四方ノ國ノ人民ノ作食給五穀豐饒ニ恤幸給ヱト。恐ミ恐ミモ申。

楊田皇神ニモ如此申テ奉ル。

次北向。楊田神社拜八度。平手兩端。次西向。津長神社拜八度。手兩端。次同方拜四度。在手。次又楊田神社拜四度。在手。皆同座。次着座。北方南向。在平張座。政所西東面。權長南北面。各在鋪設。刀禰祝東西上面薦ヲ敷。傍官机大饗。居半䈝。御廻八種。簀盛御汁菓子等在之。勸盃配膳御箸三献次第如昨日。件饗料田一段知行云々。次切ノ御物供進。七籠ドノ柳ニ結合。詔刀祝長申。委不記。本座ニ皈テ在酒肴。美物兩種菓子在之。三献勸盃配膳同前。祝申テ奉分也。其詞云。寶君ノ弘給火切ノ御物等ノ堅メ富物。代悦廣手ニ。先官長神主ニ給フ。目代座ニ向。如此申。抑宮政所。是目代之長也。火切ハ出納ニ令持下向。火切酒肴。刀禰祝等皆預之。件酒田一段。岩井虎四郎沙汰之。

次三御前神態。

於津長前河端。在手水。役人同前。在鋪設。前ニ幣ヲ立。東ニ向。八所ノ詔刀ヲ讀進。

申ク。今年ノ二月十二日今時ヲ以。八所ノ皇神ノ廣前ニ。恐ミ恐ミモ申ク。宮司禰宜ノ常モ奉春季ノ御幣ヲ奉狀ヲ。平ク安ク聞食テ。朝廷寶ノ位動無ク。常盤堅盤ニ。夜守日守ニ護幸奉給。阿禮座皇子達ヲモ慈給ヒ。百官ニ奉仕人等ヲモ平ク安ク。天下四方國人民ノ作食ル五穀豐稔恤幸給ト。恐ミ恐ミモ申。

東向。拜八度。手兩端。次西ニ向拜四度。手一端。次又東ニ向拜四度。手一端。其後橋爪ニ着座。平張ノ搆座。南向。政所西東向。權長南北向。各在鋪設。使前大饗机。居半䈝。廻八種。此内四簀盛。必在羹。在菓子等。三献配膳

等同前。件饗箸ヲ立計也。不喰之。子良舘ニ送例也。但在復飯。其調備。本飯ニ同喰之也。本飯子良舒ニ送事ハ。當始件神叓時分。子良橋邊逍遙ス。仍使。件饗ヲ被志依之也。件饗膳料田領知ハ。當時瀧祭物忌。〔七良物忌〕。尾崎粷屋大夫。各年ニ勤仕云々。座起乘馬。岡田辨才天ノ世古ニ。馬ノ鼻ヲ向テ立。于時權長唯々ト申。刀禰祝等引率テ。宇治岡山路饗行向。道祖神祭ヲ禮ス。使ハ神叓河原ニ參着。先手水。次着座。在鋪設。南向。政所西東向。權長東西向。于時役人等御鍬ヲ持參。木綿ノ葛ヲ相副。

又鍬山御歲木小ヲ當所持參。

刀禰祝等。自揚田岸河原ニ皈參シ。東方ニ着座。西上南向。酒肴次第同前。役所朝熊所在。先津度惠之神態勤仕。詔刀堪能之刀禰申。委不記。次惡秡勤仕。次吉秡勤仕。御麻奉。次御玉串。山向内人持參。於爰祝内人等引牽。歲德神ノ坐ノ方ノ山入。御鍬ヲ可取也。作御田。爲君爲歲。空御物供進。詔刀祝長申(坂歟)。不記。使拜如例。于時褁ヲ作。權長鍬ヲ於二進。次褁二進。次藁ヲ進。次種ヲ進。如鍬山時。左右ニ九取之。一ノ褁ニ入。以藁結合。次權長御玉串進取之事如恒。于時山向内人給之。本宮ニ參。例所ニ奉納之。又權長御玉串ヲ進取之。于時揚田社祝給之。彼社ニ奉納。酒肴三獻。事畢。年實褁一。鍬一結合テ。飼丁ニ令持。一ノ鍬ヲ各所持。木綿葛ヲ冠ニ懸。乘馬。自河原。權長有祝哥。隨其詞。馬上モ歩行モ鍬ヲ打。其參道如昨日。御田ニ參向次第。伊賀利奉仕。次大土社參着。昨日ノ座ニ着。先大饗。但當時酒肴三獻勸盃配膳同前。件酒肴。自長官公文給。權長沙汰。但大褁自長官被沙汰。次御田播殖ノ作法勤仕。先祝大褁。次種ヲ

蒔。次權長田哥。次祝二人播殖。次年實御鍬奉進。即詔刀祝長申。委不記。即酒肴。次年實奉分。其後本宮ニ皈參。一禰宜衣冠。其外ハ皆布衣也。兄部等黄衣也。抑祝詞ニ云。實ノ君ノ弘給ノ由爲。若爲年實ノ御物。壽ノ堅メ富ノ物代。悦ノ廣手ニ。先宮長ノ神主ニ給ヲ。向目代座同申。
抑宮司幷禰宜ノ供進物。祝部兼日ニ請預テ。今日供進例也。其色目委不記。又二季春冬神態ノ時饗。神田給主幷祝等。相幷勤仕也。嚢以下權長勤之。又諸役人ハ。權長催之。於不勤之輩ハ。權長勤之。至不參輩饗酒者。皆權長之得分也。以往ハ饗酒肴繁多也云々。件神事。雨降者。於一殿行之。但役人等ハ。其所ニ參勤。
一廿一日。番文。交替。司對面如例。

三月

一日。番文。交替。司對面如例。
一三日。桃花御饌事。件御稻。昨日奉下。如正月六日。仍不記。今日御節供。其勤如同菜御饌ノ時。但今日ハ。預神直會時。盃ノ次。桃花進。瀧祭役人ノ勤。各一菜給之。笏ノ上ニ置。三献ニ入テ呑之。於相殘花者。令懷中。家來祝之。又今日御饌ハ餅也。如元日詔刀。
度會ノ宇治ノ五十鈴ノ河上ノ。下津石根ニ太宮柱太敷立テ。高天ノ原ニ千木高知テ。皇御麻命ノ稱辭定奉。掛畏キ天照坐皇太神ノ廣前ニ。恐ミ恐ミモ申ク。常モ奉今年ノ三月桃花御饌。幷御神酒御贄等ノ調奉狀。平ク安ク聞食テ。朝廷寶位無動。常盤堅石ニ。夜守日守ニ。護幸奉給ヒ。阿禮坐皇子達ヲモ慈給ヒ。百官ニ仕奉ル人等モ。天下四方國人民作食ル五穀豊饒ニ恤幸給ト。恐ミ恐ミモ申。
一殿饗膳。當時酒肴。初献寒酒。桃花ヲ入。後二献暖之。勸盃大物忌父兄部。配膳副物忌。

但當時役所沙汰。大泉役也。玉串大内人物忌等之酒肴ハ。別役同時沙汰。

一十一日。番文。

一山宮祭木目神事。今月中日ヲ撰。「木日時分也。」除當番禰宜之外。正權任參向。供奉二門氏人者。城田鄉内宇津不良ノ谷マデ祭ル。谷三箇所也。官首ノ替ノニハ東ノ谷ヲ祭。其外ハ中西ノ谷ヲ。打替打替各年ニ祭也。無社。只地上ニ石ヲ居置テ。其上祭也。三箇年間。無民人之闕。於一谷祭之時。稱宮立。殊勝テ祭也。其後。以博士令申詔刀也。不然之時者。内物忌父所勤仕也。抑此神事ニ。蒜今年食用人者不參例也。若依人數不足。雖令參。詔刀之時退座テ。畢之後着座。預饗膳也。一門氏人ハ。同鄉内於權尾谷二箇所祭也。但當時宇治鄉小谷ニ勸請。

抑近代。二門禰宜者。長官ノ外ハ。不謂官首。老躰任巡番參。衣冠乘馬。家子侍各布衣。乘馬。人數任心。家子前陳御迎ノ役人官子邊ニ參向。彼宮ニ參着。祝狩衣ヲ着。御手水ヲ進。在紙。大物忌父兄部御祓ヲ申。于時各拜。手兩端ノ後。鋪設ニ着座。東向。家子侍北南上東向。物忌南北上東向。各布衣任鋪設。于時暗神酒ニ預。勸盃。大物忌父兄部配膳祝等。次直會饗膳大饗也。八升盛廻十二程。簀盛其外器盛。四羹三菓子等。酒肴者。酒三獻。必古酒也。勸盃大物忌父。毎献參。家子侍雜色。所從。隨人數。饗膳酒ニ預。皆清進也。總而參向人。不喰魚鳥參也。御茶湯馬飼マデ。悉祝之沙汰。饗膳畢。又手水神拜。各所奉ノ御初ヲ申上。官首卅文。自餘廿文宛也。服氣禰宜者不献。申上後。物忌祝分給云々。其後下向於外宮ニ。並木在下馬。以次田宮寺ニ參。又外宮神拜等者。非定儀任意。件神事ハ。三月中旬撰日。兼日ニ祝參。以大物忌父兄部。神叓定日巡番。禰宜家子侍所從等。人數ヲ伺。御神等ヲ請預。致用意者也。

抑巡番ノ禰宜。不慮指合出來之時者。次座參向。其猶蒜ヲ食事在之時者。次々傍官ヲ。自首被着進例也。若依洪水等。通路不叶者。原郷邊ニ居住ノ物忌父等幷祝參集。神事ヲ遂行例也。

抑件饗斵田者。原郷所在三段也。若有不勤事者。可被改替祝也。仍去貞治五年三月十四日。彼祝藤原安光之請文明鏡也。總而祝替日ノ時ハ。補任ヲ給。又官首ノ始ニモ。御代ノ補任ヲ載者也。

廿一日。番文。

一晦日。除當番之外禰宜等。爲大祓。供奉參離宮院。

四月

一日。番文。

一初申日。氏神祭。爲供奉。除當番之外。正權神主被社頭ニ參。但件社兩所也。荒木田氏ノ一門ハ田邊ノ本社ニ參テ祭。同一門ハ小社楊田野ノ社ニ參テ祭也。但當時字郷岩井田山ニ勸請。兩門幷兩所ノ子細不記。

抑當時二門禰宜。任巡番幷物忌父等之參向。祝御初請預次第。如山宮祭勤。但手水祓神拜ノ後。着座平張。北向。物忌西東上。北向。家子侍東西上。北向。先禰宜幷大物忌父兄部ノ乘馬ニ。各紙平ヲ付。鳥居ヲ三度牽輪ス。大物忌父馬前也。其後請宮ニ預。次直會饗膳。輪籠盛彼是十六。幷羹菓子等。勸盃配膳御茶。所從分以下ノ沙汰。如山宮祭時。但今日ハ魚鳥珍物ヲ調。當時猶不足云々。馬草。自野篠所從ノ走懸酒。自原郷進叓畢。又手水神拜御初等。又下向次第如山宮。

前日宮首ヲ進試。
抑件役所ハ氏神領也。預所職ハ官首ノ始。又其主相替時ハ。捧任料被補例也。若有無沙汰事者。可被改替也。件饗膳運送。依爲大儀。近代申請。當日早朝ニ。巡番傍官ノ御宿所ニ送進。其饗如社頭勤。家子侍雜色所從分送事同前。所從ハ廻五宛也。酒ハ略之。於社頭進上下人數。兼日ニ伺用意之。而間。於社頭者。小付ノ御飯ノ進廻立汁菓子御茶酒三獻所從ヒテ在之。
件料所ノ外。社領原所在齋田ハ。官首ニ被納例也。今日初申宮司。離宮ニ參。若行合時ハ。侍下馬ス。仍傍官下馬。仍宮司下馬。是依爲煩。可思慮者也。
又宇治氏。石部氏。同初申日祭也。宇治氏ハ上社マデ祭。石部氏ハ岩井田ノ山口ニ祭也。
十一日。當文。交替如常。

今日御内掃除。御殿ノ下ハ子良母。大床下ハ物忌。白石ハ刀禰祝沙汰。散錢ハ刀禰祀給。
一十三日夜。爲菅裁神田勤。正禰宜宿館献少酒肴。又一禰宜家子一人。
一十四日風日祈宮祭禮。號御笠神事。
自宵館ニ參。卯尅ニ各衣冠ヲ着。中道ヲ經テ一殿參烈。于時日祈内人。御榊三本ヲ捧持。笠縫内人御茇笠ヲ御榊ニ付。三本捧持。各衣冠。櫻宮南ニ候。于時烈參。櫻宮ノ南ノ置石ニ。以東爲上。北向ニ烈立。御垣ヲ奉先。御榊御笠。次櫻ノ宮前ニ。立置諸別宮ノ御榊御笠。次長官傍官權任玉串大内人衣冠。物忌父等布衣也。其後自南御門進參。前陣御榊。次御笠。次正權禰宜。次玉串大内人。次物忌父等。石壺ニ着座如常。日祈笠縫内人。御榊御笠ヲ捧持テ。八重疊ノ東ニ蹲居。西ニ向。于時一座御前石壺ニ進參。詔刀ヲ讀進。

度會ノ宇治ノ五十鈴ノ河上ノ。下津磐根ニ太宮柱太敷立テ。高天原ニ千本高知テ。皇御麻命ノ稱辭定奉ル。掛畏キ天照座ス皇太神ノ廣前ニ。恐ミ恐ミモ申。今年四月十四日。此時ヲ以。宮司ノ常モ奉風日祈ノ御幣。幷御笠蓑ヲ。日祈内人 姓名 令捧持テ奉狀ヲ。平ク安ク聞食テ。朝廷寶位無動。常石堅石ニ。夜守日守ニ護幸奉給ヒ。阿禮坐皇子達ヲモ慈給ヒ。百官仕奉人等ヲモ。天下四方國ノ人民ノ作食五穀雨甘ク風和ニシテ。年穀豐饒ニ恤幸ヱ給ト。恐ミ恐ミモ申。

年號四月十四日

次遠江神戸種薑。詔刀（特種薑ハ。兼日ニ酒殿ニ進納。今日件出納。從西御門捧參テ。風日祈詔刀畢後。八重榊ノ上進也。）申ク。今年ノ四月ノ十四日ノ今時以。掛畏キ天照坐ス皇太神ノ廣前ニ。恐ミ恐ミモ申ク。宮司ノ常モ催奉ル。遠江神戸種薑ノ御贄ヲ奉狀ヲ。平ク安ク聞食テ。朝廷寶御位無動。常石堅石ニ。夜守日守ニ護奉幸給。阿禮坐皇子達ヲモ慈給ヒ。百官仕奉人等ヲモ。天下四方國々人民ノ作食ル五穀豐饒ニ恤幸給ト。恐ミ恐ミモ申。

詔刀畢後。内人等御榊御笠ヲ。玉串御門ニ奉納。本座ニ皈着。于時一同ニ八平手兩端。朝廷奉祈ノ後。自西御門退出。興玉拜。荒祭宮遙拜。兩端。次櫻宮南ノ置石ニ着座。東上北向。於鋪設詔刀ヲ讀進。在鋪設。櫻宮南在疊ノ北際。北面也。諸神ニ蓑笠ヲ奉狀也。（諸別宮諸幷末社等也。）申ク。今年ノ四月十四日ノ今時以テ。月讀伊佐奈岐瀧原幷伊雑瀧祭ノ皇御神ノ廣前ニ。恐ミ恐ミモ申。宮司常モ奉ル風日祈ノ御幣幷御蓑等ヲ奉狀ヲ。平ク安ク聞食テ。朝廷寶位無動。常盤堅磐ニ。夜守日守ニ護幸ヒ奉給ヒ。阿禮坐ス皇子達ヲモ慈給ヒ。百官ニ仕奉人等ヲモ平カニ。天下四方ノ國ノ人民ノ作食ル。雨甘風和ニシテ。年穀豊饒ニ恤幸給ト。恐ミ恐ミモ申。
天都神國都神ニモ如此申テ奉。
本座皈着。于時一同兩端。雨儀時ハ。於主神司殿可勤行。其後。諸別宮内人幷諸社ノ祝部等。件御幣幷御笠蓑等ヲ給預ヲ。彼宮々幷社頭ニ持參也。正權神主ハ。酒殿朝拜。諸神拜ノ後。一殿ニ着。先菅裁神田ノ勤。酒肴ニ預。其後風日祈直會饗膳ニ預。件饗料所。三河國泉御薗也。抑宮司所進幣。兼日ニ日祈内人請預。但以本宮請文。所請預也。委不記。又御笠蓑等。自菅裁内人之手。菅ヲ請取。御笠縫内人於宿館奉縫。在菅裁幷御笠縫神田等。抑件御笠御蓑菅ハ。自内瀨。兼日備進。雨ニ不浴例也。當時不勤間。自長官奔走。
抑遠江神戸所進種薑。今日供進ノ用殘。禰宜中ニ分配。而禰宜各以其内子良宿館ノ南ノ垣内ニ所奉殖也。爲物忌父等之役殖奉。然後九月御祭之時。御饌ニ所供進也。

一同日。神御衣神事勤行次第。
今日。内院南面番。但幷玉串及四御門。合三重ノ玉垣ノ御榊ヲ奉差。是公侯氏之勤也。又八重榊ヲ奉差。其員數百廿七枝也。是山向内人ノ役也。又荒垣鳥居。幷一二鳥居。輿玉榊等。同今日所奉差也。荒祭神拜所ニ差榊。彼宮下部役也。又玉串料榊ハ。山向内人之勤也。總御榊奉差吏。年中四ヶ度也。四月六月九月十二月御祭度也。但九月神御衣之時ニ奉差ル榊ヲ以テ。十七日御祭者被行例也。而近代二月祈年御祭。同所奉差也。于〔午歟〕時許ニ地祭物忌父自出納手。請取北御門鎰。件御門ヲ奉開。參入テ瑞垣御門ヲ奉開。又自外幣殿。請戸帳瑞垣玉串幷四御門等。縣神服神麻續〔績歟以下同〕兩織殿神部織子八面等。御衣御唐櫃各二合ヲ

ヲ奉相具參宮。在祗承。撿非違使二人在警蹕。先彼等於河原殿ノ西祓所。祓ヲ勤仕。其後。於件所酒肴。次宮司參宮。在祗承。宮掌自例所勤之。人數不定。御衣御唐櫃。兩織殿神部人面織子等奉相具列參。在御麻御鹽湯。於例所勤之。迄御鹽湯所在警蹕。御唐櫃四合ノ內於二合ハ。荒宮神拜所奉留。直是彼宮ノ御料也。余至于二合者。御鹽湯所ノ石疊副ニ奉舁居。宮司與神主。左右ニ列立テ。在答拜。又兩織殿神部人織子等。石橋ヲ隔テ。左右ニ列立。左服方。右麻續方。于時兩機殿ノ案主等相並デ。各御衣ノ送文ヲ持進。向物忌父一人行向テ請取テ。大物忌父ノ兄部ニ給。件大物忌父笏ヲ差取之。一神主ニ奉ル。其後笏ヲ抽テ。一拜シテ本列皈立。一神主件文ヲ披見ノ後。宮掌大內人ヲ召。則一人參テ。一神主ノ前ニ指立。一神主命云。服麻續兩機殿大少神部織子等。任職數參哉云々者。宮掌大內

人以此旨。尋問祗承撿非違使者。任職數參候之由申。宮掌大內人又以此旨。一神主ニ申。其後大物忌父。一神主前ニ進參テ。笏ヲ差テ立。其時一禰宜彼送文ヲ返給。于時物忌父給テ。笏ヲ拔一拜シテ。本烈ニ皈立。抑玉串大內人。幷大物忌父烈立所。例所也。其後。宮司手水ヲ用。次鬘木綿着。幷玉串行叓等。如新年御祭時。仍委ニ不記。次內院參次第。前陣神主幷玉串。次宮司。次御宮槓也。外物忌父等。衣冠ヲ着奉持。於石橋南。在御鹽湯。內人勤之如恒例。各參入。着左右石疊。宮司與神主中强也。但近代無中强之義。宮司以東爲上テ着。御唐櫃者。八重榊東方ハ奉舁居。三色物忌父兄部等。西方ノ石疊。以北爲上。東向着。次鎰取內人着。大物忌又一人ハ束帶。其外ハ皆衣冠也。大物忌父笏ヲ指テ。詔刀文ヲ大宮司ニ獻。宮司所帶ノ御玉串ヲ前ニ置テ

請取。大物忌父笏ヲ拔テ。一拜ノ後。本座皈着。大宮司立座。八重榊前ニ進參テ。西方ノ石壺ニ跪テ。詔刀ヲ申。

渡會ノ宇治ノ五十鈴ノ河上ノ。下津石根ニ大宮柱廣敷立テ。高天原ニ千木高知テ。皇御麻命ノ稱辞定奉。天照坐皇大神廣前恐ミ恐ミモ申給。服織麻績ノ人等。常モ仕奉ル和妙荒妙御衣ヲ。平ク安ク聞食ト。恐ミ恐ミモ申給ト申。

荒祭ノ宮モ。如此申テ進ト詔給フ。

抑二季神御衣祈年御祭。六月御祭。十二月御祭。夜祭主被申詔刀文。竝六月九月十二月御祭。宮司讀進ノ詔刀文等者。自本宮所書進也。而大物忌父兄部給預テ所進也。九月例幣竝臨時ハ。官下宣命也。祈年竝臨時祭禮ノ時ハ、宮司詔刀無之。

詔刀畢後。宮司本座ニ皈着シ。所置御玉串ヲ令捧持。其後玉串行事。次第如祈年祭時。仍委不記。但御衣之時。玉串大内人所帶御榊ヲ。玉串御門ノ右方石疊ノ上ニ奉之。後件御門ノ南ニ留。南向莅候。其時四御門北方ニ莅候ノ西織殿ノ大少神部等。所帶ノ御玉串。竝各ノ方々ノ織子人面等ノ所帶ノ榊ヲ取聚テ。彼御門ヱ持參テ。玉串大内人ノ前ニ跪テ候。于時玉串大内人。件御玉串ヲ請取テ。同御門ノ左右ノ脇ノ石疊ノ上奉ル。服左方。麻績右方。但兩太神部者所帶ノ御玉串許ヲ持參。兩少神部者。所帶ノ御玉串之上ニ。織子人面カホ。御榊ヲ取加持參也。抑又服太神部者。木綿ニ糸ヲ褁テ。所帶ノ榊ヱ懸也。又玉串大内人。其後尙件御門ニ莅候シ。正員禰宜竝宮司ヲ相待テ。于時鎰取内人座立テ。御鎰櫃ニ。宮司ノ所付置封ヲ解テ。宮司ニ向。御鎰櫃ノ御封開ト申テ破之。宮司以笏揖。次彼内人。東寶殿ノ鎰ヲ。自件樻取出テ捧持立。其時神主并宮司等座立テ。爲御衣奉納。内院ニ參。一禰宜笏ヲ差。彼御鎰ヲ請取ル。鎰取内人持寄テ奉ル。其後神主前參。次宮司。次御衣也。各自瑞垣御門參入テ。御寳前ニ候。宮司ハ東。神主ハ西。中强也。在拜。無手。其後各自御殿東方。東殿ノ前ニ。瑞垣ニ副テ袛候。神主南。宮司ハ北方。皆西ニ向。中强也。于時一禰宜進參テ。東寳殿ヲ奉開。先御戸ノ封ヲ解テ。鎰取内人ニ給フ。鎰取請取テ。宮司ニ向。東寳殿ノ御開ト申テ破之。其後御衣 御唐樻ヲ奉納。玉串大内人大物忌父兄部相副也。次御戸ヲ奉閇。鎰取内人硯竝封紙ヲ持テ。宮司ノ前ニ進向フ。宮司封紙三筋ヲ取。封ヲ書テ鎰取ニ給フ。鎰取請取テ。一筋ハ一禰宜ニ奉ル一筋ハ荒祭宮物忌父給フ。一筋ハ御鎰樻ノ桁ニ置ク。一禰宜件封ヲ付。御戸ノ後。本烈ニ袛候。鎰取内人宮司ニ向。東寳殿ノ御封畢ト申。宮司以笏揖。其後各退出。前後如參入時。御殿ニ向。在拜。無手。於八重榊西。鎰取内人御鎰ヲ樻入。封ヲ付テ宮司ニ向。御鎰樻ノ御封畢ト申。宮司以笏揖。次拜八度。手兩端。次玉串大内人早立テ。荒祭宮大内人大物忌父相具。自西御門退出シ。於忌火屋殿垣外艮方。御衣ノ御唐樻ヲ奉舁居。神主并宮司等彼宮ノ手ヲ相具。各御玉串ヲ持立（件御唐樻ハ。荒祭神拜所ニ留置御唐樻也。而内院神事ノ間。當宮ノ下部所請取之。）宮司者從南御門退出。神主ハ自西御門罷出。（各在袛承。）荒祭宮ノ神拜所ニ行合テ答拜。次荒祭宮拜八度。（在手兩端。）其後。玉串大内人。并件内人物忌。御唐樻ヲ奉相具參。又兩織殿大少神部織子八面等同烈參。玉串大内人詔刀ヲ申。（彼宮下部俄石壼ヲ造。玉串ヲ令居。）狀跡大略同前。仍不記。宮司神主等拜之後。退立テ。神主ハ於酒殿後。鬘木綿ヲ解。明衣脫。宮司鬘木綿ヲ解。後各一殿ニ着。宮司ハ自後戸參入テ。自件戸東方ニ。南ニ向。以東爲上着。神主ハ南方ニ。北向。以東爲上。宮司ノ對座ニ着。司中ノ主典ハ。自後戸西方ニ。南ニ向。以東爲上着。內物忌父等ハ。西座ニ東ニ向。以北爲上着也。其次ニ。山向內人著。次御塩湯內人着。次御厩內人着也。於外物忌等者不着座。饗代ニ白米等ヲ所請預也。于時荒祭宮奉納以〔之歟〕。玉串大內人幷彼宮大內人及物忌父等皈參テ。件物忌父此殿ノ前ニ立テ。荒祭宮ノ御封畢ト申。又神服神麻績兩機殿大少神部等同烈立テ。服大神部。任職數。神部職子人面等參由申。宮司以笏揖。其後玉串大內人。正禰宜ノ次座ニ着。其後荒祭宮大內人幷物忌父等着。次瀧祭大內人物忌等着。南方エ居廻也。仍上首者北ニ向。末座ハ西向也。司中ノ下部等ハ。前ノ石橋ニ參候也。御封申

後。在手。其後各饗膳ニ預。陪膳ノ役神部等也。但內物忌竝司中ノ主典及別宮ノ下部。司中ノ下部等之陪膳ハ。神部等之所從也。又供奉宮掌大內人等。此件殿ノ東砌ニテ酒肴ニ預。鋪設ヲ敷。自兩織殿ノ方敷也。又件酒肴。自兩方勤之。今日饗膳者。兩機殿少神部等之勤也。各預知內戸勤云々。九月御衣ノ時ハ。兩大神部勤云々。抑二季神御衣祭時。服麻績兩機殿所課。神部等稱權任神主料。自服方懸盤十前。又職々下部幷掃除勤仕役。諸別宮內人物忌及諸社祝部等饗料代白米三斗三升。同料粽卅束。冥〔興玉歟〕五後土器少々。神主祿料小莚十八枚。又散行使料懸盤二前。酒一斗。粽十束。酒殿出納二人。由貴殿出納一人料机三前。酒三坩。各五升納。粽十五束。松三把。自麻績方權任神主料懸盤十前。六位職掌人料机六十前。色色下部料幷掃除役。別宮下部等及諸社祝

部饗料白米一石五斗。酒一駄半。黒米一斗五升。粽三十三束。干小眞々三百三十。使神主祿料薄長莚九枚。散行使料懸盤二前。酒一斗。粽十束。三人出納料酒三堝。各五升納。粽十五束。名相副解文。送進酒殿。于時自宮廳。以便宜之者散行。使ニ所被差之也。仍令沙汰也。抑懸盤小机白米等員數。七禰宜加補之時。權任神主廿人。六位輩六十人云々。仍如此雖被定前數。近代。云權任神主。云六位職掌人。已及數百餘人也。雖然。依無沙汰。未增加。只以件物等。纔上座許ニ所散行也。又號頓調料。自兩方。一禰宜ニ酒二斗。入五升。納土器四口。粽五束。玉串大内人ニ酒二斗。入五升。納土器四口。粽廿束。又宮掌大内人ニ。同自兩方各酒一升。粽一束。宮政所幷大目代一人ニ。酒五升。粽五束。又職掌下部等ニ。每職之方。同自兩方。酒三升。粽二束。此外今日所役勤仕御麻内人一人。御鹽湯内人一人。山向内人一人。鎰取内人一人。三重玉垣ノ御榊奉仕公侯氏三人。荒祭宮木綿作内人一人。同御鹽湯内人一人。同山向内人一人。同御唐櫃持下人四人。各酒一升。粽一束。自兩方預例也。抑於内物忌父等者。雖令勤仕所役。爲先例不預件頓調料。只饗膳許也。至于時〔午歟〕子良ハ。又依爲外呈〔マヽ〕調脩美物料之白米ヲ預例也。又鎰取内人一人。號黏料。自兩方不具飯一坏請例也。又鋪設出納ニ。自兩方机各三前。酒各五升。粽各五束。以神部所從。彼御倉ヘ所持送也。又故浦田長官俊定神主ノ時。月讀伊佐奈岐瀧原幷宮伊雜宮下部等訴申云。色々職掌人等。皆依掃除勤役之功。預頓調料。而別宮下部等。爲勤仕彼役。參本宮。同雖致彼勤。不預件之物之由云々者。仍從彼時。別宮ニ。自兩方各酒五升。粽各五束。件下部等所請預也。又岡田長官成長神主時。

以彼例。依申請。瀧祭下部等。同酒五升。粽五束ヲ預。又同時荒祭宮昇殿大内人一人。大物忌父一人。酒五升。粽五束ヲ預。是同依申請也。但如以前。自兩方不請。各一方ヲ請也。於大内人者。服方。至于大物忌父者。麻續方ヲ請也。又祿料莚者。正員禰宜各二枚。玉串大内人ハ二枚。幷十六枚。以長莚所分配也。而於長莚者。依枚數不足。以小莚二枚。一枚ノ代ニ所分配也。又二季御衣ノ時。以十四日以前。無定日。所課神部等。宮廳ニ献酒肴也。宮政所ニ同前。但宮廳ニ献半分之程也。抑御衣幷三度御祭。及公卿勅使參宮之時。掃除之中。自二鳥居西。月讀。次伊佐奈岐。次瀧原幷被入之。次秡所瀧祭。次幷宮。次迄一鳥居伊雑宮。彼宮々下部等勤仕ノ例也。

廿一日。番文。

五月

一日。番文。

一四日。朝。御稲奉下。次第三月三日同。

一五日。御節供。菖蒲御饌奉仕。次第。各自宵宿館ニ參候。正權神主共衣冠ヲ着。但近代束帶。正五九月之內。今月依無束帶神叓ニ。有俊神主・束帶ニ被申定云云。卯剋許ニ。中道ヲ經テ。一殿後ニ烈立。東上北向。御饌調リ。參向ノ次第如元日。但無白散。無四御門御鹽湯。御饌ハ。粽山芋蒜名吉菓子等也。供進ノ次第如元日。菖蒲ハ瀧祭二﨟進。詔刀。

度會ノ宇治ノ五十鈴ノ河上ノ。下津石根ニ大宮柱太敷立テ。高天原ニ千木高知テ。皇麻命ノ稱辭定奉。掛畏キ天照坐ス皇太神ノ廣前ニ。恐ミ恐ミモ申ス。常モ奉ル今年ノ五月五日ノ菖蒲ノ御物。幷御神酒贄等ヲ調奉狀ヲ。平ク安ク聞食テ。朝廷寶位動無ク。常石堅石ニ。夜守日守ニ護幸奉給ヒ。阿禮坐御子達ヲモ慈給ヒ。百官ニ奉仕人等モ。天下四方ノ國人民ノ作食ル五穀豐稔ニ恤幸給ト。恐ミ恐ミモ申。

三獻之後。直會ニ預。次第如元日。但無白散。菖蒲ヲ如白散奉也。

一殿直會饗膳。（但當時酒肴也。）長官勤也。其後一烈神拜如元日。

今日御饌ノ粽ハ。大佐須二百卅。惣數千四結奉云云。件藁ハ宮政所沙汰之。一御田五御田役。

抑至權任神主者。正月元日。同十五日。又今日。於宮廳宿館預饗膳。又今日。御巫内人四至神ヲ祭。先酒殿神祭也。宮政所並彼出納等共ニ供奉也。詔刀御巫内人申。不記。在酒肴。次所々座四十四前ノ神々ヲ祭也。皆御巫内人詔刀申ニ。其後字於〔祀歟〕河合淵東。天津神國津神八百万皇神達ヲ祭禮。但御巫内人ノ外。他職掌人不供奉也。委不記。

一直會饗膳之後。除當番之外。禰宜等爲神事供奉。離宮院ニ參（衣冠）也。又晦日。來六月御祭料爲大秡。除當番禰宜之外離宮參。

抑晦秡。除當番禰宜之事。去仁安自御炎上時也。其以前ハ皆參也。

十一日。番文。

廿一日。番文。

六月

一日。番文。

十一日。番文。

十四日。一同館參。

十五日。自本宮祝部ヲ差。一兩人司廳ニ送。是寮御參宮時ノ荷輿丁食料米ヲ爲請取也。在注請文ニ。一禰宜之判許也。彼米ヲ請取之後。祝部等十七日之御參宮之時。於酒殿後捧木本。件御輿丁等ニ給也。以柏褁飯也。但於長二人机ニテ預也。委不記。
同十五日。朝。正員禰宜一同ニ。各神拜後。乘馬。祝部等ヲ引攣。爲奉仕蟠〔マヽ〕御贄等。參河〔阿歟〕原木神崎。先於岡村河原在秡。件役。當鄉刀禰之中甚能者一人ノ勤也。仍所相具也。在酒肴。而從浦田長官之時。飯ヲ加也。件飯料米。長官沙汰也。酒肴ハ在料田。抑件祓者。彼荒蟵御贄奉仕之間。供養人不淨叓疑ヲ所祓〔淸歟〕請也。
次自鹿海各乘船。（之一艘ハ禰宜等。一艘ハ中厨船也。祝等乘之。）海路之間。於小朝熊前。乍乘船在神拜。到着河〔阿歟〕原木神崎。先祭埼崎神々。詔刀同刀禰申。
其詞云。
悪志赤崎加布良古ノ明神。幷浦々崎々神達申クト云々。
又說云。伊介神崎河〔阿歟〕原木邊島於木ノ止志ノ皇神ノ廣前云々。（委不記。在神酒抔。）
次假屋ニ着。件假屋兩所。（東方二字。西方二字。）先東屋ニ着。鹽ノ干ヲ相待。禰宜等於宇神崎。種々ノ御饌物ヲ取。蟵瀨海松等也。禰宜等奉仕後。祝部等預。神主皈テ尙東ノ假屋ニ着。在饗膳。次西方ノ假屋ニ着テ。鹽ノ滿ヲ相待。又在饗膳。件饗一禰宜ノ勤也。今日供神物並酒等。阿原木神田所當。假屋堅上ノ御薗所役也。以青萱葺之。無四方垣。件假屋。九月十二月ハ不造。件度ハ祝部許依參勤也。饗畢之後。件御贄ヲ船ニ奉入。本宮ニ皈參。於海路在歌二首。一歌云。

阿者良岐矢島者七島毛奈志加天々ハ八島
奈利氣利。

此哥ヲ。刀禰如詔刀三度申テ後。船人ノ祝部等所謳歌也。江神社祝堅田神社祝等所役也。
次歌二首。

和加矢古久伊千ノ保津々ノ瀨美ノ宇江壽

ヲ千歳ト云花ノ伊佐太留。
和賀君ノ於波志万左牟古止者左々禮〔マヽ〕ノ石
伊波保止奈利テ古遺ノ牟須万天。
但於字小島邊謳之。歌別三度。
自鹿海。船津神主乘馬。本宮ニ皈參。於御贄者。祝等奉持テ。由貴殿ノ巽方ノ耳ニ迄。十六日々夜奉懸例也。仍造替御迁宮之時。件倉ノ耳ノ中ニ。彼方一枚切殘也。
但當時贄海神事。參向ノ次第。正員或ハ自身或以權任。大代官ニ進。必一人ハ自身可參也。皆自宵宿舘ニ參。先未明ニ。本宮神拜。禰宜ハ衣冠。權任ハ布衣。今日神㕝無爲ニ可恤給之由祈念。其後各布衣。乘馬。下﨟前。饗士神事。河原柒〔マヽ〕ヲ經テ。於船橋辻在月讀宮下馬。於弘正寺巽在 所御社下馬。次於美佐河原東在解繩神事。自道北。先於西方。手水ヲ用。西上南向。水ハ祝。狩衣。紙ハ權長狩衣。勤之。水紙當役所用意。次祝祓ヲ奉振懸後着座。鋪設。東上南向。一座ハ自東。自余ハ自西也。于時左繩右繩ヲ小器ニ居。同散供米等。铯懸ニ居。于時各祓ヲ勤仕。件繩以左手一。以右一。口ニクワヘ解之。散供ヲ蒔。廣手兩端如常。但可有口傳。其後清宮勸盃權長。配膳祝。今日毎度彼等勤之。若不參之時者。自當役所勤之。次酒肴。本菘打蚫清酒各在器。二獻後。權長御箸ヲ申獻。當時尼崎坊沙汰。大江僧寺供一和尙。析所知行。在二見。在神崎。自鏡宮前船ニ乘。二艘屋形ヲ搆。一座左。二座右。打替々々。下﨟前也。件船以下江二見沙汰。船漕自江三人。自二見一人。自通一人參。本儀ハ人也。御贄ノ㮤爲鹿海楠部人等沙汰。以薄作之。例本ニ懸置船。漕取之船懸也。自船湯涌祝御饌島ニ持參。雜掌船ハ鹿海刀禰役歟。自江湊内船ヲ下歩行。神事丸山ノ乾方也。笏立石ノ坤ノ方也。先手水紙等同。次着座。北上東向。在鋪設。船漕持參肴ハ洗末〔米歟〕木芃。解繩ノ役。所勤同前。清宮一獻也。清宮毎度勸盃也。件淸宮等之料米一升。自長官祝請預。次笏立石ニ。笏自東北エ立輪也。次屋形ニ參着。西上北向ニ座。鋪設同前。屋形ハ堅上勤役。以三百文沙汰之所。近年二百文沙汰之。自長官百文下行。以三百文政所ニ被仰付。崎邊ノ者ニ申誂沙汰云々。于時打蚫五本宛。酒一獻。件熨自國崎二百本沙汰。酒ハ政所大夫一箇六升納也。以之度々ニ用。于時鹿海ノ海士所進魚御目ニ懸。大鯛六。雖自長官食百文下行。小濱海士所進魚御目ニ懸。分際同前無食。官家司是ヲ色々令調備進。酒ハ任意其後鹽浴。芝ノ根ヲ褌襷ニ懸。鹽ノ干ヲ相待。於神崎御饌ノ贄ヲ奉取。各海松七絲鱺七鰮七宛也。北方ニ高キ岩ノ上。例所々褁七權長令用意。自鹿海褁也。湯涌祝島持參ス。件褁各一宛入之。權長奉懇調。本宮ニ持參。湯涌祝之役也。件食五文。自長官下行。次又假屋ニ着。直會饗膳在之。四八種羹寒汁等。幷鹿海小濱ノ海士ノ所進魚ノ殘ヲ。種々ニ調進。酒ハ任意。今日經宮長官ノ沙汰。當時七百文下行。宮家司給之。營進饗膳料米三斗五升。飼丁等給調進。又飼丁之食二升下行。件饗料飯。送船ノ人夫鷹依ノ役也。件饗。諸役人船漕海士等ニ至マデ皆給之。所從分一座二前。自余ハ一前宛也。湯涌祝 雄毛湯ヲ涌進。幾度モ任意件料米。

皈參例所。以河水。各手水ヲ用。笏ヲ持。役人狩衣ヲ着。神歌ヲ奉仕。其詞。

阿婆羅氣耶島七島ト申セドモ氣奈志賀立天者八島奈利惠伊耶惠伊那三度。中刀禰頭役云々。

我君ノ御讀出ノ御座船ノ蟬ノ上ニ千代ト云鳥舞テ遊惠伊耶々々々。三度。

我君ノ命ヲ乞ハ左々禮石ノ巖ト成テ苔ノ生万天惠伊耶々々々。三度。
我君ノ御倉ノ山ニ鹽ノ滿如富コソ入坐惠伊耶々々々。三度。
于時各手兩端。件祠役人。在江自鏡宮前乗馬。□御膳贄前陣。權長警蹕。下﨟前。無下馬。（御饌褁由貴殿巽角ノ耳ニ奉懸。）
件神事。或禁忌。或當病等依テ。不參禰宜代官ハ。自長官被進。
一同日戌尅。輿玉神態幷御占神㕝勤行次第。御占神事可被參之由。淸酒作内人。正權神主。幷玉串大内人宿舘催。正禰宜ハ衣冠。權任ハ布衣。中道ヲ經テ一殿奉烈。東上南向。各參集時。忌火屋殿ノ北ヲ經。輿玉御前ニ參。在鋪設。南上東向。玉串大内人衣冠。北座南向。太物忌父兄部衣冠。自余布衣。南座。西上北向。地祭物忌父別物忌等北座。東上南向。荒祭宮大内人物忌（狩衣）。南座。内物忌ノ次。西上北向。各在鋪設。于時地祭物忌父等進參テ。御神酒幷御贄等ヲ供。件御酒贄等者。正禰宜各一瓶一後所進。又地祭物忌父等。御神酒散供米ヲ所進云々。但當時禰宜拾人ハ。米一褁干魚一隻宛。小土器ニ居進之。（各以所従彼宮々送。）地祭物忌等ハ。自長官下行。以之沙汰。于時御巫内人（衣冠）。詔刀ヲ申。
申ク。今年ノ六月御祭ノ十五日今時ヲ以。輿玉ノ廣前ニ恐ミ恐ミモ申ク。地祭物忌ノ子忌齋奉行神酒御贄等ヲ。淸淨ニ聞食テ。宮中平ニ神㕝ヲ勤仕奉仕給。禰宜神主内外物忌色々職掌供奉人等。長ク久ク勤仕奉仕給ト。恐ミ恐ミ申。于時拜八度。手端〔兩端カ〕。
于時副物忌御盃ヲ簀ニ居。長官御前ニ進。其後御肴三種簀ニ居進。玉串物忌以下肴。駈使

進之。簀ニ不居。器計也。次淸宮勸盃。大物忌父兄部如常。外忌物ニテ畢。又一獻。以次ニ獻。御箸如常。自末座御前ヲ徹後。一同ニ座起。於南方手水。東上南向。荒祭宮物忌水ヲ懸。紙ハ地祭物忌父兄部進沙汰也。禰宜計。桶杓ハ荒祭宮御笥勤。當時二方副物忌之沙汰。件神事。雨儀時ハ。於一殿行之。其坐方角如彼宮。地祭物忌御巫内人ハ。彼宮ニ參例也。

次御占神事。自西御門參入。正員禰宜ハ。玉串御門外方軒下ニ。御前向東上被雙。權任神主ハ。八重榊ノ南ニ參集候。淸酒作。幷御笥作。陶土師。忌鍛冶。荒祭宮大内人。同大物忌父。瀧祭大内人。大物忌父。副物忌。如此下部等者。玉串御門ノ西方ノ玉垣南ニ集會候。内物忌父等。件御門ノ内東方ニ各橙候。于時巫内人衣冠。自外幣殿。鵄尾御琴ヲ請。件御門ノ外東方ニ候テ。御殿ニ向。先詔刀ヲ申。其詞云。

申ク。今年ノ六月ノ御祭ノ十五日ノ今時ヲ以。掛畏天照坐ス皇太神ノ廣前ニ恐ミ恐ミ申ク。國々所々ニ依奉郡神戸御厨等ノ忌齋奉御神酒御贄。幷禰宜神主内外物忌色々職掌供奉人等ノ不淨事疑ヲ。於御前占淸淨ニ令占定給ト。恐ミ恐ミモ申。

次以笏ヲ御琴ヲ搔三度。度別在警蹕。次奉下神其御歌。

阿波利矢遊波須度万宇佐奴阿佐久良仁天津神國津神於利万志(万脫)世。

阿波利矢遊波須度万宇佐奴安佐久良仁奈留伊賀津千毛於利万志万世。

阿波利矢遊波須度万宇佐奴安佐久良仁上津太江下津太江モ摩伊利太万江。

其後。大物忌父兄部衣冠。向一禰宜候。御巫又向西候。于時大物忌父正權神主不信不淨ノ疑ヲ以。人別ノ姓名爲某神主。若有不淨事ト申。御

巫内人以同詞又申。御琴搔ヲ内ヱ嘯ク。件嘯ク音ヲ。鳴以清ト知。以不鳴不淨ト知也。其後御饌調備之輩。内外物忌父。幷荒祭瀧祭大内人物忌。及忌刀御笥樻桶牧。御机陶土師御器。又可供用所々御贄等ノ不淨ノ疑ヲ占定也。丙合輩ハ悅。不合輩ハ成恐ス。其後又御巫内人三度御琴ヲ搔テ。警蹕之後。奉上神。御歌如本。但所奉下ノ神ノ御名ヲ申テ。今度ハ皈御ト申ト云々。

例依テ。禰宜神主内外ノ物忌色々職掌供奉ノ人等。幷國々ニ所々ニ依奉レル御神戶御厨ノ人等ノ。依例テ常モ奉ル神酒御贄等ノ不淨事疑ヲ。御前ノ御占清淨ニ令占定給テ。六日ノ早旦ヲ以。神舘ヲ戶ニシテ清淨ニ祓清テ。六日ノ夕部七日早旦ノ神事供奉ヲ。清淨ニ勤令奉仕給ト。恐ミ恐ミ申ス。神叓ニ悅ノ弘手ヲ令賜給ト詔給フ。

抑先年ノ比。其時御巫内人兄部助吉。秘藏此御歌。不傳傍官ノ間。或度御占夜。件助吉遲參。同之御占時。已吉東西ノ間適參テ。致其勤畢。仍爲後代。次朝招寄彼助吉。於荒祭御前所承傳也。但助吉爲有若亡者。仍其詞雖有紕繆之恐。爲後代。以斑字所注置也。

其後拜八度。手兩端。自兩御門退出。於荒祭神拜所拜八度。在手。畢各退出。不丙合輩ハ。皈宿舘之後。以御巫内人被清也。其祭物不幾。酒一瓶。干魚一隻。散供米少シ雜紙也。

但當時御占勤行次第。各參候之後。大物忌父兄部玉串御門ノ巽ノ柱ノ下ニ候。東ニ向。御巫兄弟部大物忌父ニ向。中ニ御琴ヲ置。大物忌父搔之。御巫内人丙嘯ヲ内ヱ吹也。正員ノ數也。其後巫内人權任ト申。于時公文所當番權任。布衣。任歷名面召立。其坐番垣御門ノ前少東ニ寄テ。御前ニ向。御火ハ由貴殿出納役。件召立服氣權任幷物忌父等ヲ除外。爲合丙參權任。各名乘ヲ讀立時。參テ候ト申。于時丙宮中ニ祗候。權任ハ雖不參祭庭。代官ヲ以丙

合例也。清作酒内人。荒祭瀧祭風日祈宮内人物忌等。御筥作内人。忌鍛治内人。陶土師兩色御器。諸神戶御薗御厨讀立後。御巫内人御前ニ向。詔刀ヲ申。其云詞同前。

一國崎御贄身取玉貫鮑□等獻。同政所ニ十連沙汰。同塵□長官分五十。自餘廿宛。長之食百文。

一十六日。曉。玉串大内人大土神社ニ參。御饌ヲ供。則本宮ニ皈參。件御供米ハ。當社御戶代米云々。而祝之許奉納シテ。爲件祝沙汰供也。

一十六日。曉。内物忌父子良。荒祭瀧祭内人物忌等子良ノ宿舘仁集會。勤仕舘祓。於竈前勤仕。件祓。物忌父兄部役也。次在人別神酒杯。其後各退立。

一同日。御巫内人早旦ニ衣冠ヲ着シ。正員禰宜ノ宿舘ヨリ始テ。權神主幷玉串大内人宿舘ニ至マデ祓清。但政所之宿舘ヨリ清始。件祭物於正員禰宜宿舘者。酒一瓶。干魚一隻。散供米少々。雜紙少々也。權任神主並玉串内人ニ至マデハ。干魚一双。散供米少々。雜紙少少許也。但當時。權任玉串ノ宿舘無此沙汰。正員許也。其沙汰。散供米一升。魚一隻。號天魚。清宮等獻之。祓ヲ勤仕。禰宜ハ笏ヲ持。平手兩端。其後御巫内人清宮預退出號竈。祓。但服氣幷ニ舘ニ不參禰宜者略之。

一同日。爲清酒作内人役。各ノ宿舘參。河原御祓ニ可被參之由催廻。仍正員ハ衣冠ヲ着。權任神主幷玉串大内人以下ハ。皆布衣ヲ着。引率字河合ノ淵ノ東ノ河原ニ。以東爲上。向北テ各着。正權別座也。無鋪設。人別ノ前ニ。榊二枝ヲ立置。但御巫内人。件榊ハ着坐以前ニ置之。内外物忌父等幷荒祭瀧祭内人物忌等者。神主西方ニ。以南爲上。向東也。件輩ノ前毎ニ。同榊二枝ヲ置。各件榊ヲ。一枝ハ置。今一枝ヲ取テ。笏ニ取副テ。指ヲ以テ葉ヲ摘切。次御巫内人兄部一人衣冠。一禰宜ノ前ニ。御所ノ方ニ向テ詔。其詞云。申ク。今年ノ六月ノ御祭ノ十六日今時ヲ以。國々所々依奉レル郡神戸御厨ノ人等。忌齋奉御神酒御贄。幷禰宜神主内外物忌色々職掌供奉人等不淨事疑。淸淨ニ祓淸テ。六日夕部七日ノ早旦ノ由貴御饌神事供奉ヲ。淸淨ニ令勤奉仕給。神事ニ悦ノ弘手ヲ令賜給ト詔給フ。次拜八度。在手兩端。

次御巫内人等。正權神主。玉串幷内升物忌父等持テ。摘切榊ノ枝等ヲ皆請取テ。兄部ニ給。兄部得テ立テ座。向河原。正權神主。玉串幷色々内人物忌等。所置今一枝ノ榊ヲ取テ。各立座。同向河原。又葉ヲ曳切。次御巫内人祓ヲ勤仕。神主等モ各中臣祓ノ祭文ヲ讀。其後件ノ榊ノ枝ヲ河ニ流テ。手ヲ洗テ後。如元皈居。在神酒坏。獻坏幷陪膳物忌父等也。正權神主等。幷玉串前。先尾簀ヲ敷之後。肴三種。箸ヲ折敷ニ居テ。持來テ此尾簀上ニ所居也。箸ハ以柏卷也。神酒坏畢。次正權神主等。又立テ座。於河洗手。正員禰宜許ニ。物忌父手水紙ヲ渡。權任神主ハ。各私ニ紙ヲ以用也。

抑今朝祭物料所。神田在。號淸祓神田。其上ニ正禰宜各酒一瓶。贄一隻所進例也。

次正權神主玉串等。引率件色々職掌人等。自西御門參内院。在神拜。其後。二禰宜以下者。恐々ニ皈宿舘。但於宮掌大内人等ハ。一殿參テ差明ク。陪膳役人等。又申行掃除雜事等。自酒殿。在酒菓子等。又御巫内人ハ。不丙合御贄等ヲ。於御所南河祓淸。一禰宜ハ外幣殿前ニ鋪設ヲ敷。向南着。但東宮政所御座之時ハ。一禰宜西ニ向。宮政所件ノ殿ノ西ニ向。南着。敷鋪設。出納二人開御食所。納御稻ヲ

方々ニ奉下。一御物。（大物忌父請。）二御物。（宮守物忌父請。左相殿
御料。）三御物。（地祭物忌父請。右相殿御料。）荒祭御方。（彼宮大内人大物忌父請。）
瀧祭御方。（同前。）白御饌料。（清酒作内人請。）黒御饌料。（酒作
内人請。）四土神御料。（御巫内人請。）件ノ御稻方々奉下。東
敷宮政所。大禮〔札歟〕ニ記テ。年號月日ヲ書テ。一
禰宜ノ判ヲ請。一禰宜見知之後。進署畢。於
件禮〔札歟〕者。此御倉ニ納。次御戸開。其後一禰宜
幷政所皈宿舘畢。
方々御稻等之中ニ。一御方者。於忌〔火脱歟〕屋殿奉
舂。大物忌子良（荒木田氏女。）先奉仕。母良相具也。至
于二三荒祭御方者。於土神司殿奉舂。宮守子
良。（荒木田氏男。）地祭子良。（荒木田氏女。）荒祭子良。（石部氏女。）各屬
方々。先奉仕。但於子良者。奉懸手許マデ。神
拜之後皈宿舘。其後。三職物忌父等。幷荒祭
大内人物忌父等。各ガ駈仕共ニ所奉仕也。然
後。各於忌火屋殿。奉炊ノ清酒造。及瀧祭御
方ノ御稻者。於九丈殿奉舂。御巫内人同前

也。其後白シノ御饌ハ。清酒作内人。於忌火
屋殿調進。瀧祭御饌。彼宮内人物忌。同此殿
ニテ調進。四至御神料。御巫内人同前。黒シ
ノ御饌ハ。酒造内人御所ノ南ノ河ノ北ノ方
岸。豐受宮奉祝石疊ノ西方ニテ奉炊例也。
河原祓當時勤行作法。御巫内人竈祓畢時分。
禰宜（上首ハ沓ヲ穿。）玉串大内人各衣冠ヲ着。手水紙ヲ
懷中シ。一鳥居ヲ經テ。二鳥居ノ前置石ノ南
石橋ノ西。以東ヲ爲上。北向ニ列立。悉參列
之時。一同置石ノ上ニ立。物忌父等（布衣。）二鳥居
ノ南ニ烈候。（西向。）于時自一座次第ニ進參河原。
鳥居前宮中ヲ拜。物忌等禮。河合淵東ニ。御巫
内人脩置榊ノ下ニ。一座ハ東ヨリ。自余ハ西
ヨリ。以東爲上。北向ニ着座。次玉串大内人。
次内物忌父等東上。外物忌幷供奉人等西坐。
南上。于時御巫兄部（衣冠。）御榊ニ木綿ヲ付。於東
方正員獻奉物。（與玉如奉物。）幷御神酒ヲ供。巽方ニ

向。詔刀ヲ申。一同ニ手兩端。其後件大麻ヲ。一座ヨリ供奉人仁至マデ奉振懸。烈所ニ奉納。皈着後倫置御榊各一枝取テ。五葉各兩方ノ端ヲ少摘切。（其躰如鋸齒。）于時御巫二﨟（狩衣。）進參賜之。左枝ヲ左ニ渡。右ノ葉ニ息ヲ吹懸テ右ニ渡。次第ニ賜畢テ河ニ入。于時各今一枝ノ榊ヲ取持。座ヲ立。笏ヲ不取。不穿沓。河ニ莅。件榊ヲ如以前摘切。息ヲ懸テ河ニ投。其後手水ヲ用。手水紙ハ懷中也。（祓不在之。）本座ニ皈。在酒肴。內物忌父等東ニ着座。南向。肴二種。芦葉ニ居。葉方上也。御盃同前。玉串大內人物忌父等。前ノ芦葉ニ不居。小土器計也。配膳家司ガ所從。正員配膳副物忌如常。勸盃大物忌父兄部。一献畢。御箸ノ後。御前自本座撤。又庭ヲ立。河ニ莅。手水ヲ用。紙ハ宮家司進之。酒肴同役。但自長官下行。有文。其後笏ヲ取持。沓穿。次第ニ進參。東ノ方ニ令蹲踞。物

忌父等ニ禮シ。內院ニ參候。承公文所（布衣）。自西御門神拜一神拜。一神主自是御稻奉下。自余禰宜ハ。次々神拜ヲ遂。下向。但家子禰宜ハ供奉。其外モ以會釋供奉之時ハ。事外在禮者也。外幣殿ノ前東寄テ。鋪設ヲ調。北上西向。一座ハ自北。自余自南着。玉串マデ三方物忌父兄部。外幣殿前候。南向東上。在鋪設。政所（殿下在鋪設。）于時悉公文所御稻御倉ヲ開。以出納等。方々御稻。任員數奉下。政所神主。件禮〔札歟〕ヲ整進由貴殿。出納給之。大物忌一﨟ニ渡。一﨟一神主ニ献。（副筆。）一神主檢見之後。加判被返給之。出納渡御倉ニ奉納。此由ヲ申。後各座ヲ立。自北。外幣殿ノ際ヲ經テ。物忌父等ニ禮シ。次々神拜ヲ遂退出。雨儀之時ハ。於外幣殿下行之。又長官不參時ハ。或上首。先ハ家子禰宜參例也。

又河原祓。雨儀之時ハ於一殿行之。方角如河

原。但在鋪設。榊ハ軒ニ投。手水ハ番出納用意ス。於軒用之。
是ハ其時計リノ事也。
抑今日自齋内親王御大盤所。一禰宜許へ有御書。立文也。表書ニ。女房ノ筆跡ヲ以。内かむちやうどのへト許在。御書云。みもすそ川の水とりて。まいらせさせたまふべしとばかりあり。
一禰宜請文ヲ進。水之由同假字ニテ進也。隨瀧祭瀬ノ水ヲ入竹筒進也。付御使進之。
又今日。物忌父等。自陶土師御器長等之手。今夜供用料御器。幷大少坏及土高坏（御箸臺料。）等ヲ一殿マデ請取。宮政所幷彼兩職内人（陶土師。）等相副見知。又物忌ヲ請取。件物忌。以柏裹之。依有恐不注其色目。自荒祭瀧祭御器長之手。彼下部等（大内人大物忌。）請取御器忌物等。其次。彼長等坏二口。大少。正員禰宜幷政所ノ宿館ヱ送遣。（件陶土御長等衣料。宮司賜役戸云々。又御筍作内人御饌用途料。積桶杉等。物忌父ニ渡。在料神田。又忌鍛治内人上忌刀。件料所荒木田正氏戸也。）
正頒御贄地ハ。二神主以下。各一町二段宛也。若件下地令退轉之時。以租米地入立之。必可爲一町二段宛者也。件御贄者。段別目下一尺五寸ノ干鯛也。是ヲ七鯡宛献。雖然。依爲干鯛。大儀。以代段別百文宛。近年令沙汰。仍各七百文献。（内物忌ニ送渡也。）但服氣禰宜ハ。宿館ニ參候納之。不献御贄。一圓ニ令得分別也。又忌幷當病不參宿館禰宜ノ御贄ハ。長官ニ被納。又服氣幷依當病不參宿館ノ禰宜ノ行水坏。國崎。御贄塵等ハ。長官ニ被納。御饌ノ時ハ公文所納。
又祭禮中。宿館不參幷服氣等禰宜。當日父母ノ遠閔日ニ相當禰宜等ハ。贄海瀧原伊雜宮祭禮ハ。自長官代官ヲ被進例也。參勤料同被納。三祭如斯。篠島御贄干鯛四十二隻。食二百文下行。件干魚子良舘江七隻。御贄酒殿江二隻。役所モ依無其汰沙。政所一隻。當時二隻宛給之。家司一隻。

一十六日。夜及深更。内外物忌父等。自酒殿。菓子贄幷御鹽及國崎神戸ノ所進蚫等ヲ請取。又正員禰宜ノ例進。人別七隻ノ御贄ヲ請取。御饌ヲ奉調之後。爲瀧祭下部ニ萠役。御饌ニ可被參之由。催正權神主幷玉串大内人宿舘。依各着衣冠參集。忌火屋殿ノ前石橋烈立。其時。内外物忌父等。衣冠。自件殿奉舁居御饌。暫奉居于案上。御鹽湯内人衣冠。勤仕件役。其後荒祭御饌彼内人物忌等。件宮々江持參。在警蹕。次正員禰宜前陣。在警蹕。一座役。次御饌奉仕。内外物忌父幷清酒作及酒作内人等。次權任神主幷玉串大内人。然即權神主ハ。南御門ノ外ニ留。〔マヽ〕於物忌父等參入。瑞垣御門内ニ。御饌物之中國崎神戸所進蚫奉差料ノ串。及机忌刀白シノ御饌ハ奉取出。豐受宮ニ奉。祝石疊ノ副ニ奉舁居。物忌父等暫祗候。但三色物忌父兄部等者。西方ニ東ニ向。烈立テ申云。御掻鹽令成御侍也者。御副ニ祗候内外物忌父等。令成御侍ヌト答。其後。各於件御座所。彼蚫ヲ以忌刀奉切テ差串。奉削懸堅御鹽。又清酒作人ハ自忌ノ御饌ニ。御河マデ水ヲ入合奉ル。其後參入内院。次正權神主玉串大内人等同參候。禰宜ハ瑞垣ノ御門ニ祗候。外方也。權任神主玉串御門ニ候。物忌父等御殿ノ下ニ。燈火三箇所。次供神御饌之後。大物忌父兄部瑞垣御門ニ來テ。向一禰宜。御饌調進侍ト申。一禰宜。以音揖。又物忌父。以音揖。其後。件物忌父詔刀申。度會宇治ノ五十鈴ノ河上ノ。下津石根ニ大宮柱太敷立テ。高天原ニ千木高知テ。皇御厤命ノ稱辭定奉ル。掛畏キ天照座ス皇太神ノ廣前ニ。恐ミ恐ミモ申ク。常モ奉ル今年六月ノ十六日ノ由貴ノ御饌。幷國々所々郡神戸人等ノ忌齋奉ル御神酒御贄等ヲ。如山海置所足テ奉狀ヲ。平ク安ク聞食テ。朝廷ノ寶位動無ク。常石堅石ニ。夜守日守ニ護幸奉リ。阿禮坐皇子達ヲモ慈給ヒ。百官ニ仕奉人等ヲモ。天下四方國ノ人民ノ作食五穀豐稔ニ恤幸給ト。恐ミ恐ミモ申。

在御神酒三献。在度別拜手四度。其後一座申云。宿直令候ト者。令候侍ト大物忌父申。其時。一禰宜。以音揖申。又物忌父揖申。然後。正權神主各自西御門退出。於荒祭神拜所。拜八度。手兩端。次各於廳舍前石橋。先者鬘木綿。在瀧祭。拜八度。手兩端。件木綿。爲彼宮下部役所勤也。其後。各着一殿。預直會饗膳。

抑諸節供時。一殿ノ饗膳之間。皆以東爲上着。又正員禰宜ハ。北座ニ南ニ向。權官ハ南座ニ北向着例也。而於三度御祭由貴夜。幷十九日瀧祭御神態饗膳之時者。以西爲上。又正員禰宜ハ南座北ニ向。權任神主北座南ニ。物忌父等東座西ニ向。以北爲上着。次御鹽湯內人着。次荒祭宮內人物忌着。次外物忌着。但於上座ハ西ニ向。至末座者北向也。是末座ハ石橋ニ居故也。今夜。瀧祭下部。依爲陪膳役人。不着座。勤仕所役之後。於此殿西砌。食用例也。又南ニ坊領ヲ帳。〔張歟〕至于荒祭瀧祭小朝熊御神態之時者。又正員禰宜襍着西座。以東爲上。向北例也。三ヶ度由貴夜陪膳役。瀧祭下部勤也。饗膳ハ六月十二月度ハ。丹生河御厨勤。九月度ハ夜平御厨勤也。荒祭瀧祭御態時之饗膳ハ。彼宮內人物忌等之請寄戸也。小朝熊饗料所者。大腿原御厨也。又荒祭瀧祭神厨之時。直會陪膳。彼宮下部也。小朝熊饗膳之時。陪膳ハ祝部等也。

今夜。直會畢之後。櫻御前ノ石橋ノ西ニ敷鋪

設。其上ニ。正權禰宜幷玉串大内人。以北爲上。東ニ向着。物忌父等。主神司殿ノ北方ニ。以西爲上着。于時淸酒作内人。乍立詔刀ヲ申。

申ク。今年ノ六月ノ十六日今時ヲ以。櫻皇神ノ廣前ニ恐ミ恐ミモ申ク。常モ奉ル任。由貴御饌幷國々所々郡神戸ノ忌齋奉御神酒御贄等ヲ。横山ト置所足テ奉狀ヲ。平ク安ク聞食ト申。

其後在神酒坏。鋪設幷陪膳役。淸酒作内人等也。次物忌父等請取御琴。奉仕御歌搔之。其時。先淸酒作内人舞。其後敷半疊一枚。次正員禰宜。次權任神主。次玉串大内人舞大和舞也。件御歌。

ミヤビト（宮人）ノサセルサカキ（榊）ヲワレ（我）サシテヨ
ロヅヨ（萬世）マデ（迄）ニカナデ（彈）アソバ（遊）ム。

正權禰宜等幷玉串大内人等舞時。地祭副物忌每人ニ召立。件役ハ皆副物忌也。而六月地祭物忌方。九月ハ大物忌方。十二月ハ宮守物忌方勤也。元者各ガ位階ヲ召立之間。故世木長官之時。人（忠元）〔衍歟〕彼物忌之中ニ。有若亡者難申シテ。時尅押移之剋。成許定。只禰宜荒木田神主。權禰宜荒木田神主。玉串大内人宇治ト申テ。不位階之由所傳承也。又御歌奉仕初ニ御琴ヲ三度搔。警蹕。大和舞畢。又同前。

抑御琴者。自去十五日御占夜。迄十八日。忌火屋殿ノ外方。自御戸西方ニ壁寄懸テ。奉立置例也。

一十七日曉。又可參御饌之由。催正權神主玉串大内人宿館。仍各參候。如夜前。物忌父等參酒殿。請取御贄菓子等ヲ參也。諸事如夜前。但於炊御饌者。夜前ノヲ取分テ置テ供進例也。又淸酒作幷酒造内人等。自瑞垣御門左右殿ニ。供御神酒等荒蝿御贄等。一人ハ柏ヲ持

テ敷。一人ハ大拗ニ御神酒ヲ入テ。件柏ニ懸。一人ハ荒蠣ノ御贄ヲ散供也。其次第。先自御門左右脇迄巽角。副瑞垣ニ供進。次自右方脇廻テ。迄巽角供進テ。高聲ニ由貴奉ル々々々ト申也。其後。清酒作内人ハ。御橋ヲ左右ノ男柱ノ副ニ。白志ノ御饌ヲ供。酒供作内人ハ右方ノ男柱ノ副ニ。黑志ノ御饌ヲ供也。抑件御神酒ハ。諸神戸迎ノ中。一口ヲ以供進也。但於神戸迎者。納物ヲ供進之後。進由貴殿也。謂之伊牟氣之迎。但九月度ハ。根倉迎一口ヲ加テ供進也。其後大物忌父。如夜前詔刀ヲ申。但十七日ノ今時以申也。在御神酒三獻。度別拜四度手。〔兩端脱歟〕然後。神主等皈宿館。物忌父等御饌賜下テ。三色ノ兄部等ガ宿館マデ。正權神主幷玉串大内人及子良母良ノ宿舘江分送也。

當時御饌供奉次第。奉調後。可被參之由。正員宿舘ニ觸送。件告。瀧祭役人二﨟之勤也。于時正員幷玉串大内人各衣冠ヲ着。中道ヲ經テ一殿參烈。御饌ヲ奉出テ進參。御鹽湯等如恒。但今度ハ。禰宜玉串大内人。南鳥居前東柱ノ下ニ留。以北爲上。西向ニ蹲踞。御饌三方御殿下ニ奉舁居。物忌父等御河ニ參。其勤ヲ致皈參時。又禰宜前陣。瑞垣御門ノ前ニ蹲踞。次第如常。物忌父等參畢テ後。瑞籬御門下ニ候。東上。于時三方御饌ヲ令供進。大物忌父兄部。於御階前。詔刀ヲ申後。拜八度。手兩端。一同ニ座ヲ起。一座宿直令候侍ト。彼物忌　又若申退出。如瀧祭宮神態。於例所。西爲上。北向ニ蹲踞。彼宮大内人兄部衣冠ヲ着。木綿麻ヲ同一﨟狩衣。ガ手ヨリ請取テ獻。各〔手歟〕一端シ取之。鬘木綿ニス。在御火。彼宮役人勤。其後。各彼宮ノ方ニ向。拜八度。手兩端。則鬘木綿ヲ脱。御火ヲ前立。一殿參候。在鋪

設。直會饗膳。其次第。在前ノ間畧之。但當時清宮許也。勸盃内人兄部。陪膳ハ同物忌也。内物忌方ノ配膳ハ。鋪設内人勤之。
次櫻宮神態彼宮ノ坤ノ方ニ鋪設ヲ直。北上東向ニ着座。物忌父等石橋上。西上北向。名申内人東座。各在鋪設。先清酒作内人衣冠。乍立詔刀ヲ申。次直會饗膳。櫻御薗ノ勸。勸盃配膳彼宮内人等也。清酒作。礿献ハ清宮也。但當時酒肴也。剰近年一向無沙汰。其後内人大物忌父兄部ニ御琴ヲ献。于時清酒作内人ノ名申。則舞。其後禰宜荒木田神主ト申。于時大物忌父琴ヲ搔。物忌父等一同ニ件ノ歌ヲ奉仕。一返畢後。一座次座ニ禮シ。起座。沓ヲ穿。御前於鋪設舞拜ノ次第ハ。如詔刀時。舞右左右。是神宮法有其謂。先右ノ袖ヲ細繙地ニ付。背江廻ス。次左。次右也。頭ヲバ不廻。御遊ハ毎度乍穿沓也。玉串大内人マデ舞畢。大物忌父警蹕。于時一同手一端拜。其後彼役人御琴ヲ上。件神態雨儀之時ハ。一殿ノ内也。其方角同前也。自是曉。御饌ニ參。饗膳。酒肴等ヲ用時ハ。手水ヲ用。清宮許ノ時ハ。手水ニ不及。參勤次第如宵。但御鹽湯三方御饌ニ献後。禰宜献也。又御神酒三献。各手一端也。條々注前之間畧之。但清酒作内人等ノ在供進同注前。退出遙拜次第如常。今夜神拜之事。御饌ノ前後。思々可任時儀。但先參當神事祈念申之。
一十七日曉。御饌事。早旦ニ以驅使。各宿舘送進。一方大物忌父一二三神主ニ進。身取玉貫檜籠ヲ相副。二方宮等物忌父四五神主ニ進。同前。三方地祭物忌父六七神主進。同前。荒祭方彼宮内人八九神主ニ進。同前。風宮方彼内人十神主ニ進。同前。但無檜籠。服氣等分ハ。公文所ニ納。又清酒作方幷瀧祭方ヲ相加。八方ヲ權任ノ員ニ分宛。以差符進例也。

件差符ハ六九十二月祭禮。毎度政所神主服氣輩ヲ除テ書改例也。

一今朝。御器長。正員宿舘ニ行。水堝各四口宛進之。大堝二。小堝二宛也。服氣分ハ長官ニ被納。

一從西尅許。鳥名子等參候。瑞垣御門外方ニテ。擊志太良ヲ。叩手也。謳歌件歌之中。

シタラウテトテ、カノタエハクチハンべリ。ナヲヒハムべリ。

アコメノソデヤレテハムべリ。ヲビニヤセムタスキニヤセム。

イザセム〳〵タカノヲニセム。

又云。シタラハシリウチ大津ノ濱へ行ハアフモノカハ、タチコカムサ。

又云。シタラハヨ子ハヤカハ、サケクシアケテモレトミクツカヒメ。

又云。イケロ、ラレヨハチスハワレウヘムハチスカウヘニナメクラタテラレヨ。

又云イザタチナムヲシノカモトリミヅマサラバトミゾマサラム。

歌雖多不委記。

歌畢後。參候荒祭御前。同勤仕。其後。於舞姫候殿。預饗膳。抑年中三度御祭夜饗。職掌人等請勞。寄戸等勤也。

一齋内親王御參宮之間次第事。

先御祓。件御祓所ハ。自御裳須曾河ノ渡瀬上。自瀧祭御所北。中間自河東也。御祓畢之後。令參御之間。始從寮頭。次第寮官等。皆御供。歩行也。於三所曹司者。乘車迄河原殿也。其後者同歩行。於寮御火者。於一鳥居止畢。齋内親王河原殿與二鳥居中間マデ。宵輿ニ移御テ。齋王候殿ニ御着。道之間。若有火光時。寮官等頻加制止。總不燭火之例也。件宵輿者。從齋宮取放ニ搆テ。持參テ。於宮中所造儲也。

一祭使參宮之間事。
祭使宮司等。先於祓所在祓。次參仕之間次第。同手祈年祭時。但御祭之夜ハ。在御火。自二鳥居西。御大内人着衣冠參勤例也。抑祭使者。一殿ノ南ノ砌ニ留。敷莚一枚。官幣等。幷三人ノ宮司ハ。直ニ御鹽湯所ニ參。御火内人四人之内。於二人者此砌ニ留。今二人ハ宮司ハ相見也。於御鹽湯所。自玉串大内人之手。大司ハ齋内親王ノ御着用料ノ御鬘木綿ヲ請取。權大司ハ御玉串二枝ヲ請取。少司ハ御鹽湯料ノ白鹽ヲ。小堝ニ入テ相具。榊葉ヲ土高坏ニ居テ持合。相伴テ齋王候殿ノ西ノ砌ニ立。于時次第。寮官請取テ。件ノ殿内ニ進。次宮司歸參御鹽湯所。次齋内親王玉串御門ニ着。自齋王候殿。迄此御門御步行也。其間作法。委不記。一禰宜ハ兼テ蕃垣御門ノ西方ノ副柱ノ本ニ。向南參着。大物忌子良ハ相具母良。瑞垣御門ニ候。一禰宜子良參侍ト申。其時。大物忌子良ヲ相具テ。齋王御座ノ御戸ノ前ニ進參候。其時。一禰宜御玉串。先左。次右。御拜四度。御後手。又御拜四度。御後手ト申。于時子良先左手ヲ指出テ。御玉串ヲ給リ。次右手ヲ指出テ。御玉串ヲ給ル。其後。齋内親王子良ニ。草衣一領ヲ給。母良取テ子良ノ從ニ給也。子良退立テ。奉件御玉串於瑞垣御門。然後。内親王還御齋王候殿。一禰宜自玉串御門ノ西脇。西御門江退出。右左右火。幷祓承即參御鹽湯所。次自宮廳宿舘。齋内親王ノ貢御料禮紙ノ菓子ヲ奉送。内院ノ坊仕ノ内人所持參也。又同御貢者請預料米ヲ。祝部幷山守相共。於齋王御膳殿所奉調備也。其次第。委不記。抑爲串行寮御玉串。一禰宜參入料ニ。造替遷宮之時。玉串御門ノ西ノ脇ノ御垣ハ。自東第一ノ間ノ母木中ノ一枝ニ一間貫木ヲ渡也。
次宮掌内人一人參祭使許。寮ノ御玉串畢之

由申。其時。使參(在火祓承。)於御鹽湯所。向神主荅拜。幷玉串行事次第。及參內院之間。同于祈年祭時。仍委不記。抑如此內院神叓等。御門等ニ懸帳也。而爲三色副物忌父役懸也。瑞垣御門ハ。副宮守物忌父。四御門ハ副地祭物忌父役也。各出入之時。彼輩卷上也。又無奉納度ハ。瑞垣御門ニハ不懸。神事以後。件帳ハ外幣殿ニ上也。是遷宮之時官下物也。各着座石壺之後。大物忌父差笏。持詔刀文。奉祭使。交替後。物忌父抽笏一拜之後。着本座。使立座。八重榊ノ前ノ東方ノ丸ナル石壺ニ跪テ。詔刀申。(但詔刀ヲ爲申參之時。沓ヲ不用也。)度會ノ宇治ノ五十鈴ノ河上ノ。下津石根ニ太宮柱太敷立テ。高天原ニ千木高知テ。皇御麻命ノ稱辭定奉ル。六月月次太幣ヲ。使祭主(其位某。)令捧持テ奉給之狀ヲ。平ク安ク聞食テ。天皇朝廷ヲ寶位ニ無動。常盤堅磐ニ。夜守日守ニ護幸奉給。天下四方國人民ノ作食五穀豐饒ニ恤幸ヘ奉給エト。恐ミ恐ミモ申給ハクト申。

荒祭。伊佐奈岐。月讀宮等モ。如此申テ進詔給フ。

可有年號六月十七日祭使被申。

詔刀畢之後。使一拜。皈着本座。次大物忌父又差笏。立座テ持詔刀文。大宮司ニ奉ル。則宮司御玉串ヲ前ニ置テ請取ル。物忌父抽笏一拜之後。皈着本座。次宮司立座。八重榊ノ前ノ西方ニ丸ナル石壺ニ跪テ詔刀ヲ申。度會ノ宇治ノ五十鈴ノ河上ノ。下津石根ニ太宮柱太敷立。高天原ニ千木高知テ。皇御麻命ノ稱辭定奉ル。天照坐ス皇太神ノ廣前ニ。恐ミ恐ミモ申給フ天津詔刀ノ太詔刀事ヲ以稱申由。神主部物忌等諸聞食ト詔給フ。皇御麻命ノ大事ニ坐世。御壽ヲ手長大御世ト。湯津石村ノ如ニ。常石堅磐ニ伊波比與佐志給ヒ。伊加志御世ニ恤幸給。阿禮坐皇子達ヲモ慈給ヒ。百官仕奉人等ヲモ。天下四方國ノ人民作食ル五穀豐稔ニ惠幸給ヘト。八郡國々所々ノ依奉レル神戸人夫ノ。常モ仕奉赤良曳ノ荷前御調糸。由貴ノ御酒大贄等ニ。如海山ニ置所足。大中臣ノ太玉串ニ隱侍テ。今年六月ノ十七日ノ朝日ノ豐逆登ニ。天津詔刀ノ太詔刀事ヲ以稱申由ヲ。神主部物忌等諸國聞食詔給フ。

　荒祭。伊佐奈岐。月讀宮等モ。如此申テ進詔給フ。

　可有年號六月十七日　　宮司申。

詔刀畢之後。宮司一拜。皈着本座。石壺ニ所置ノ御榊取テ捧持。次玉串行事。如祈年祭ノ時。仍委不記。抑詔刀畢之後。神馬ハ自北御院引テ。一禰宜ノ宿館ニ立。事畢被任巡向神主ニ給例也。

玉串行事畢之後。宮司神主等立座。赤良曳荷前御調糸ヲ東寶殿ニ奉納。次第同于御神衣之時。仍不記。但於東寶殿之前。件赤良曳荷前御調之糸內。六所別宮幷比矢及波々木ノ御料ヲ分進之殘ヲ奉納也。宮廳ノ目代司進納ノ文ヲ讀也。其後。各皈着本座。又鎰取內人冠衣。御封ヲ畢テ。拜八度。手兩端。又玉串大內人爲納荒祭宮荷前御調糸。立座次第如御衣之時。祭使宮司等。自南御門退出。神主從西御門退出。於荒祭神拜所。祭使幷宮司。與神主荅拜八度。手兩端。次玉串大內人。幷荒祭宮內人物忌等參彼宮也。次一禰宜相具御火祓承。從西御門皈參テ。寮幣ヲ申。其次ニ。三所曹承幷寮頭ノ幣ヲ申。傍官禰宜ハ於酒殿後脫明衣。解鬘木綿。相侍(待カ)一禰宜テ。祭使着一殿ニ。從後戸東也。同南。在件殿所ニ立明。太宮司ハ主神司殿ノ中間ニ。以東爲上着。于時寮官等參彼殿。史生等六人燭火。寮頭ハ一

殿南座ニ。向祭使着。東方。次助次兄等參着。又坤ノ方ノ砌ニ。史生等向北祗候。寮ノ中官ハ主神司殿ニ宮司ノ座ノ西方ニ。座闕ヲ置テ着。次同忌部。次宮主。次占部。次宮主代着也。皆束帶也。其次ニ北副テ向南。寮ノ神祇ノ神部等參着。布衣。中臣ノ後ニ向北。祗承撿非違使二人着。次司中下部等着。布衣。同向北祗承也。在件殿ノ方宮司ノ前立明火。抑一禰宜寮幣ヲ申時。自寮人之手。内物忌父請取テ一禰宜ニ渡。三所曹司并頭幣同前。件取次役。物忌父巡向ニ勤仕云々。又寮幣ハ長キ串ニ用紙ヲ挾也。而奉幣之後。二、號舞姫分配。六禰宜等毎祭任巡向預例也。又三所曹司并頭進御幣等之中。一前之分。件取次役。物忌父給預例。而近代者不取。一禰宜寮幣串之後。解脱鬘木綿明衣。相伴傍官禰宜。一殿ニ參テ。東座ニ北爲上。向西也。御祭使并宮司之從坊ハ九丈殿也。于時荒祭

宮奉納荷前御調糸之後。彼宮大物忌父宮司ノ前ニ立テ。立明火副也。荒祭宮ノ御封畢ト申テ。古キ封ヲ。乍立被去メ。其後一殿ノ立明ノ火副マデ。司掌刀禰申ヲ勤仕。其詞ニ云。郡ノ司サ申ク。御座ニ參リ於古ヲ於利給フ。刀禰正キ五ノ位ヲ下シナ十ヲ一ノ。從キ六ノ位ノ上シナ十ヲ三ツ。合テ七ヲ位ヒ無キ刀禰一白モ世ヨアマリ。

又姫刀禰七ヲ一ツ參リ。於古ノ於剰給ト申。但寮無御參宮ノ時ハ。姫刀禰七ヲノ詞者不申也。

其後從主神司殿。寮ノ中臣始開手。又一殿ニ請取テ叩。次酒坏。祭使勸坏。一禰宜。寮頭勸坏。二禰宜。大司ノ勸坏。三禰宜也。其後神主各飯着本座之後。直會饗膳也。陪膳役。又祭使預。手水役人。其外ハ六位權禰宜大内人也。畢後。自神主司殿。中臣始後手。一殿同前也。其後各立座。於祭使者。一殿艮方在手水。宮司於主神司殿東廂例也。寮頭ハ一

殿ノ巽方ニテ。祭使ノ手水ノ後。以件水献
也。今夜手水役者陪膳人也。
抑無寮御參宮之時ハ。宮司一殿ノ南ニ。以
原〔マヽ〕馬上者也。又炬承撿非違使ハ。自西第二
間ノ南座ニ向北テ居也。司中ノ下部ハ。自
後戸西方ニ。向南テ南エ居廻也。仍上座主典ハ向南。末座鎰取等ハ着向東也。
各手水之後。參內院次第。先祭使。祭主宮司。
自南御門參入。在御火炬承。次寮頭。同自御
門參入。次神主。自西御門參。四御門ノ西ノ
脇ノ平帳ノ內ニ。宮司ノ座ノ西。以東爲上
也。其次ニ寮ノ中臣。着宮司與神主ノ中也。
其他ノ寮官。祭使ノ東ニ着也。四所歌人等
ハ。宮司神主ノ後炬候。抑祭使參入之時。先
吹笛。各着座之後。謳歌吹笛。自忌火屋殿請
取御琴。御琴搔之。于時司掌召寮掌三度。無
唯稱。又司掌酒立ト云。幷寮御參宮之時召宮掌。其次第如此。尚不
答。次敷半疊一枚ヲ。齋王候殿與舞姬候殿中
間ノ。北方ニ副テ敷也。件半疊敷幷平帳等。瀧祭下部使〔役歟〕也。件半
疊ニ跪テ。在大和舞。先大司。次權司。次少司
也。各爲大和舞勤仕。立座ノ時。司掌召官位
宮司。舞時御歌。當月ニハ。

ミナツキノオ、ヨソ衣ヒザツキテヨロヅ
ヨマデニカナデアソバム。

次寮中臣舞。尚同御歌也。宮司幷中臣左右左ノ舞也。先半疊ニ跪テ。一拜ノ後差笏。舞之後抽笏。一拜シテ歸也。
次神主舞。其時御歌。六九十二月同歌也。神
主左右左ヲ舞也。

ミヤビトノサセル榊ヲ我サシテヨロヅヨ
マデニカナデアソバム。

神主大和舞奉仕之後。司掌召宮掌三度。々々
ト云度。唯稱ヲ申。又司掌云。御半疊直侍。宮
掌大內人答。直侍ト。即以瀧祭下部直ス樣ニ
仕也。

次祭使舞。御歌云。
大宮ノ戸影ニキヰルオキノ鳥ソレヲミテ
ソラノ荒タカトビカケルメリ。
次寮官舞。其時御歌。六九十二月同歌也。
大宮ノチギニオヒタルヤマカサギヨロヅ
ヲ〔ヨ歟〕チヨニツカヘマツラム。

各舞畢之後。司掌召宮掌如前。云三度ト唯稱申。其時司掌云。直會ハ成侍ヌヤ。宮掌大内人答。成侍ト。抑宮掌大内人等ハ。舞姫候殿ノ東ノ砌ニ。以南爲上着也。又合爲大和舞奉仕ノ。自四御門參入之時。宮掌大内人必御火白ク燭侍ト申。謂之御火申。又各舞奉仕テ皈時。四御門ノ内ノ東ノ脇ニテ。三津乃栢ヲ以テ酒請テ。ロニ寄テ後。栢ヲ笏ニ取副テ立テ。御前ヲ一拜テ。自左皈テ。着本座也。謂之酒立。件所敷小莚一枚。女官二人向西着之。前ニ机一前ヲ立也。祝一人。堅上社祝役。件柏ヲ以。各毎皈。女官ニ渡ス。而一人ノ女官請取テ。今一人ノ女官机ノ上ニ。小坩ニ酒入テ置請取也。其時。以榊葉彼佰上灑也。但齋内親王御參宮之時。件酒立役。母良幷地祭物忌子良一人勤也。次司掌召掌三度。不申唯稱。又云御節遲ト。于時自齋王候殿。着裳唐衣女房二人指扇於。相幷テ。自件殿乾角出テ。御寶前ニ向テ。拜之後。彼殿ヘ皈參也。次自舞姫候殿。鳥名子所下部等。相具鳥名子等。於齋王候殿與舞姫候殿中間ニ。謳歌吹笛。又此職掌人之中二人。自四所ノ掌人ノ手請。御琴持テ參會。其時搔〔擬歟〕テ奉仕。御歌十二首。

第一アメナルヤ。ヤカリガナカナルヤ〔リカ〕。ワレ
ヒトノコ。サアレドモヤ。ヤカサガナカ
ナルヤ。ワレヒトノコ。
第二ミチノベノ。コダチハナヲ。フサラリモ
ツハ。タガコナルラム。

第三トウタヲミ。ミナサノヤマノ。シイカヘタヲ。フサヲリモテバ。イマロモトル。

第四イヨヨトゾ。イフキミガヨハ。チヨトゾイフ。チヨトゾイフ。ムラサキノオビヲタレテ。イザヤアソバム。

第五オロノミヤノ。マヘノヲラレズ。タレアラレムカ。カヨヘバヅツマモソロフ。

第六オロノミヤノ。マヘノカハノゴト。カワノナガサ。イノチモナガリトミモシタマヘ。

第七ヤマカハニハ。ムマタシノトリマシヤ。コノヨニナガクヒツマコヒヤス。

第八ヤマカハニ。タテルクロメスコメマサフクヤ。ヨキコニテヲトリカケテ。イザヤアソバム。

第九ミナミナキトリバカリニゾアル。アラレフリ。シモヲクヨモ。ヨトモサダメズ。

第十オロノカハ。ヤナギハヒロクテタテル。オロノカハ。ヤナギヨキヤニテ。ヲトリカケテ。イザヤアソバム。

第一マヤニイデ、。アソブチドリナリ。アヤシナキコマツカヲエニ。アミナヲカレソ。

第二タチバナガモトニ。ミチヲフミテ。カウバシヤ。ワガカヨエバゾ。ツマモソロフ。

以上十二首。次第如此畢之後。アマノヲビアナノヲビト三度申。

鳥名子等組手ヲ廻。々テ後。各頭ヲ一所ニ聚テ伏。其後起。各手ヲ合テ後ニ退出也。件職掌人。忌火屋殿ニ。御琴ヲ上テ退出也。次祭使退出。在御火桛承。但　河原殿邊勤仕也。宮司ハ。從近代南御門ノ。外方ノ東ノ脇ニ立留テ。暫任テ皈。仍神主ノ方ノ火桛承ヲ分テ

遣也。次神主。自四御門外方ニ。以北爲上。向
東烈立。又始從頭。次第寮官等。同以北爲上。
向神主烈立。神主ニ寮祿ヲ給。凡縮也。神主懸肩。
自件御門參入テ。拜御寳前ノ後。寮御方一拜
テ。自西御門退出也。次宮掌大内人。相具下
部一兩人。齋王候殿ノ西ノ砌ニ。向東立テ。
大少職掌人料ノ寮祿ヲ請也。庸布用紙等也。寮官等向
合烈立テ。計渡例也。宮掌大内人請取テ。官
廳ノ目代ニ渡。仍次日分配例也。抑今衣。饗膳。職掌人等請寄
戸役也。又酒肴酒殿也。
當時供奉作法。大概如祈年祭之時。但今度ハ
御火内人二人宛也。各狩衣。役人原卿邊ヨリ
參。六九十二月同前。又祭使鬘木綿ヲ被着
後。大物忌父兄部官幣ノ送文ヲ一座ニ献。立
退テ答拜シ。乍立奉待。一座拜見後。被返渡。
則給テ禮シ。皈本所。官幣支配ノ後。宮司鬘
木綿着。玉串ヲ取參。次神主榊取進參如常。

又祭使詔刀請進之後。大物忌父兄部。宮司ニ
詔刀ノ文ヲ献。御前西方ノ於石壺讀進。其
後玉串行事如恒。目代等ハ。出納等ノ相具外
幣殿ニ參。御鎰櫃ヲ奉出。鎰取内人請取。衣冠。
八重疊ノ前ニ案奉居。玉串奉仕畢後。鎰取内
人御鎰櫃ノ御封開由申。于時神主座ヲ立。一
座於八重榊西。自鎰取内人之手。東寳殿ノ鎰
請取。御階ノ前烈立。東上。次宮司八重疊ノ
西經テ參入東方。于時一同着座シ拜ス。即座
ヲ立。裾ヲ引。宮司ト對拜シ。御殿ノ東ノ瑞
垣ノ副ニ烈立。北上西向。宮司對拜北ニ通。
一同ニ着座。于時一座沓ヲ穿。裾ヲ引テ東寳
殿ニ參。御階下ニ立。于時鎰取内人。御鎰給
宮司ニ御封ヲ令取。又一座ニ奉。是ヲ捧持。
裾ヲ引テ參昇。於大床拜後。自鎰取之手。忌
刀ヲ取。御鏁之御封ヲ切テ。鎰取ニ渡ス給
之。東寳殿ノ御鏁ノ御封開由ヲ申。于時笏ヲ

指。御鏁ヲ開。件御鏁ニ。左右ノ柱ノ木ニ置御鎰ヲ。鎰取ニ渡。雄戸ヲ推開テ後。雌戸ノ本差ヲ抜テ推開。以笏御幌ヲ能々可推放。蹲踞シ拜後。大物忌父兄部。宮司所進之荷前御調糸ヲ捧持テ。一座ニ献。自大床上取之。持テ東方ニ少寄テ。正殿ニ向蹲踞。于時日代布衣。於正殿大床艮柱本。向北。宮司ノ献文ヲ讀進。其文云。

司

進納荷前御調糸佰捌拾伍絇陸兩事。

加風宮御料四勾定。

百四十八勾六兩。　見進。

二勾。　當國例進。

三十五勾。　在官。

右當祭料。依例進納於　太神宮如件。

一年六月十七日　大司大中臣朝臣判

權大司小司

其後奉納之。御戸本差等堅御鏁ヲ指堅。自鎰取内人手。宮司ノ御封ヲ取。御鏁ニ結付後。拜シ退下。於御階下。御鎰ヲ請取。本座ニ皈着。件御鎰ハ。宮司令付封。鎰取内人。自長官紙ヲ申請。硯黏ヲ令用意也。件寶殿等參昇事。一座依老耄等。難參勤時ハ。次々ノ禰宜ニ。與奪之例也。次座向ニ烈立。宮司對拜シ。通石壺ニ着。其ノ侍以下ハ。八重疊ノ東ヲ通。一座。御鎰彼内人渡シ。版位ニ着座。鎰取内人御鎰櫃ニ御封ヲ付。御鎰持ノ御封納畢ト申。于時一同蹲踞。拍手兩端。平伏奉拜。朝廷奉祈。退出次第。如祈年祭日。但今夜ハ。荒祭宮物忌參荒祭宮。御鎰ノ御封開之由ヲ申。後司中人長詔刀ヲ申。後酒肴。自是御遊參。四所役人雖不參。在御遊例也。諸神事。役人雖不參。可遂神事ノ由。在貞治六年勅裁祭使ハ四御門下御戸東ノ脇。宮司ハ西脇。其次ニ。神主自西御門參入。東上。皆在鋪設。祭使不參之時ハ。宮司東。神主御戸ノ西ノ際ニ進也。四所役人

ハ。神主後亂座也。琴生笛〔笙歟〕歌。元鳥名子等各勤役奉仕。于時司中人長各名申奉仕。先宮司裾引テ半疊ニ進參。沓ヲ乍穿。跪テ倭舞。左右左拜如常。在所神主ノ石壺ノ南也。但雨儀時ハ。四御門下也。件御門内東方マデ。酒立女ノ進。以三角栢盃預。御神酒地祭物忌父兄部献之。一端シ取之呑。笏ニ取副。對揖之後。左廻御前ヲ拜。本座ニ着。次神主同前。但右左右。次祭使同前。但左右左也。次四所瑞籬御門前ニ參列シ各勤役奉仕。鳥名子舞廻。其後各退出。祭使宮司ハ自南。神主ハ自西也。當祭官幣延引之時モ。神宮神事ハ如常。其後。官幣奉献之時。御門ヲ不開。玉串行事。一殿ノ儀式許也。宮司無詔刀。式日ニ讀進畢。十二月又同前也。九月ハ錦綾御鞍爲奉納。東西寶殿ヲ開也。

又毎祭一神事令延引者。悉令延引例也。遂〔逐歟〕次第故也。

一十八日。神事次第。

今朝。御巫内人等。四至ノ神並天津神國津神八百万神達ヲ祭。件日朝。荒祭宮下部等。自由貴殿神戸所進缶一口菓子贄等ヲ請取。供進彼宮ノ後。於御前各預神直會例也。同朝。内外物忌父等。衣冠ヲ着。同自由貴殿神戸所進缶二口菓子贄ヲ請預テ。宮比。矢乃波波木ノ神ヲ祭。内物忌父等ハ。宮比神ヲ祭。外物忌父等ハ矢乃波々木神ヲ祭。宮比神ノ御在所ハ。輿玉ノ後。御所ノ乾。玉垣南也。矢乃波々木神御在所ハ。御所ノ巽方。荒垣角也。先祭宮比次祭矢乃波々木神。御巫内人着衣冠。相副テ事由ヲ申。委不記。其役。各於齋王候殿。預件神直會。次於外物忌等者退出。至于内物忌父等並御巫内人者。留テ相待正權神主並玉串大内人。次自宮廳請取差符文。荒祭宮下部可參内御神態之由。催正權神主並玉串大内人宿舘。但於權任神主者。不皆參。是供奉人員數有限故也。内御神態十三人。加玉串之定。月讀宮御神態ニ十九人。加玉串大内人定。瀧祭ニハ十三人。小朝熊ニハ皆參也。但於權任神主者任巡向差。至于玉串者度別參也。近代荒祭差符十三人被差云々。正權神主並玉串大内人着衣冠。參内院。各奉拜之後。參着齋王候殿。敷鋪設。正禰宜ハ南座西上。權任神主並玉串大内人ハ東座南上。物忌父等ハ西座南上。但物忌父等ハ。詔刀畢。座ニ着也。件殿前ノ平柱ノ左右ニ。赤良曳荷前御調糸ヲ結付也。是宮比矢乃波々木神御料也。内物忌父等並御巫内人。御前ノ石壼ノ後ニ。以西爲上。烈テ祇候。但上座ハ御巫内人也。御巫内人乍烈座。詔刀ヲ申。其祠云。

申ク。今年ノ六月ノ御祭ノ十八日ノ今時ヲ以。宮比矢乃波々木ノ廣前ニ。恐ミ恐申ク。國々所々依奉以郡神戸人等。常モ奉荷前御調糸。並由貴ノ御神酒御贄等ヲ。横山ト置所足テ奉狀。平ク安ク聞食。宮中平ニ神事ヲ藝令奉仕給。禰宜神主内外物忌色々職掌供奉人等モ。長ク久ク勤令奉仕給ト恐恐ミモ申」。

次拜八度。手兩端。次神酒坏。在始終手。陪膳内物忌父也。肴麻簀居。三種也。於御巫内人者。詔刀之後。直退出也。各神酒坏之後。自西御門退出。於荒祭神拜所之南在手水。彼宮下部役。在手水紙。次着鬘木綿。又荒祭子良同着鬘木綿ヲ參。于時正權神主。玉串大内人。彼子良ヲ前居テ。神拜八度手兩端。其後於子良者退出。至于正權神主玉串等者。解鬘木綿之後ニ。着一殿。正員禰宜ハ南座北向。次玉串着。權官者北座南向。各東上也。物忌父等西妻ニ南上東向祇候也。在直會。饗膳等〔神脱歟〕戸勤也。陪膳役。彼宮内人物忌父等也。直會後。於櫻宮前在倭舞。物忌父等自忌。播御琴。御歌奉仕。其次第。如由貴夜。仍委不記。抑矢乃波々木御料缶者。外物忌等預巡向。至于宮比

御缶者。内物忌預例也。件神事等。當時供奉作法。申下勊許。各衣冠着。中道ヲ經テ。御輿宿砌置石ノ際。南ヱノ置石烈座。北上東向也。三色物忌父等。並御巫内人等。各衣冠ヲ着。宮比御神（荒垣内乾角也。）奉祭。御巫内人詔刀ヲ申。後在酒肴。其後各御河ニ參。手水ヲ用。次御巫内人並外物忌等。矢乃波々木（荒垣外巽角也。）皇神達ヲ奉祭。其後内物忌父等並御巫内人。四御門ノ内蹲踞ス。于時各座ヲ立。次第ニ令禮進參。神拜。石壺ノ北ヲ經テ。御前通時令拜。御道進。宮司石壺ノ東ヲ經テ物忌父等ニ禮シ。齋王候殿ニ着座。一座ハ自西。自余ハ東也。南ノ間ニ在鋪設。西上北向也。于時三色物忌父等石壺ノ際ニ蹲踞ス。西上。御座内人於西方詔刀ヲ申。其詞前ニ注。後一同ニ兩端。其後御巫内人ハ退出。物忌父等ハ當殿ニ着。大物忌父見部（號一臈。）西座東向。自余ハ北座西上。南向。各在鋪設。玉串大内人毎座。禰宜次座也。在酒肴。熨ヲ切テ小器一盛簀居テ進。盃簀ニ居テ一座ノ前ニ居。次物忌肴ヲ居。無簀配膳。忌火屋殿出納也。御酒ヲ乍瓶子持參。件等配膳。副物忌等也。于時一臈一座ノ前ニ進參テ勸盃。次々如常。送玉串大内人（無勸盃。）畢。又盃ヲ二重テ進一臈。一ノ坏ニ請テ。坤角石ノ上ニ奉。令一ノ盃ヲ一座ニ献以同。次二献以如恒。次物忌方酒一献畢テ。一臈御箸ハ不申ト申。于時各肴ヲ喰。自末座撤。後座ヲ立。物忌父等石壺ノ際ニ蹲踞。於彼前ニ禮シ。御前ノ拜如以前。酒肴ハ忌火屋殿出納沙汰。（宮比神酒ハ自酒殿。矢乃篰之者役人勤。）下向之時。輿玉御前ノ拜。御輿宿ノ前ノ玉串行事所置石ニ。以北爲上。西向ニ蹲踞。末座ハ石垣邊也。于時荒祭宮物忌。（衣冠。）又御手水ヲ懸進。迄物忌父等也。同宮内人（衣冠。）手水紙ヲ遣

禰宜許也。其後荒祭宮ノ神拜所ノ石壺。各備榊。參烈如常。于時彼宮大内人。同自物忌之手。木綿麻ヲ請取テ献。在一端取之。用鬘木綿事如常。送一蔦也。畢之後。各開手兩端。奉拜ノ後。即鬘木綿ヲ解。一殿ニ着座。南方東上北向。自東第二間ヲ爲上座。物忌父西。南上東向。各申内人三方副物忌櫻宮南荒祭宮内人物忌一殿東外。各在鋪設。其後彼宮物忌。御琴一蔦ニ献。内人詔刀ヲ申。後副物忌荒祭宮大内人ト申。即内人半疊ニ踞テ櫻宮前也。舞。其後禰宜荒木田宮主ト申。于時一蔦御琴搔。件謳歌始之後。三色物忌父一同ニ謳。二反ニ及之時。一座進參。半疊ニ踞テ舞。皈本座時。又名ヲ申。二座。即舞皈時ニ。各於一座皆禮ス。各舞畢。一蔦警蹕。于時一同一端。其後彼宮物忌御琴ノ上。先物忌父等庭ヲ立。次神主櫻宮御前經テ。於置石宮中拜シ。一殿

西。物忌父等令蹲踞。各禮シ退出。神拜神事ノ前後思々也。又每祭。今日直會饗膳。伊雜神戸沙汰。近代無沙汰。宇治方。神戸方。寄戸等沙汰也。

一十九日。神事次第。

早旦ニ。瀧宮御神態次第。先内人物忌等。自由貴殿請取缶一口。持參テ供進ノ後。彼下部等。於御前各預神直會ニ。其後件下部ノ中一人。自宮廳請取權宮差符ヲ。催各宿館。仍正權神主並玉串大内人着衣冠參秡所。自河原殿西也。彼宮大内人大物忌父等着衣冠。正權神主並玉串大内人ニ鬘木綿ヲ給。各手一端ノ後。請取ヲ着用。次拜八座。手兩端。無詔刀。其後各着一殿。在饗膳。寄戸勤也。正員禰宜並玉串大内人者。南座ニ向北。權官者北座ニ向。南。各以西爲上也。委不記。件神事。當時供奉作法。今度夜無告初鳥ヲ聞テ。密々ニ參事。有其謂歟。然而。去文安四年六月。自一守房卿代告役人ヲ被定置。彼衣粮

ハ大宮籠一分。無他役也。彼宮祭禮。去十六日夜被行畢。然重奉祭之條。有其謂歟。各衣冠ヲ着。鳥居經テ。祓所ノ大楠本ノ置石ノ東際ニ。南上西向着座。彼宮内人物忌等兄部衣冠。自余ハ狩衣。彼宮ニ參。御饌進供之後。當所ニ來。于時祓所ノ東置石ノ南ノ際ニ。以西爲上。北向ニ蹲踞。于時彼宮大内人兄部。同自二薦之手水木綿麻ヲ請取。一座献。在一端ヲ用之。迄玉串大内人。畢。各彼宮方ニ向。内人物忌等。置石ノ北ニ候。于時一同拜八度。手□端。無詔刀。即鬘木綿ヲ解。一殿ニ參。御火前立。彼宮下部勤之。其座。如十六日夜。先清宮。次直會饗膳。但常時酒肴也。彼宮勤。然而自去寛正三年。東西寶殿ノ爲拜取之沙汰酒肴結搆也。（酒三献。）勸盃陪膳。彼宮ノ大内人物忌也。一座二人舁之退出。如十六日夜。内物忌不參。神事前後思々。

一同日。月讀伊佐奈岐西宮御神態次第。

朝。件兩宮内人物忌參宮廳。請取兩宮加文並權任神主差符皈參彼宮。（謂加文者。御糸奉納文也。件文ノ奥ニ。禰宜ノ判所書。）次彼宮下部一人。以件〔衍カ〕差符。催權任神主並玉串宿舘ヲ。仍各衣冠着余參詣。于時一禰宜布袴。其外皆衣冠。引率テ參詣前陣。被南宮御鎰。（件御鎰。本宮酒殿々奉納。而彼出納内人二人所奉持也。）在警蹕。件御鎰持之役也。於彼宮先手水。（件役人二人也。一人ハ桶ニ水ヲ入テ以杓無。一人ハ以手水紙。人別ニ分給也。）次先參月讀宮。東爲上列候。次着鬘木綿。正權神主並玉串大内人手兩端之後。得之着用也。又下部俄石壺造。一禰宜彼石壺ニ跪テ詔刀ヲ申。

度會ノ宇治ノ河原田村ノ。下津磐根ニ大宮柱太敷立テ。高天原ニ千木高知テ。皇御厤命稱辭定奉ル。掛畏キ月讀皇大神廣前ニ。恐ミ恐ミモ申給ク。常モ奉ル六月ニ。次ノ御幣帛ヲ。皇太神宮禰宜位八人等ヲ差使テ。天津詔刀事ヲ以テ稱申事由ヲ。內人物忌等諸聞食ト詔給フ。皇麻命ノ大事ニ座セ。大壽手長ノ大御世ト。如湯津石村ニ。常磐堅石ニ伊波比與佐志給ヒ。伊加志御世ニ慇給。阿禮座皇子達ヲモ慈給ヒ。百官ニ奉仕ル人等ヲモ平ク安ク。天下四方國ノ百姓ノ作食ル五穀豐饒ニ慇幸ヱ給ヒ。八郡國々所々神戸ノ人等ノ。常モ奉仕ル赤良曳荷前御調糸。由貴神酒大贄等。如山海置所足テ。今年六月十九日。朝日ノ豐逆登ニ稱申事ノ由ヲ。平ク安ク聞食ト。恐ミ恐ミモ申給ク卜申。

伊佐奈岐宮ニモ。如此申テ奉ト詔給。

在年號。

詔刀畢之後。着本座ニ加署。次二禰宜退立テ伊佐奈岐宮ニ參候。兩宮內人物忌衣冠。奉解神戸封ヲ。兩宮物忌。各於御門外。向神主。月讀宮御封開ト申テ破。次奉開兩宮御戸。荷前御調糸ヲ奉納。次奉閇御戸。次着衣冠下部一人。封紙二筋並硯筆ヲ持來テ。一禰宜ノ判ヲ申者。進署之後。件封ヲ兩宮昇殿ノ役人ニ給。即奉付御戸之後。又兩宮物忌加前向南。各御戸ノ御封畢ノ由申。其後神主等。先伊佐奈岐ノ宮ニ參。拜八度。手兩端。次月讀宮ニ皈參シ。拜八度。手兩端。其後鬘解木綿着。一度在直會饗膳。件饗膳。兩內宮內人物忌等請寄戸勤也。陪着衣冠內人物忌等也。畢之後。於月讀宮御前。大和舞ヲ奉仕。在名召。職位申也。各舞之後。必各參伊佐奈岐御前。拜四度。無手。畢之後。正權神主並玉串大內人御鎰ヲ奉相具。皈參本宮。直於鳥居邊。洗手之後神拜例也。件神事。當時勤行作法。當日巳尅許ニ。彼宮ノ下部御告ニ參。木綿麻詔刀荷文御始百文御封紙等ヲ。自宮廳讀預。于時一座ハ布袴。自余並玉串大內人衣冠。各乘馬。下萠前々陣。兩宮御鎰荷前御調之糸相副。由貴殿出納捧

持テ。警蹕ヲ勤。高聲岡田辨才天御世古河原出世木淵ノ南ヲ經テ。彼宮ニ參テ。於一鳥居前下馬。於忌火屋殿前。在手水。內人物忌衣冠勤之。裾ヲ引テ。先月讀宮ノ御前ニ參。東上在鋪設。先木綿麻進如常。畢後荷文御封紙ニ。硯ヲ相副献。則各加判。但御封ハ一座許也。次役人等兩宮御門ヲ開。于時一座裾ヲ引テ。御前ニ進參。詔刀讀進。本座皈着。于時二座伊佐奈岐宮ニ參候。于時內人等兩宮御戶ノ封ヲ奉解。於御門外。各神主向。御封ヲ開之由ヲ申テ。御戶開。荷前御調糸荷〔封敞〕文ヲ奉納之後。御戶ヲ閉。御鏁ヲ奉固。各御府ヲ奉付。御門ヲ閉後。先各伊佐奈岐宮ニ參。拜八座。手兩端。東上。次月讀宮ニ皈參。拜八度。手兩端之後。一殿着座。在鋪設。預直會饗膳。先淸宮勸盃。配膳彼宮內人物忌等也。三献之後机ヲ撤。次第如常。其後。同役人名申ス。于時裾ヲ引テ沓ヲ穿。月讀之宮御前半疊ニ裾テ。倭舞如恒。各舞畢。役人警蹕。于時各一端後。各伊佐奈岐宮ニ參。拜四度。手無之。其後一元神社所御社楊田社等ヲ拜。遂後御鎰ヲ前立テ。本宮皈參。於御河用手水。大庭槻南ヲ通。中道經テ御前參。裾ヲ引。於皈位奉拜。輿玉拜。荒祭拜。手兩端。櫻御前拜。酒殿諸神拜之後下向。　件神事。洪水之時ニ。於一殿ニ行之。役人等ハ彼宮ニ參勤例也。

近代大略不參之間。末座一人ハ。宮廳ノ家子禰宜一人ト參勤之處。末座依自由不參之間。去永享十一年十二月十九日。于時一禰宜守房。息男七禰宜守繁一人。布袴ヲ着參勤之。一人參始也。

今日饗膳。近年退轉之間。去寶德四年二月日。一神主經見代ニ。彼宮役人等申請。伊佐奈岐宮新拜所ノ石神ヲ宮中ニ稱。以彼散錢饗膳以下沙汰之。
一廿日小朝熊御神態勤仕次第。
早旦。彼宮祝正ヲ。自由貴殿請預テ。忌火屋殿荒垣ノ坤ノ角。彼神祭祀所石疊ニ持參テ。神御酒贄菓子ヲ供進。次正權神主並玉串大内人。着衣冠。主神司殿ニ參テ。東爲上。正禰宜ノ次ニ。權任神主玉串大内人着。但玉串大内人者。任位階雖着座。權任神主不請件坏。兄部黄衣。鬘木綿ヲ持テ。進寄テ。始從一禰宜。迄權官玉串大内人大物忌父兄部衣冠。賜之。各手一端之後。請取テ着用。其後前ノ石橋ニテ。一禰宜詔刀ヲ申。
申ク。今年ノ六月廿日ノ今時以。小朝熊ノ皇神ノ廣前ニ恐ミ恐ミモ申ク。國々所々ニ依奉レル御神戸人等ノ。常モ奉ル由貴ノ御酒御贄等ヲ。如海山置所足テ奉狀ヲ。平ク安ク聞食テ。朝廷寶位無動。常石堅石夜守日守ニ護幸奉給。阿禮座皇子達ヲモ慈給。百官仕奉ル人等モ。天下四方國ノ人民ノ作食ル五穀豐饒ニ恤幸給ト。恐ミ恐ミモ申。
前皇神如此申進。
其後皈着本座。在神酒坏。次各退立テ。於一殿預直會饗膳。陪膳祝部黄衣。是大强原御厨勤也。又彼社頭ニ參祝等奉祭云々。委不記。
件神事。當時勤行。未明ニ各衣冠着。中道經テ一殿ニ參烈。櫻宮南ノ置石ノ南ノ際ニ。以東爲上。北向ニ着座。次玉串大内人。次物忌父等。大物忌父兄部一人衣冠。自余狩衣。各在鋪設。雨儀之時。着主神司殿ノ内也。權長自長官木綿麻ヲ申請調進。彼宮祝各黄衣。献之如常。其後一座櫻宮ノ南ノ際ノ半疊ニ進參。詔刀ヲ讀進。彼宮ノ方ニ向。本座ニ皈着之時。一同在拍手。兩端拜之後。即鬘木綿ヲ解之後。清宮神酒勸盃。祝酌。權長於一殿在酒肴。北座東上。物忌西座如常。陪膳副物忌。勸盃一繭。件役所ハ。大强原御厨。十二月廿日饗膳ノ以余分。今日又沙汰之。

今日所々神領所進分用殘物。正權神主並玉串物忌父子及母良ニ分配。但自故世木長官忠元神主之時。始テ分配云々。委不記。

一廿一日。番文。交替。

一同日朝。巡向神主爲祭使。奉相具官幣並御鎰。參詣瀧原宮。今夜相可瀬舘ニ一宿。廿二日參宮。廿三日曉。申行御祭例也。抑當月六月度。六七神主。九月度二三神主。十二月度四五神主。瀧原伊雜ヱ年交ニ所參詣也。委不記。

件瀧原並宮兩宮祭禮官幣使。當時參向次第。當六月ハ。九十禰宜ノ巡番也。瀧原伊雜宮。各年々一人宛參　當祭ハ迎人夫二人。田口鄕參。彼之落着ハ彼鄕定使之沙汰。進發出立ハ自幣使給之。幣使米同鄕役。米三斗運送。此代三百文。彼沙汰不足ノ間。去文安元年ニ。三河國高師御厨神税之内ヲ。五十疋被相副。彼口入所ヨリ沙汰之。九月度ハ野原鄕役米三斗送進。以之五六禰宜仕巡向參。伊雜宮ト各年ニ打替々々參。十二月度ハ藤鄕役。當時不勤之間二見鄕沙汰申。瓜上分米三斗。料足三十疋之參勤。當月ハ。七八禰宜。瀧原ト伊雜宮ト。各年ニ替打々々參。件事爲莫神事退轉ニ。一禰宜守房卿代ニ。傍官衆儀評定ヲ凝。文安元年十二月十八日。連署廳宣ヲ被成置者也。又新補禰宜任之ヲ。其座相違之時者。不謂上首下座。任本座之巡番。參勤之例也。譬去年當月。瀧原ニ參禰宜ハ。伊雜宮ニ可參也。又共ニ令昇進。爲新衆時ハ。上衆瀧原ニ參。下座伊雜宮參例也。六九十二月如此。又飽河原直會饗膳ハ。役田七見與字北羽瀬一町之訴。六九十二月。每度大饗酒以下。從人數之處。近代。九月計勤之。六十二月不勤之條無謂。殊依國方妨。致訴訟。去享徳四年九月三日宣。連署廳ヲ被成畢。毎祭可勤仕者也。件參向。或自身。或代官權任。其仁躰。長官ニ申位階名乘ヲ。詔刀ノ文ニ被書載給之。荷文ヲ相副。兩宮御鎰ハ。荷前御調糸ヲ相副。自宮廳。巡向飼丁ニ令持被進。飼丁（黄衣ヲ着。自長官下行百文。）出立落着等。官幣使沙汰也。幣代百文。紙二帖。木綿麻散供米一嚢。御封紙硯墨筆布袴裝束。並共人數御鎰持夫九人之晝飯。又於舘。此外飯炊等之料マデ。宵朝下向晝飯料米雜事用箱等參。乘馬飼料等ヲ令用意。自廿一日夕宿舘ニ參候。廿二日曉。先本官遂神拜。件神事無爲ニ可恤御之由。令祈禱之後。初鳥時分參候。布衣乘馬。御鎰ヲ前立。在警蹕。高撃御鎰持勤之。於柳原之御堂之前。晝飯ヲ用。替夫二人自田口鄕來。於楠御堂前相替。見瀬河无歩渡之時ハ。船漕ヲ召令渡之後。彼宮ニ參着。於一鳥居前自馬下。、ニ參候。則飯炊等ヲ召寄。落着ヲ令營。先於御河行水。其後幣代百文。紙二帖。散具米木綿麻等。役人ニ下行。神事寅尅。是廿三日祭禮也。役人等御饌供進之後。裝束ノ告ニ參。于時布袴ヲ着。御火之役人ヲ相待。進參二鳥居ノ内ニ。着座。在鋪設。先手水。在紙。次内人（衣冠）御祓ヲ勤仕。次玉串ヲ献。取之事如常。次瀧原御前ノ鳥居ノ外ニ着座。在鋪設。又手水。紙在。次木綿麻ヲ献。手着用如常。于時役人御鎰ヲ給後。瀧原御前ニ參候。荷文御封等ニ加判。兩宮内人等給之。御門ヲ開。並宮同時同前。于時裾ヲ引 御前淸莚ニ跪テ。詔刀ヲ申。

度會ノ河上ノ瀧原村ノ。下津石根ニ大宮柱太敷立テ。高天原ニ千木高知テ。皇御麻命ノ稱辭定奉。掛畏キ瀧原皇太神ノ廣前。恐ミ恐ミモ申給ク。常モ奉ル六月々次御幣帛ヲ。皇太神宮禰宜イカイシャウナノリ〔位階姓名乗〕人差使テ。天津詔刀ノ大詔刀事ヲ以稱申事由ヲ。内人物忌等諸聞食ト詔給フ。皇御麻命ノ大事ニ座ス。大壽ヲ手長ノ大御世ト。如湯津石村ニ。常磐堅石伊波比與佐志給ヒ。伊加志御世ニ阿禮座ス皇御子達ヲ慈給ヒ。百官ニ奉仕ル人等モ平安ク。天下四方國ノ百姓ノ作食ル五穀豐饒ニ慇幸給ヒ。八郡國々所々神戸人等ノ常モ奉仕ル荷前御調糸。由貴御酒御贄等ヲ如海山ニ置足テ。今年六月廿三日。朝日ノ豐逆登稱申事由ヲ。平ク安ク聞食テ。恐ミ恐ミモ申給クト申。

並宮モ如此申テ進ト詔給フ。

年號六月廿三日

其後。内人等兩宮同時ニ。御鏁ノ御封ヲ開由ヲ申。御戸ヲ開。介參昇。荷文荷前御調糸ヲ奉納之後。各御戸ヲ閉。御鏁ヲ堅封ヲ付。御戸納之由。兩宮同時ニ申後。拜八度。平手兩端之後。鬘木綿ヲ解テ。並宮ニ參。奉拜之後。又鳥居ノ前ノ鋪設着座。于時役人等謳歌。次瀧原御前淸筵倭舞奉仕。先内人勤之。次祭使舞如恒。三角柏ノ神酒ニ預テ。其後神拜。先瀧原。次並宮。次河島。次長由氣。次天若宮其後下向。私ノ神舞ハ恐々也。出立ヲ調介用意晝飯下向。替夫二人自打見鄕進。自宵參候。野原鄕一人。夫一人。自道替。晝飯如昨日。外宮北御門前。於並木在下馬。御鎰持人夫等之落着。自幣使給之。夫丸之翌朝定使ノ使也。件夫丸不參者。一人分二百文宛辨進之例也。又幣使米無沙汰之時。以一倍辨。是皆定使沙汰ニ付例也。又巡向禰宜指合。有未補等之時者。自宮廳。彼幣使米代官ヲ被進例也。又幣使米〔神歟〕人夫等至闕如事者。自官廳辨沙汰之例也。但敬伸ヲ存。禰宜者以私力勤之。

洪米之時者令延引。若參懸リ河ヲ不越得之時者。於鳥之嵩奉祭例也。

一廿五日朝。巡向神主爲祭使。奉相具官幣並御鎰。參詣伊雜宮。在出立之饗膳。（件料所。石部常行戸云々。）同日ニ參着。臨深更所申行祭也。委不記。件伊雜宮祭禮。當事勤行作法。大概瀧原參向ニ同。但御鎰持人夫。幣使之沙汰也。朝飯以後。參於一瀨行水。彼宮物忌狩衣ヲ着。當所參向。御祓勤仕。在酒肴。物忌之勤。淸酒一瓶。肴五種。物忌勸盃後又二獻。又所從分自酒一瓶。並淸酒之殘等令呑之。其後彼宮參着。於一鳥居之前自馬下。、ニ着。鋪設。疊以下。役所中用意。幣代百文紙二帖。木綿麻各役人ニ下行。宵ノ直會饗膳ハ。役所（號中。）白米六升。輪八種。酒一瓶子。幣使ノ膳夫請取テ。件米ヲ三升五合。彼飯炊ニ渡セバ。幣使饗一坏。家〔以下恐有誤脫〕子饗三坏粧進輪。志摩國答志郡伊雜村ノ。下

津石根ニ太宮柱太敷立テ。高天原ニ千木高知。皇御孫命ノ稱辭定奉ル。掛畏キ伊雜ノ皇太神ノ廣前ニ。恐ミ恐ミモ申給ク。常奉ル六月々次ノ御幣帛ヲ。皇太神宮禰宜（位階）イカイシヤウミヤウ（姓名）人ヲ差使。天津詔刀ノ大詔刀事ヲ以稱申事由ヲ。內人物忌等諸聞食ト詔給。皇御孫命ノ大事ニ座。大壽ヲ手長御世ト。如湯津石村ニ。常石堅石伊波比與佐志給。伊加志御世慇給。阿禮座ス皇子達ヲモ慈給。百官奉仕人等ヲモ平ク安ク。天下四方國ノ百姓ノ作食ル五穀豐稔ニ慇幸給ヒ。八郡國々所所奉依神戶ノ人等ノ奉仕荷前御調糸。由貴ノ御酒御贄。並當國ノ依例テ供奉ル御幣御調糸御贄等ヲ。如海山置所足テ。今年六月廿五日ノ朝日ノ豐逆登ニ。稱申事由ヲ平ク安ク聞食ト。恐ミ恐ミモ申給ト申。

年號六月廿五日

次御封開由ヲ申テ。御戸開。參昇シテ。荷文荷前御調糸ヲ奉納之後。御戸ヲ閉。御鏁ヲ指固。御封付退下　御戸納之由ヲ申。于時拜八度。手兩端。次西方ニ進。大歳拜。次本座皈着。預神酒之後。於石壺在火。舞二度舞之。各如常。次又大歳拜。其後退出。又於舘在酒肴。其次第如宵。廿六日早旦。大歳御前ニ參　神拜。衣冠乘馬。今朝直會饗膳。役所號世古。其勤如宵中之沙汰。但今朝悉當方令受用也。件米ノ殘ヲ。飯炊請取炊之。今朝ノ飯ノ殘。相共ニ山中ニ進ス。持參之使人在之。一瓶ヲ相副又宇治方酒。直米壹貫百文。神戸方同前。合二貫二百文。當時地下長等催進。壹貫百文宛請取。兩方ヱ遣。但此内。每度百文。舘萱料ニ下行。是自永享年中之沙汰也。相殘分。幣使ノ進退也。件酒直米兩方分。白米大升高納二石二斗沙汰也。而去應永年中。五禰宜經勝神主參勤之時。如此以代被請取之。自其以來如無此謂者也。仍不可有損亡者也。下向於山中。在彼晝飯。

一同日　風日祈宮祭禮次第。日祈内人。長官御舘ニ參。詔刀荷文御封紙木綿麻ヲ請預人。自由貴殿御鎰ヲ給ル　戌尅各衣冠ヲ着。中道ヲ經テ。廳舎ニ參烈。東上南向。于時祗承。衣冠御火内人。狩衣。被官ノ下部也。于時自東間出。參向彼宮。鳥居ノ前ニ。北西向ニ烈立テ。于時役人御鹽湯ヲ献之後。御前ニ參候　東上。于時日祈内人。衣冠物忌。狩衣木綿麻ヲ　献如常。各着用之後。又荷文御封紙ヲ献。硯ヲ相副。日祈内人禮ノ後。次座禮シ。加判御封。一座計。日祈内人禮了。後又禮シ。如此次第ニ畢後。一座ニ詔刀文献　御門ヲ開。于時御門前ニ進參テ。詔刀文ヲ讀進。

度會ノ宇治ノ五十　鈴ノ河上ノ　下津石根ニ

大宮柱太敷立テ。高天原ニ千木高知テ。皇御麻命ノ稱辭定奉ル。掛畏キ風日祈皇太神廣前ニ。恐ミ恐ミモ申給ク。常モ奉ル六月々次ノ御幣帛ヲ皇太神宮禰宜位氏名乘。人等ヲ差使テ。天津詔刀ノ大詔刀事ヲ以稱申事由ヲ。内人物忌等諸聞食ト詔給フ。皇麻命ノ大事ニ座。大壽ヲ手長ノ大御世ト。如湯津石村。常石堅石伊波比與佐志給ヒ。伊加志御世ニ愍給ヒ。阿禮座皇子達ヲモ慈給ヒ。百官仕奉ル人等モ平安。天下四方國ノ人民作食ル五穀豐饒愍幸給ヒ。八郡國々所々神戸人等ノ常モ仕奉ル荷前御調糸。由貴ノ御酒御贄等。如海山置所足テ。今年六月廿五日ノ朝日ノ豐逆登稱申事由ヲ。平ク安ク聞食ト恐ミ恐ミモ申。

年號六月廿五日

其後。御封開由ヲ申。御戸ヲ開。荷前御調糸荷文ヲ奉納之後。御戸ヲ閉。御鎰ヲ堅。退下後。御封納之由ヲ申。于時各開手〔兩脫歟〕端。奉拜之後。鬘木綿ヲ解。座ヲ起鳥居ノ前ニ着座。在鋪設。一座自東。余自西着。東上北向三色物忌父等東座。南上西向。公文所布衣。西座。南上東向。被官内人物忌等北座。西上南向。先清宮勸盃。日祈内人。配膳物忌。次物忌。次公文所。次内人物忌。件等配膳。御火大内人勤之。其後直會饗膳。勸盃配前同前。一献之後。御箸ヲ申。三献如常。自末座御前ヲ撤。一座前ハ日祈内人物忌昇之。件饗膳鷹依一町之勤也饗者八升盛。御輪ハ随其云々。物忌以下ノ配膳ハ役所勤。其後内人二﨟名申ヲ勤。位階ヲ不申得之間。禰宜荒木田宮主ト許也。于時大物忌父兄部御歌奉仕。無御琴。二反ニ及時一座御前ノ半疊ニ進參。大和舞如常。各同前舞畢。一﨟警蹕。一同一端之後退出。於物忌等之蹲踞前禮。祗承御火一座ノ舘マデ參。御鎰ハ日祈内人由貴殿奉返渡。件神事。雨儀之時。於一殿行之。在鋪設。〔此間脫文歟〕北座西上南向。物忌東座。南上西向。公文所西座。北上東向。内人等公文所ノ次。神事如彼宮ノ時。役人等ハ。彼宮ニ參。奉祭禮例也。當祭禮諸神事。今日事畢テ。里宿退出。但當番禰宜一人者。相留祗候。

一晦日。輪越神事次第。各衣冠ヲ着。先一鳥居前ノ河端岸ノ上。以南爲上。西向ニ烈居。例所瀧祭西ノ淵端。日ノ陰ルヲ相待テ烈參。南上西向ニ着座。于時宮家司布衣。麻木綿ヲ付。南方ノ河端ニ立置。於彼本取持之。御秡ヲ勤仕。散供米一升。木綿麻等自官長下行。于時一同ニ手兩端。其後件麻ヲ。家司捧持テ。自一座奉振懸之後。於南方輪越。件輪ハ出納一萠作進。自長官紙少。家司輪ト〔寄歟〕人形ヲ捧持。北ニ向候。于時一座沓ヲ不穿。進崎人形ヲ取持。家司向三度越。六月ノ名越ノ秋スル人ハ。千年ノ命延トコソキケト。度別ニ申。其後人形ニ喀懸。家司返渡。禮本座皈着各同前ニ越畢。出納内人兄部件輪ヲ給。於瀧祭松下。子良母良物忌父等ヲ越。後各退出。若遲參禰宜並服氣禰宜直垂。在之時。以出納送進。於彼宿舘。迄家子越ノ例也。但以家司沙汰爲禮。殊於上首者。可爲家司歟。其後於宮廳宿舘之庭。家子持越。出納勤之。其後於傍中門以下越。其後出納長官ノ里宿ニ持參ル。女中公達以下。並家來僕從等ヲ越。但於女中公達者。家司越之。

當月百潤之時者。件神事後ノ晦日也。又洪水時之時ハ。於一鳥居前越之也。今日神拜ハ任心。

七月

一日。番文。交替。

一四日。風日祈宮神態栢流神事。其次第。如去四月十四日御笠神事之勤。但於今度者。薑御贄并蓑笠ヲ不供進。只御幣計也。仍日祈一人參。自長官。紙一帖麻少請預。

度會ノ宇治ノ五十鈴ノ河上。下津石根ニ大宮柱廣敷立テ。高天原ニ千木高知。皇御麻命ノ稱辭定奉ル。掛畏キ天照坐皇大神ノ廣前ニ。恐ミ恐ミモ申ク。今年七月四日今時以。宮司ノ常モ奉風日祈ノ御幣ヲ。日祈内人姓名令捧持テ奉狀ヲ。平ク安ク聞食ト。朝廷寶ノ位無動。常石堅石ニ。夜守日守ニ護奉給。阿禮座皇子達ヲモ慈給ヒ。百官仕奉人等平ニ。天下四方國人民ノ作食ル五穀。雨甘ク風和ニシテ。年穀豐稔ニ恤幸エ給ヱト。恐ミ恐ミモ申。

年號七月四日

別宮諸社詔刀。

申ク。今年ノ七月四日ノ今時以。月讀伊佐奈岐瀧原並伊雜宮瀧祭ノ皇御神ノ廣前ニ。恐ミ恐ミモ申ク。宮司ノ常モ奉ル風日祈ノ御幣ヲ。日祈内人姓名令捧持奉狀ヲ。平ク安ク聞食ト。朝廷寶御位無動。常石堅磐。夜守日守ニ護幸奉給ヒ。阿禮坐皇子達ヲモ慈給。百官ニ仕奉人等モ平ニ。天下四方國人民作食ル五穀。雨甘ク風和ニシテ。年穀豐饒ニ恤幸給ト。恐ミ恐ミモ申ク。

天都神國都神ニモ。如此申テ奉ル。

年號七月四日

神事畢後。於一殿在直會饗膳。其座並勸盃配膳如前。件饗膳ハ。三河國杉山御厨ノ勤也。號蒙饗。以蒙饗ヲ作也。凡其沙汰結搆也。私注。波羅門僧正自天栢ヲ取テ。七月四日是ヲ水ニ流。豐年時ハ靜流レ浮ブト。沉バ惡シト云々。此儀爲相似。仍注之。

十一日。番文。交替。
廿一日。番文。交替。
一同日。御籾御稲用殘分配事。
件日。除置九月九日御節供料御稲之外。諸神領所勤御籾。並宇治田邊兩所御常供田御稲等用殘。隨有分配正禰宜並内物忌父館母良子良等也。

八月

一日。務始事。
朝。一禰宜(衣冠)神拜畢之後。着廳舍ニ。物忌父等奉開北御門。拜見内院之後。於件舍前ニ。番文交替如恒。其後。當年收納之始ノ廳宣府下文等ヲ書ク。委不記。次官(宮歟)政所(衣冠)。相具酒殿出納二人。自調御倉奉渡御政於件舍。其之間次第作法。如正月元日。仍不記。件公文ニ。正印ヲ調之後。又奉納件御倉。其後正員禰宜ハ北座ニ南向。權任神主ハ南座ニ北向。(布衣)皆以東爲上座。内物忌父ハ南ノ庇ニ向祗候。(布衣)在饗膳。(件饗無料所。而故浦田長官俊定神主所被始置也。是爲收納最前故也。委不記。)玉串大内人ハ(布衣)。正權禰宜ノ次座ニ着也。抑以南ノ宿舘ニ祗候ノ長官ノ時。於御政印者。皆私ノ宿舘ニ置持。而故浦田長官俊定神主之時。置持私宿舘之條。依有事恐。可被奉渡于便宜御倉之由。被訴申。于時惣官故岩田祭主清親卿之處。可然之由甘心之後。所被持置于彼御倉也。委不記。又從一鳥居所東。荒祭御所ノ西ノ山河ニ。行道ヲ以テ。以南以北ヲ堺也。自件道南ハ外院内也。自道北ハ以北也。以是各別ノ四至ニ堺也。以南ノ宿舘祗候ノ長官ノ時ハ。旬日ノ番文交替於私宿舘申行例也 其次第。簾上テ。一禰宜着衣冠。以笏向南候。三色物忌父等前ノ庭ニ。以東爲上。各北ニ向蹲踞。大物忌父以御鎰ヲ申。件神事。當時勤行趣。自宵宿舘ニ參。卯剋計ニ衣冠ヲ着神拜。或自南御門參。無御橋之神拜。或如常思々ニ神拜之後。各廳舍ニ着座。番文飯高郡御鮨米。佐八御牧簗刀禰補任職掌等ニ加判。吉書ハ官長。但此等本儀加何。政所師昌書上之。其次第並政印及交替如元日勤。仍委不記。其後於一殿直會饗膳。其次第如常。伊蘇御厨勤。司對面如恒。

一八王子祭黃葉遊。如二月之勤。

十一日。番文。

廿一日。番文。

一晦日。除當番禰宜之外。爲大秡供奉。參離宮院也。

九月

一日。番文。

一八日。御稻奉下事。自御稻御倉奉下。是明九日御節供料也。物忌父等奉調備事如常。仍委不記。

一九日。御節供次第。又以同前也。但詔刀ノ狀中ニ。菊ノ御饌幷御神酒御贄等ヲ調奉狀ヲ。平ク安ク聞食ト被申也。其外皆例狀也。仍不記。一殿饗膳如三月三日。仍不記。料所時盛神主ノ所知。件御節供。菊花御饌供進次第。如三月三日桃花御饌之勤。件菊花菊御薗勤也。直會饗當時退轉。

詔刀云。

度會ノ宇治ノ五十鈴ノ河上ノ。下津石根ニ大宮柱太敷立。高天原ニ千木高知。皇御麻命ノ稱辭定奉。掛畏キ天照坐皇太神ノ廣前ニ。恐ミ恐ミモ申ク。常モ奉ル今年九月九日ノ菊ノ御饌並御酒御贄等ヲ調奉狀ヲ。平ク安ク聞食テ。朝廷寶位無動。常石堅石ニ。夜守日守護幸給ヒ。阿禮座皇子達ヲモ慈給エ。百官供奉人等ヲモ。天下四方國ノ人民ノ作食五穀豐饒恤幸給ト。恐ミ恐ミモ申。

年號九月九日

十一日。番文。

一同日自朝。迄十七日夕。於御稻御倉。母良並織女一人所奉織也。於料糸者。正員禰宜所進也。但一禰宜者。以佐八御牧糸上分勤進也。又七人禰宜每日ニ一人勤仕。件食物。日別ニ三ヶ度飯酒也。但當時件食物。傍官ノ禰宜ハ三百文宛。一禰宜ハ五百文被下行。御糸ハ正員禰宜十人各五十文進也。而去嘉吉四年。二禰宜守親神主五百文ノ料所ヲ被寄進。仍禰宜之沙汰略之。在料所禰宜令得分也。又服氣並ニ舘ニ不參禰宜不献。又自長官莚一重。手水桶杓ヲ被下行。以之當番飼丁每朝水ヲ汲。機殿ニ進也。又機之具ハ。造參遷宮每度。一頭エ之爲沙汰入具悉進也。件御糸料。守親神主ノ寄進在所ハ。〔此下恐脱文〕

一十四日。拔穗神事。早旦。一禰宜衣冠ヲ着。當鄉大少ノ刀禰等ヲ相具。御常供田ニ參向シ。御稻穗ヲ奉拔。是米。十六日御饌料也。在酒肴。是御神田ノ作丁ノ勤云々。奉仕之後。榊ヲ差。祝部ニ令捧持。在警蹕。本宮皈參。

件拔穗神事。當時作法。一禰宜不參者。家子禰宜參。衣冠。出納飼丁等。從政所布衣乘馬前陣。於船橋辻西。在直會饗膳。廻箸盛等菓子五種。必□實ヲ進。勸盃權長。三献如常。役人等之酒肴。政所ノ沙汰。肴枝大豆也。其後御常供田ニ參。自所御社前下馬步行。拔穗瀨町坪ニ着座。在鋪設。爲政所沙汰。役人等酒ヲ呑ス。次權長詔刀ヲ申後。禰宜穗ヲ拔初。三穗也。其後宇治鄉大少刀禰祝部等奉拔之。一奉三伏宛十八束也。御田等撿見後。稅〔後恐〕等御稻ニ榊ヲ差捧持。權長警蹕前陣。政所御陣。鳥居ヲ經テ本宮ニ參。於石壺拜。興玉拜。荒祭遙拜。在手。櫻宮拜。酒殿前諸神拜等如常。御稻者御倉ニ奉納。是來十六日御饌料也。

一同日。神御衣祭次第儀式行奉。如去四月。但

今度詔刀ノ文ノ狀中ニ。和妙荒妙ノ御衣。並國々所々神戸等進ル荷前御調絹等ヲ安ク平ク聞食ト。恐ミ恐ミモ申給ト申ト被申也。其外ハ皆如去四月。仍不書。抑今度ハ。四人御部人別ニ細カ稻四束。以十把爲束。薄長莚一枚。米一斗。黑木。干鯛一喉。菓子一籠所進也。仍奉納于由貴殿者。相並稻十六束。米四斗。莚四枚。干鯛四喉。菓子四籠也。而件細カ稻内二束ハ。大宮ノ御巫内人ニ預給。一束ハ荒祭宮御巫内人ニ預給也。以是。十月一日四至神祭禮次。乍穗供也。又四束ハ宮廳分。所殘九束並之米莚鯛菓子ハ。宮政所酒殿出納等之左右也。又今度ハ。粽之代以餅用也。以十枚爲一束之代也。於酒殿者。乍二季入塙也。委不記。

一十五日。荒蠣御贄奉仕事。當日祝部等。神崎之御饌所ニ參向シ。各所漁進荒蠣御饌也。是贄海神事也。而自六月ノ度ノ外 無假屋並饗膳。又於六月度者。正員禰宜參勤。至于九月十二月ハ。祝部等計參テ勤仕也。

一同日戊剋。輿玉神態並御占神事。如六月勤。仍不記。但御巫内人之申詔刀。申ク。今年ノ九月御祭。十五日今時ヲ以。輿玉廣前ニト可申。又御占ノ詔刀。同九月ト可申。

一十六日。

太神宮神主

請御座事。

疊。三帖。　上莚。四枚。白布。一段。

木綿。三斤。麻。三斤。　麻簀。三枚。

年號九月十六日

禰宜荒木田神主

――――

――――

――――

――――

杉原一枚ニ書。此等宮政所書テ。子良館ニ造宮司送。惣而年中祭禮並諸節諸神事

別宮等也。詔刀文荷
文等。皆宮政所神主
書進文也。田宮寺頭
文潤月番帳同。

註請　瑞垣御門御幌絹一疋五丈事。
　安東郡。
太神宮瑞垣御門御縁絹當祭料。任先例。所請
如件。
　年號九月十六日
權禰宜大物忌父荒木田神主名乘判　同文言二通。薄紙一重ニ書。
註請　玉串御門御縁絹一疋三丈事。
　安東郡。
右太神宮玉串御門御縁絹。任先例。所請如
件。
　年號九月十六日

權禰宜守(宮イ)物忌父荒木田神主
註請　第四御門御縁絹一疋五丈事。
　安西郡。
右太神宮第四御門御縁之絹。任先例。所請如
件。
　年號九月十六日
權禰宜地祭物忌父荒木田神主名乘判　二通同前
御座之注文。幷三色物忌等。重々御門御縁註
進獻覽之。任先例。可令致沙汰候。恐々謹言。
　九月十六日　内宮一禰宜判
謹上　大宮司殿　内宮一禰宜名乘
一十六日曉。玉串大内人參大土社。供御饌於彼
神。是新也。即玉串大内人皈參本宮也。
一同朝。舘秡。並河原秡。由貴御饌供進次第同
斷。御稻奉下之間事。直會饗膳等。同于六月
度。仍不記。又御内親王ノ御大盤所ノ御書同

前也。但今夜饗。衣平御厨勤也。
今日神事等。當時勤行之儀式　御巫内人之秡。河原御禊。御稻奉下。如六月十六日勤。但今度ハ在拔穗御稻。又田邊御田沙汰。
一同日。正領御贄事。如六月納。但今度ハ在正領。本段別高納七升宛。升搔ヲ渡ハ一斗二升也。而近年。以代百文沙汰。減少之儀也。然而當時勤損亡テ申之條無謂。不可在之事也。今日御贄供進事。各如六月勤七百文也。
同夜由貴御饌。瀧祭神態。櫻宮神態。曉御饌等。其勤如六月御祭時。但曉御饌新米也。仍神嘗祭也。又櫻宮神態在酒肴。櫻御薗勤也。件酒肴魚物等。爲來夜昇殿可對酌者歟。
一十七日。懸刀稻事。正員禰宜各二束内院進。而内物忌父請取テ。玉串ノ御門ノ左右ノ玉垣懸也。上首御門際也。件稻各自役田三束持參シ。二束ヲ奉懸。一束禰宜爲得分。但束二持參ノ下地モ在之。又無斷由。禰宜ハ以私力令奔走獻之。又服氣禰宜ハ不獻得分也。忌又同前。
一同朝。御饌直會。又行水竈。國崎篠島ノ御贄等如六月御祭。
一同夕部。齋内親王御參宮之間次第。又以同前也。但今度ハ宣命ヲ被造下例也。官下文也。又四姓使參下也。所謂正親。中臣。忌部。占部等也。今度又神馬三疋也。元中。一疋ニハ鞍ヲ置又官幣ハ錦綾也。祭使等奉相具官幣幷神馬及荷前御調絹ヲ。參宮之間。先於秡所秡之後。於官幣等者奉相具。神部等直參御鹽湯所。祭使ト並宮司等參宮之間次第。如六月御祭時。但今度ハ寮御玉串之間。四姓使々皆一殿南砌留　其外。件御玉串次第行事。如六月御祭時。仍不記。
寮御玉串並御神拜之後。祭使等各進參御塩

湯所。烈立次第。正親。中臣。忌部。占部。大
司。權大司。少司也。神主合拜。次用手水。先
正親。次中臣。次忌部。次占部。次大司　次權
司。〔大司歟〕次少司也。但於中臣祭主手水役者。權任
神主二人勤仕也。主于其外使々並宮手水者。
山向御塩湯内人等勤之。次官幣拜見。並別宮
ニ分進之間。行事如六月御祭之時。其後中手
臣參寄御塩湯所。石疊副ニ半疊ノ上ニ跪テ。
手一端之後。自玉串大内人之手。請取鬘木
綿ヲ。着用之後立本烈ニ。于時中臣之侍宣命
ヲ持テ參。自後之方中臣ニ奉ル。中臣請取之
後。自後之方。正親上ニ立。正親其時立下也。
次忌部同進參。手一端之後。從玉串大内人
之手。鬘木綿ヲ請取テ着用。次木綿大須波ヲ
得テ懸之後。不皈本烈。件石疊ノ副ニ。向祭
使。隔石橋ヲ立也。次三人宮司並神主等玉串
行事。如先々仍不記。

但參内院之時。忌部ハ官幣ノ錦綾奉置案ニ
付テ。參入テ八重榊ノ前。御鎰櫃ノ東方ニ並
テ。案ヲ奉立テ。其案ニ懸手。跪テ。宣命被讀
之間候也。又神馬。玉串御門ノ東ノ側ニ。向
北曳立。其外壺ノ座次。祭主等以西爲上。正
親。次中臣。次忌部ノ座ノ科ニ置テ。次占部着
也。宮司以東爲上着。神主同前也。三色物忌
父等ハ西方。石壺ニ向東。以北爲上着。次鎰
取内人被候也。中臣立座ヲ進參。讀上宣命之
後。歸着本座ニ。又忌部退立テ。中臣ノ次着
也。神馬ハ自北御門退出。次大物忌。又差笏。
以詔刀文ヲ。宮司ニ渡之後。抽笏ヲ。一拜テ
本座ニ皈着。次宮司進參テ。詔刀申ス。今度
狀中ニ。九月神嘗御帛ト被申。又荷前御調
絹。由貴御神酒御贄。懸刀千税余八百税ヲ如
海山ト被申。其外狀跡。如六月御祭。仍不記。
但以他本注。

度會ノ宇治ノ五十鈴ノ河上ノ。下津石根ニ大宮柱太敷立テ。高天原ニ千木高知。皇御麻ノ稱辭定奉ル。天照坐皇太神ノ廣前ニ。恐ミ恐ミモ申給ク。天津詔刀太詔刀事ヲ以。稱申事由ヲ。神主部物忌等諸聞食詔給フ。皇麻御命ノ大事ニ座セ。大壽ヲ手長御世ト。湯津石村ノ如ニ。常石堅石伊波比與佐志給ヒ。伊加志御世恤幸給ヒ。阿禮座ス皇子達ヲモ慈給ヒ。百官仕奉人等モ。天下四方ノ國ノ人民作ル神戸ノ人夫ノ。常モ仕奉ル荷前御調綾。由食五穀豐稔ニ恩幸給ヘ。八郡國々所々依奉貴大酒大贄。懸刀千税余八百税ヲ。如海山置所足テ。大中臣ノ太玉串ニ隱持テ。今年九月十七日朝日ノ豐逆登。天津詔刀ノ大詔刀事ヲ以稱申由ヲ。神主部物忌等諸聞食ト詔給。
荒祭伊佐奈岐月讀宮等モ。如此申進ト詔給。

年號九月十七日

宮司還着本座之後。奉仕如前々。畢後。鎰取内人立座。解御鎰櫃封ヲ。御封申之後。取出御鎰等。正殿ノ御鎰。一禰宜。渡東寶殿御鎰。二禰宜ニ渡。西寶殿御鎰ハ。三禰宜ニ渡也。各請取テ。奉相具官幣等ヲ。宮司共ニ參入瑞垣御門ノ内ニ。物忌父等官幣ヲ奉持次第。如六月御祭之時。於御寶前奉拜ノ座跡又同前。奉拜之後。鎰取内人進參。一禰宜ノ令捧持御鏁ノ鎰ノ崎ニ押付タルハ宮司ノ封古キヲ放テ。向宮司。御鎰ノ御封開ト申テ破之。其後一禰宜召大物忌子良ヲ。相具母良參ス。一禰宜相並テ昇殿。而一禰宜唐鎰ヲ御戸ノ鎰ノ目ニ差入ル。其時子良件ノ鎰ニ懸手皈下也。母良御橋ノ本ニ祇候テ。相具皈也。其後一禰宜奉開御戸。御鏁ノ鎰並御鏁ヲ抽テ。高蘭(欄歟)ノ東ノ脇ノ平桁ノ上ニ置バ。鎰取内人參寄テ。

件御鏁ノ鎰ヲ取テ。御階ノ男柱ノ東ノ本北ニ寄テ。封紙ヲ方寸計ニ切テ。件御鎰ヲ崎ニ押付テ。又封紙一筋ヲ搔テ。相具墨筆。進寄宮司前ニ。其時。宮司封書。先御鎰ノ崎ニ押付タル紙。次一筋搔具タル志弖也。件封ハ御鎰櫃ニ付料也。抑御戶被開之後。傍官禰宜等各昇殿。自殿内取出楊莒ノ官幣ヲ。錦綾ヲ入テ奉納。又於御稻御倉。爲神主沙汰。奉織御衣ノ絹。同奉納之後奉。閉御戶ヲ。罷下也。次於御寶前拜。無手。但拜以前ニ。鎰取内人進參一禰宜之前。被御鏁鎰ヲ。一禰宜ノ奉捧持唐鎰ニ懸テ忩歸。其後ニ有拜也。拜畢之後。宮司神主各罷下。於一四五六七神主ハ。御寶前ノ東方瑞垣ニ副テ。向西。以北爲上被候。至于宮司幷二三禰宜等者。不着座。通過ニ宮。司ハ東寶殿ノ巽ノ方瑞垣ニ副テ。以北爲上。西ニ向着。二禰宜者奉開東寶殿。三禰宜ハ奉開西寶殿。于時鎰取内人參兩寶殿前ニ。御戶ニ被付タル古封ヲ。自二三禰宜等之手請取テ。宮司ノ前ニ蹲踞。東寶殿ノ御戶御封開。西寶殿ノ御戶御封ヲ開ト申テ被候。又宮廳ノ目代一人。進參東寶殿ノ前ニ。荷前御調絹宮司ノ進納文ヲ讀上。物忌父等拜見員數之後。諸別宮並宮比矢乃波々木ノ御料ヲ分置テ。其殘ヲ奉納。玉串大内人並大物忌父祝部。各件絹ヲ持テ。昇殿奉納。又二禰宜ハ。西寶殿ニ奉納神馬置鞍。大宮司鎰取内人ノ手請取封紙。三筋書封。之中。一筋ハ荒祭。一筋ハ東寶殿。一筋ハ西寶殿御戶ニ奉付料也。而於荒祭御料調絹並封。彼宮物忌父自北御門參入シテ。請取皈參彼宮。至于其外別宮並宮 比矢乃波波木御料者。彼祭ノ間ハ奉納外幣殿也。又二三禰宜。各自鎰取内人之手。封請取テ。付寶殿御戶ノ後。進下テ暫宮司ノ前ニ蹲踞。其時鎰取内人進向。東寶殿ノ御戸ノ御封畢ト。西寶殿ノ御封畢ト申テ退皈。其後宮司並神主各退出也。一二三神主各所帯御鎰等ヲ。於八重榊西脇。鎰取内人即請預。入御鎰櫃之後。付封。向宮司。蹲踞。御鎰櫃ノ御封畢ト申。其後拜八度。手兩端。次各退出次第。並各拜及荒祭拜如前々。仍不記。次着一殿。座跡。上座正親。次中臣。次忌部。次占部也。但中臣祭主叙三品之後ハ。上座ニ着。正親ハ次也。於神酒杯者。人別ニ居也。自上座請下例也。直會饗膳畢之後。正親忌部占部等者退出。其外用手水之後。皈參内院。大和舞奉仕。其次第行事等如。六月御祭ノ時。直會之時次第又同前。仍不記。但今度宮司ノ舞之時。御歌曰。ナガツキノシグレノアメニヌレテコソ。山ノコノハ、ウラガヘルラメ。

其外皆同于六月御祭之時。仍不記。

抑今度御祭。神馬三疋之内。二疋者引立内院。一疋ハ御塩湯所ニ留置。如傳計者。一疋太神宮御料。一疋荒祭。一疋月讀宮御料歟云々。件日祭禮。當時勤行之儀式。並昇殿忌火潔齋之次第。能々可思慮者也。御饌直會ハ。昇殿以後可載之。先以清火髮ヲ洗。行水ヲ用。新キ櫛ヲ可用。件火ヲ消シ。又以清火食物ヲ調備ス。件器皆新キヲ用。酢酒茶忌之。但於木酢者可用。餅以忌火不舂者。不可用。額付ハ以忌火之飯作之。以澁杼等可付也。又今日僧尼服氣之輩女人不入宿舘之内。諸公事並書狀ヲ書讀忌之。又五辛魚鳥ヲ不喰。但鳥ト風呂トハ。七日參籠中忌之。食用畢之後。件火ヲ消シ。以清火ヲ大行水ヲ涌シ用之。後古キ衣裳ヲ不着用。清筵ニ坐。束帶參向之次第。如六月ノ御祭之勤。今度ハ四姓參勤也。於玉串行事所手水。先正親。次第ニ用畢之後。祭使鬘木綿ヲ被着。于時正親二度ニ下。祭使一座ニ被立。次忌部鬘木綿ノ着。次官府ヲ綿綾二反。六反内唐綾一反。御之由。一蔫串。神馬當時一疋也。鞍ヲ被置。官幣分配之後。宮司鬘木綿玉串。神宮玉串次第如常。石壺次第。四姓東西上。祭使一座。先忌部立座。引裾ヲ祭役之。石壺ノ前ナル石壺ニ進參。拜平伏。其後祭使進參。宣命ヲ被讀上之後。上座ニ皈着。正親一座ニ進後。忌部又本座ニ皈着。其後宮司詔刀並玉串奉仕。鎰取内人之御封申次第。如六月御祭之勤。一座指笏。正殿之御鎰ヲ給。二神主東寶殿ノ御鎰ヲ賜。三神主西寶殿御鎰ヲ賜參入。次宮司各其座如常。于時鎰取内人一神主御前ニ進寄。鏁ノヲ鎰賜。封ヲ取テ令見宮司之後。則進寄テ唐匙ニ懸。于時手扶禰宜或一人。或二人。笏ヲ指裾ヲ懸テ。一禰宜ノ左右ニ寄テ。于時大物忌子良御階石ニ進寄扇ヲ簪。于時一神主御階ノ左東ニ進寄。御鎰捧蹲踞シ。一拜之後參昇。先左ノ足ヲ進。子良同時於大床中程。一神主蹲踞メ拜後。御戸ノ匙ヲ穴ニ差入。子良御鏁ニ手ヲ懸退下。一神主御鏁ヲ開。件御鎰ヲ。東方ノ高欄ノ平桁ニ置バ。鎰取内人取之。宮司ノ封ヲ付。御鏁ヲ秡御戸ノ左右ノ柱ノ本ニ置。御戸ニ差入置。以御匙懸渡弛。御戸ヲ左右ノ脇ヘシカト可開。自其後。手扶ノ禰宜ハ退下。本烈ニ着。一神主笏拔持。於中程蹲踞メ拜。如地下不可有立拜。還テ爲猥藉也。其後裾ヲ左手ニ取持テ。自左ノ脇參。不開御幌。身ヲ細メテ潛ニ參入シ。御床ノ前東ノ端ニ揖候。次二座裾ヲ引。御階ノ於西下。東寶殿御鎰ヲ。御階ノ高欄ノ平桁ニ置。拜ノ後參上。大床ニテ拜後。裾ヲ取テ西右脇ヨリ參入シ。一禰宜ノ次ニ揖居。三座自東西寶殿。御鎰ヲ置參上等同前。次々左右。打替打替參上。皆自右脇參入シ。御床ノ西ヘ居廻テ揖候。其後九神主右相殿ノ御床ノ下ナル楊箱ニ裾ヲ取副裾チ不蹈程ニ可引合也。捧持テ參上ノ方。自左下。自下三段階ヲ西エ渡。男柱ノ本自高南上楊箱ヲ差出バ。大物忌父兄部進寄テ。神宮織御衣ヲ。乍櫃楊箱ノ上ニ置。其時左ニ廻。件段階ヲ東ニ渡參。上自西參入シ各着座ノ皆ヲ潜ニ通。蹲踞メ。一神主ニ献取之。東ノ方ヲ〔二〕歟置。九神主楊筥ヲ如元奉返置。本座ニ揖候之後。一神主御衣櫃ノ蓋ヲ開。御衣ヲ一取テ戴。二座ニ渡バ。二神主戴テ三神主渡。如此次第ニ。十人取渡畢テ。御床ノ下ニ奉納。其渡十神主如以前罷出。但是ハ右ヲ下東ニ渡。宮司ノ荷前御調絹ヲ。楊筥ノ上ニ置者皈上。件役自左參上ノ禰宜ハ自左下。役物有其方者。於其方請取也。一神主献次第同前。楊筥〔チ脱〕ノ右相殿ノ御床ノ下ニ奉返置。本座揖候。件出入。御幌ノ不令開給ノ様ニ。可俳佪者也。惣而昇殿之時者。强張装束可斟酌也。荷前御調絹。一神主奉納之後。殿内ニ異ナル事御〔マヽ〕歟。故實禰宜等。偷令拜見。本座ニ皈。各揖拜之後。十禰宜御衣櫃ヲ給。於三段階西。大物忌父ニ渡後。裾ヲ引。於御ノ階ノ下左ニ廻。裾ヲ取直拜。本座ニ着。其後九神主踞ヲ引退出。於大麻裾。取直拜後。又裾ヲ取直。自在退下如此。各參上方ヨリ之次第同前。但二三神主ハ。於御階下。以前所奉置之東西寳殿ノ御鎰ヲ取テ捧持。但於殿内供奉子細等。可有口傳也。其後。一神主退出。於大麻拜。于時手扶ノ禰宜等參上。一神主笏ヲ差。御戸ヲ閉。懸渡ヲ差。御鏁差堅。御戸ノ脇ニ立〔直歟〕置揖。鉾御弓ヲ取置。大麻懇ニ拜見之後。御戸ノ唐匙ヲ拔捧持テ。拜後退下。於御階下拜。着座。于時鎰取内人進寄テ。宮司ノ封付タル御鑰ノ鎰ヲ。一神主ノ捧持御戶ノ匙ニ懸テ忩退。于時座ヲ立。東寳殿前着座。如六月御祭之時。但今度ハ。宮司之荷前御調絹ハ。正殿ニ奉納也。官幣錦綾八端。二神主東寳殿ニ參昇シ奉納之。三神主西寳殿參拜。奉納御鞍同前也。司進納荷前御調絹佰捌拾二疋三丈事。如風宮御料四疋。

見荷前。百三十八疋。先進三疋。

御衣　四疋。

五色　一疋。

廿五疋四丈五尺。在宮。

雜用七疋四丈五尺。之二疋司家政所上中。五疋四丈五尺神主上。

右當祭料。依例進納於　太神宮如件。

少司

年號九月十七日　權大司

大司大中臣朝臣判

退出次第。如六月御祭之時。但今度者。正親一殿ニ着。幣使ノ東座也。勸盃一座勤之。配膳祗承役。次御遊。如六月御祭之時。幣馬ハ當時一也。一疋神主拜領。

今日。四姓參。殊雖參。正親一座。無御火祗承。只幣使宮司神主計也。長和三年九月神嘗祭時。正親忌部占部等宿宅。有馬死穢。仍不參。祭主輔親卿一人從。又寛治六年九月。神嘗祭主內膳正兼則王。依妹之服假十五日。途中止畢。然而任長和二年例。祭主親定二宮御祭ニ參仕。又今日例幣。雖今延引。神宮祭禮如常。宮司參。

又正權神主新饗。衣平 御厨勤。當時 以來沙汰。正員分各三年。權任分各三、、。

一十八日。內御神態並荒祭等次第。同于六月。但名申一方副。

一今朝。御巫內人。天津神國津神四十四前。四至八百万皇神達ヲ各同前也。

一十九日。瀧祭々禮。同六月勤。
一同日。月讀伊佐奈岐兩宮祭禮。同六月勤。但
饗膳ハ木役。
度會ノ宇治ノ河原田村ノ。下津石根ニ太宮
柱太敷立テ。高天原ニ千木高知テ。皇御麻命
ノ稱辭定奉。掛畏キ月讀皇太神ノ廣前ニ。恐
ミ恐ミモ申給ク。常モ奉ル九月神甞ノ御幣
帛ヲ。皇太神宮禰宜位姓名人等ヲ差使テ。天
津詔刀ノ大詔事ヲ以稱申事由ヲ。內人物忌
等諸聞食ト詔給フ。〔恐衍〕天皇麻命ノ大事ニ座。大
壽ヲ手長大長ノ大御世ト。如湯津石村ニ常
石堅石ニ伊波比與佐志給ヒ。伊加志御世ニ
慇給ヒ。阿禮座ス皇子達ヲモ慈給ヒ。百官仕
奉ル人等モ平ク安ク。天下四方國ノ人民ノ
作食ル五穀豐饒ニ慇幸給ヒ。八郡國々所々
神戶人等常モ仕奉ル荷前御調給懸刀。幷由
貴御酒御贄等。如海山置所足テ。今年九月ノ
十九日ノ朝日ノ豐逆登ニ。稱申事由ヲ安ク
平ク聞食ト。恐ミ恐ミモ申給ト申。
伊佐奈岐宮ニモ如斯申テ進ト詔給。
年號九月十九日　荷文可者之。
一廿日。小朝熊神態。同六月勤。但今日直會饗
膳ハ。牛喰之勤。大饗結搆也。
又家子饗二前。廻饗二前。是ハ權任神主一年
ニ三人宛巡向。以差出預之。是等ハ皆請ニ
遣。
申ク。今年ノ九月廿日ノ今時以。小朝熊ノ皇
神ノ廣前ニ。恐ミ恐ミモ申ク。國々所々依奉
レル郡神戶人等ノ常モ奉ル。由貴ノ御神酒
御贄等ヲ。如海山ニ置所足テ奉狀ヲ。平安ク
聞食ト。朝廷寶位無動ク。常石堅石夜守日守
ニ護幸エ給ヒ。阿禮座ス皇子達ヲモ慈給ヒ。
百官仕奉人等モ。天下四方國ノ人民ノ作食
ル五穀豐饒ニ恤幸給ト。恐ミ恐モモ申ク。

前皇神ニモ如斯申テ進。

年號九月廿日

一廿二日。瀧原並宮祭禮。五六禰宜間ニ參向。次第同六月。但今度幣使米三斗。自野原進。人夫一人。自野別鄕進。今日ニ餉河原ノ饗膳勤之。仍書飯畧之。其外之次第神事等。如六月。自皈參途中。打見鄕人夫相替。

詔刀云。

渡會ノ河上ノ瀧原ノ村ノ。下津磐根ニ大宮柱太敷立テ。高天原ニ千木高知テ。皇神麻命ノ稱辭定奉。掛畏キ瀧原大神ノ廣前。恐ミ恐ミモ申給。常モ奉九月神甞御幣帛ヲ。皇太神宮ノ禰宜位姓名差使テ。天津詔刀ノ大詔刀事ヲ以稱申事由ヲ。內人物忌等諸聞食ト詔給フ。皇御麻命ノ大事座セ。大壽ヲ手長ノ御世ト。如湯津石村ニ。常石堅石ニ伊波比與佐志給ヒ。伊加志御世慤給ヒ。阿禮座ス皇子達ヲモ慈給ヒ。百官ニ仕奉ル人等モ平ク安ク。天下四方國ノ人民作食ル五穀豐饒ニ慤幸給ト。八郡國々所々神戸人等仕奉ル荷前御調ノ絹懸刀。並由貴御酒御贄等ヲ。如海山置足テ。今年九月廿三日朝日ノ豐逆登ニ稱申事由ヲ。平ク安ク聞食ト。恐ミ恐ミモ申給ト申。

並宮ニモ如此申テ進ト詔給フ。

年號九月廿三日　可有荷文。

一廿五日。伊雜宮祭禮。如六月御祭之時。但今度ハ五六禰宜ノ間ニ任巡向。又皇直會七十五膳也。

詔刀云。

志摩國答志郡伊雜村ノ。下津石根ニ大宮柱太敷立テ。高天原ニ千木高知テ。皇神麻ノ命ノ稱辭定奉ル。掛畏キ伊雜ノ皇太神ノ廣前ニ。恐ミ恐ミモ申給ク常モ奉ル九月神甞御幣帛ヲ。皇太神宮位姓名乘人差使。天津詔刀ノ大詔刀事ヲ以稱申事由ヲ。內人物忌父等諸聞食ヨト詔給。皇御麻命ノ大事ニ座セ。大壽ヲ手長ノ大御世ト。如湯津石村ニ。常磐堅石ニ伊波比與佐志給ヒ。伊加志御世ニ慇給ヒ。阿禮座ス皇子達ヲモ慈給ヒ。百官ニ奉仕ル人等ヲモ平ク安ク。天下四方國ノ百姓ノ作食ル五穀豊稔慇幸給ト。八郡國々所々神戸人等ノ常モ奉仕ル荷前御調ノ絹。由貴ノ御酒御贄。懸刀並當國ノ依例テ供奉ル御幣帛御調ノ絹御贄等ヲ。如海山ニ置所足テ。今年九月廿五日朝日豊逆登稱申奉由ヲ。平ク安ク聞食ト。恐ミ恐ミモ申給フト申。

年號九月廿五日　可有荷文。

一同日。風日祈宮祭禮。其次第如六月勤。但今度ハ直會饗膳。岡田今在家沙汰。屋敷地子年貢以之備進。詔刀云。

度會ノ宇治ノ五十鈴ノ河上ノ。下津石根ニ大宮柱太敷立テ。高天原ニ千木高知テ。皇御麻命ノ稱辭定奉ル。掛畏キ風日祈皇太神ノ廣前ニ。恐ミ恐ミモ申給ク。常奉ル九月神嘗ノ御幣帛ヲ。皇太神宮禰宜（位姓名乘）人等ノ差使テ。天津詔刀ノ大詔刀事ヲ以稱申事由ヲ。內人物忌等諸聞食詔給フ。皇御麻命大事ニ座セ。大壽ヲ手長ノ大御世ト。如湯津石村ニ常石堅磐ニ伊波比與佐志給。伊加志御世ニ慇給ヒ。阿禮座ス皇子達ヲモ慈給。百官仕奉人等ヲ平ク安ク。天下四方國人民ノ作食五穀豊饒ニ慇幸給。八郡國々所々神戸人等ノ常モ奉仕ル荷前御調絹。由貴御酒御贄等ヲ。如海山ニ置所足テ。今年九月廿五日ノ朝日ノ豊逆登稱申事由ヲ。平ク安ク聞食ト。恐ミ恐ミモ申。

年號九月廿五日　可有荷文。

十月

一日。番文。
一同日。更衣神事次第。
正權神主各着一殿。在饗膳。正禰宜衣冠。權
任神主並玉串大内人布衣也。件饗料所ハ三
河國所在河内御薗也。所謂衣更神事也。
一同日。御座内人四十四所。四至八百万皇神ヲ
祭。又細刀ノ稻ヲ祭也。
一同日。御綿奉納神事。
司中政所兄部。着衣冠。奉相具荷前御綿。司
中下部等引率テ參。在警蹕。自西御門參入。一禰
宜着衣冠。宮政所ヲ相具參テ。詔刀ヲ申。
申ク。今年ノ十月一日今時以テ。掛畏キ天照
座皇太神ノ廣前ニ。恐ミ恐ミモ申ク。宮司ノ
常モ催奉遠江ノ神戸ノ荷前御綿並糸絹等
ヲ奉狀ヲ。平ク安ク聞食テ。朝廷寶位無動。
常磐堅石ニ。夜守日守ニ護幸給。阿禮座皇子
達ヲモ慈給。百官仕素人等ヲモ。天下四方國
ノ百姓ノ作食ル五穀豐饒ニ恤幸給ト。恐ミ
恐ミモ申。
拜手之後。外幣殿ニ奉納也。但御綿五十七屯
之内。六屯半者司中ノ兄部請預。退出例也。
殘五十屯半。絹參疋。凡絹也。糸三勾。荒妙一段。
木綿二斤。外幣殿奉納也。又件兄部。於宮廳
公文所邊預酒肴。折敷ニテ備也。其後退出
也。件酒肴ハ白酒三升請退。肴二種。干魚一
種也。
抑件司中兄部參宮次第。於二鳥居在御厩御
壚湯。次御壚湯所ニ參テ。兄部ハ臨時奉幣使
參時。忌部ノ立所ノ立。于時一禰宜着衣冠。
參宮ノ政所請取送文。進一禰宜。一禰宜披見
之後。返給政所。
司進納荷前御絹等事。
絹三疋之中。一疋當國上。一疋三河神戸。
一疋遠江神戸。

綿五十七屯。　遠江神戸。
糸三勾。　尾張神戸。
荒妙一端。　伊賀神戸。
木綿二斤。　見進。
麻五斤。　黑田鄕。下府。
油五升。　三升中万鄕。下府。
二升。三宅鄕。下府。
壚六石三料。　二見伊介。下府。
右當年料。依例進納於　太神宮如件。
年號十月一日
次又御塩ヲ勤仕。其後先御綿。次一禰宜。次司中兄部參也。件送文。相具司符四枚。在油符二枚。三宅中万鄕。麻符一枚。黑田乃。御壚符一枚。二見伊介也。
兼又今日ノ御綿糸等ヲ。奉納外幣殿。去年ノ綿糸等ハ取出テ。正員禰宜ニ分配例也。一禰宜ニ十屯。其外禰宜六人各六屯也歟。其殘四屯半。並ニ糸者公文所衆分也。
一十一日。番文。
一廿一日。番文。

十一月

一日。番文。
一初申日。戌神祭禮。如四月祭勤。但今度ハ乘馬ニ稻半束飼之。
一十一日。番文。
一同日。冬季諸社神態神事次第。
初日詔刀狀事如春季。但今度ハ十一月十一日今時以テ。大土ノ皇神廣前ニト申也。御子皇神ニモ。如此申テ進留ト申也。
先御子社拜八度。手叩。次大土拜八度。在手兩端。次西方前四度拜。次東方前四度拜也。其後在饗膳。件饗。當社ノ御戸代神田勤也。仍件祝刀勸仕也。饗膳畢之後。一禰宜飯參本宮。件饗膳以下役所新水田云々。繩本歟。

次宮政所並宇治鄉大少刀禰等。相共當鄉御常供田。當年作稻。於廳舍懸之後。御稻御倉ニ奉納ノ例也。而近代。外幣殿與御稻御倉於中間懸來也。兼又件御稻ノ舂法知ム料ニ。一束ヲ舂。件米ヲ。來十二月十八日。私御饌ノ御神酒料ニ所置持也。又件御神田作丁等。各奉懸。見知ノ宮政所並大少刀禰。及酒出納二人。由貴殿出納一人ヲ令饗應。飯酒供也。件飯ヲ瓫ニ盛也。又於田邊御神田作稻者。稅稻ニテ小神田ノ稻ヲ運進之外。並作丁預テ。諸節會御饌ノ時所舂進也。件小神田二段歟。

十二日。二御神態詔刀又如春季。但冬季御幣奉狀ト申也。楊田皇神ニモ。如此申テ進ト云云。先楊田神社。拜八度。手兩端。次津長前四度。次楊田前四度也。名在。稅長手疊ヲ取テ度敷也。拜畢。既木綿着座。饗膳ニ預。件饗　神田給主並祝相共勤之。今日ハ無大切酒肴。三神態詔刀同前也。仍不記。拜八度。在開手。兩端也。次西東前長田介各四前。在手一端。神拜之後。鬘木綿着也。使前机二立。不食用立箸。三献之後。子良館ニ送之例也。其後祝部等宇治山道饗。爲祭禮引率行向也。

一禰宜皈參本宮。神拜也。

抑二季神態奉仕之時。於細雨降者。祝部等搆平張勤仕。至于大雨洪水之時者。使一人祝部許參。向社頭奉幣之後皈參本宮。於饗膳者。運本宮デ勤仕。又人馬不通之時ハ。乘船參仕例也。

一今月中本卯辰日。除當番禰宜之外。禰宜等相具。玉串大內人並次第也。節職掌人等爲新甞會直會倶奉參齋宮。其次第如正月元三。仍委不記。

一廿一日。番文。

一晦日。爲大祓供奉。除當番禰宜之外。參離宮院也。

十二月。

一日。番文。

一十一日。番文。

一十五日。荒蝿御饌。並興玉神態。御占神事等。次第如九月。

一十六日曉。玉串大内人參大土神社。供御饌事。並朝舘祓等。及河原御祓御稲奉下。由貴御饌供進次第神事。直會饗膳等諸事。如六月勤。仍不記。

度會ノ宇治ノ五十鈴ノ河上。下津石根ニ大宮柱太敷立テ。高天原ニ千木高知テ。皇御麻命ノ稱辭定奉ル。掛畏キ天照座皇太神ノ廣前ニ。恐ミ恐ミモ申給ク。常モ奉リ給十二月月次ノ御幣帛ヲ。使祭主位姓名乘介捧持奉給フ事由ヲ。平ク安ク聞食ト。天皇朝廷寶位無動。常石堅石ニ夜守日守護幸奉給テ。天下泰平四海安穩恤幸給ヘト。恐ミ恐ミモ申給クト申。

年號十二月十八日

次豊受宮詔。

申ク。今年十二月十八日ノ今時以。豊受皇神廣前ニ。恐ミ恐ミモ申ク。常モ奉田邊御神田苅ノ上分。並御神酒御贄等ヲ調奉狀ヲ。平ク安ク聞食ト。朝廷寶位無動。常石堅石ニ夜守日守ニ護幸給。阿禮座ス皇子達ヲモ慈給ヒ。百官ニ仕奉人等モ。天下四方國人民作食五穀豊稔ニ恤幸給ト。恐ミ恐ミモ申。

年號十二月十八日

次七所別宮詔。

申ク。今年十二月十八日ノ今時以。荒祭月讀伊佐奈岐幷瀧原並伊雜高宮瀧祭可有風宮歟。廣前ニ。恐ミ恐ミモ申ク。常モ奉田邊御神田苅ノ上分。並御神酒御贄等ヲ調進狀ヲ。平ク安ク聞食テ。朝廷寶位無動。常石堅石ニ夜守日守ニ護幸給。阿禮座ス皇子達ヲモ慈給。百官ニ仕奉人等ヲモ。天下四方國人民作食五穀豐稔ニ恤幸給ト。恐ミ恐ミモ申。

年號十二月十八日

荒祭伊佐奈岐月讀宮等モ。如此申テ進ト詔給。

年號十二月十七日　祭使被申

度會ノ宇治ノ五十鈴ノ河上ノ。下津石根ニ大宮柱太敷立テ。高天原ニ千木高知テ。皇御麻命ノ稱辭定奉ル。天照座皇太神ノ廣前ニ。恐ミ恐ミモ申給ク。天津詔刀ノ大詔刀事ヲ以稱申事由ヲ。神主部物忌等諸聞食ト詔給。皇御麻命大事ニ座。大壽ノ手長ノ御世ト。湯津石村ノ如ニ。常石堅石ニ伊波比與佐志給ヒ。伊加志御世ニ恤幸給ヒ。阿禮座ス皇子達慈給ヒ。百官仕奉人等ヲモ。天下四方國人民ノ作食ル五穀豐饒恤幸給ヒ。八郡國々所々依奉ル神戸ノ人夫ノ。常モ仕奉ル由貴ノ御大酒大贄等ヲ。如海山置所ヲ足テ。大中臣大玉串ニ隱持テ。今年ノ十二月十七日朝日ノ豐逆登ニ。天津詔刀ノ太詔刀事ヲ以。稱申事由ヲ神主部物忌等諸聞食ト詔給。

荒祭伊佐奈岐月讀宮等ニモ。如此申テ進詔給。

年號十二月十七日　宮司申

詔刀ノ後。玉串奉仕如六月。但今度無荷前御調糸。仍御門東寶殿ヲ不奉開之間。鎰取内人不供奉。御玉串奉仕之後。手兩端。奉拜之後退出。遙拜一殿。並主神司殿刀〔詔歟〕稱申之後。直會饗膳。其後内院ニ皈參。大和舞等如六月勤。但宮舞時御歌云。宇治山乃五十鈴ノ原ラニミチタチテ。ヨロヅヨマデニカナデアソバン。

其外御歌。如六九月。仍不記。

一十八日。内御神態。並荒祭宮御神態。又以同前。（名申二名副。）

一同日。御巫内人四至神ヲ祭申。同前。

一同夜。私御饌供進事。

一同朝。宇治郷居住下部公夏氏。八人（木刀禰棚搔内人。）自宮廳宿舘。食物ヲ請預テ。山ニ入棚木ヲ伐ル。（除榊榊椿山柿三種木也。）以件木。四御門南ノ岸従豊受宮神拜所之石疊ノ西方ニ棚ヲ奉搔也。件棚次第。太神宮御料北方東ニ南向。左右相殿ヲ加テノ定。弘四尺五寸計也。但左右相殿御料ハ五寸計下也。其西方七所別宮並瀧祭御料。高サ五尺。弘サ一尺五寸計也。南ニ向。但有重々歟。豊受宮御棚ハ。正宮御棚ノ南ニ西向テ搔也。三所相殿ノ御棚ハ。南方ニ二所搔連。北方ニ一所。合三所也。五寸計下也。其上ニ紙ヲ敷テ。四方ノ角ニ榊枝ヲ結付也。其上ニ御饌ヲ供奉御幣也。天津神國津神四十四所。四至八百万神達御料ノ棚ハ。南方岸ノ杉木ノ本ニ搔也。物忌父等各衣冠ヲ着。奉備居御饌ヲ於御棚ノ後。差木刀禰一人。宮廳ニ案内ヲ申。御火ヲ燭也。其時一禰宜衣冠ヲ着。（當時布袴。）宮政所並故實目代一人ヲ相具。中道ヲ經テ參向。件棚ノ南方ニ平張ヲ搆鋪設ヲ敷。前火ヲ焰着也。北向。其西外方ニ平張鋪設ヲ敷。政所故實人被承也。物忌父等西座。北上東向。于時物忌父等。方々神酒ヲ獻。于時一禰宜裾ヲ引テ。進參本宮御棚前。詔刀。

度會ノ宇治ノ五十鈴ノ河上ノ。下津石根ニ大宮柱太敷立テ。高天原ニ千木高知テ。皇御麻命ノ稱辭定奉ル。掛畏キ天照座ス皇太神ノ廣前ニ。恐ミ恐ミモ申。常モ奉ル今年ノ十二月十八日今時以。田邊ノ御神田ノ苅ノ上分。並御神酒御贄等調奉狀ヲ。平ク安ク聞食テ。朝廷寶位無動。常石堅石ニ夜守日守ニ護幸奉給ヒ。阿禮座皇子達ヲモ慈給ヒ。百官奉仕人等モ。天下四方國ノ人民作食五穀豐饒ニ恤幸給ト。恐ミ恐ミモ申。

次太神宮拜八度。手兩端。

次豐受宮拜八度。手兩端。

次諸別宮拜八度。手兩端。其後使本座着。

次又御酒ヲ奉。拜等手同前。次又御神酒ヲ奉。又拜等手同前。三獻拜畢後。四至神詔刀。申ク。今年ノ十二月ノ十八日今時以。天津神國津神四至八百万皇神廣前ニ。恐ミ恐ミモ申ク。常モ奉ル田邊ノ神田苅ノ上分。並御神酒御贄等ヲ調奉狀ヲ。平ク安ク聞食テ。朝廷寶位無動。常石堅石ニ夜守日守ニ護幸奉給。阿禮座ス皇子達ヲモ慈給ヒ。百官ニ仕奉事ヲモ。天下國ノ人民作食五穀豐饒ニ恤幸給ト。恐ミ恐ミモ申。

年號十二月十八日

詔刀畢之後。着本座。外宮ノ御料ヲ給下テ。一禰宜ノ前ニ給也。酒三獻。勸盃一﨟勤之。政所神主モ預之。本宮御料並諸別宮ノ御料ハ。自余傍官ノ宿館ヱ以木刀禰等送進各一前也。其殘者。物忌父等ノ申隨殘テ。各一前ヲ預。不足所者盛給也。又宮廳ノ令相具故實職掌一人同預之。

抑御飯料。糯米五斗。麴五升。御神田預兼日運進。於酒米者。自御倉奉下也。但冬季御神態。初日宇治御神田御稻斤納之。以日量米奉下之例也。舘母相共於知御飯御神酒等奉調例也。大物忌駈仕一人。宮廳飼丁一人。並二人食料。自酒殿下行。三ケ度也。

御幣紙小帖十帖。並四至神料ニ用紙二束請也。菓子御贄御壚等。自酒殿請預テ。御前河神所シテ。調備也。莚一枚。瓮一具請例也。但有雨雪難之時者。於御輿宿令奉仕之例也。但當時雨儀之時ハ。於一殿行之。棚方角如本所。又當時自宮廳之下行。木刀禰薪代二百文。(但便宜枯木有之者下行。)棚木代百文。紙一束八帖。懸魚二。海老五十貝。イナノ魚五十。栗五十許。柿一把。柑子橘各五十。莚一重。山折敷卅枚。杓二柄。米一斗。酒米代百文。竈秡十文。(忌火屋殿出納請)之。飼丁一人。忌火屋殿出納一人。大物忌父兄部駈使一人奉營之。一神主不參之時ハ。代官之禰宜參勤。其作法同前。腊各一膳。傍官御舘ニ送進玉串。大内一蔫木刀禰給。舘家司モ給。政所並公文所一人給。

一十九日。瀧祭宮神態。如六月勤。

一同日。月讀伊佐奈岐兩宮祭。如六月勤。但今度ハ無荷前御調糸荷文御封。仍御門ヲ不開。詔刀饗元役所。御初ハ伊佐奈岐石神勤。

度會ノ宇治ノ五十鈴ノ河上ノ。下津石根ニ大宮柱太敷立テ。高天原ニ千木高知テ。皇御麻命ノ稱辭定奉ル。掛畏キ月讀皇太神ノ廣前ニ。恐ミ恐ミモ申給ク。常モ奉ル十二月々次御幣帛ヲ。皇太神宮(位姓名乗)人等ヲ差使。天津詔刀ノ大詔事ヲ以稱申事由ヲ。内人物忌等諸聞食ト詔給フ。皇麻命ノ大事ニ座。大壽ヲ手長ノ大御世ト。如湯津石村ニ。常石堅石ニ伊波比與佐志給ヒ。伊加志御世ニ恕給ヒ。阿禮座皇子達ヲモ慈給ヒ。百官仕奉人等ヲモ平ク安ク。天下四方國人民百姓作食五穀豊饒ニ恕幸給ヒ。八郡國々所々神戸等ノ。常仕奉ル由貴御酒贄等ヲ。如海山ニ置所足。今年十二月ノ十九日ノ朝日豊逆登ニ稱申事由ヲ。平ク安ク聞食ト。恐ミ恐ミモ申給ト申。

伊佐奈岐宮モ如此申テ進ト詔給。

年號十二月十九日

直會饗膳ハ元役。但當時酒肴沙汰。御初石神勤。
一廿日。小朝熊宮祭禮。如毎祭勤。但直會饗膳。
大强原勤。詔刀。
申ク。今年ノ十二月ノ廿日ノ今時ヲ以。小朝熊皇神ノ廣前ニ。恐ミ恐ミモ申ク。國々所々ニ依奉レル郡神戸ノ人等ノ常モ奉ル由貴御神酒御贄等ヲ。如海山ニ置所足テ奉狀ヲ。平ク安ク聞食。朝廷寳位無動。常石堅石夜守日守ニ護幸奉給。阿禮座皇子達ヲモ慈給ヒ。百官ニ仕奉ル人等ヲモ。天下四方國ノ人民ノ作食五穀豐饒ニ。恤幸給エト恐ミ恐ミモ申。
前皇神如此申テ進。
年號十二月廿日
件神態。往古例所ハ。河原殿砌木陰ニ曳坊領勤仕之。而近代於主神司殿詔刀成於直會殿饗膳勤也。世木長官ノ御時。大强原御殿所當。以九石三度御祭。度別宛三石。本社之請預勤仕之。權任人數召多之時。料物不足之由訴勤也。仍或時自酒殿頗所被息下也。
一同日。酒殿御贄用殘分配。
一廿一日。番文。
一廿二日。爲瀧祭原並宮祭禮供奉。弊使進發次第。如六月勤。但今度ハ荷前御調糸荷文御封等無之。仍不開御門。詔刀云。
度會ノ河上ノ瀧原村ノ。下津磐根ニ大宮柱太敷立テ。高天原ニ千木高知テ。皇御麻命ノ稱辭定奉ル。掛畏瀧原皇太神ノ廣前ニ。恐ミ恐ミモ申ク。常モ奉ル十二月々次ノ御幣帛ヲ。皇太神宮ノ禰宜位姓名乗人ヲ差使テ。天津詔刀ノ大詔刀事ヲ以稱申事由ヲ。内人物忌等諸聞食ト詔給フ。皇麻命ノ大事ニ座ス。大壽ヲ手長大御世ト。如湯津石村ニ。常石堅石ニ伊波比與佐志給ヒ。伊加志御世ニ恕給。阿禮座ス皇子達ヲモ慈給ヒ。百官奉仕人等モ平ク安ク。天下四方國ノ百姓作食五穀豐饒ニ恕幸給。八郡國々所々神戸人等ノ。常ニ奉仕由貴御酒大贄等。如海山ニ置所足テ。今年ノ十二月廿三日朝日豐逆登ニ稱申事由ヲ。平ク安ク聞食ト。恐ミ恐ミモ申給ト申。

並宮モ如此申テ進ト詔給。

年號十二月廿三日

幣使米。藤鄕勤。退轉之間。申此上分米三斗三升料足三百文ヲ被付。人夫ハ自藤鄕進。同鄕人夫。於楠御堂前相替皈參。人夫自神原進。自宵館ニ參。又同鄕人夫自途中相替。其外次第。如六月。

一廿五日。伊雜宮祭禮。如六月勤。但今度者無荷前御調糸荷文。仍不開御門之間。無御封。皇直會五十五前也。詔刀云。

志摩國答志郡伊雜村ノ。下津石根ニ大宮柱太敷立テ。高天原ニ千木高知テ。皇御厤命ノ稱辭定奉ル。掛畏キ伊雜ノ皇太神ノ廣前ニ。恐ミ恐ミモ申給フ。常モ奉ル十二月々次ノ御幣帛ヲ。皇太神宮（位姓名乘）人差使テ。天津詔刀ノ太詔刀事ヲ以稱申事由ヲ。內人物忌等諸聞食ト詔給フ。皇厤命ノ大事ニ座セ。大壽ヲ手長ノ御世ト。如湯津石村ニ。常石堅石ニ伊波比與佐志給ヒ。伊加志天下四方國ノ百姓作食五穀豐饒恕幸給。八郡國々所々神戸ノ人等ノ奉仕由貴ノ御酒御贄。並當國ノ依例テ供奉ル御幣帛御贄等。如海山置所足テ。今年十二月廿五日ノ朝日ノ豐逆登稱申由ヲ。平ク安ク聞食ト。恐ミ恐ミモ申給ト申。

年號十二月廿五日

一同廿五日。風日祈宮祭禮。同六月々次祭之勤。但今度ハ無荷前御調糸荷文。仍不開御門之間。無御封。詔刀云。

度會ノ宇治ノ五十鈴ノ河上ノ。下津石根ニ大宮柱太敷立テ。高天原ニ千木高知テ。皇御麻命ノ稱辭定奉。掛畏キ風日祈皇太神ノ廣前ニ。恐ミ恐ミモ申給ク。常モ奉ル十二月月次ノ御幣帛ヲ。皇太神宮禰宜位姓名乘人等ヲ差使テ。天津詔刀ノ大詔刀事ヲ以稱申事由ヲ。内人物忌等諸聞食ト詔給。皇麻命ノ伊加志御世ニ恕給。阿禮座ス皇子達ヲモ慈給ヒ。百官ニ仕奉人等ヲ平ク安ク。天下四方國人民作食ル五穀豐稔ニ恕幸給。八郡國々所々神戸人等ノ。常仕奉ル由貴御酒御贄等ヲ。如海山置所足テ。今年十二月廿五日ノ朝日ノ豐逆登ニ稱申事由ヲ。平ク安ク聞食ト。恐ミ恐ミモ申。

年號十二月廿五日

依御門ヲ不開。御鎰署之。今日直會饗膳。黑刀崎勤也。

一晦日夜。破〔被敗〕立火燈事。

御巫内人等離宮院ニ參。從司中。油五升。雜魚五隻。雜鮨代屠蘇白散並御饌料年魚三百隻ヲ請取テ。於屠蘇白散年魚者。進納酒殿。至于油雜魚等者。御巫内人等預テ。又自酒殿油一坏ヲ請加テ。五尺許ノ細木ヲ伐テ。所々ヲ削テ。末ヲ破懸テ。其上ニ燈火。諸殿舍御門。御倉鳥居等並屏及與玉櫻神御前ニ立也。但御門ニハ二燈。左右。諸殿舍御倉ニハ一灯也。又南ノ荒垣御門ニハ。外方ニ二燈。左右。各一灯也。又東ノ方ニ南北ヘ指テ五燈立。是二灯東西寶殿料。一燈ハ宮比御料。一燈ハ矢乃箒御料。一燈ハ一御座御料也。又一灯南ノ屏垣ニ灯也。已上南荒垣御門ノ外方ニ。破〔被敗〕立火燈事八燈也。又一鳥居ニ四ケ所燈。之中一燈ハ鳥居料。一所西方外。瀧祭御料。一所東方外。下津道饗御料也。又二鳥居ニハ。内方ニ燈也。四燈也。

之中二燈鳥居料。一燈。東方南風宮御料。一燈ハ。上津道饗御料。又
西御門ノ屛垣ニモ。一灯立也。於無屛垣之門
者不立。只二燈許也。又内物忌父等。請取北
御門御鎰。奉開正殿。御飯敷ノ下三燈。大平
賀内ニ燈。是左右相殿御料加テ也。諸別宮ニ
モ奉燈云々。又宮廳ノ宿館ニモ一燈云々。
當時自宮廳油合半許五十文。食米三升。
器三連下行。
抑御巫内人請白散等。參本宮。進納于酒殿之
時。粮料例酒ニ預。
一明年正月元日。御饌料餅料ニ。今月糯米諸菓
子贄年魚並御神酒料米ヲ請預。物忌父等並
各駈仕。内人相共於忌火殿所奉舂調備也。委
不記。
當時下行。柑子百。但五十斗。橘同前。柿一把。但五串斗
歟。栗。五十斗。イナノ魚十。海老五貝。竈秡ニ十文
粉米代百文。カイ敷紙廿枚計。又箕一。ザル一。稲莚一
重。桛二。但如此ノ具足ハ。闕如時可下行歟。又御竈木拂底ノ時ハ。
薪ヲ下行。別宮同前。又柏甑（本ノマヽ）桶杓子等者。随
闕如別宮共可下行。竈秡ハ三祭ハ十五文宛。
六節ハ十文宛也。
白散六裹。内ヱ三裹。外ヱ三裹。又一殿ヱ一
裹。中紙一帖。串ハ自由貴殿沙汰。
一山守山神御供料。明年正月元日。並七日。及
十五日。惣テ三ケ度料ニ。自酒殿米六升ヲ請
預。度別二升也。又加下菓子。
同夜。於子良宿館。三色物忌父子。並荒祭瀧
祭内人物忌等ヲ。爲母良之沙汰。所饗應也。
一同夜。御巫内人等自酒殿請預酒菓子贄餅等。
於鳥居之外。造屋形。置件酒餅菓子贄。付火
ヲ燈也。外居ノ尻ヲ叩テ在調。雖然不記。抑
御巫内人等。自司中請預生魚五隻者。今夜細
ク造テ。入件酒屋形ニ祭也。
同夜々半ニ。宮司參宮。於一殿在饗應。神主

對面。此殿ニ司々ハ宿也。又爲宇治鄕刀禰等沙汰等。酒一瓶五升納許ノ甕瓶ニ入。又餅一外居馬ノ草薪ヲ。宮司ノ從坊九丈殿ヱ送也。抑今夜宮司ハ外宮ニ參テ。神拜之後。參于當宮一宿例也。外宮半夜。所謂半夜宿直也。

一公卿勅使並臨時奉幣使。參宮之間。風雨之難之時。於御子殿。齋王候殿也。被申詔刀之例也。自西第二之間前方ニ。半疊ヲ敷也。但件殿內ニ。曳潮之後。不敷長筵付。後壁半疊許置也。是石壺ノ心也。座次加例所列座。內物忌父等。西妻ニ向東着也。御鎰櫃ハ玉串門ニ立也。凡宮中恒例神事之中。自南御門供奉之度。有風雨之難時。於齋王候殿勤行之例也。衣冠之權任神主同前。布衣權任並職掌人等。四御門之內並直會殿ニ被候也。二季神態奉仕之時。於小雨者。祝等搆平張勤仕。大雨洪水出來時者。使一人祝部許參向社頭。奉幣皈參。於饗膳者。運本宮勤仕。又人馬不通之時。乘船參向之例也。又自北御門。供奉神事之間　雨氣之時。於瑞垣御門。被申詔刀。三獻。拜禮畢之後。正員並衣冠權任神主並玉串母良子良。東寶殿下ニ列座。布衣權任神主六位等ハ。西寶殿ノ下列居。預神直會例也。

又公卿勅使參宮之時。被承宮掌束帶。勅使令參御鹽湯所之間。次第行事如九月御祭之時。但三色物忌父兄部等。皆着束帶明衣。於御塩湯所。勅使與神主各拜。次御手水。役權神主着束帶。次大物忌父。以藏人所送文奉于一禰宜。其次第如前々。仍不記。一禰宜請取テ。傍官神主ノ中堪事ノ禰宜ニ給。即淂テ立御神寶奉入唐櫃。副先讀上之後。拜見御神寶並御裝束等。所合點也。次玉串行事次第。大畧九月ノ御祭之時如シ。仍不記。參着于御前。勅使着座石壺ニ。八重榊ノ巽方也。其外四姓ノ使等座跡。

如九月御祭之時。神主玉串物忌父等座又同前也。中臣立座ヲ。進參テ讀上宣命之後。皈着本座ニ之後。御玉串奉仕。並參入御內ニ。及奉開御戶。奉納御神寶等次第。同于九月御祭之時。但奉開御戶之後。四禰宜參勅使御許ニ。彼御戶開御之由申。其時　勅使差笏。介讀上白紙宣命ヲ給。四禰宜皈參之後。奉納御神寶等例也。但御神寶御裝束ハ。自南正面持參。至于錦綾者。自昇階西。從高欄上。禰宜等請取テ奉納也。畢後。奉閇御戶。各退出。於奉座石壺。拜手之後。一禰宜　勅使ノ御副ニ西方。進參跪居。自　勅使之御手賜白紙宣命。于時大物忌父兄部從御大內人之手。火ヲ請取。一禰宜相共ニ。件宣命ヲ燒。抑於錦綾者。自御鹽湯所。內物忌父等持參。至于御神寶御裝束等者。外物忌着衣冠所持參也。又神馬者。神馬飼內人請取テ參入也。各退出答拜。並荒祭宮拜如恒。次勅使並其以下皆着一殿。勅使ハ自後戶東向南。土敷筵ノ上ニ。高麗端疊三帖ヲ。御座敷ノ上ニ。繧繝端半疊一枚ヲ敷テ介着給。四姓使等。自件戶西ニ向南。以東爲上。着宮司西ノ妻ニ。以北爲上着也。神主者南向。勅使東ヲ爲上着。在饗膳。陪膳役人權任神主束帶ヲ着テ勤仕。但取次許也。六七神主請取進也。四姓使等。並宮司陪膳六位輩。着衣冠勤仕。勅使獻坏一禰宜。四姓方獻坏二禰宜。宮司ノ三禰宜君達獻坏四禰宜也。

抑君達者。着主神司殿ニ。東ノ妻ニ向西。以北爲上也。前駈ハ南北ニ。以東爲上着。皆敷疊ヲ。君達陪膳ハ束帶。權任神主。前駈陪膳ハ衣冠六位權禰宜。也。各從坊九丈殿也。其次第委不記。饗膳畢之後。神主等給祿。不論正權。四品ニハ大褂一領。袴一蓍。五品ニハ大褂一領也。宮掌並番撿及玉串大內人等內物忌父等子母良ニハ。人別ニ單衣一領。又官府權禰宜上﨟三人。擬府權禰宜上﨟三人。大内人一人　荒祭宮大内人一人。同大物忌父子各單衣一領。御厩内人一人。御鹽湯内人一人。山向内人一人。鎰取内人一人。各凡絹一疋ニ預例也。正員禰宜ニハ。君達取テ給。又束帶並衣冠權任神主。一殿ノ前石橋ニ敷長莚ヽ以東爲上着。給祿。前駈取給。同物忌父ハ。同石橋ノ東方ニ被候テ預例也。同前駈取テ給也。於其外不參輩祿物者。於一殿東砌ニ。勅使ノ下家司計。渡于宮掌大内人例也。宮掌人所計。渡于宮廳目代也。仍勅使御退出以後分給也。

抑往古如此。而去建久元年ニ。大納言藤原頼實卿爲勅使從御參宮之時。始テ背先例。只正員禰宜七人。權任神主七人。宮掌並番撿使及供奉玉串一人。内物忌父子　母良許ニ給也。

又於饗膳者。正員禰宜各上二前。權任神主各中一前。立位（五歟）ノ權禰宜並大少内人等各小机一前所勤也。於別宮下部等。各酒一瓶勤也。以如此物等所散行也。但至于宮掌大内人等者。不勤例也。是爲宮中重役人故云々。

抑前々如此。而稱被背先例。從件勅使御參宮之時。所課人等名以懈怠。因之。云机云酒不足。雖然宮廳致其用意云々。

一（私注本ニ無之）春秋二季祈年穀奉幣使參宮之次第。大略如九月例幣之時。但今度者無馬鞍。旡宮司詔刀。旡荷前御調絹。旡正殿之昇殿並御遊。一神主東寶殿御鎰ヲ給。參昇次第。如六月御祭之勤。但宮司送文旡之。錦綾八端ヲ奉納之後。退出之次第。拜一殿之儀式。如九月神嘗祭之時。臨時奉幣等。大畧同前也。但依事官幣可相替一社之奉幣時者。有御劒御馬。自祭主通直卿之代。祭主ニ此等ヲ每度被抑留。又同子息宗直卿時同前也。祭主清忠卿時者。或御釵。或御馬。神宮ニ被渡事。及度々。但其時モ。大畧祭主ニ被留置。

又雖不四姓參。祭主一人役例。長和二年九月神嘗祭時。正親忌部占部宿宅。有馬死穢。不參。仍祭主輔親卿一人供奉。又寬治六年九月神嘗祭時。王內膳正兼則王。依妹之服假十五日途中止畢。然而任長和二年例。祭主親定二宮御祭ニ參仕。又雖不參四姓正親。可遂行神事之由。被成下　宣旨畢。

一臨時奉幣使參宮次第。大畧如九月御祭之時。但於錦綾者。奉納東寶殿例也。一殿饗膳。宮廳勤也。料米五斗。魚貝等也。机員數。上七前。中三十三前。指合七十五坏。折積七十五合也。謂折櫃者小土器ノ盛也。而宇治ノ追立請取テ所支配也。又號御封曾久。件料鎰取內人飯一坏。告內人一坏所給也。云告內人者小內人也。而離宮邊居住者一人。勅使着離宮之由告來。仍自宮廳賜小粮料。謂之離宮告。一人ハ山田邊居住者。　勅使令參外宮之由告來。又粮料ヲ給者。離宮告到來之時。致饗膳用意。外宮告到來之時。神主等着裝束例也。

一又大奉幣使參宮之時次第。如臨時奉幣使之時。但於御神寶者。同公卿勅使參宮之時。仍奉納正殿也。饗膳ハ如臨時奉幣使之時。

一又三度御祭之夜松。朝熊御薗所課也。自十六日朝。彼住人等於廳舍砌也。自酒殿預例酒々飲之。件酒入桶也。又自酒殿請食物一荷別一升五合也。十七日夕部。御火內人所請取也。又件住人等之中三人。一禰宜ノ宿舘ニ人別ニ松一荷ヲ持テ行テ。請粮料米。人別三升宛。抑件松ヲ持行。先柴木ヲ形許結テ持テ。彼宿舘ニ置テ。其次ニ松ヲ上也。

一又年內三度御祭之時。十二日。從宇治山道饗所。是宇治岡也。左右ヲ分テ。左方ハ宇治郷住人等。迄輿玉御前掃除。右方ハ箕曲郷住人等。迄南御門所掃除也。各勤仕之後。自宮廳請預食物。人別三合也。抑箕曲郷住人等人長並飼丁長催立。宇治郷住人ハ爲刀禰等沙汰催立也。又於御内掃除者。六九兩月十一日。内物忌父並宇治郷下部勤仕也。瑞垣内掃除也。大少刀禰等相具テ。加見知。勤仕之後。於宮廳宿館在饗應。於刀禰並見知職掌人及内物忌父等者。菜三種小飯也。至于下部等者。其様随在也。委不記。

但十二月大掃除者。准御内掃除。従中古有評儀。不勤仕云々。

一又四月十一日。内物忌父並富郷下部等。同御内ノ掃除ヲ勤仕。於祝部等ハ。不定日ヲ。御衣祭以前ニ。參本宮。従四御門之瑞垣外南ノ荒垣ヲ内ヲ掃除也。但不預食物。

一又年内三度。所謂四六九月。自瑞垣御門〔至歟〕玉串御門。正員禰宜勤仕。御門ノ中廳勤仕。右方二四七神主ノ分。左方三五六神主勤之。是七員禰宜時分也。

一又三度御祭。並　公卿勅使參宮之時。正權神主並六位職掌人及下部等。掃除ヲ勤仕。在例所。委不記。

一正月元日。同十五日。五月五日。並年内三ヶ度大饗之時。兼日朝熊御薗住人等。自宮廳請預食物。人別五荷ノ生薪ヲ所進。食物米人別一升五合也。

一又三度御祭。並祈年及　公卿勅使臨時奉幣使六節會之時。任先例可進魚〔貝歟〕見之由。神領島嶋。従宮廳被成下文。以用紙書也。但島々ノ中。

安濃津。　別保。　松崎。　伊介浮島。
行方。　船越。　相可。　佐々良。
伊雑。　浦七ヶ所。　奈井瀬。　比志賀。

猿河。贄。　上貝。　中津濱。
坂埼。　大津。　國崎等也。
上津長ハ。同先々雖勤仕。從故浦田長官之時。
成不輸公析。子良ノ菜料ヲ勤仕也。
右件年内行事。爲後代。不審粗所注置如件。
本云
建久三年六月三日注之。
太神宮權禰宜兼宮掌大内人正四位下荒
木田神主忠仲云々
正應四年七月日　書寫畢
太神宮權禰宜荒木田神主
常道之在判
一抑於一殿。預饗膳並酒肴之時。玉串大内人禰
宜之次座ニ着。預勸盃。於一殿ノ外者无勸
盃。又於一殿之外着座之内者。仕位階座次。
權任神主與交著座　然而玉串内人坏。權任神
主不請之間。自次座以別之坏請下也。神酒坏
之時。勸盃者物忌父兄部。配膳者物忌父等也。
又肴三種ヲ麻簀ニ居也。麻簀ト謂。葦ヲ長サ
一尺五寸計。弘サ二尺計ニ編也。濱名神戸所
濟云々。箸ハ以柏券之也。
一抑件行事等。端者本帖之趣ニ。當時勤行之作
法ヲ引合テ注之。自六月贄海神態木者。先以
往之作法ヲ注。又當時供奉之趣ヲ。大略別ニ
注也。能々取合撿心淂テ可供奉也。神事ハ座
色ヲ可宛(マヽ)拜之時ハ。必足テ可秘也。
一年中諸神事。一神主雖不被參。家子禰宜令參
有成敗者也。又家子雖不參。於公文所出納等
者必參。役人ニ催。於不勤事者。勤仕之例也。
又神拜並神事ニ參之時ハ。必秡ヲ可勤仕也。
又諸神事續松ハ。當時由貴殿ノ出納之勤也。
但私御饌之時ハ。役人之勤。風宮同前。遷宮
之時ハ。造宮所沙汰。假殿之時ハ。司中勤。

一年中諸神事直會饗膳並酒肴等事。依或服氣。或雜贄等。神事ニ不從禰宜。宿舘ニ參候之時者。必送進例也。

一每月當番禰宜祗候之次第。一日自十神主二神主請取祗候。三日三神主請取。五日四神主請取。七日五神主請取。十日六神主請取 十二日七神主請取。十八日八神主請取。廿一日九神主請取 廿六日十神主請取。祗候之次第同前。旬日宮司對面番禰宜也。又新補之宮司拜賀之時者。禰宜一同ニ衣冠ヲ着對面。酒肴勸盃一座勤之。祗候衣冠例也。然而當時番禰宜一人對面也。在勸盃。又諸神事。自余禰宜雖不參勤。於番禰宜者。必令參勤例也。又於宮中有異儀時者 宮廳ニ注進之例也。又有御河致生輩者。可致禁斷成敗。惣而番中每事。鎮可思慮。

又番禰宜有禁忌 當病灸治雜贄等時者。其旨ヲ長官令注進。就其。不謂日數多少。自二神主次第ニ。以番出納番代被差進例也

一御箸ヲ申事ハ。饗膳ハ限也。畢後巡流テ候申。于時一端。件役勸盃同前也。酒肴之時ハ。御箸ハ不申ト申。是時分之告也。

〔管敷〕一宮半疊ハ長官傍官マデ也。玉串以下ハ長莚ニ許也。

一新補之宮司拜賀以前。從神事條。有先例。帶宣旨。

一兩宮造宮使拜賀事。就兼日之告知。傍官禰宜並手水役人祗承大麻御壚湯山向以下之內人等ニ相觸。至當日。造宮使束帶。家子衣冠布衣相交。權任布衣。六位ノ侍ハ木賊色狩衣。如木雜色舍人等如例。於二鳥居。大麻御壚湯役人等衣冠。至玉串行事所手水。爲祭主家□之時ハ。重代權任二人任巡向。衣冠ヲ着勤之。不然者。祗承之官掌衣冠。勤之。水ハ山向內人用

意。神拜之後。自後戸入テ。一殿ニ着座。戸東脇南向。于時神宮各束帶。但衣冠先規不同。尤可爲束帶事也。裾ヲ引。南ノ軒ヲ經テ。着座南座。東上。一座造宮所ニ向。各答拜。皆高麗端ノ疊敷。于時造宮所ノ目代。宣旨ヲ蘿ノ蓋ニ入テ。造宮所ノ前ニ蹲踞。于時宮政所衣冠進參。宣旨許給テ。長官ニ進。披見之後。二座渡。次第ニ拜見シ。又次第ニ取渡。一座政所ニ被渡給之。造宮使目代ニ返渡。但件宣使一殿ノ巽軒下ニテ。宮中ニ向。政所續進例度度也。(造宮所名乘微音。)先規不同。又雨儀時ハ裾ヲ不引。其後一神主裾ヲ引。隔子机ノ東ノ疊ニ着座シ。造宮所ト對拜之後勸盃。配膳ハ手水役人勤。三獻如常。机ヲ撤。又對拜之後。本座ニ皈。一同對拜。則座ヲ立。沓ヲ穿テ。又對拜之後。造宮所ハ自北。神宮ハ自南退出。件酒肴疊手水具等ハ。神宮之沙汰。諸役人ノ祿ハ。造宮所之下行也。

一祭主拜賀。大略同之。自離宮被參。

一新禰宜拜賀參宮之次第。束帶。但衣冠例相交歟。先御巫内人(衣冠)。於館秡ヲ勤仕。散具一升。料足百文。紙少々下行。於二鳥居。大麻御壚湯奉仕。役人各衣冠。下行各百文。自南參於石壼拜。手兩端。自西退出。荒祭宮遙拜。手兩端。自是又禮式神拜。宮廻遂之後。外宮參。家子布衣乘馬。前陣侍布衣乘馬。後陣中强也。但家子侍ノ有無人數ハ。可隨于時。次第如元日外宮參。但於御池。手水ヲ用。自宇治岡。月讀伊佐奈岐宮ニ參。神拜如常。但外宮參拜ハ。内宮ト或同日。或後日。不同也。

一長官執印則神拜次第。

先御巫内人。於宿館秡ヲ勤仕。散具米一升。料足百文下行。長官束帶。家子禰宜各衣冠。宮政所衣冠。其外ノ家子侍各布衣。於二鳥居在大麻御湯。件内人各衣冠。下行各百文。自南參入。於石壺拜八度。手兩端。自西退出。荒祭宮遙拜。手兩端如常。自是例式神拜ヲ遂退出。於宿舘在酒肴。翌日印鎰ヲ請取次第。

一神主束帶。自余衣冠。自鳥居參廳舍。自西間入北方打板上。自東第二間ニ着座。長莚宮半〔營敷〕疊ヲ敷。其座次第如恒。政所衣冠。南方打板上長莚ヲ敷。長官ニ向祗候如恒。于時前政所代前出納等。御政印御鎰ヲ箱ニ入持參前政所代是ヲ捧持テ。自東第一間ノ前ニ至テ。時政所神主立向乍箱請取。宮中ニ向。三度拜シテ後。長官ノ御前ニ持參ス。長官是請取テ。宮中ニ向。三度拜之後。政所賜之。本座ニ皈着。其後。任先例。成權大内人任補荒木田氏人也。御鎰ハ酒殿出納給之。長官ノ御舘ヱ進置。神拜。自南御門參入。宮廻次第如常。皈立於宿舘。在酒肴。

同外宮拜。如參宮。月讀伊佐奈岐宮參詣次第如元日外宮參之時。但手水役人ノ事。兼日ニ觸送例也。政所神主禮紙之狀ヲ。外宮政所ノ許送例也。皈立饗膳以下如元日。

一宮司不參時ハ。彼玉串ヲ。於石壺。玉串大内人献。一座召大物忌父奉納。

本云
失五十鈴原御鎮座者。漸次一千四百八十余年ニ。其間累葉相承之輩。祭禮拜之勤。尋舊跡。致其拜趨者也。然而世及澆季。人多有懈怠。不信之意。而省畧相交歟。仍且爲勸敬神之心。且爲万代龜鏡。供奉神事次第。供祭調備作法。諷舞拜禮儀式。大概勸是。不顧後生之嘲。殊不耻惡筆。注置此一卷之條。只偏依存　御忠功也。

寛正五年甲申三月

皇太宮一禰宜氏經

右件年中行事者。宮掌大内人忠仲注置之者

也。然後權禰宜常通匡興等令相傳焉。爰亦一禰宜從三位氏經卿。於上代之說者不改之。記當時儀式。是偏傳當家秘藏。依有古質也。然之間。去文明八年之比。以及八十老筆令書寫。與之於予慈息之。至雖爲歡喜心。依度々亂令失却者也。雖然。又以彼卿之自筆遺奉書之矣。是便積善家有餘慶之故乎。件氏經依多敬神心。一座令昇進。遂上階訖。其皇太神宮禰宜等者。致天下御祈禱。國家第一重職。朝家清撰之器也。誰尋氏經之舊跡不仰之乎。

于時明應第三甲寅十二月十三日

孝孫太神宮禰宜守晨

他本有之

一于時自外宮。六禰宜康久神主方。此記被送之間注留。

文正二年丁亥。

一代一度大神寶。藏人方沙汰。

伊勢太神宮二備。

可副例幣。但官方沙汰。

一備內宮御料。

錦蓋一笠。付金銅鈴四口。

金銀御幣各二枚。

玉佩一流。納平文筥。

一尺御鏡一面。納平文筥。在緖。

御麻桶一口。在平文。

御線柱一本。在平文。

金銅鈴一口。在錦緖。

御鎊釼一腰在縫物平緖。赤地錦袋。

赤漆御弓一張。在赤地錦袋。

箭四筋。二隻雁俣。二隻蟾目。

御桙一本、在鐵寶尻錦比禮。

一備外宮御料 色目同前。使官行事沙汰。

別相傳。

文永六年八月廿三日。太神寶送文並宣命等色目爲同前間不注之。

內藏寮 奉送

五色絁陸疋。

右奉送如件。

文永六年八月廿三日
正六位上行少弁〔マヽ〕中原朝臣式親
正六位上行少弁中原朝臣季保奉
藏人所　奉送。
御神寶一備。
御幣四枚。　金二枚。　銀二枚。
納蒔繪莒一合。同平文。白鑞置口錦折立。
錦蓋一枚。
面赤地錦。裏紫小紋綾泥繪。骨蒔繪白鑞。平
文金銅蕨形。葱花鎰帽額。於曾爲裏。小
鏡四角上。卷色々總。玉上平玉四角居玉
金銅榊打枝。付銀木綿。置臺。
玉佩一流。
色々總玉水精露。　金銅金物。　鏡火打
唐組緒。　納蒔繪莒。白鑞置口。同平文。錦折立。
鏡一面。
徑一尺。八花崎。繧緒。綾入帷。

納蒔繪箱。白鑞置口。同平文。錦折立。
麻桶一口。
蒔繪。白鑞平文。錦底敷。
線柱一本。
蒔繪白鑞平文。　金銅金物頂。　居水精
玉。
已上納朱漆辛櫃一合。金銅鏁鎰。　金物。　緣絹折
立　兩面覆。裏生絹。
緋　黑漆臺。
—同　金銅木尻。
釼一腰。
蒔繪金銅金物鵄鮫同水父。金麒麟。
水精露。赤革裝束縫物手緒。付金銅蟟小鳥孔雀螺鈿蝶小鳥。
赤地錦袋。縹唐綾裏。泥繪付金銅蝶小鳥。
弓一張。
朱漆金銅藤弭。錦弓束　村濃糸弦。赤地

錦袋縹唐綾。付物同平緒。縫目伏組。金銅雁俣二
箭四隻。
塗箟鷲羽。水精彇金蒔構。
同蟾目二。
鉾一本。
散物實。金銅鏑同木戻。蒔繪。白鑞平
文。
幣串四本。
蒔繪。白鑞平文。金銅木戻。
已上納朱漆辛櫃一合。金銅金物。綠絹折立。鏁鎰。兩面覆。
裏生絹緋。緋。黑漆臺。同物
金銅木戻。
御馬一疋。餝具。
右伊勢豐受宮御料。依例奉送如件。
文永六年八月廿三日
出納右兵衛少尉中原國長

天皇我詔旨止。掛畏支伊勢乃度會乃山田原乃。下都石根爾大宮柱廣立天。高天原仁千木高知テ。稱辭定奉留豐受皇太神乃廣前ニ。恐美恐美毛申給波久止申久。先先乃御代乃例爾。即位之後爾神寶造餝天奉出給倍利。故是以吉日良辰乎擇定天。錦蓋弓箭劔鉾並御服玉佩寶鏡等乃種々乃神寶乎。潔久妙爾令造餝天。王散位從五位下兼部王。中臣從五位上行神祇權少副大中臣朝臣永基等乎差使天。忌部散位正六位上齋部宿禰親宣加弱肩爾太繦取懸弖。金銀乃御幣爾禮代乃大幣帛乎相副天。持齋利令捧持天奉出給布。但雖非舊貫止毛。近代乃例爾依天。御馬一疋乎所牽進奈利。此狀乎神奈加良毛聞食テ。天皇朝廷乎常石堅石爾夜守日守。風雨順時比五穀豐登奈良志女。灾難永斷天万民平安惠給倍止。恐美恐美毛申給波久止申。
辭別天申久。異國者難通遠候止毛。類三韓天永爲西藩之臣志女。殊俗者彌致欽載天。隔万里天

皆爲東狄之民㠯牟。夫吾朝者神國奈留故爾。神明乃靈鑒不違湏。四海者王土奈留故爾。王法乃聖運无恙志。因玆天朕者繼于堯之德支。神者護百王之世利太滿倍。就中去〔マヽ〕七月之比。三星合影テ。數日呈變湏。候臺所美召畏途多禎志。縱理運爾志天可來支不祥奈利止毛。可至灾孽奈利止毛。皇太神此狀乎聞食テ。未然爾拂退給比天。玉躰安穩爾。赤縣无爲爾護幸給倍止。恐美恐美毛申賜波久止申。

文永六年八月廿三日

御稻奉下日記。於外幣殿前一座加判。

永正三年六月十六日御稻奉下日記。

御稻八束。大物忌父荒木田神主尙重請申。

御稻六束。宮守物忌父荒木田神主俊重請申。

御稻六束。地祭物忌父荒木田神主尙職請申。

御稻四束半。淸酒作大内人請申。

御稻四束半。酒作大内人請申。

御稻六束。荒祭宮人内人請申。

御稻四束半。瀧祭宮大内人請申。

御稻四束半。風日祈宮大内人請申。

御稻三束半。御巫内人請申。

以上御稻四十八束。奉下於知一禰宜風宮

太神宮神主　絹匹。

奉納荷前御調糸十兩之事。

右當祭料奉納處如件。

永正二年六月廿五日

續群書類從卷第十三

神祇部十三

二宮年中行事

正月

元日。二宮御節供事。

鷄鳴行之。供白散年魚鮓。

內宮儀式。一禰宜申詔刀。了拜四度拍手。次神拜四度。次御奈保良比預天退出。次朝拜」。

外宮儀式。鷄鳴參拜內院。（禰宜束帶。權禰宜五位物忌父等衣冠。）次館母獻鏡。（餅節在酒。）禰宜五位權禰宜行凌晨御節供。一禰宜前行。警蹕供奉。次於御內預御懸。別宮遙拜。

禰宜朝拜事。

內宮御節供之後。於荒祭神拜所。先拜外宮。次七所別宮。次天津神國津神。次歲德。次四方。次於酒殿。向乾方拜。其間宮司一殿前着座。（半夜參宿。）次禰宜經一殿前。（宮司立座對揖。）歸宿館。次宮司參內院。次禰宜於一禰宜館。番文連署」。

外宮御節供之後。朝御饌供奉。（一禰宜奉御蹕。次御饌。次二禰宜以下五位權禰宜。）次饗膳。於廳舍在之。先禰宜與權官等拜揖。（先權立東。次正立西。各南上。）次着座。次番文奉下帳事。次神酒坏。（三獻。）次白散分行。饗前後打手。

一殿宮司禰宜着座事。

內宮々司禰宜着座。先番文交替。次司祇承

撿非違使讀之。使不參時。目代若本宮權禰宜役也。次書司判。次饗膳。雜仕皆預也。〔出歟〕直會了。各賜白散。次向御前一拜。次退治。

外宮々司先神拜。次着座之禰宜見參。次番文交替。儀同于內宮。次饗膳。次於南砌對揖。次退出。

內宮禰宜參外宮事。

率權官參之。先神拜。次於一殿。當宮禰宜對面。次酒肴在之。

離宮院宮司二宮禰宜脫字事。

內宮一兩人參外宮。率權官內人等參。宮司二宮參拜之後。大司率任用歸宿館。在飯酒。次參之。次廚家南門外。宮司禰宜對揖。次參入。次拜揖。宮司西立。南上。禰宜東立。內宮南。外宮北。中上。次着座。宮司西。禰宜南北。內宮南。外宮北。次饗饌三獻。前後打手。次和舞。次自取蒿髮。次退出。

宮司政始事。

往古撰吉日。近代用當日。成吉書。二宮番立事。御神田堰溝事。種薑御贄事。在政印。

二日。外宮禰宜參內宮事。

於一殿。禰宜對面。在配菓。

三日。宮司二宮禰宜參齋宮事。

宮司禰宜束帶。權禰宜衣冠。各供御物。菓子小鳥、、也。參南庭。次拜賀。次饗祿。次拜二度。次退出。

六日。內宮御饌料奉取薪菜事。

祝部向阿波羅岐。取若布苔。進本宮。

七日。二宮若菜御饌事。

外宮相加。朝御饌供也。

內宮供奉之後。在直會。次於宇神事河原。新菜神事。一禰宜并目代及大小刀禰預饗膳。

上卯日。二宮供卯杖事。

外宮先供卯杖。一禰宜奉御蹕。別宮遙拜。次貢調御饌如例。

内宮宮守物忌役也供進之後。於神事河原行也。一禰
宜攣祝部行也。在飯酒饗。
十五日。二宮御節供事。
外宮先御竈木供也。一禰宜奉御蹕。申詔刀。
別宮遙拜。次望粥相加。朝御饌供也。其儀如若菜日。
内宮供粥御饌幷御竈木。早旦物忌供例粥。
次正員攣權官。供御竈木。次參御前。一禰宜
申詔刀。次前後拜。次拍手。次直會。
離宮院踏歌事。
宮司勤行之後。大司攣任用幷目代祝部舞人
陪從相併卅餘人。歸宿舘。同行也。在飯酒
饗。
春季諸社祭事。
大司奉下祭物。在内宮請文。祝部請也。
二月
一日。内宮鍬山神事。
御田種蒔耕作也。宮司參時。禰宜相共行。宮司

參列。上古不然。在直會饗膳。三色物忌勤仕也。
四日。神今食祭事。
祭物宮司下行也。國司行也。齋王在寮之時。
寮家行之。歸京之時。近年國司對捍之間。司
中惣勤半分。
祈年祭使發遣事。
九日。祈年祭事。
勅使四ヶ度供給。大司勤之。
端午外宮神事。
御巫内人。於御竈屋役之。申詔刀。在直會。
前後拍手。
上亥日。同宮鍬山伊賀利神事。
於歲德神方行之。在直會。前後拍手。先參内
院。神拜。次別宮遙拜。
上子日。同神事供奉事。
先參内院。別宮遙拜。於一殿行之。任和舞直
會。前後拍子。

中申日。同宮禰宜氏神祭事。
禰宜中堪事中詔刀。
祈年穀奉幣使事。
王中臣忌部卜部神部執幣等宮司勤使供給。
成土毛符。進宣旨請文。

三月

三日。二宮節供事。
外宮草餅。相加朝御饌供之。一禰宜奉御蹕。在直會。
內宮供桃花草餅種々菓子御贄。在直會。權神主盛俊勤。
種薑御贄事。
遠江國濱名神戶所課也。宮司正月一日遣符。今日於離宮院奉送二宮。分配方々。目代祝部散行也。
神服麻績兩機殿節供事。
廿五日。兩機殿神御衣祭御占大秡事。

晦日。秡事。
於離宮院行也。宮司內宮禰宜參勤也。來月神御衣祭解除也。大司成廳宣。來月神御衣祭祗承事。所々道橋事。饗料司中勤之。

四月

一日。兩機殿御卜神御衣奉織始事。
四日。風日祈祭事。
大司下行祭物。成符七枚。在內宮請文。日祈內人請之。
八日。兩機殿鎮祭事。
上申日。中臣氏神祭事。
宮司當社神主奉仕之。祭用途司中勤之。饗膳。無使之時。同司中勤之。
十四日。一宮供御笠事。
外宮鷄鳴供御笠。一禰宜奉御蹕。申詔刀。別宮遙拜。次供朝御饌。次宮司禰宜於玉串行事所參拜。次宮司參內宮。禰宜直會座。

内宮早旦供御蓑笠。御簑縫内人役之。一禰宜率傍官權任。參御前。申詔刀。神拜拍手。
内宮供種薑於櫻宮前事。
申詔刀。
内宮於一殿菅裁内人酒肴幣料事。
内宮風御祉祭事。
日祈内人申詔刀。
神御衣祭事。
宮司内宮正權禰宜供奉。大司申詔刀。奉納之後。於一殿在饗膳。神殿麻績少神部勤之。
司廳宣神御衣敷料。兩少神部請之。在請文。同表張料治田使補事。大司成下知。神部進例文。兩機殿少
神部送酒粽等。
五月
一日。外宮御料菰草成廳宣事。
永治二年四月廿八日始成之。
二日。同宮禰宜爲漁進年魚向御河事。

禰宜皆參權禰宜。五位。六位。隨見參在饗。
五日。二宮節供事。
外宮先節供。大儀大略如元日。次供朝御饌。
内宮供菖蒲笋枇杷粽種々御贄。儀式如元日。
離宮院節會事。
宮司二宮禰宜奉仕。儀式如元日。直會饗料。宮司下行也。
晦日。離宮院修祓事。
宮司二宮禰宜供奉。饗料宮司下行之。宮司成廳宣。來月御祭荷前御絲事。核承事。道橋事。宿坊殿。號忌造立事。無印。
外宮荷前御調絲請文上司廳事。
齋宮寮竹川御禊事。
六月
十日離宮院行事。
御卜事御祭神酒料事。烏名子所食料事。歌長請之餘祭不請。件三ヶ條料米司中下行。

十一日。月次祭使出京事。
　中臣一人神部衛士等。
神今食事。
　子細同二月。
外宮諸社祝參齋宮事。
松採下食事。
荷輿丁食請事。
　齋王無御參之時。不請之。近代十五日請之。
十五日。外宮由貴御饌事。
　先有御祓。禰宜以下從北御門。玉垣內爾參入。
內宮朝給荒蠣御饌事。
　早旦。禰宜進向字贄海神所祓。給彼御饌。臨晚頭歸參本宮。
夕輿玉祭事。
　寶殿不在。御巫內人申詔刀。
內院御卜事。
　輿玉祭以後行之。
離宮院大祓事。
　齋王御着。祭使下着。宮司列參。於祓殿行之
十六日。外宮御祭事。
　使祭主任用宮司申詔刀。
同宮四勾絲進事。
內宮朝川原御祓事。
夕供由貴御饌事。
櫻皇神祭事。
十七日。內宮御祭事。
　寶殿不在。清酒作內人乍立申詔刀。
　曉供御饌。夕行祭禮。大司申詔刀。
外宮伊向（イブキノ）神事。
　一禰宜申詔刀。從北御門內。玉垣外ニ參入。
　先行也。次朝御饌供奉。
高宮御祭事。
　堪事之禰宜申詔刀。各衣冠。

十八日。荒祭宮御祭事。
玉串内人申詔刀。
土宮御祭事。
禰宜中申詔刀。
月讀社祭事。
外宮攝社禰宜衣冠。御巫内人。於御竈屋申詔
刀。打手。直會了打手。
離宮院豊明神事。
十九日。朝。月夜見伊佐奈岐兩宮御祭事。
東月讀宮。一禰宜申詔刀。西伊佐奈岐宮。詔
刀无。
廿日。小朝熊社祭事。
一禰宜申詔刀。
廿五日。瀧原並兩宮御祭事。
東瀧原宮。禰宜申詔刀。西並宮。无詔刀。使
禰宜。廿一日進發。守巡向參仕之。
廿五日。伊雜宮御祭事。
祭使禰宜一人。
司廳行事。
今月。廳宣成事。
參河遠江神戸所當麥作薦進官。彼濱名神戸
圓田所當麥作事。

七月

三日。外宮日祈内人請幣支。
四日。二宮風日祈祭事。
宮司下行祭物。内宮進請文於司廳。日祈内
人請之。外宮早旦。介物忌父捧御幣。一禰宜
奉御蹕。參内院。在別宮祈幣。幣後二禰宜以下參
烈。一禰宜申詔刀。次供朝御饌。次風宮祭直
會事。
祈年穀奉幣使事。
如春季。

八月

朔日。外宮御祭料請文上司廳事。

一禰宜一人加署。
御餉牒狀送當國府事。
鋪設請文事。
鋪設預書上日下。同名字載之。禰宜連署。即上司廳。
內宮收納事始事。
饗膳。一禰宜俊定神主始勤之。
離宮院宮司政始事。
在饗膳。配符二宮上分御器〔戸脫歟〕傜丁國々封戸牒狀。所々神稅收納。伊賀神移返抄。在印。
晦日。離宮院修祓事。
宮司二宮禰宜供奉。其儀如六月。
外宮御祭荷前請文司廳事。
齋王尾野川御禊事。
夫々馬肥馬肥牛封戸所課。宮司〔支歟〕叓配之。彼川橋有侵所。茵半疊濱床。度會權大領請預用途之後返上。

九月

三日以前。司廳遣伊賀神戸御調布使事。
去月一日成廳宣。今日以前遣使。十三日可到來。彼日以前奉送二宮。
九日。二宮節貢事。
外宮菊花。相加朝御饌供之也。
十日。離宮院御卜事。
御祭神酒料下行事。
十一日。外宮荷前丁食請事。
近代。十五日請之。
十四日。外宮供進御調絹事。
宮司申詔刀。禰宜着明衣鬘木綿。無纓。
內宮神田拔穗事。
朝。長官幷目代神主及大小刀禰作丁等相共進。自宇治鄉御常供田拔穗。即令持祝部。歸參之間。有歸參。
神御衣祭事。

其儀如四月。饗膳 兩機殿大神部勤之。
十五日以後。至廿五日。二宮神態事。
如六月。內宮今月無贄海神事。外宮增于六月注之。
外宮織御衣。一疋御調布二端。
御氣殿御裝束請文上司廳事。
離宮院御氣殿御裝束奉下事。
伊賀神戶所濟到來之日。奉納御倉。當日奉下之物忌請之。
大祓事。
十六日。凌晨（ホノクラキニ）。外宮拔穗供奉事。
一禰宜奉御蹕。供奉後。供朝御膳。
十八日。外宮御氣殿御裝束事。
內宮大半符成事。
兩機殿神部勤。
離宮院豐明神事。
廿一日。外宮齋王御幣。幷御氣殿御裝束分配事。

十月

一日。二宮荷前生絁御綿供進事。
濱名神戶所課。宮司於離宮院奉送二宮。一祝部持參之。於外宮一鳥居邊。大司加解文。副符判。次一禰宜衣冠。於蕃垣御門外。以司解文申之。傍官不參。次內宮進納之。
宮司副進二宮凡絹荒妙事。
內宮凡絹二疋。荒妙一疋。外宮同之。
內宮更衣饗膳事。
端午外宮神態事。
如二月。
晦日。齋王尾野川御禊事。
司中勤如八月。橋以八月造進用之。

十一月

上申日。中臣氏神社祭事。
如四月。

中卯日。外宮諸社祝部請神今食祭物事。
其料物。國司支配進之。
齋宮新嘗會事。
中辰日。同新嘗會直會事。
宮司二宮禰宜内人上參仕。有獻物事。
同料御物覆料宮司下行事。
出納鎰取請之。
中酉日。外宮禰宜氏神祭事。
儀式同二月。
晦日。離宮院修祓事。
其儀。同五八月兩月。
齋宮竹川御禊事。
冬季内宮攝社神態事。
撰吉日行儀。如春季。祭物司中沙汰。九月祝部請之。
十二月
十日。離宮院御卜事。
御祭神酒料司廳下行事。
十一日。神今食事。
如六月。
外宮攝社祝部請幣事。
司庫奉下之。
荷輿丁請食事。
近代十五日請之。
十五日以後。廿五日以前。二宮神態事。
如六月。離宮院行事同之。
十八日。夕。内宮神事。
於南御門之外在之。號私御門。一禰宜目代神主内物忌役之。
晦日。離宮院雜腊代米下行事。
拍手長請之。
祓祭事。
廳祭事。
已上料物司中下行。

白散年魚燈油奉送二宮㕝。

日入宮司參離宮院。奉送。次參外宮。次參宿内宮。

白散褁紙下行事。

出納鎰取請之。外宮請文。在内宮無之。

外宮燈油白散年魚請文事。

請使物忌父參離宮院請之。

宮司參拜事。

宮司禰宜對面之後。禰宜直燈油供奉。

右一册者。以禰宜度會朝和神主之本書寫之處。有錯簡之間。以八禰宜因彥神主相傳之古本。正錯亂令校合了。

權禰宜從五位上度會神主延良

續群書類從卷第十四

神祇部十四

四度幣部類記

治承四年

二月。

二日甲申。天晴。巳時許。大外記賴業來。召簾前。仰雜事。此次。仰大將可行祈年祭之間事。申云。祈年祭者。一大納言。左大將。分配也。可觸申此旨云々。此次。申明經道可擧內官之間事。依隆季卿一書。此事停止。爲道爲歎云々。余又密談。於紫宸殿。可有卽位之趣。賴業彌甘心之氣色。但冷泉院依御惱。於紫宸殿有此禮云云。頗非吉歟。如此事。只可依時議者歟。今日召光盛。仰云。大將可行祈年祭之由。可仰官外記。刻限巳時者。卽以御教書。仰遣隆職。賴業等之許。今日未剋。五位藏人親經來。催祈年穀奉幣上卿事。申所勞之由了。

前施藥院使憲基來。問醫道事等。又問余所勞近日風病。今日覺發。事。申云。可始少湯治者。此日。終日神事如例。依春日祭也。

三日乙酉。天晴。入夜大夫史隆職參入。召前問神祇官正廳座不審事。申云。六位史官掌等。相共奉行。五位史殊不尋行之間。分明不覺申。就中。官中之習。以裝束司記文爲證據。而彼記文不載此儀。又年之例不同。只所詮以被仰下之趣。可相存云々。仍注西宮十卷抄幷十五卷抄等也。北山江次第等文。相加先日所進指圖。少押紙。下給之。今日未刻。右中辨兼光參入。申云。祈年祭所奉行也。若有所承事者。兼可存知者。仰之。巳刻可參仕幣物已下事。不可被懈怠者。大將于時在此第也。

四日丙戌。天晴。此日祈年祭也。右大將奉行之。始從神態也。依寬治六年。知足院殿。于時中納言中將。天永三年故殿。于時中納言中將。等例所行也。早旦修諷誦拾七ヶ寺。八幡。加茂上下。春日。大原野。吉田。六角堂。法成寺。大將自今旦神齋。諸社祭一日齋。定例也。忌僧尼重輕服妊者月水女等皆如常。辰剋浴。即來此第。神事之日。出立自女院御所。不可然之故也。午刻着束帶。色目如常。唐草蒔繪鈒。紺地平緒。令參神祇官。出立之間。新宰相宣能卿來訪。直衣也。前駈六人。兼親。賴高。能業。長俊。勾當二人。國基。業兼等也。扈從殿上人二人。基輔朝臣。季信。隨身裝束如例。番長染狩袴。下﨟白襖袴。已上壺胡籙。垂袴。常出仕定也。祭儀訖參內。申剋歸來。大將候內裏之間。官史生官掌太政官召使等來。給饗祿。其間事光盛注進之。

申剋。右弁官史生國行。官掌爲宗。已上兼仰官。召使六祭儀。、、、。以大將口狀記之。於郁芳門下車。召使白來追前々行。大夫史隆職來門下。申御裝束子細。就去夜定。仰之趣奉仰之云々。入自神祇官北門。自壇上東行。着門內東腋座。先立座下揖天。突膝天。東面居定天。又猶兼置式莒。砌敷軾。件座緣緣牛狀也。次召々使。二音。召使稱唯。進立南庭。仰云。外記召世。稱唯退下召之。近例。外記先申代官云々。然而依初度不申之。是又先例也。次大外記賴業。入自同門。進就軾。先例。五位外記史強不參入。而寬治六年。大夫史祉(マヽ)俊兼以參候。天永三年。大外記師遠。大夫史盛仲等。各以問(マヽ)候。今存於彼吉例。各可參入。次就中五位外記。從如此之便。可謂竭忠。、、、、、。上卿仰云。諸司ハ具タリヤ。賴業申候之由。又仰云。幣物ハ具タリヤ。申候也。上卿目之。賴業稱唯退下。式召使問之。式又以史問弁。而寬治以後。家習問外記。仍隨彼例也。又江次第。同注可問外記之狀。次上卿起座。兩揖如常。自當間降壇下。或說。更西行。自中門降壇下云々。其理可然。但當中門不疊階。又其檀不高。仍隨宜可用當間之由。兼所教訓也。
昇自正廳。謂北廳是也。北面經東南壇上。庭間隨被昇壇上。其後自取之。於巽角程垂之云々。立南面東第一間。有妻戸。長押下揖昇天着座。件座西面副東壁敷之。自座後着之。揖如常。召使直履云々。此間召使取右。北門座之。式莒走來。先置此座前。上卿未着座之前。置之。次王大夫着西第一間座。件座東西相對天敷之。次上卿人仰大外記賴業。人數相叶。寛治例。參着。
夾名。和氣助安。宗岡兼延。和解盛安。岡助輿。宗岡吉兼。同兼次。
副御隨身所西壁。敷紫帖一枚。爲史生官掌座。北上東面。其前居懸盤饗二前。其下二行對座。敷同帖四枚。爲召使座。其前居机饗十前。下家司衣冠。勸盃。三獻。出納取酌。居汁。食中賜錄。下家司親繼分賜之。
史生。官掌。美絹六丈。各一匹。
召使。國絹六丈。各一疋。雖六人參入。給十人料云々。
政所對饗。給料。
史生事。

近代之例。諸家之習。官掌召使給饗祿。史生不有此例。就中長承三年。宇治左大臣初度神態。不召史生。而寛治六年。知足院殿御勤仕之度。召史生之由。雖見爲房記。官外記之間。不審猶殘。問隆職。賴業等之處。各申狀不分明。彼寛治。史生名惟任云々。勘同年匡房記之處。元三參入之史生之中。有云是任之者。是與惟其訓惟同。疑字樣混亂歟。仍猶可爲官史生之由。仰隆職宿禰了。

召々使。二音。召使稱唯。進立南庭。上卿仰云。式ノ省サヲ刀禰入アツレト宣ヘ。徵音仰之。但召使遙聞程也。字未頗不分明。召使稱唯。經幣案東。出南門。召之。即行事右中弁兼光朝臣。式部少輔光輔。先刻多用代官。而寛治在員。天永有元。共正貞參入。仍豫仰其文。長光入道令參着也。諸司等入自南門。着南廳座。先是。神祇官等率御巫。着西廳座。此間召使參進。申云。左馬寮御馬未參云々。此事。於北門座。問事具否之時可申也。令申此旨。尤奇。其後暫而。召使又參上。中將參之由。即引立御馬。左右各十疋云々。又西廳東南邊。繫白猪。居白鷄。入物云々。次神祇官人。降居西廳前座。次上卿起座。兩揖如常。先召召使問。可降座哉否。是非作法。爲恐違失。可問云々。自當間降壇下。自砌同西行。着砌外座。先立座。後揖天。着座之後。又揖如常。南面着之。件座當東二間敷也。王大夫同降座砌前座。件座當面西二間數也。弁已下同降居南廳前。但被隔幣棚。僿不見云々。次祝師進庭中座。申祝詞。十段。度別稱唯云々。即拍手。兩段。上卿已下從之。上卿柏手。作法不令有聲。手ノアハセテヤヲラヲ〳〵打合也。次申說祝詞退座。次御巫。人抱之云々。出來廻伊勢幣。三迊之後。歸去。次頒幣。先伊勢幣。衞士受取了。使出東門了。此間可平伏。而余忘却。不敎其由。仍不平伏云々。余失也。次頒諸社幣等。召使參進。申春日幣立了由。即大將起座。兩度揖如初。不還着堂上座。直以退下。是又家之習也。留立正廳東庭。今度不經壇上也。召々使。仰云。諸社幣僿可奉示之由可仰弁者。即出北門。赴郁芳門之間。召使歸來。申弁報旨。畏承了云々。大夫外記史并式部輔等同相從云々。於郁芳門乘車參內。數剋候御前云々。今日始終發前聲。伊勢幣出日。是廢務也。音奏停止。然而隨身不止前聲。是皆先例也。

正廳座事。

西宮十卷抄云。

大臣入自後戶。着東第三間北壁下方。南面。納言參議着東第一間。入自巽角西面。兼置式莒。

王大夫西第一間。東面。入自坤。式用代官。

同十五卷抄云。

東第三間北壁下。設大臣座。南面。入自後戶。

東第四間。敷參議以上座。西面北上。入自巽角砌着座。

西第一間　敷大夫座。東面北上。入自坤角砌。着座。

同廳前庭左右。敷參議弁王大夫座。東參議以上。西王大夫座。中央可有大臣座。皆南面。

北山抄云。

大臣南面。入自北面東戶。參議已上西

面。入自東妻着之。王大夫東面。並北上。延長二年。伯安則申先例。大臣入自西戸。納言入自東戸。參議入自東壁下云々。而儀式及元年例如此。

江次第云。

上卿入自東妻。着西面座。式大臣者。入自北面東。自餘入東。

王大夫入自西妻。着東面座。西第一間座式用代官。

已上。納言座可在東一間之證文也。

長元七年公記云。

着東第二間。入自東第一間。西面。

寛治六年爲房記云。

經東南庭。以西第三間。爲上卿座。南面。

王大夫座在西第一間。東面。

長承三年知信記云。

入自南面東三間戸。令着同間母屋座給。西面。先例入自南面東一間。令着第一若第二間給云々。而所・中也。大臣入自北面東第二間給也。入自南面東第三間戸。令着同間母屋。令今日御座此定也。第一二間蔀妻戸不問之者。

已上記等。皆以相違。爰知行事官等憖不尋行之間。毎度有相違歟。仍任三抄之文。可敷一間之由。豫所仰隆職宿禰也。

壞同廳東西一間隔事。

隆職申云。大神宮正遷宮之時。以後廳爲行事所之間。東西一間隔之。其後于今不壞却之云々。仰云。當時無其用者。以行事所之例。不可俻常途之儀。但若塗壁者。自閑院。當大將軍寅年。當今於閑院往四十五日。去正月十日。行幸五條第。未及四十五日。故御忌時。樂院自彼院可有方角之沙汰也。且依先例。可令致沙汰者。重申云。件隔妻戸也。仍可致扉云々者。今日如此。

上卿不復座事。

寛治爲房記云。

拍手之後。復本座。可被分幣物。是式文。而左府示給云。任中納言後。始奉仕日。宇治殿仰云。不着本座。乍薦座。伊勢使發進之後。早可罷出者。可依其説者。

天永中古記云。

上卿乍庭中座。伊勢幣幷春日幣使立之後。自砌下座。所退出給也。是故殿行給之儀云云。

就此等之記。不可復座之由。諷諫大將。而於神祇官大夫史 幷右少弁兼忠等。存他家之例。可復座之由。再三令申。然大將不承引。退出云々。長承發遣幣之後復座云々。尤無證據事歟。

祭主不參事。

長承知信記云。祭主三位入自西第二戶。着同間母屋座云々者。

今案。祭主爲公卿之時。可着正廳〔マヽ〕座歟。但可着第一間也。二間之條。大錯被、。

今度親隆卿依服暇不參。仍無此儀。

建久四年

二月。

四日辛丑。祈年祭。上卿右大臣。

建久七年

二月。

四日甲寅。晴。此日。祈年祭之幣物。如法汰沙調了。

上卿中宮大夫。任納言後。被從神態云々。行事弁親國也。

文治二年

六月。

十一日丁巳。天晴。此日月次神今食也。月次祭上卿權中納言隆忠卿。神今食大宮中納言實定。右兵衛督隆房也。弁親經兼行之。少納言師廣。神馬六疋。左寮三疋領狀。右寮三疋對捍。仍繫飼之國々催之。伊与一疋進之云々。

文治三年

六月。

十一日辛巳。天晴。申刻大雨雷鳴。此日。月次神今食祭也。上卿中納言云々。

文治四年

七月。

六日庚子。天晴。神今食月次祭等。十二日可被行。陰陽師申十一二兩日也。其故。御躰御卜。多在神今食之前之故也。神今食不延引。御躰御卜許被延引之時ハ。神今食以後。被行御卜奏例也。於延引之時者。猶被先行御卜奏云々。御卜奏幷月次神今食等日時。明日明後日之間。可被行御卜。其明日可行。三ヶ日以後。有奏定例也。仍十一日可有御奏也。定經來恐申禰宜位記奉行之間事。全不辭申宗隆觸遣之使者。於門外申小犬斃之由。存座穢之由。返文書了云々。所申無理。又他事等。

建久二年

六月。

十一日戊子。天晴。此日。月次祭神今食等也。月次祭上卿新大納言忠良。神今食上卿源中納言通資。弁右中弁棟範。兼行兩方云々。少納言平信清稱遠忌之由。先例依不忌神事。仰可參之由於法家。申不可然之由云々。仰可勘進本文之由。而不注申。依先例仰可參之由。參護各稱障不參。合卜之輩。自由對捍云々。

嘉應三年

九月。

七日戊寅。外記廣元來云。例幣事。左府申障。若可參歟者。申可參由。又仰云。大內記出仕哉。又使王一人催出哉如何。申云。大內記近日依鹿食不出仕。然而加催可申散狀。使王皆所催沙汰也。又申云。御參陣尅限如何。仰云。巳剋可參。每事可催具者。退出了。此事等。以職事先能所仰也。

今日。一昨日院所召之午本。以基輔進院。付定能可進之由所仰也。辛本四卷。大文字一卷。合五卷也。以檀紙褁之。置硯莒盖進也。歸來云。返之。神妙思食旨。

申尅計。頭弁來。予相逢。冠直衣。先以人門時也。令申云。例幣吏可奉行者。仍所相逢也。余問云。若可有宣命辭別歟。答。未申定。早申事由可示。又問奉行弁藏人等。示云。弁右中辨爲親朝臣。藏人惟賴云々。即退出了。自今日立神吏札。惶僧尼重輕服人月水女如恒。又佛經等奉渡別屋。但月水女等別屋强不惶也。重服僧尼一切停止。又輕服人除服之後。惶不惶有說々。相尋可一定也。

九日庚辰。節供如恒。藏人不奏下。內藏寮請奏。仍內々相尋之處。下他上卿堀河中納言。了云々。如此請狀。可下奉行上卿也。藏人之所爲。而論近代。或如此云々。不可然々々々。又奉行弁爲親之許。明後日午尅。每事可催具由仰遣。又神祇官請奏事遣尋。返事云。伊勢幣吏。內藏寮之沙汰也。神祇官不進請奏歟云々。此事不得止。近古。內藏神祇共成請奏者也。而近代官掌只觸奉行史。成宣旨。不覽上卿云々。雖不知是非。依近代之例。不仰可成上之由。
十日辛巳。早旦。奉行職事之許。送書狀云々。明日奉幣可有辭別歟如何。返事云。今度不可有辭別云々。仍明日直可參八省。今日爲開卜串。大外記可來之由。遣仰已了。返事云。相具卜串。只今可參者。則奉行外記廣元來。相尋云。大內記參否如何。先日相催。可申左右之由令申。而于今無音如何。令申云。加催之處。申云。有所勞。直參々此御所。可申左右云々者。申狀不愼。如聞者不可參歟。何于今不申此散狀哉。重相尋參否。早旦可期奉行職事。更不可懈怠之由仰了。頃之大外記賴業參來。予以家司光經。仰云。今度奉幣宣命。不可有辭別之由。今朝被仰下。仍明日直可參八省。今日可開卜串也。於里第開卜串之儀恒例也。然而近年之間不聞歟。兼又使王申御馬事。先參陣之時。外記出陣。申上之。上卿奏事由。召仰者也。倘明日不可參陣。於八省令申者有煩。了奏聞。（但攝政被參八省。見兆無謂。）今日於里第可申歟。且又先例如何。令申云。如此之時。外記不進申者也。開卜串之儀了。使王申御馬者。直付職事。奏聞可給之由。自御所被仰下。是先例也。更於八省不申上。又不可被仰下者。
則下官着衣冠。出居上達部座。（外出居也。東面。）以家司肥後守光經（衣冠候。）召外記。則大外記賴業眞人持卜串筥。先候東廣庇。（南有障子內也。）下官目之。賴業稱唯。進來登長押。（入自予居當間也。）膝行揖寄筥。拔笏候。下官取之。置前見了。（或取出透見之。然而今度不取出。又一說。）押出筥。仰云。開々。賴業搢笏。取筥置前。取不合卜串筥。串下方橫置之。（或取出自筥置之。兩說云々。）開了並置筥內。（乙卜合。丙合。）進之。下官引寄筥見了。（是又不取出也。）返給。賴業取筥。予仰云。遣乙卜合致重王。賴業稱唯揖退下。次下官以光經。仰使王御馬事。先是所賴業依彼申所仰也・了後光經語云。可仰六位外記之由。賴業令申。仍仰之。廣元稱唯云々。外記申云。大内記可參之由領狀也云々。先是。奉行右中弁爲親參入。申云。于今不參。昨日遮蒙仰。返々恐申云々。余以光經。仰云。明日午剋。直可參八省也。每事可催具。又神祇官請奏事。先例多之。然而可依近代例者。爲親退出了。例幣之宣命無辭別。大臣爲上卿之時。有二說。一說。當日先參陣。開卜串。幷奏宣命。次參八省。一說。依爲例狀。宣命更不可奏聞。仍當日不參陣。前一兩日。於家中開卜串。當日直參八省云々。

此兩說之中。申合攝政之處。命云。兼日於里亭。開卜串。當日不奏宣命。直參八省。爲善云云。加之。舊記多如此。就中九條殿之子孫。用此儀之由。有所見。仍旁就此說了。今日家中裝束之無相改叓。只如例也。

十一日壬午。天晴。此日例幣也。辰剋沐浴。爲致潔齋也。巳剋頭弁長方朝臣送書狀云。今日奉幣宣命可被載天變事之由。只今所被仰下候也者。答云。奉了。只今可參陣。此旨仰遣大内記許了。然而若有懈怠歟。且直可被召仰歟者。則大外記之許。仰遣云。可有宣命辭別之由。俄被仰下。仍先只今可參陣。内記召觸可候陣者。又大内記光範之許。仰遣宣命辭別事了。雖須召仰。依事可遲引。所不遣也。未剋。着束帶參内。先有祓事。陰陽師有親。陪膳顯方朝臣。束帶。着陣端座。令置膝突之後。招頭弁示云。宣命辭別事。以今朝仰申遣大内記之許了。其上有子細者。定直被召仰歟如何。頭弁云。其外殊子細不候。但大内記只今參候。大畧仰合了者。則退了。次官人召内記。則大内記光範參膝突。余仰云。宣命草持參禮。先問云。辭別事之存知哉。申云。所存候者。

光範退。則持參之。入莒。件草載辭別許。此事有兩說歟。式宣命詞皆書載之。式依例狀。只載辭別許。今如此。余問内記。申云。依爲例狀。所載辭別也者。或說。載辭別許之條。雖云々。仍一端雖相等。是人非失錯。仍不改直也。隨又先例甚多。余披見了。返給。仰云。内覽。清書内覽可申請之由。攝政之時。必雖可覽之。爲近例之上。事依可懈怠。仰此由。光範參向攝政之亭了。暫而持歸云。清書不可内覽者。余返給莒。内記取之。退立小庭。余進弓場。其路見去年祈年穀奉幣記。仍不注之。付頭弁奏聞之。小時歸來。余取莒給内記。復陣。内記置莒。則返給云。可清書。則持參清書。兼書仰之歟。令持内記。進弓場付頭弁。奏聞返給々内記。不還着陳。參八省。光範以前駈令申云。有所勞不能參八省。余云。必可參裏也。乍參内。申所勞。不打任事也者。上官相從入自待賢門。用南間。經幔門。先是。行事右中弁爲親朝臣。六位上官一人立嘉喜門西腋。東西南上。余自幔門下。垂裾對弁相揖。弁跪地上。官平伏也。入嘉喜門。自砌上西行。着北廊座。隨身以弓搴幔着第二間西面砌上。豫置小筵爲軾。兩揖了。以扇直沓。沓在薦也。之後。以召使

召弁。即爲親入自嘉喜門。經砌參軾。予問幣物具否。申具了由。余目之。爲親不着座。出嘉喜門了。次召外記頼業。經砌參軾。余問使參否。申參候由。余目之。頼業稱唯。出嘉喜門（中和院歟）了。次以召使傳仰内記可持參宣命之由。剋外記廣元參上。不着拭。、砌也。申云。大内記光範申云。雖參上。依有相勞事。不能者。東廊座可隨重仰者。仰云。乍出仕申此旨。頗不當事也。尙早可罷寄者。大内記光範持宣命莒。參上。立嘉喜門南壇下。次余起座。輕砌。自東廊西砌南折。上官等相從。内記在予後。弁以下列其次也。入自座北間。自座北頭着之。兩揖如恒。弁已下着南面座。内記置宣命莒於余座前。同着座。次余仰弁。余取幣物。剋（内裏歟）中臣祭主從三位大中臣親隆朝臣率忌部卜部等。入自東福門。經幔門。列立小安殿南庭。東上北面。次忌部進登自小安殿南面東階。取外宮幣。於階上授卜部。卜部登階一級受取之。次取内宮幣。降階不復

列。直進行。次卜部。次中臣。次第出自東福門
了。次余以召使召使王。即致重王入東福門。
經砌着軾。余置笏取出宣命給之。使王眼前申所勞之由。依不足
言給宣命了。使王取之退下。次傳仰弁。以召使令見
幣出宮門御哉否。暫余目內記。令取莒。此間
爲親申云。可有廻廊列哉否。余云。先例不同。
然而不還着北廊座之時。先退出有便宜歟。爲
親以下起座。出自嘉喜門了。次余經本路。出
同門。弁五位外記史以下列立門西腋。弁跪地上。官等平伏。
五位皆平伏。余對弁相揖。經幔門。退出自待賢門南
間。于時酉四點也。
今日始終發前聲。又使王申御馬叓。昨日於里
第外記申了。仍今日外記不申上。又余不奏叓
由也。此旨密々語示頭弁了。雖不可必延。不
知子細之人。定存失禮歟。仍所觸也。
十二日。癸未。晴。入夜例幣。奉行外記廣元來
云。使王兼不申所勞。參八省之後。雖申風氣
更發之由。仰可相扶之由令立。而於粟田口俄
絕入。此午時許告送此旨。則觸頭弁。々々云。
須申上卿之。經院奏也。然而事已火急。只指
替他使。可被遣也者。因之催出經隆王。令立
了。不申此旨之條依有恐。所執申也。余仰云。
外記先可觸上卿事歟。然而事火急。直令申職
事。又非强過怠歟〻。事已非常有如此之哉。問
賴業眞人。可令申諸社參使途中病惱恒事也。
然至于此條。尙有不容者。外記退出了。以職
事光能令申也。

文治二年

九月。

十一日甲寅。晴。此日例幣也余。依咳病不參八
省。又不參內裏。上卿左衛門督實家。左大臣。
內大臣。大納言六人。皆以所勞。再三雖加催。

一人無領狀。仍勘例所催中納言也。行叓右少
辨親經。奉行職事定經等也。未剋大內記持來
宣命。辭別本宮 恠異幷天 變叓等也。見了返
給。依居所遼遠。雖上卿參以前。竊可持參之由。豫所仰也。 親經定經等來申雜
事。今日早旦修秋。依聊有不審也。近日天文
博士廣元。主計頭資元。已上申依雨消之由。 大膳權大夫
季弘。天文博士業俊已上依小雨不消之由。 等論了。三星合
變消否之由。各有申旨等。
十二日乙卯。晴。依例幣後齋。至今日。神齋
如常

文治三年

九月。

十一日己酉。天晴。此日例幣也。早旦。宗隆返事
到來。又稱病。近日職事尤奇恠。余存可參神
祇官之由。職事一人不參ハ不可叶。仍止出仕
了。未剋。行事弁親經參入。尤懈怠也。幣料滿
足了。不足分。伊与國濟々雖被充濟物。臨時闕如依不便。仰可搆沙汰之由。 只今所參陣
也云々。相次宗隆參入。自可參者。今明可申
其旨也。 次第甚不當。 勘發其旨。 大略無披
陳之方云々。又定經參上日也。又次第不相
應。但可相搆之由。其夜仰遣。仍出仕歟。然者
今日可申可出仕之由也。兩人出仕之職事。先
以稱疾。仍於下官出仕者止了。然而試催僕從
等。暫雖相待。不見來。仍遂以不參。內府申刻
參陣。即外記持來宣命草。內記不候。儒弁草
之時。以外記內覽例也。候內裏之時。以弁內覽也。見了返給。
載辭別許也。 仰不可持來清書之由。入夜。內府歸來
云。宣命清書遲々。又於神祇官忌部使相論之
間。輕數剋。日沒之程。發遣云々。其後參內。
只今皈來也。於陣開卜串云々。

文治四年

九月。

十一日甲辰。此日伊勢例幣也。上卿左大將。弁親雅。依幣物不具。及晚發遣之。今日依堅固物忌。臨覽。內記持來宣命草。依物忌不見之。

建久元年

九月。

十一日壬戌。天晴。此日例幣也。上卿大納言實家卿。弁權右中弁棟範。申剋。大內記持來宣命草。今年御愼。幷相殿御躰相違事。幷四御門顚倒㕝等載之。明年三合事可載之由仰之。申云。先例。必(モシ)不載三合之由云々。又仰云。然者雖不載其㕝。今明年愼御之由可載之者。又淸書內覽免之由仰之。

建久二年

九月。

十一日。丁巳。天晴。此日例幣也。上卿藤大納言實家。弁右中弁棟範。申剋。內覽宣命。少內記以業持來。見了返給。辭別三ヶ條。三合天無變神宮恠異等也。無辭別之時無草奏也。免淸書內覽了。少時。藏人次官親國奉行職㕝。來申云。中臣使祭主能隆可參勤之處。依服暇。神祇官以大祐永兼載差文。而上﨟爲季淸定等訴申云。例幣月次祭等使。祭主有故障之時。上﨟可勤仕。其例又如此。而乍置在京上﨟二人。催下﨟無理云々。但爲季有所勞。不能勤仕。淸定尤可下向云々。仍問伯仲資王之處。本官在京之次。差申了。難被改歟云々。兩人已參入。理須依上﨟。次永兼內々申入。蒙御定之由所申也者。仰云。一旦依上﨟發遣淸定者。其後永兼來訴伯。又有申旨。然而仰同旨了。

建久六年

九月。

十一日壬辰。天晴。此日例幣也。上卿左大臣。弁右中弁定經朝臣。職事左權亮公房朝臣等也。宣命有辭別。神宮恠異并天變事等也。

安元二年

十二月。

十一日壬午。朝間天陰。午後雲晴。月次祭神今食。兼光兼行。兩方上卿不聞及。

文治二年

十二月。

十一日甲申。天晴。白雪雖滿庭。不及寸。此日。月次祭神今食等也。上卿源中納言通親卿兼行之。弁月次兼忠。神今食親經云々。

文治三年

十二月。

十一日戊寅。天晴。此曉法皇御進發了。此日神今食月次祭也。月次祭上卿丶丶。神今食上卿實家卿。弁左少弁親經。其妻今朝產了。然而夫不可有穢。仍猶所勤仕也。

文治五年

十二月。

十一日丙申。雪降。此日月次祭并神今食也。月次祭上卿大宮大納言實家。神今食上卿親宗。

弁定經兼行云々。月次使被付別當。伊勢幣。是外宮御鎰溢固事也。仍上卿先參陣。被奏宣命草。戌剋少內記以業持來宣命草。問懈怠之由。奉行職事光綱遲參之故也云々。尤不敵不敵。去夜半奉行弁定經來。申幣料一切闕如之由。此人奉行叓。每度如此。非其人居其職。實無術事歟。家雖可貴。器無可褒。何爲哉。歲末忩忙之比。又別被立奉幣使之條。尤不便歟。仍今旦余兩面綾絹等沙汰。遣定經許了。叓太不穩。然而爲重神叓。爲成公事也。又自去年有沙汰。別宮御裝束。今度可被副獻之處。同以依無用途。不被副獻云々。可被付二月祈年使之由仰了。

十二日丁酉。後齋。如恒。

建久元年

十二月。

十一日辛卯。天晴。此日月次〔或祭脫歟〕神今食也。夜半。史以業來申神今食神服闕如之由。仍忽給絹綿等。仰納殿所給也。以之可稱伊與國所濟。自納殿下行之由不可稱之旨仰之。件男爲國沙汰人之子。有便之故也。奉行弁所懈怠。言而有餘。

建久二年

十二月。

十一日乙酉。午後小雪。入夜頻降。此日月次祭神今食等也。申剋賫實來云。月次祭永宣旨召物。諸國對捍叓。奏聞之處。慥任法可被譴責之由有御定。早可責之由仰了。但當日叓。於今者勿論乎。

建久四年
十二月。
十一日甲辰。晴。此日月次〔或祭脫歟〕神今食也。余去一日旬有所思不遙拜。仍今日重修祓。遙拜太神宮春日兩社。午剋。左大將來。自是可向九條。資實申今日神今食神服神座闕如叓。可付使之由仰之。隆職召具住吉神主參入。宗賴朝臣參入之後。條々叓召問長盛。隆職問之。於藏人所問之。長盛候。長盛押下。隆職・廣房。師直等在臺盤座云々。長盛一叓無披陳之方。大略不足言叓者。住吉造宮之間叓。大略請由了。余今日月次祭事。資實奉行。神今食宗隆行也。來十八日千僧事。經申沙汰。今日閣佛事。可行神今食之由仰也。月次上卿右大將。神今食左衛門督隆房。

大正十二年四月二十五日　発　行
昭和五十九年三月二十日　訂正三版第六刷発行

続群書類従・第一輯上　神祇部

編纂者　塙保己一　補・太田藤四郎
発行者　太田ぜん
東京都豊島区北大塚二―三三―一〇
印刷所　株式会社　平文社
東京都豊島区北大塚一―一四―六
発行所　続群書類従完成会
電話　(915)五六二七
振替　東京二―六二六〇七

続群書類従
第1輯上 神祇部

〔オンデマンド版〕

2013年4月1日　初版第一刷発行

定価（本体8,000円＋税）

編纂者　塙　保　己　一
補・太　田　藤　四　郎

発行所　株式会社　八木書店古書出版部
代表　八　木　乾　二

〒101-0052 東京都千代田区神田小川町3-8
電話03-3291-2969(編集) -6300(FAX)

発売元　株式会社　八　木　書　店

〒101-0052 東京都千代田区神田小川町3-8
電話03-3291-2961(営業) -6300(FAX)
http://www.books-yagi.co.jp/pub/
E-mail pub@books-yagi.co.jp

印刷・製本　(株)デジタルパブリッシングサービス

ISBN978-4-8406-3142-6　AI168